全国铁道交通运营管理专业高职高专规划教材

Tielu Huoyun Zuzhi

铁路货运组织

崔志宇　杨冀琴　主　编

叶清贫　副主编

人民交通出版社股份有限公司

China Communications Press Co.,Ltd.

内 容 提 要

本书为全国铁道交通运营管理专业高职高专规划教材。其主要内容包括：认识铁路货物运输，组织整车货物运输，组织集装箱货物运输，调查与处理货物损失，组织鲜活货物运输，组织危险货物运输，装载阔大货物，组织超限超重货物运输，确定货物装载加固方案。

本书为高职、中职院校铁道交通运营管理专业教材，可作为铁路行业从业人员培训教材，也可供铁路相关行业人员参考。

*** 本书配有多媒体助教课件，任课教师可通过加入职教铁路教学研讨群（QQ 群：211163250）索取。**

图书在版编目（CIP）数据

铁路货运组织 / 崔志宇，杨冀琴主编. —北京：人民交通出版社股份有限公司，2016.5

全国铁道交通运营管理专业高职高专规划教材

ISBN 978-7-114-12586-7

Ⅰ.①铁… Ⅱ.①崔…②杨 Ⅲ.①铁路运输—货物运输—高等职业教育—教材 Ⅳ.①U294.1

中国版本图书馆 CIP 数据核字（2015）第 255802 号

全国铁道交通运营管理专业高职高专规划教材

书　　名：铁路货运组织
著 作 者：崔志宇　杨冀琴
责任编辑：袁　方
出版发行：人民交通出版社股份有限公司
地　　址：（100011）北京市朝阳区安定门外外馆斜街 3 号
网　　址：http://www.ccpress.com.cn
销售电话：（010）59757973
总 经 销：人民交通出版社股份有限公司发行部
经　　销：各地新华书店
印　　刷：北京市密东印刷有限公司
开　　本：787 × 1092　1/16
印　　张：16.25
字　　数：370 千
版　　次：2016 年 5 月　第 1 版
印　　次：2019 年 11 月　第 5 次印刷
书　　号：ISBN 978-7-114-12586-7
定　　价：39.00 元

全国铁道交通运营管理专业高职高专规划教材

编　委　会

序　言

铁路作为国民经济的大动脉、国家重要基础设施和大众化交通工具，在国民经济社会发展中具有重要作用。经过近几年的建设和发展，我国铁路运输能力得到进一步扩充，技术装备现代化水平有了显著提高。目前，我国铁路的旅客周转量、货物发送量、货运密度和换算周转量均为世界第一。预计到2020年，全国铁路营业里程将达到12万km以上。

在大交通格局形成以及铁路快速发展的背景下，我国铁路职业院校招生、就业形势较好，培养的铁路从业人员素质也得到了普遍提高。我们为满足各职业院校对教材建设差异化的需求，针对目前职业教育"校企合作、工学结合"的教学改革形势，组织湖北、辽宁、陕西、天津、黑龙江、四川等铁路职业院校，编写了铁道交通运营管理专业高职高专规划教材，于2013年后陆续推出以下教材：

《铁道概论》

《铁路客运组织》

《铁路货运组织》

《铁路车站工作组织》

《铁路行车规章》

《铁路客运服务礼仪》

《铁路线路及站场》

《铁路运输安全管理》

《铁路运输法律法规》

《铁路旅客运输服务》

《铁路客运组织习题集》

《铁路货运组织习题集》

本套教材具有以下特点：

(1)体现了工学结合的优势。教材编写过程中努力做到校企结合，聘请各地一线铁道运营管理人员参与编写，丰富了教材内容。

(2)突出了职业教育的特色。教材内容的组织围绕职业能力的形成，侧重于实际工作岗位操作技能的培养。

(3)遵循了形式服务于内容的原则。教材对理论的阐述以应用为目的，以够用为尺度。语言简洁明了，通俗易懂；版式生动活泼、图文并茂。

(4)整套教材配有教学课件，读者可于人民交通出版社网站免费下载；课后附有复习思考题和实践训练，方便教学使用。

希望该套教材的出版对职业院校铁道交通运营管理专业教材改革有所裨益。

全国铁道交通运营管理专业高职高专规划教材
编委会
2013年7月

前　言

《铁路货运组织》是铁道运输专业的一门主要专业课程。为了适应培养专科层次铁路运输专业技术人才发展的需要，成都工业职业技术学院、武汉铁路职业技术学院和黑龙江交通职业技术学院联合组织有经验的专业教师，对铁道交通运输的新发展、铁道交通行业的人才需求规格进行了深入研究的基础上编写了本教材。

本教材在借鉴国内外同行业的先进经验的基础上，结合了当前铁路货运改革的客观形势以及长期积累的铁路货运组织与管理的实践经验，采纳了铁路货运工作改革的新内容，汲取了铁路货运科学研究的新成果，力求使其内容更贴近当前铁路货运工作改革的实际。编写时充分考虑了学生自学的需要，按照一体化的教学模式制作与设置了相应的任务书，并注意与现行铁路货运基本规章的要求相衔接，力求使教材内容精练、通俗易懂。

本教材由黑龙江交通职业技术学院崔志宇副教授、成都工业职业技术学院（原成都铁路运输学校）杨冀琴副教授任主编，由武汉铁路职业技术学院叶清贫副教授任副主编。本教材具体编写分工为：崔志宇（项目二、项目六），黑龙江交通职业技术学院李红卫（项目三、项目九），杨冀琴（项目五、项目八），成都工业职业技术学院（原成都铁路运输学校）吴丽然（项目一），武汉铁路职业技术学院叶清贫（项目四、项目七）。

在编写过程中，辽宁铁道职业技术学院、石家庄铁路运输学校、成都工业职业技术学院（原成都铁路运输学校）、包头铁路工程学校、柳州运输职业技术学院、湖南铁路科技职业技术学院、西安铁路职业技术学院、武汉铁路职业技术学院的老师及现场业务人员等给予了大力帮助，并提出了许多宝贵意见，在此一并表示衷心的感谢！

鉴于我们技术水平及实践经验的局限，教材中多有错误与不足之处，敬请读者和同行提出宝贵意见。

编　者

2016 年 4 月

目 录

项目一　认识铁路货物运输

任务一　初识铁路货物运输

任务单

任务名称	初识铁路货物运输
知识目标	(1)了解铁路货物运输的基本任务和法律法规; (2)认识铁路货物运输主干线路网; (3)了解铁路货物运输发展方向
能力目标	认识铁路货物运输的概况
任务描述	描述铁路货物运输的现状及发展
任务要求	(1)描述铁路货物运输相关法律法规; (2)绘制铁路货物运输网络主要干线图; (3)描述铁路货物运输的发展趋势

相关理论知识

一、铁路货物运输工作的基本任务

铁路货物运输(常简称“货运”)工作,融生产、管理和服务于一身,其基本任务是:

(1)根据国民经济计划、社会经济发展需求及铁路运输能力,贯彻实行计划运输,制订货运工作方案,组织合理运输、直达运输、联合运输,提高货物运输组织工作水平。

(2)实行负责运输,严格遵守货物运输法规,确保货物运输条件,正确划分和履行铁路与托运人、收货人在货物运输过程中的责任,确保货物运输的安全和完整。

(3)采用新型货运设备,推广先进的货物运输方法和科技成果,挖掘既有设备能力,加速货车周转,提高运输效率。

(4)加强货场管理,加强专用线和专用铁路的作业管理,提高货场作业能力,改进货物运输生产过程的作业组织,推行作业标准化,提高作业质量和作业效率。

(5)正确分析和妥善处理货物损失,建立安全防范体系,不断提高货运质量和铁路信誉。

(6)对职工经常进行政治思想、职业道德和技术业务的教育,不断提高职工的素质水平,更好地为货物运输服务。

二、货物运输工作的法规依据

铁路货物运输工作依据的法规,包括与铁路货物运输相关的国家法律、行政法规、中国铁路总公司下达的文件、电报等。

1. 铁路货物运输合同的主要法律依据

(1)《中华人民共和国合同法》(简称《合同法》),是调整横向经济关系的法律规定。

(2)《中华人民共和国铁路法》(简称《铁路法》),是保障铁路运输和铁路建设顺利进行的法律规定。

(3)《铁路货物运输合同实施细则》(简称《实施细则》),是以《合同法》作为依据,结合铁路货物运输的特点而制定的经济法规,是《合同法》的补充。

此外,《中华人民共和国民法通则》(简称《民法通则》)也是涉及调整铁路货物运输合同的法律,对当事人违反合同应承担的民事责任作了规定。

2.《铁路货物运输规程》

《铁路货物运输规程》(简称《货规》),是货物运输的基本规章,它是根据国家有关方针、政策和法令,以《合同法》《铁路法》《实施细则》为依据而制定的。《货规》具体规定了铁路货物运输的基本条件、货物运输合同、货物的搬入搬出、货物的承运和交付、装车和卸车、货物运输事故的处理和赔偿、承托双方责任的划分,是组织铁路货物运输最为直接的依据,承运人、托运人和收货人都必须遵照执行。

《货规》的引申规章有:《铁路货物运价规则》《铁路危险货物运输管理暂行规定》《铁路鲜活货物运输规则》《铁路超限货物运输规则》《铁路货物装载加固规则》《铁路货物运输计划管理暂行办法》《货运日常工作组织办法》《快运货物运输办法》《铁路集装箱运输规则》《铁路货物保价运输办法》《铁路货物运输杂费管理办法》《货车使用费核收暂行办法》《铁路专用线专用铁路管理办法(试行)》及根据《货规》精神制定的其他办法。

3. 铁路内部货运管理规则与办法

铁路内部货运管理规则与办法主要有《铁路货物运输管理规则》(简称《管规》)和《铁路货物损失处理规则》(简称《损规》)。《管规》明确规定了货物运输各个环节的作业内容和质量要求,是铁路货运工作人员的工作细则。《损规》是铁路内部处理货物损失的规定。其他还有《铁路零担货物运输组织规则》《铁路集装箱运输管理规则》《铁路货物保价运输管理办法》《货装职工守则》等。

4. 其他规章

国际联运规章、水陆联运规章、军运规章等。

三、铁路货物运输主干线路网

目前,我国已形成了全国以北京为中心,各省以省会为中心伸展线路的铁路网骨架,连接着许多不同规模的铁路枢纽,构成了我国铁路网骨架的主要干线。2014 年末全国铁路营业里程达到 11.2 万公里。我国铁路货物运输主干线路网,如图 1-1 所示。

1. 陇海—兰新线

跨越的省市区:苏、皖、豫、陕、甘、新。经过的城市:连云港、徐州、商丘、开封、郑州、洛阳、西安、宝鸡、兰州、乌鲁木齐、阿拉山口。沟通东部和西北部,促进西北地区的发展,巩固边防,横贯亚欧的第二条大陆通道。

2. 京包—包兰线

跨越的省市区:京、冀、晋、内蒙古、宁、甘。经过的城:北京、大同、集宁、呼和浩特、包头、银川、中卫、兰州。促进华北与西北的联系,分担陇海线的运量。

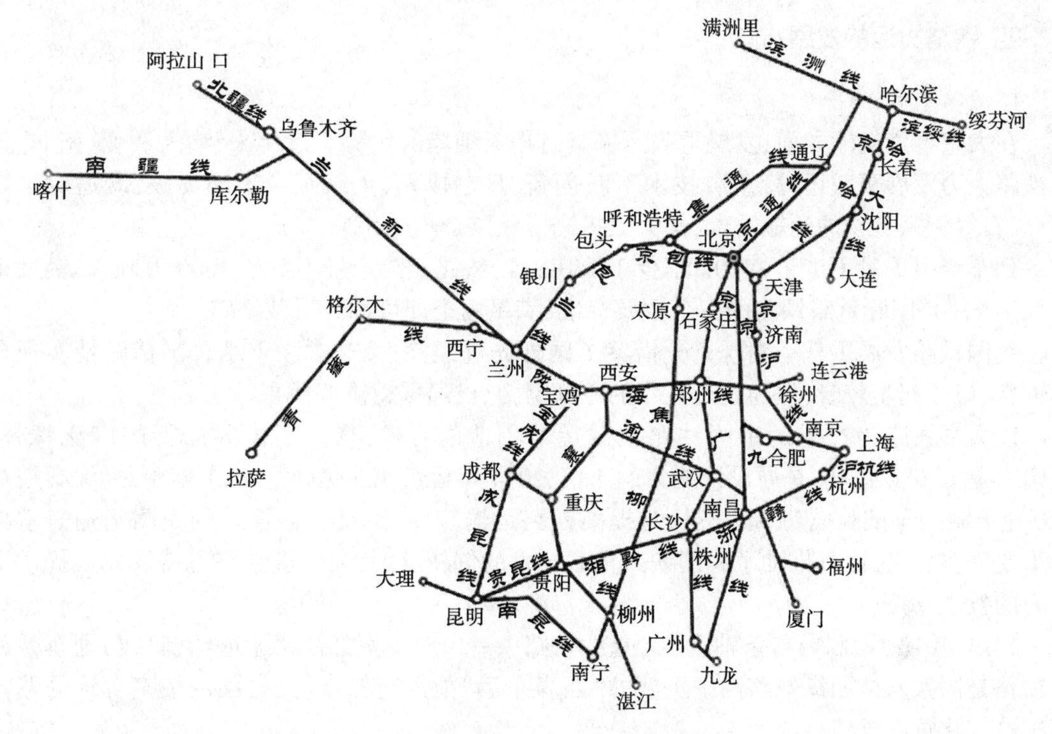

图 1-1　我国铁路货物运输主干线路网

3. 沪杭—浙赣—湘黔—贵昆线

跨越的省市区：沪、浙、赣、湘、黔、滇。经过的城市：上海、杭州、鹰潭、萍乡、株洲、怀化、贵阳、六盘水、昆明。横贯江南的东西干线，加强华中、中南、西南之间的联系。

4. 京沪线

跨过的省市区：京、津、冀、鲁、苏、皖、沪。经过的城市：北京、天津、德州、济南、徐州、蚌埠、南京、镇江、常州、无锡、苏州、上海。沟通了华北与华东，是东部沿海地区的交通大动脉。

5. 京广线

跨过的省市区：京、冀、豫、鄂、湘、粤。经过的城市：北京、石家庄、邯郸、新乡、郑州、武汉、长沙、株洲、衡阳、韶关、广州。沟通了华北、华中与华南，是我国铁路网的中轴线，运量最大的南北大动脉。

6. 京九线

跨越的省市区：京、津、冀、鲁、豫、皖、鄂、赣、粤、港。经过的城市：北京、霸州、衡水、商丘、阜阳、麻城、九江、南昌、赣州、龙川、深圳、香港。缓解京广线、京沪线的运输压力，加速老区脱贫致富，维持港澳地区的稳定和发展。

7. 焦柳线

跨越的省市区：豫、鄂、湘、桂。经过的城市：焦作、洛阳、襄樊、枝城、怀化、柳州。改善铁路布局，提高晋煤南运的能力，分流京广线的运量。

8. 宝成—成昆线

跨越的省市区：陕、甘、川、滇。经过的城市：宝鸡、成都、攀枝花、昆明。促进西南地区经济建设，加强民族团结。

四、铁路货运的发展方向

1. 铁路重载

在大宗物资运输方面,发展重载运输具有得天独厚的优势。近年来,澳大利亚、南非、美国铁路大力发展重载运输,重载技术不断创新、日趋成熟,重载纪录不断突破,既适应了煤炭、矿石等大宗货物的运输需求,又大大提高了铁路运输效率。

列车牵引重量不少于8000t、不少于150km的线路年货运量不低于4000万吨、车辆轴重不低于27t是国际重载铁路的三个主要标准,满足两个即可称为重载铁路。

我国铁路发展重载运输既充分借鉴了国外先进经验,又非常注重结合国情路情实现自主创新,虽然起步较晚,但随着近几年的不断努力,已经取得重要成果。

以大秦铁路为标志的中国铁路重载运输创造的奇迹,赢得了世界同行的广泛赞誉。2010年运量超4亿吨,是原设计能力的4倍,2014年运量4.5亿吨。2014年4月,大秦铁路3万吨重载列车试验成功。这不仅对提高铁路运输能力、满足日益增长的铁路运输需求具有重要现实意义,而且推动了我国铁路重载技术的创新发展,为促进铁路可持续发展提供了有力的技术支撑。

2014年12月,国内首条轴重30t重载铁路——山西中南部铁路通道(瓦日线)通车。瓦日铁路是国家八横四纵铁路网中重要的"西煤东运"能源运输动脉,是国内最高等级的万吨列车电气化重载铁路。

2. 多式联运

国际多式联运是一种以实现货物整体运输的最优化效益为目标的联运组织形式。它以至少两种不同的运输方式,由多式联运经营人将货物从一国境内接管货物的地点接至另一国境内指定地点交付的货物运输。国际多式联运有其自身的优势,手续简便,责任统一,减少运输过程中的时间损失,使货物运输更快捷,节省了运杂费用,降低了运输成本,提高了运输组织水平,实现了门到门运输,使合理运输成为现实。国际多式联运是当前国际货物运输的发展方向。我国地域辽阔,更具有发展国际多式联运的潜力。

铁路和地方水路以及铁路和公路等干、支线联运,是在许多沿线、沿海、沿河城镇,以铁路车站或港口码头为中心,组织地区性的联运线,既为车站、港口集散货物,又通过代办中转业务、办理送货上门、上门取货、电话受理等联运服务形式,方便货主。

我国铁路联运以集装箱为主,铁路集装箱运输是现代化铁路货物运输发展的方向。

3. 发展现代物流

发展铁路现代物流,是降低全社会物流成本、更好地发挥铁路在综合交通运输体系中骨干作用的客观要求,是深化铁路改革、实现铁路运输创新发展的重要举措,是拓展市场、做大做强铁路运输企业、探索中国铁路在新形势下发展道路的重要途径。发展铁路现代物流,就是以满足客户需求为目标,以信息化为支撑,通过发展全品类物流、提供全流程服务、开展全方位经营、实行全过程管理,实现运输、仓储、货物运输代理、加工、信息等业务融合发展,强化铁路安全便捷、低成本、全天候、绿色环保的优势,走出一条具有中国特色的铁路现代物流发展道路。要努力将铁路发展成为具有市场竞争力的现代物流企业,在全路基本形成布局合理、便捷高效、服务优质、安全有序,并与其他交通运输方式有效衔接的现代物流服务体系,为降低社会物流成本、促进经济社会持续健康发展提供可靠保障。

为进一步方便广大旅客货主,推进铁路向现代物流转型发展,中国铁路95306网站已于

2015 年 4 月 10 日上线运行。95306 网站主要开展如下 3 项服务业务：

(1)提供铁路货运电子商务服务，开办“我要发货”、运费查询、货物追踪等铁路货运业务；

(2)提供大宗物资交易服务，支持煤炭、矿石、钢铁、粮食、化工、水泥、矿建、焦炭、化肥、木材、饮食品等 11 个品类物资在线交易并提供配套物流服务；

(3)提供小商品交易服务，包含商品选购、在线支付、物流配送、网络营销、客户服务等功能。

任务二　明确铁路货物运输基本条件

任务单

任务名称	明确铁路货物运输基本条件
知识目标	(1)掌握铁路货物运输的种类； (2)理解按一批办理的要求； (3)掌握每种运输方式办理的条件； (4)掌握货物运到期限的计算方法
能力目标	(1)能够为货物选择合理的运输方式； (2)能够判断货物能否按一批办理； (3)会计算货物运到期限
任务描述	根据托运人托运的货物信息和运输信息，以及托运人对运输时间的要求，判断能否受理，如何受理
任务要求	(1)分析 3 种货物运输方式办理的条件； (2)分析按一批办理的限制； (3)分析货物的性质及运输条件； (4)计算货物运到期限； (5)判断给出的货物能否按一批办理，应选择哪种货物运输方式

相关理论知识

一、铁路货物运输的种类

铁路运送的货物，尽管种类繁多，但根据托运货物的数量、性质、形状等条件，结合所用装运货车的方式不同，将铁路货物运输的种类划分为整车、零担和集装箱。

1. 整车货物运输

一批货物的重量、体积、形状或性质需要以一辆以上货车运输的，应按整车托运。

整车运输的特殊形式有以下两种：

(1)整车分卸

整车分卸是整车运输的特殊形式，其目的是为解决托运的数量不足一车而又不能按零担办理的货物运输。由于运输途中需要分卸，对铁路运输组织工作的影响较大，因此铁路对整车分卸规定了必要的限制条件：托运的货物必须是规定限按整车办理的危险货物、易于污染其他货物的污秽品、未装容器的活动物及一件货物重量超过 2t，体积超过 $3m^3$ 或长度超过 9m 的货物。货物数量不够一车，托运人要求在同一经路上两个或三个车站站内卸车，可装在同一货车内作为一批托运。货物虽然途中进行几次卸车，但其只是货物的减量不能视为分批。

按整车分卸办理的货物，除派有押运人外，托运人必须在每件货物上拴挂标记，分卸站卸车后，对车内货物必须整理，以防偏重或倒塌。

(2)站界内搬运和途中装卸

因特殊原因或当地没有合适的搬运工具，对按整车运输的货物，托运人可要求站界内搬运或途中装卸。

站界内搬运和途中装卸的办理条件是：按整车运输的货物，经月度要车计划核准后，可在铁路局自局管内办理。但危险货物不得办理。

站界内搬运是指在站界内铁路营业线上或站线与专用线之间的运输。途中装卸是指在两个车站之间的区间或在不办理货运营业的车站装卸车。

途中装卸的发站或到站，可根据托运人要求，以装卸车地点的前方或后方办理货运业务的车站为发到站。途中装卸车的组织工作，由托运人或收货人负责。但车站应派人至装卸车地点进行防护和检查装卸车堆放货物的安全距离是否符合要求。

站界内搬运或途中装卸，只按规定核收运费，不另收取送车费。

2. 零担货物运输

不够整车运输条件的，按零担托运。按零担托运的货物，一件体积最小不得小于0.02m^3(一件重量在10kg以上的除外)，每批不得超过300件。

下列货物，由于性质特殊，或需特殊照料，或受铁路现有设备条件的限制，尽管不够整车运输条件，也不得按零担托运：

(1)需要冷藏、保温或加温运输的货物；

(2)规定限按整车办理的危险货物；

(3)易于污染其他货物的污秽品(例如未经过消毒处理或使用密封不漏包装的牲骨、湿毛皮、粪便、炭黑等)；

(4)蜜蜂；

(5)不易计算件数的货物；

(6)未装容器的活动物(铁路局规定在管内可按零担运输的除外)；

(7)一件货物重量超过2t，体积超过3m^3或长度超过9m的货物(经发站确认不致影响中转站和到站装卸车作业的除外)。

为了提高铁路运输市场份额，进一步提高市场竞争力，中国铁路总公司推出零散快运和批量零散业务，在指定车站间办理。

3. 集装箱运输

集装箱是一种现代化运输设备，使用集装箱进行的货物运输，称为集装箱运输。集装箱适用于运输精密、贵重、易损、怕湿的货物。凡适箱货物均应采用集装箱运输。

4. 准、米轨间直通运输

我国铁路线路主要是标准轨距，但昆明局管内还有部分米轨铁路。为了方便物资运输，减少托运人或收货人在运输途中的作业手续，铁路还开办了整车货物准、米轨间直通运输，即使用一份运输票据，跨及准轨与米轨铁路，将货物从发站直接运送至到站。

5. 国铁与地方铁路间直通运输

国铁与地方铁路间直通运输指国家铁路与地方铁路间货物一票直通的运输。办理直通运输的车站，国铁为由中国铁路总公司公布在《货物运价里程表》内办理货运业务的正式营业车站；地方铁路为经地方铁路局提出报接轨站所在国铁铁路局同意后，由中国铁路总公司在《铁路客货运输专刊》公布的车站。

二、一批

1. 一批的概念

一批是铁路承运货物和计算运输费用的一个单位，是指使用一张货物运单和一份货票，按照同一运输条件运送的货物。

2. 按一批办理的条件

按一批托运的货物，必须托运人、收货人、发站、到站和装卸地点相同（整车分卸货物除外）。按运输种类的不同，一批的具体规定是：

（1）整车货物以每车为一批；跨装、爬装及使用游车的货物，每一车组为一批。

（2）零担货物或使用集装箱运输的货物，以每张货物运单为一批。

3. 按一批办理的限制

由于货物性质各不相同，其运输条件也不一样。为保证货物安全运输，规定下列货物不得按一批托运：

（1）易腐货物与非易腐货物。

（2）危险货物与非危险货物（另有规定者除外）。

（3）根据货物的性质不能混装运输的货物，如液体货物与怕湿货物，食品与有异味的货物，配装条件不同的危险货物等。

（4）按保价运输的货物与不按保价运输的货物。

（5）投保运输险货物与未投保运输险的货物。

（6）运输条件不同的货物，如需要卫生检疫证的货物与不需要卫生检疫证的货物，海关监管货物与非海关监管货物，不同热状态的易腐货物等。

上述不能按一批托运的货物，在特殊情况下，经铁路局承认也可按一批托运。

三、货物的快速运输

为加速货物运输，提高货物运输质量，适应市场经济的需要，铁路开办了货物快速运输（简称快运），在全路的主要干线上开行了快速货物列车。

货物快速运输，分为托运人要求按快运办理和必须按快运办理两种。

1. 托运人要求按快运办理的货物

托运人托运的整车、集装箱、零担货物，除不需按快运办理的煤、焦炭、矿石、矿建等品类的货物外，托运人要求按快运办理时，经铁路运输企业同意，可按快运办理。

2. 必须按快运办理的货物

凡是符合下列 3 个条件的货物，必须按快运办理：

（1）发站是《快运货物运输办法》中规定的郑州、上海、南昌局与广铁（集团）公司（以下统称铁路局）所辖的有关车站。如郑州局的许昌、驻马店、信阳、孝感等车站，广州局的岳阳、长沙北、株洲、衡阳等车站，上海局的新龙华、嘉兴、金华、义乌、绍兴等车站，南昌局的鹰潭、向塘等车站。

（2）到站是深圳北站。

（3）办理的货物是整车鲜活货物。

托运人托运按快运办理的货物应在月度要车计划表内用红色戳记或红笔注明“快运”字样。经批准后，向车站托运货物时，须提出快运货物运单，车站填写快运货票。

车站对办理的零担快运货物，应在票据封套上加盖横式带边红色“快运”戳记。

四、货物运到期限

1. 货物运到期限的概念

货物运到期限是铁路将货物由发站运至到站的最长时间限制，是根据铁路现有技术设备条件和运输工作组织水平确定的，也是铁路承运部分货物的根据。

货物运到期限是铁路运输合同的重要内容，是对铁路运输企业的要求和约束，也是对托运人或收货人合法权益的保护。铁路应当尽量缩短货物的运到期限，对因铁路责任超过货物运到期限的要负违约责任。

2. 货物运到期限的计算

货物运到期限由货物发送期间、运输期间和特殊作业时间3部分组成。其具体规定如下：

(1)货物发送期间：1d。

(2)货物运输期间：运价里程每250km或其未满为1d；按快运办理的整车货物，运价里程每500km或其未满为1d。

(3)特殊作业时间：

①整车分卸货物，每增加一个分卸站，另加1d。

②准、米轨间直通运输的整车货物，另加1d。

上述特殊作业时间应分别计算，当一批货物同时具备几项时，应累计相加计算。货物的实际运到日数，从货物承运次日起算，在到站由铁路组织卸车的，至卸车完了时终止；在到站由收货人组织卸车的，至货车调到卸车地点或交接地点时终止。

货物运到期限，起码为3d。

托运易腐货物或“短寿命”放射性货物时，应记明容许运输期限。货物的容许运输期限至少须大于货物运到期限3d方可承运。

3. 货物运到逾期

所谓运到逾期，是指货物的实际运到日数超过规定的运到期限，这是一种违约行为。

(1)逾期违约金的支付

若货物运到逾期，则铁路应向收货人按运费的一定比例支付违约金，下同。违约金支付比例见表1-1。

运到逾期违约金比例(一)　　表1-1

<table>
<tr><th>运到期限
逾期总日数</th><th>1日</th><th>2日</th><th>3日</th><th>4日</th><th>5日</th><th>6日以上</th></tr>
<tr><td>3日</td><td>15%</td><td colspan="5">20%</td></tr>
<tr><td>4日</td><td>10%</td><td>15%</td><td colspan="4">20%</td></tr>
<tr><td>5日</td><td>10%</td><td>15%</td><td colspan="4">20%</td></tr>
<tr><td>6日</td><td>10%</td><td>15%</td><td>15%</td><td colspan="3">20%</td></tr>
<tr><td>7日</td><td>10%</td><td>10%</td><td>15%</td><td colspan="3">20%</td></tr>
<tr><td>8日</td><td>10%</td><td>10%</td><td>15%</td><td>15%</td><td colspan="2">20%</td></tr>
<tr><td>9日</td><td>10%</td><td>10%</td><td>15%</td><td>15%</td><td colspan="2">20%</td></tr>
<tr><td>10日</td><td>5%</td><td>10%</td><td>10%</td><td>15%</td><td>15%</td><td>20%</td></tr>
</table>

货物运到期限在11d以上,发生运到逾期时,按表1-2规定计算违约金。

运到逾期违约金比例(二) 表1-2

逾期总日数占运到期限天数	违约金	逾期总日数占运到期限天数	违约金
不超过1/10时	运费的5%	超过3/10,但不超过5/10时	运费的15%
超过1/10,但不超过3/10时	运费的10%	超过5/10时	运费的20%

快运货物超过运到期限,按表1-3退还货物快运费。

退还货物快运费比例 表1-3

发到站间运输里程	超过运到期限天数	退还货物快运费	发到站间运输里程	超过运到期限天数	退还货物快运费
1801km以上	1d	30%	1201~1800km	1d	50%
	2d	60%		2d以上	100%
	3d以上	100%	1200km以下	1d以上	100%

快运货物运到逾期,除按表1-3规定退还快运费外,货物运输期间按每250km运价里程或其未满为1d,计算运到期限超过时,还应按上述规定,向收货人支付违约金。

(2)不支付违约金的货物

①超限、限速运行和免费运输的货物以及货物全部灭失。

②从铁路发出催领通知的次日起(不能实行催领通知或会同收货人卸车的货物为卸车的次日起),如收货人在2d内未将货物领出,即失去要求铁路支付违约金的权利。

(3)货物滞留时间

货物在运输过程中,由于下列原因之一造成的滞留时间,应从实际运到日数中扣除:

①因不可抗力的原因引起的。

②由于托运人的责任致使货物在途中发生换装、整理所产生的。

③因托运人或收货人要求运输变更产生的。

④其他非承运人的责任发生的。

上述情况均为非承运人原因造成的滞留,发生滞留的车站,应在货物运单"承运人记载事项"栏内记明滞留时间和原因。到站应将各种情况所发生的滞留时间加总,加总后不足1d的尾数进整为1d。

任务三　认识铁路货物运输合同

任务单

任务名称	认识铁路货物运输合同
知识目标	(1)了解铁路货物运输相关法律法规; (2)了解铁路货物运输合同的特征及文件形式; (3)了解铁路货物运输合同的内容、变更、解除、履行和违约责任的划分
能力目标	(1)能够说明铁路货运运输合同订立的方式; (2)会为托运的一批货物填写货物运单
任务描述	根据托运人托运货物时间的延续性,判断双方应签订何种形式的合同,双方应该履行哪些义务。会填写运单,在给定的条件下,判断合同能否变更或取消

任务要求	(1)分析不同货物运输合同形式的适用对象； (2)分析合同变更或解除的适用条件； (3)分析合同违约情况下责任划分的规定； (4)判定适用的合同形式，能否办理变更或解除，违约后责任的承担； (5)填写货物运单

相关理论知识

一、铁路货物运输合同

1.铁路货物运输合同的概念

铁路货物运输合同是铁路承运人将货物从起运地点以铁路运输的方式，运输到约定地点，托运人或者收货人支付运输费用的合同。按《铁路货物运输合同实施细则》的规定，托运人利用铁路运输货物，应与承运人签订货物运输合同。

2.铁路货物运输合同的特征

(1)铁路货物运输合同的标的是铁路运送货物的行为。

(2)铁路货物运输合同具有特殊的合同主体。该特征体现在如下两个方面：一是合同的一方当事人是固定的，即必须是铁路运输企业；二是合同的主体不限于铁路运输企业和托运人双方，经常出现第三方，即收货人。因此，合同往往是三方面的权利义务关系。

(3)铁路货物运输合同采用标准合同的形式。所谓标准合同是指由订立同类合同的当事人印制的、具有固定式特定条款内容的标准文本，双方当事人只需填写其中的空项。

(4)运输费用由国家定价。

(5)货物运输合同的履行以交付货物给收货人为履行完毕。

3.铁路货物运输合同的合同文件

按季度、半年度、年度或更长期限签订的整车大宗物资运输合同并须提出月度要车计划表，其他整车货物可用月度要车计划表作为运输合同，交运货物时还须向承运人递交货物运单。

零担货物和集装箱货物，以货物运单作为运输合同。货物运单的格式见表1-4。

铁路货物运单应载明下列内容：

(1)托运人、收货人名称及详细地址；

(2)发站、到站及到站的主管铁路局；

(3)货物名称；

(4)货物包装、标志；

(5)件数和重量(包括货物包装重量)；

(6)承运日期；

(7)运到期限；

(8)运输费用；

(9)货车类型和车号；

(10)施封货车和集装箱的施封号码；

(11)双方商定的其他事项。

表 1-4

货　物　运　单

货物约定于：　年　月　日交接　　　成都铁路局　　　承运人/托运人装车

货位：　　　货物运单　　　承运人/托运人施封

号码：　　　托运人—发站—到站—收货人

运到期限：　　日　　　运单号：　　　货票号：

发站		专用线名称		专用线代码		车种车号	
到站(局)		专用线名称		专用线代码			
托运人	名称					货车标重	
	地址			邮编			
	经办人姓名		经办人电话	Email		货车施封号码	
收货人	名称						
	地址			邮编		货车篷布号码	
	经办人姓名		经办人电话	Email			
选择服务	□门到门运输；	□上门装车	□上门卸车	取货地址			
	□门到站运输；	□上门装车					
	□站到门运输；	□装载加固材料	□上门卸车	取货联系人		电话	
	□站到站运输；	□装载加固材料		送货地址			
	□保价运输						
	□仓储			送货联系人		电话	

货物名称	件数		集装箱箱型	集装箱箱号	集装箱施封号	货物价格	托运人填报重量(kg)	承运人确定重量(kg)
合计								
托运人记载事项				承运人记载事项				

托运人盖章或签字	发站承运日期戳	承运货运员签章	到站交付日期戳	交付货运员签章
年　月　日	年　月　日	年　月　日	年　月　日	年　月　日

注：本单不作为收款凭证，托运人签约须知和收货人领货须知见领货凭证背面。托运人自备运单的认为已确知签约须知内容。

二、铁路货物运输合同的订立

1. 要约与承诺

《合同法》规定，当事人订立合同，采取要约、承诺方式。

(1)要约

要约是指希望和他人订立合同的意思表示。要约是订立合同的重要程序。发出要约的是要约人，接受要约的称为受要约人。该意思表示应当符合下列规定：

①内容具体确定；

②表明经受要约人承诺，要约人即受该意思表示约束。

铁路货物运输中，托运人向铁路提出运单托运货物即为要约。托运人是要约人，铁路是受要约人。

(2)承诺

承诺是指受要约人同意接受要约人全部条件以缔结合同的意思表示。承诺的法律效力在于一经承诺并送达于要约人，合同便宣告成立。

铁路货物运输中，车站受理托运人提出的货物运单、验收货物并核收运费、办理承运手续，即为承诺。

2. 合同的成立

《合同法》规定，承诺通知到达要约人时生效。承诺生效时合同成立。合同成立，托、承双方就应履行自己的权利和义务了。铁路货物运输中，车站承运货物，加盖车站承运日期戳，并将领货凭证返还托运人，合同即宣告成立。

三、铁路货物运输合同各方的权利和义务

1. 托运人的权利和义务

(1)权利

有权要求铁路运输企业按照合同约定的期限和到站将货物完整无损地运达约定地点，交给收货人；由于铁路运输企业的责任造成货损、货差或逾期运到时，有权要求承运人支付违约金、赔偿金。

(2)义务

按照货物运输合同约定的时间和要求向铁路运输企业交付托运的货物；按规定向铁路运输企业支付运费杂费，按国家规定包装标准或行业包装标准的要求包装货物；合同约定自行装货时，按照作业规程按时完成装车作业；如实填报货物运单和物品清单。

2. 承运人的权利和义务

(1)权利

有权依照合同规定，向托运人收取运费、杂费；有权对所承运货物的品名、重量、数量进行检查；由于托运人或收货人的责任，给铁路运输企业造成财产损失的，有权要求托运人或收货人赔偿；有权对逾期无法交付的货物按规定处理。

(2)义务

将承运的货物按照合同规定的期限完整、无损地运至到站；因承运人责任造成货损、货差时，有义务承担赔偿责任。

3. 收货人的权利和义务

(1)权利

依据托运人交付的领货凭证或能够证明其收货人身份的证明文件,有权领取货物;领取货物时,发现运单与实际不符合,有权查询;发现货物短少、损坏的,有权要求赔偿。

(2)义务

及时领取货物,逾期领取的,有义务向铁路运输企业交付保管费;有义务支付托运人未付或少付的运费和其他费用。

四、铁路货物运输合同的履行

货物运输合同生效后,承、托双方应当按照合同的约定履行自己的义务。

1. 完全履行

按照合同的全面履行原则,承、托双方应当按照合同的约定全面履行自己的义务。承运人应在运到期限内将货物安全、完整地运到约定地点,并及时通知收货人领取货物,方为完全履行义务。托运人则应当向承运人准确表明收货人的名称、货物名称、性质、重量、数量、收货地点等必要情况,并且当货物运到后,收货人应及时提货,方为完全履行义务。

2. 不完全履行

如果承、托双方未能按前述要求全面履行自己的义务,则为不完全履行义务。例如,承运人虽将货物运至到站,却发生了丢失、损坏等事故,或收货人在接到催领通知后不及时领取货物,均属不完全履行义务。

五、铁路货物运输合同的变更和解除

当事人协商一致,可以变更、解除合同。

在承运人将货物交付收货人之前,托运人可以要求承运人终止运输、返还货物、变更到达地或者将货物交给其他收货人,但应当赔偿承运人因此受到的损失。

六、铁路货物运输合同的违约责任

当事人一方不履行合同义务或者履行合同义务不符合约定的,应当承担继续履行、采取补救措施或者赔偿损失等违约责任。

当事人双方都违反合同的,应当各自承担相应的责任。承运人对运输过程中货物的毁损、灭失承担损害赔偿责任,但承运人证明货物的毁损、灭失是因不可抗力、货物本身的自然性质或者合理损耗以及托运人、收货人的过错造成的,不承担损害赔偿责任。

七、铁路货物运输合同的争议处理

当事人可以通过和解或者调解解决合同争议。

当事人不愿通过和解、调解或者调解不成的,可以根据仲裁协议向仲裁机构申请仲裁。涉外合同的当事人可以根据仲裁协议向中国仲裁机构或者其他仲裁机构申请仲裁。

当事人没有订立仲裁协议或者仲裁协议无效的,可以向人民法院起诉。当事人应当履行发生法律效力的判决、仲裁裁决、调解书;拒不履行的,对方可以请求人民法院执行。

复习思考题

1. 铁路货物运输的基本任务有哪些？
2. 我国有哪些铁路运输干线？
3. 铁路货物运输的发展方向是什么？
4. 铁路货运工作依据的主要法规有哪些？它们之间有何关系？
5. 铁路货物运输的种类是如何划分的？
6. 哪些货物不得按零担托运？
7. 整车运输的特殊形式有哪些？各有何限制条件？
8. 何谓一批？一批的条件和限制有哪些？
9. 何谓货物快速运输？哪些货物必须按快运办理？
10. 可谓运到期限？运到期限有何意义？如何计算？
11. 什么叫铁路货物运输合同？其文件形式有哪些？
12. 什么是铁路货物运输合同的成立？
13. 何谓运输合同的变更？有哪些限制条件？

项目二　组织整车货物运输

任务一　整车货物作业程序

任务单

任务名称	绘制整车货物作业程序图
知识目标	(1)熟悉整车货物运输计划的含义和内容; (2)熟悉货运计划的编制程序
能力目标	(1)学会对货运计划订单的审核; (2)学会货运计划的编制; (3)掌握整车货物作业的程序
任务描述	根据所学知识,参考《货运检查作业标准》(TB/T 2116.2—2005),绘制出铁路整车货物作业程序图
任务要求	(1)分析货运计划的含义和内容; (2)归纳货运计划的编制程序; (3)归纳整车货物作业的程序; (4)绘制和填写整车货物作业程序图

相关理论知识

铁路货物运输计划是运输任务有序完成的基本保证。整车货物运输过程主要分为发送、途中、到达三个阶段。其中发送作业主要包括托运、受理、进货、验收、装车、制票、承运等环节;途中作业主要包括货物的交接、检查,整理换装,运输变更,整车分卸及运输阻碍的处理等;到达作业主要包括重车和货运票据的交接,货物的卸车、保管、交付等。

一、整车货物运输计划

1. 货运计划的含义

铁路货物运输计划(简称货运计划)是对铁路货物运输的具体组织和安排,是铁路为企业及货主服务的重要环节,是编制技术计划和其他运输生产计划的依据,是铁路日常运输组织工作的重要组成部分,也是实现运输效益最大化和社会效益最大化的重要途径。

2. 货运计划的任务

货运计划管理的主要任务是:组织开发货源,分析研究市场,受理和审批铁路货物运输服务订单(以下简称订单),编制货运计划,掌握装车信息,充分发挥运输工具的效能,完成运输生产任务,实现铁路生产经营目标;根据党和国家的经济政策和运输政策,以及市场供求变化,正确安排各种货物的运量,确保重点物资运输,追求最佳的经济效益,最大限度地满足国民经济发展的需要。

3. 货运计划的管理原则

货运计划的管理原则是：以市场为导向，组织货源、方便货主、兑现承诺；以提高运输效率、效益和管理水平为目标，实现计划运输、合理运输和直达运输；以综合平衡为手段，体现确保重点兼顾一般的运输原则，实现均衡运输。

中国铁路总公司根据国家宏观调控政策和市场需求情况，对国家有关部门提出的重点运输进行综合平衡。统筹安排，科学合理地确定公司的重点运输计划。

中国铁路总公司重点运输计划包括：国家指令性应急运输计划、军运计划、发局别重点品类别装车计划，发局别重点客户别装车计划及跨局“五定”班列、大客户直达列车和其他大宗货物直达列车开行计划。

4. 货运计划的内容

货运计划应按品类别进行编制，按其编制期限可分为长远计划(5 年或 10 年)、年度计划和月度计划。

货运计划编制的主要内容包括：

(1)全路品类别的发、到铁路局运量计划。

(2)国际联运各口岸品类别运量计划。

(3)主要港口水陆联运、外贸到港计划。

(4)通过困难区段运量计划。

(5)直达列车和成组装车计划。

(6)品类别静载重计划。

(7)重点托运人、重点物资运量计划。

(8)站段品类别装车计划。

5. 货运计划的编制程序

中国铁路总公司根据各铁路局建议和当前运输能力、运输任务完成情况及各项客观因素，每月下旬下达各铁路局次月货运任务和运输生产技术指标。主要包括：日均装车数，重点品类装车数，通过限制区段装车数，部分到局装车数，国际联运计划、水陆联运和重点物资装车计划，使用车去向，各分界口别交接车和排空车数，各局运用车数和周转时间等。中国铁路总公司还可根据当前的运输市场变化，随时调整上述指标。铁路局根据总公司下达指标作相应分配和安排。

(1)订单的提报

办理整车货物(包括以整车形式运输的集装箱)运输手续时，托运人应填写订单一式两份提报铁路部门。

(2)订单的受理与核实

车站货运计划人员应随时受理并认真核实订单。核实内容主要包括车站办理营业限制，托运人全称与印章是否一致，应填写的特征代码是否正确、齐全，车种、品名是否相符，货物品名是否规范，车数与重量、体积是否匹配，托运的货物是否违反政令限制，货源是否与提报订单的车数相符，填写内容是否齐全等。对托运人虚报、错报的，车站不予受理。

(3)订单的审定

订单审定是货运计划部门根据托运人的需求和铁路运输能力，对原提订单进行审定的工作过程。几经铁路运输的整车和以整车形式运输的集装箱必须经过订单审定，具有批准的计划号,否则视为无计划装车。

①订单审定方式分为集中审定、随时审定、立即审定和自动审定。

集中审定是指为编制次月月编计划,对每月19日前提报的次月订单进行定期审定。

随时审定是指对未列入月编计划的订单,进行随时受理随时审定。

立即审定是指对救灾抢险等必须迅速运输的特殊物资,根据受理人员输入的特定标志,由计算机系统立即赋予审定号码。

自动审定是指在规定的审定权限内,按去向、车种、车数和品类等内容组合设置自动审定条件,由计算机系统自动赋予审定号码。

②审定权限为中国铁路总公司、铁路局两级管理。

国际联运、水陆联运和到港货物运输以及国家指定的重点物资运输的订单,由中国铁路总公司负责审定。其余由铁路局确定。

(4)货运计划编制

货运计划分月编计划(集中审定订单)和日常计划(随时审定订单、立即审定订单和自动审定订单)相结合的审批办法。

①月编计划的编制

编制月度货运计划之前,车站、车务段要做好货源摸底核实工作,掌握吸引区内货源、生产和销售情况,在充分进行货源核实的基础上,提报原提运量。大客户的月度计划和日常补充计划通过铁路大客户计算机网络管理系统直接向铁路局提报,铁路局要优先受理。

②日常计划的编制

日常计划是月编计划的补充,根据运输需求及货源变化等情况,在日常计划中对订单采用随时审定的方式审定。大客户的月度计划和日常补充计划通过铁路大客户计算机网络管理系统直接向铁路局提报,铁路局要随时受理。

6. 直达运输和成组装车

直达运输和成组装车计划是月度货运计划的一个重要组成部分。

(1)直达运输

直达运输是按规定的牵引重量和长度,由装车站或编组站编成通过一个以上编组站(包括有作业的区段站)不进行改编的列车所进行的货物运输。

直达运输按组织地点和方式分为:装车地组织的始发直达列车运输和技术站组织的技术直达列车运输。从货运组织的角度,主要考虑装车地组织的始发直达列车运输。

(2)成组装车

成组装车是指一个车站装车5辆以上,连挂在一起,同一列车挂出,到达一个车站卸车的车组;如果条件不允许,可组织通过一个以上编组站不进行改编作业到达几个卸车站的车组。

成组装车可以减少编组站改编作业,减少装卸地点取送甩挂次数,加速车辆周转和缩短摘挂列车旅行时间。

二、整车货物作业程序

铁路为完成货物运输任务而进行的基本作业,主要是在车站进行的。按作业流程可分为发送作业、途中作业和到达作业。

根据货物运输流程,正确地进行货物运输是对货运人员最基本的要求。根据《货运检查作业标准》(TB/T 2116.2—2005),铁路整车货物作业程序,如图2-1所示。

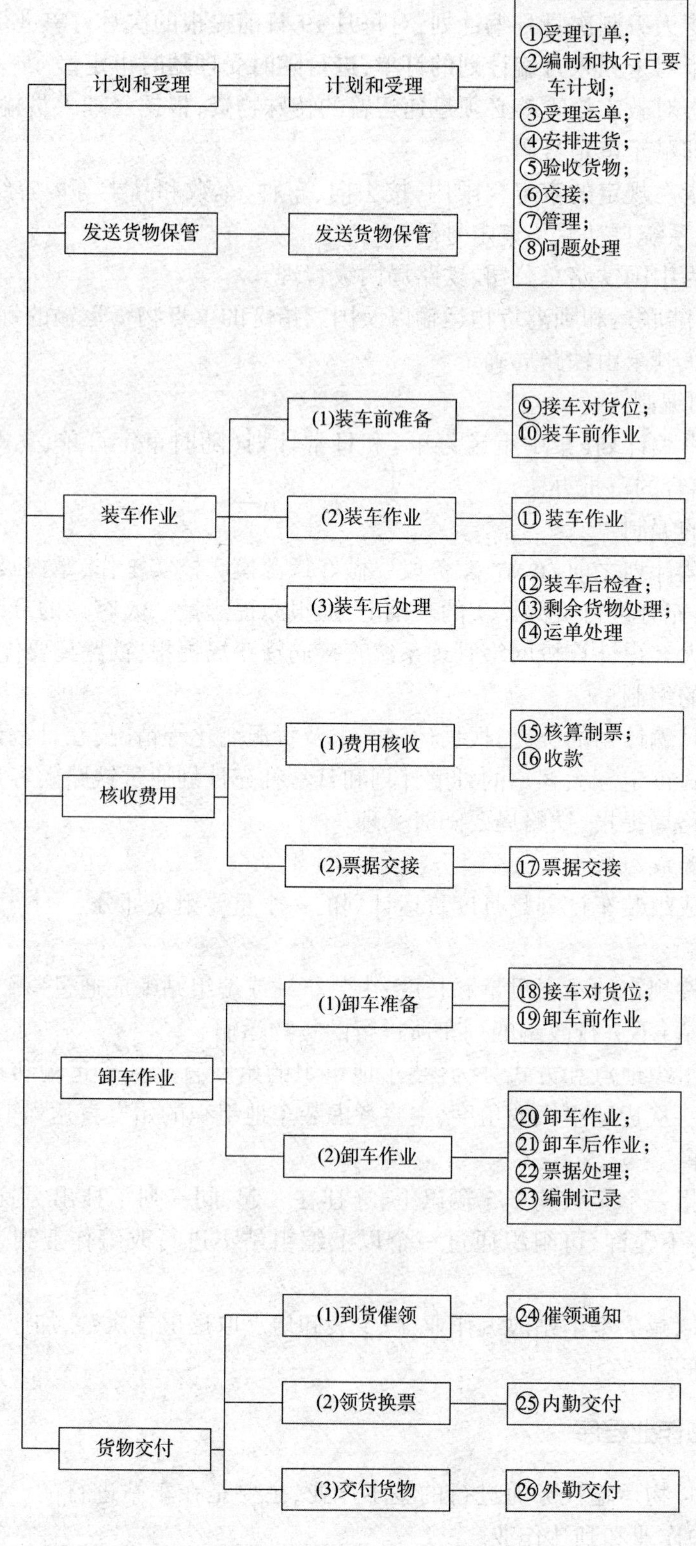

图2-1　整车货物作业程序

任务二　组织整车货物的发送作业

任务单

任务名称	组织整车货物的发送作业
知识目标	(1)熟悉整车货物发送技术作业的程序； (2)熟悉货物的托运、受理、进货、验收与保管的内容、流程和注意事项； (3)熟悉货物的装车要求和制票程序
能力目标	学会在实际工作中合理准确地组织整车货物的发送；能编制“货运工作日况报告附表”，合理调拨和使用列车
任务描述	组织整车货物的发送作业
任务要求	(1)绘制整车货物发送作业程序； (2)总结托运货物需要准备的证明文件； (3)归纳货物运单审查的主要内容； (4)总结货物验收的主要内容； (5)编制“货运工作日况报告附表”，请求配车； (6)归纳总结合理使用货车的原则； (7)说明货票各联的作用与特征

相关理论知识

货物在发站所进行的各项货运作业，统称货物的发送作业。它是铁路货物运输技术作业过程的开始阶段。

按整车办理的货物发送技术作业程序，如图 2-2 所示。

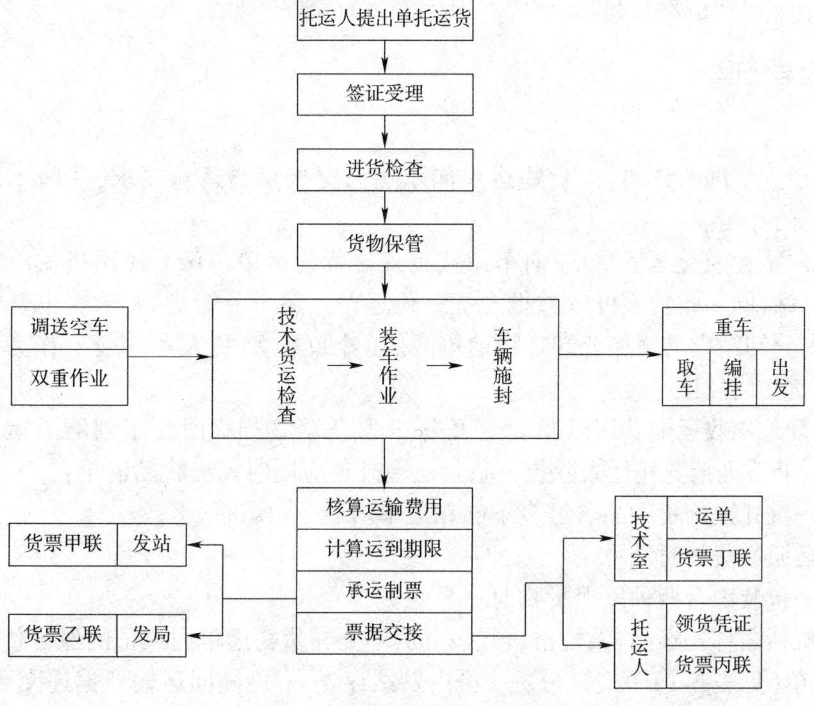

图 2-2　整车货物发送作业程序

一、货物在托运前的准备

为了保证货物在运输过程中的安全、完整,并充分利用货车的载重力和容积,托运人在托运货物以前,必须使货物符合下列要求。

1. 包装坚固

包装坚固是保证货物在运输中安全、完整的主要条件。因此,托运人托运货物时,货物的包装应符合"国家标准"的规定和中国铁路总公司的包装标准,对没有按包装标准规定的货物,应根据货物的性质、质量、运输种类、气候条件和运输距离采用适合运输要求的包装。

2. 标记清晰明显

为了建立货物与其有关的货运票据之间的联系,以及因某种原因造成票、货分离时能确认货物的所属和去向,托运人在托运零担货物时,必须在货物的两端标以清晰明显的标记(货签);对于运输和换装过程中需要特别注意的某些货物,托运人应根据货物的性质,按国家规定,在货物包装上做好运输包装储运图示标志,以便使有关人员在装卸、运输和保管过程中特别加以注意,保证货物和人身安全。

3. 备齐必要的凭证文件

托运人托运需要凭证明文件运输的货物时,托运前应事先备齐,以便与货物运单同时提出。

证明文件有下列几种:

(1)托运有运输限制的货物,应有中央及省、市、自治区的物资出境证明。

(2)托运规定的爆炸品,应有公安机关的运输证明。

(3)托运出口物资应有海关检疫手续及其他特殊情况的证明。

(4)托运某些动植物及其制品,应有卫生机关的检疫证明。

二、托运与受理

1. 托运

托运人根据批准的订单,以货物运单向承运人提出货物运输要求,并向承运人交运货物,称为货物的托运。

托运人向承运人交运货物,应向车站按批提出货物运单一份。使用机械冷藏车运输的货物,同一到站、同一收货人可以数批合提一份运单。整车分卸货物,除提出基本货物运单一份外,每一分卸站应另增加分卸货物运单两份(分卸站、收货人各一份),作为分卸站卸车作业和交付货物的凭证。

为了正确地核收运输费用以及发生灭失、损坏等货物损失时便于划清承运人与托运人之间的责任,遇下列情况托运人除提出货物运单外还应同时提出物品清单:

(1)按一批托运的货物品名过多不能在运单内逐一填记时。

(2)托运搬家货物时。

(3)同一包装内有两种以上货物时。

(4)以概括名称托运品名、规格、包装不同,不能在货物运单内填记的保价货物。

物品清单(见表2-1)一式三份。一份由发站存查,一份随同运输票据递交到站,一份退还托运人。

物品清单　　表2-1

发站＿＿＿＿＿＿　　货票第＿＿＿＿＿＿号

货物编号	详细内容			件数或尺寸	重量	价格
	货物名称	材质	新旧程度			

托运人盖章或签字＿＿＿＿年＿＿月＿＿日

托运人对其在货物运单和物品清单内所填记的事项负责,匿报、错报货物品名、重量时应按规定支付违约金。

2. 受理

车站对托运人提出的货物运单,经审查符合运输要求,在货物运单上签订货物搬入或装车日期后,即为受理。

(1)审查货物运单

车站受理托运人提出的货物运单时,应认真审查货物运单内填记的事项是否符合铁路运输条件。审查的主要内容有:

①货物运单各栏填写是否齐全、正确、清楚,领货凭证与运单是否一致。

②整车运输有无批准的计划号码,计划外运输有无批准命令。

③到站的营业办理限制(包括临时停限装)和起重能力。

④货物名称是否准确、是否可以承运。这关系到铁路运输货物的安全和运费的计算。

⑤需要的证明文件是否齐全有效。根据中央或省、市、自治区法令需要证明文件运输的货物,托运人应将证明文件与货物运单同时提出并在货物运单"托运人记载事项"栏注明文件名称和号码。车站在证明文件背面注明托运数量,并加盖车站日期戳,退还托运人或按规定留发站存查。

⑥有无违反一批托运的限制。

⑦托运易腐货物和"短寿命"放射性货物时,其容许运输期限是否符合要求。按规定托运易腐货物和"短寿命"放射性货物时,应记明货物的容许运输期限。容许运输期限至少须大于货物运到期限3d。

⑧需要声明事项是否在"托运人记载事项"栏内注明,例如派有押运人的货物,托运人应在"托运人记载事项"栏内注明押运人姓名、证明文件名称和号码。

(2)签证货物运单

货物运单经审查符合要求后,进行签证。

在站内装车者,在货物运单上签证计划号码、货物搬入日期及地点,将货物运单交还托运人,凭此搬入货物;在专用线装车者,在货物运单上签证计划号码和装车日期,将货物运单交指定的包线货运员,按时到装车地点检查货物。

三、进货、验收与保管

1. 进货

托运人凭车站签证后的货物运单,按指定日期将货物搬入货场指定的位置即为进货。

2. 验收

货场门卫人员和线路货运员对搬入货场的货物进行有关事项的检查核对,确认符合运输要求并同意货物进入场、库指定货位叫验收。验收时需要检查的内容主要有以下几项：

(1)货物运单上的品名、件数与现货是否相符,特别要防止在普通货物中夹带危险货物,对包装内容有疑问时,要会同托运人进行检查。

(2)货物的包装、状态和质量是否符合规定,标记是否齐全正确。

(3)对托运人确定的货物重量有疑问时,应进行抽查或全部复查。

货物重量不仅是铁路部门向托运人核收运输费用的依据,而且对保证货主的合法权利,充分利用货车载重量,防止货车超载,保证行车安全和货物完整都有着重要意义。因此,货物重量的确定必须准确。

(4)货物的运输包装和标志是否符合规定。

货物的运输包装是保证货物运输安全的主要条件,也是托运人应尽的义务之一。因此,托运人托运货物,应根据货物的性质、重量、运输种类、气候以及货车装载等条件,使用符合运输要求、便于装卸和保证货物安全的运输包装。

托运的货物,应按国家包装标准或中国铁路总公司包装标准(行业标准)进行包装。对没有统一规定包装标准的,车站应会同托运人研究制定货物运输包装暂行标准,共同执行。对于需要试运的货物运输包装,除另定者外,车站可与托运人商定条件组织试运。

货物的运输包装不符合要求时,应由托运人改善后承运。

某些在运输和装卸过程中需要特别注意的货物,托运人应根据货物的性质,按照国家标准,在货物包装上做好包装储运图示标志。

(5)货物的标记(货签)是否齐全、正确。货签是将货件与货物运单相联系的纽带,是保证货物正确运输的重要手段,在运输过程中具有重要作用。货物标记是一种指示标记,其记载内容必须与运单对应栏目记载相符。

(6)装载整车货物所需的货车装备物品或加固材料是否齐全。装载整车货物所需的货车装备物品或货物加固材料均由托运人准备,并应在货物运单“托运人记载事项”栏内记明其名称和数量,在到站连同货物一并交付收货人。

3. 保管

托运人将货物搬入车站,经验收完毕后,一般不能立即装车,需在货场内存放,这就产生了保管的问题。货物验收完毕以后,对实行承运前保管的整车货物,车站从收货完毕起即负保管责任。对于进齐的货物,车站应及时组织装车。整车货物可根据协议进行保管。

四、货物装车作业

货物的装车作业,是铁路货运工作的重要环节之一。正确地组织装车作业,可以防止货物损失的发生和保证货物的完整;可以最有效地利用货车的载重力及容积;还可以缩短装车作业时间,加速车辆周转。因此,合理地使用货车,周密地组织劳动力和装卸机具,切实执行规章制度和标准作业过程,对于顺利完成装车作业都具有重要意义。

1. 编制“货运工作日况报告附表”,请求配车

日要车数(请求车)是编制日班计划的基础,也是日常货运工作的依据。货运值班员(或计划货运员)应根据当日10点前已经进齐的货物(或虽未进齐但足以能在12点前上报铁路局货运调度员),编制“货运工作日况报告附表”,请求配车。

提出请求车的货物必须是：

(1)符合旬间日历装车计划的货物。

(2)需要补装的货物。

(3)按照上级指示或规定不受旬计划限制,必须紧急运输的货物。

(4)适应市场经济需要,并经有关机构批准的临时产生的货物。

此外,对上日已提出要车,由于铁路部门责任未装出的货物,应继续提报,直到货物装出;对重点物资及直达、成组、轻重配装运输的货物,在“运货五”中应注明。

2. 货车的使用

货车是铁路货物运输的主要工具,使用是否正确,直接影响行车安全、货物质量、车辆完整以及车辆运用效率。合理使用车辆的原则是:车种适合货种,车吨配合货吨。因此,承运人应按照运输合同中托运人的要求,并参照装运货物的数量、性质、形状来选择配拨车辆。如无适当的车辆配拨时,在征得托运人同意、保证货物和车辆安全,以及装卸作业方便的条件下,车辆可以代用,但必须经有关部门承认。铁路货车的主要类型及其适用范围,如表 2-2 所示。

铁路货车主要类型表 表 2-2

主要类型	棚车			敞车					其他								
包括范围	棚车	通风车	零担宿营车	敞车	煤车	矿石车	平车	砂石车	罐车	冷藏车	家畜车	集装箱车	长大货物车	特种车	散装水泥车	其他各种货车	守车
基本记号	P	F	SLP	C	M	K(K_{15}除外)	N	A	G	B	J	NJ	D	T	U60 K15		S
主要用途	装运较贵重和怕湿损等货物	装运蔬菜鲜果等货物	快零列车货运员办公休息车	装运一般货物	装运煤炭	装运矿石	装运钢轨等长大货物	装运砂石	装运轻油、粘油、润滑油等液体货物	装运保持一定温度的货物	装运家畜、家禽	装运集装箱	装运长大货物	如事故救援车	装运散装水泥		供货运列车车长或其他人员办公用

3. 货物的装车作业

(1)装(卸)车作业的责任范围

在车站公共装卸场所进行装(卸)车的货物,考虑到有良好的装卸设备和完善的作业制度,一般由承运人负责;在其他场所进行装(卸)车的货物,由托运人或收货人负责。

对一些在装(卸)车作业中所需要特殊设备、工具或技术的货物,即使在铁路公共装卸场所进行装(卸)车作业,仍应由托运人或收货人负责组织。这些货物包括:罐车运输的货物、冻结的易腐货物、未装容器的活动物、蜜蜂、鱼苗、一件重量超过 1t 的放射性同位素及需要人力装卸带有动力的机械和车辆。另外,气体放射性物品、尖端保密物资、特别贵重的工艺品、展览品的性质特殊的货物,如托运人或收货人要求自己负责装(卸)车时,经承运人同意也可按其要求办理。

前述铁路公共装卸场所,主要指铁路货场;其他场所,主要指专用铁路和铁路专用线。对于在专用铁路、铁路专用线由托运人或收货人组织装(卸)车的货物,车站应在货车调到前,将调到时间通知托运人或收货人。托运人或收货人装(卸)的货车,超过规定的装(卸)车时间标准或规定的停留时间标准的,承运人应向托运人或收货人核收规定的货车延期使用费。

(2)货车的拨配和检查

货车是铁路运输货物的主要工具,其使用是否正确、合理,对于车辆完整、货物和行车安全及货车载重量的利用效率都有很大影响。

车种适合货物是合理使用货车的原则,具体应做到以下几点:

①铁路应根据货物的性质、重量、形状和托运人的要求拨配适当的货车,如无适当货车拨配,在征得托运人同意,并保证货物安全、货车完整和装卸作业方便的条件下可以代用。货车代用时必须遵守承认代用的批准权限,并符合《铁路货物装载加固规则》中"货车使用限制表"(见表2-3)的规定。

②保密物资、涉外物资、精密仪器、展览品能用棚车装载的,必须使用棚车,不得用其他货车代用。

③装运活鱼、家禽、家畜时,不得使用无窗棚车,以防畜类窒息。装运牛、马、驴、骡等大牲畜时,不得使用铁地板货车,以防牲畜打滑移动甚至摔倒,形成偏重而导致行车事故或牲畜碰伤。

④装运特殊条件下运送的货物,如阔大货物、危险货物或易腐货物等,应使用规定要求的货车。

为了保证货物的运输质量,装车前对拨配的车辆必须进行检查。其具体检查的内容有:车体是否完好;棚车门窗及罐车车阀盖能否关严,开启是否灵活,插销是否有效,囱盖及锁闭装置是否齐全、有效;有无扣修通知和通知限行;车内是否干净,是否被毒物污染;装载食品、活动物时,还应检查车厢内有无恶臭气味。

货车使用限制表 表2-3

序号	限制条件 车种 / 货物名称	棚车	敞车	底开车门	有端侧板平车	无端侧板平车	有端板无侧板平车	铁底板平车	公用车	备注
1	散装的煤、灰、焦炭、砂、石、土、矿石、砖	×				×	×	×	×	无端侧板平车或有端侧板(渡板)无侧板平车(共用车除外),在使用挡板或荆(竹)笆做围挡并安有支柱时,可装运煤、灰、砂、石、土、砖
2	金属块			×		×	×	×	×	无端侧板平车或有端侧板(渡板)无侧板平车(共用车除外),在使用围挡并有支柱时,可装运散装的金属片
3	空铁桶				×	×	×	×	×	应加固并外罩绳网
4	木材				×	×	×	×	×	原木不得使用棚车装运
5	集装箱	×		×				×		1t集装箱可装棚车
6	超长货物	×	×	×				×		
7	超限货物	×		×				×		
8	钢轨	×		×				×		
9	组成的机动车辆	×	×	×				×		组成的摩托车,手扶拖拉机及小型车辆可以使用棚车,在到站有起重能力时,可使用敞车

(3)货车的装载要求

装车作业无论是由托运人组织还是由承运人组织,都必须巧装满载,以充分利用货车的载重量。

货车装载量不得超过货车容许载重量。货车容许载重量一般为货车标记载重量,但根据规定允许增载的货车应加上允许的增载量。由于货物包装、防护物重量影响净重或机械装载不易计算件数的货物,装车后减吨确有困难时,可以多装,但不得超过货车标记载重量的2%。托运人组织装车的整车货物,装载超过货车规定的容许载重量的,除应补收运费外,还应按规定核收违约金。

货物装载的高度和宽度,除超限货物有特殊规定外,均不得超过机车车辆限界或特定区域装载限界。超过时,必须进行整理,符合要求才能编入列车。此外,货物的装载位置、重心位置、捆绑加固等事项也必须符合有关规定。

装运重量较大的货物,一件货物的重量不得超过到站的最大起重能力;需要中转才能运至到站的,还不得超过中转站的最大起重能力。一件货物重量超过有关车站最大装卸能力时,应与有关站协商后才能装车。

(4)装车作业

①装车前检查。货运员根据货运调度员下达的装车计划,在装车前应认真做好待装货物、货运票据和货车的检查工作。

a. 货物运单检查。核对运单记载的到站有无停装和限装命令;核对托运人要求的车种、车吨与计划表上记载的车种、车吨是否相符;对轻重配装和整车分卸的货物,要检查其到站顺序是否合理;零担货物配装的中转站是否符合零担车组织计划的规定;货物运单内托运人有无特别记载事项。

b. 货物检查。按照运单记载内容对待装货物进行检查。检查货物的品名、件数和堆码货位号码与运单记载是否相符;托运人记载事项与货物实际状况是否相符;加固材料、加固装置及装车备品是否齐全,符合要求;如同一货位或相邻货位上有易于混淆的货物时,应分别做出标记符号,防止误装。

c. 车辆检查(如前述)。

②货物的装车。货运员在装车作业开始前,应向装车工组传达要求和注意事项。作业开始后,应与装车工组密切配合,努力改进装载技术,巧装满载,充分利用货车的载重力和容积,并充分注意装卸安全。堆码稳固,并认真清点件数,防止漏装和误装。

③装车后的工作。除应再度检查货物装载情况是否符合要求或进行必要的整理、加固外,还应做好检查货位,正确施封,完好无误地填记和使用货运票据封套、货车装载清单、回送清单和货车标记牌等工作。最后,应妥善整理运送票据并移交车站运转部门。货物运送票据随货车传递至到站。

(5)货车和集装箱施封

货车施封是指为保证货物安全与完整,并便于交接和划分运输责任,而使用施封锁、环等对装车后的棚车和冷藏车的车门及罐车的注、排油口采取的加封措施。使用集装箱运输货物时,对集装箱也应施封。

使用棚车、冷藏车、罐车、集装箱运输的货物,由组织装车和装箱单位在货车或集装箱上施封。货车和集装箱施封是货物(车)交接、划分运输责任的一项手段,在货物运输过程中,通过观察、检查施封状态可判明货物是否完整,从而达到划分铁路与托运人以及铁路内部各部门间对货物运输安全应负责任的目的。

派有押运人的货物,需要通风运输的货物以及组织装车单位认为不需施封的货物(集装箱运输的货物除外),可以不施封。

托运人委托承运人代封时,托运人应在货物运单上注明“委托承运人施封”字样,由承运人以托运人责任施封,并核收施封作业费。

施封的货车或集装箱,应在运单、票据封套和货车装载清单上记明。使用施封锁、施封环或带号码的封车钳子施封,应记明施封号码。

4. 制票与承运作业

整车货物在装车完毕以后,零担货物在进货完毕以后,托运人应向车站货运室交付运输费用。所谓制票作业,系指根据货物运单填制货票。货票是一种财务性质的货运票据。它是铁路清算运输费用、确定货物运到期限、统计铁路完成的运输工作量及确定货运进款和运送里程以及计算有关货运工作指标的依据。

货票一式四联,甲联由发站存查;乙联由发站送交发局,作为报告用,是各项统计工作的依据;丙联为承运证,发站收清运输费用交托运人报销用;丁联作为运输凭证,由发站随货物递至到站存查。制票后,向托运人收款,在运单及货票上加盖发站承运日期戳,并将领货凭证及货票丙联交给托运人。将运单及货票丁联折叠整齐,填记票据移交簿办理移交。货票是有价证券,必须妥善保管,不得遗失。

承运是铁路负责运输货物的开始。零担货物由发站接收完毕,整车货物装车完毕并核收运费后,发站在货物运单上加盖站名日期戳时起,即为承运。承运表示铁路开始对托运人托运的货物承担运输义务,并负运输上的一切责任。它标志货物正式进入运输领域,是货物运输技术作业过程中具有决定意义的一个环节,也是承运人对托运人履行经济合同的一个重要标志。

任务三　组织整车货物的途中作业

任务单

任务名称	组织整车货物的途中作业
知识目标	(1)熟悉整车货物途中作业的形式和途中检查作业程序; (2)熟悉整车货物运输途中变更的条件和规定; (3)熟悉整车货物运输途中运输阻碍的处理规定
能力目标	学会在实际工作中合理准确地组织整车货物的途中作业和检查,基本能够进行货物的换装整理,并处理途中检查所发现的问题;具备基本的处理运输变更和阻碍的能力
任务描述	组织整车货物的途中作业
任务要求	(1)说明货物途中作业形式; (2)说明货物途中检查站的设置规定与职能; (3)归纳总结货运检查的主要内容和检查程序; (4)说明对货运检查中发现问题的处理规定; (5)归纳总结运输变更的范围和处理方法; (6)说明运输阻碍的处理规定

相关理论知识

一、货物的途中作业形式

货物在运输途中发生的各项货运作业,均称为途中作业。货物的途中作业包括货运交接检查、特殊作业及异常情况的处理。

(1)货运交接检查

货运交接检查是途中必须进行的正常作业。

(2)特殊作业

特殊作业包括:集装箱在中转站的作业,整车分卸货物在分卸站的分卸作业,活动物途中的上水作业,托运人或收货人提出的货物运输变更的处理等。

(3)异常情况的处理

异常情况的处理是指货车运行有碍运输安全或货物完整时须做出的处理,如货车装载偏重、超载或货物装载移位须进行的换装或整理及对运输阻碍的处理。

二、货运交接检查

为了保证货物运输的安全与完整,划清运输责任,对运输中的货物(车)和运输票据,要进行交接检查,并按规定处理。货物发送前、运输途中(途经货运检查站)和到达后均应进行货运检查。

货车的交接检查可分为施封的货车和不施封的货车两大类。不施封的货车可分为苫盖篷布和未苫盖篷布两种。交接方法是:

(1)施封的货车凭封印交接,不施封的货车按货车现状、货物装载状态(标记)或篷布现状交接。

(2)已施封,而未在货物运单或票据封套上记明的货车,按不施封货车交接。对罐车上部施封,交接时不检查。

(3)苫盖货物的篷布顶部,煤车的标记或平整状态不作交接,但接方发现有异状,由交方编制记录后接收。

1. 货运检查站

货运检查站是列车运行途经有技术作业或无技术作业但停车时间在35min以上的技术作业站。货运检查站分为路网性和区域性货运检查站。

路网性货运检查站是指中国铁路总公司公布的编组站。区域性货运检查站是指除路网性货运检查站外,铁路局管内进行货运检查作业的技术作业站。区域性货运检查站由铁路局自定,报中国铁路总公司备案、公布。

铁路局间交接货运检查站的撤销应报中国铁路总公司批准、公布。铁路货运检查员主要承担铁路运输过程中的货物(车)交接检查工作,是铁路行车的主要工种。

铁路货运检查实行区段负责制,即指在对货物列车的交接检查中,按列车运行区段划分货运检查站责任的制度。

中间站停车及甩挂作业的货物列车,由车站负责看护,保证货物安全,发生问题要及时处理。中间站应保证货物列车安全续运到下一货运检查站。

货运检查站应设置货运检查值班员岗位,负责货运检查的现场组织工作,并按照每列车双人双面检查作业的要求配齐货运检查员。

货运检查站应有货运检查工作日志、收发文件电报登记簿、普通记录和施封锁的发放、使用和销号登记簿、换装整理登记簿、加固材料使用登记簿、交接班簿等报表和台账。

2. 货运检查的内容

(1)装载加固

①货物是否倾斜、移位、窜动、坠落、倒塌和撒漏。

②在设有超偏载仪的车站，还应检查货车是否超、偏载。

③加固材料、装置是否完好无损。

④货物超限装载和特定区段装载限制是否符合有关规定。

⑤加固绳索、铁线捆绑拴结是否符合规定。

(2)篷布苫盖

篷布苫盖是否符合规定。

(3)货车门、窗、盖、阀和集装箱

①货车门、窗、盖、阀是否关闭良好。

②使用平车(含专用平车)装集装箱时，箱门是否关闭良好。

③专用平车装载集装箱是否落槽，普通平车装载集装箱是否按加固方案进行加固。

(4)施封及其他

①施封货车按《管规》和有关规定进行检查。

②对无列检作业的车站，货运检查人员还应检查自动制动机的空重位置，不符合要求时应进行调整。

(5)规定需要检查的其他项目

中国铁路总公司规定的其他事项。

3. 货运检查程序

货运检查基本程序为计划安排和准备、到达列车预检、检查、整理。

(1)计划安排和准备

车站调度员(值班员)应及时将班计划、阶段计划、变更计划下达给货运检查人员。

车站调度员(值班员)或有关人员应在列车到达前或出发列车编组完毕，按接发列车作业标准，将到发车次、股道、时刻、编组辆数等有关信息通知货运检查人员。

货运检查员接到作业任务后，应掌握到达(出发)列车车次、股道、时刻、编组内容及施封重点车情况。作业时，应携带作业工具和作业手册。

(2)到达列车预检

在列车到达前5min，货运检查员应出场立岗，在列车到达、通过时，对列车进行目测预检。

(3)检查

①两侧货运检查员应从车列的一端同步逐车进行检查，对重点车进行记录。

②货运检查员对车列首尾的车辆，应涂打检查标记。

③车列检查、整理应在规定的技术作业时间内完成。

④车列检查、整理完毕后，货运检查员应及时报告。

⑤在实行区段负责制的区段(有运转车长值乘的列车除外)，货运检查员发现的问题应及时妥善处理。需拍发电报时，应于列车到达后120min内以电报通知上一货运检查站，必

要时抄知有关单位和部门。需编制记录的,应按规定编制。

4. 货运检查发现问题的处理

发现异状时,应及时处理。问题的处理方法根据在装车站或在其他站而异,包括不接收,由交方编制记录、补封、处理后继运,车站换装或整理,苫盖篷布,拍发电报等。

(1)货车整理

对危及行车和货物安全须甩车整理的货车,货运检查人员应通知车站值班员甩车处理。可不甩车整理的,应在列整理。

①在列整理

对发生装载加固、篷布苫盖、门窗盖阀等方面问题的,不需要摘车处理时,应在设置好防护后由货运检查员和整理工共同对车列内需整理货车进行整理。

预计整理时间超过技术作业时间时,货运检查员应及时向车站值班员报告。

在列整理时,货运检查员应按有关规定进行作业,确保人身安全。

②摘车整理

对危及行车安全,又不能在列整理的车辆,货运检查员应报告车站值班员摘车整理。摘车整理时,应做好防护工作。不允许在挂有接触网的线路(设有隔离开关的线路除外)整理车辆。

摘车整理的范围如下:

a. 篷布苫盖不整或缺少腰绳。

b. 货物发生严重倾斜、偏载、移位、窜动、坠落、倒塌和撒漏。

c. 超限货物按普通货物办理。

d. 加固支柱折断。

e. 棚车车门脱槽,油罐车上盖张开。

f. 液化气体泄漏,三酸罐车溢出。

g. 火灾。

h. 货物明显被盗丢失。

i. 发生其他危及行车安全情况不能在列整理时。

(2)货物换装整理

货物在运输途中如发现装载偏重、超重、货物撒漏;货车因技术状态不良不能继续运行;货物装载状态有异状,加固材料折断、损坏;货车篷布苫盖不严或捆绑不牢,以及货车违反乘务区段的通行限制等情况,可能危及行车安全和货物完整时,发现车站(或指定站)应进行换装或整理,并进行登记和在货票丁联背面记明有关事项。

进行换装时,车站首先必须根据货运票据检查货物的现状,如发现货物损坏或件数不足,应编制货运记录,随同票据和货物递至到站处理。对因换装整理卸下的部分货物,应予及时补送。

换装整理的费用,属于铁路部门责任时,由铁路内部清算;属于托运人责任的,应由到站向收货人核收。

对于不能在当日换装挂运的货物,应及时通知到站,以便收货人查询。

(3)普通记录及交接电报

普通记录(表 2-4)是货物在运输过程中,发生换装、整理或在交接中需要划分责任以及依照其他规定需要编制时,当日按批(车)所编制的一种凭证。

普通记录　　　　表 2-4

哈尔滨铁路局

普 通 记 录　　　　NO. 00042

<table>
<tr><td colspan="4">第＿＿＿＿次列车在＿＿＿＿＿＿站与＿＿＿＿＿＿站间※
发站＿＿＿＿＿＿发局＿＿＿＿＿＿托运人＿＿＿＿＿＿
到站＿＿＿＿＿＿到局＿＿＿＿＿＿收货人＿＿＿＿＿＿
发票号码＿＿＿＿＿＿车种车型＿＿＿＿＿＿车号＿＿＿＿＿＿
货物名称＿＿＿＿＿＿＿＿＿＿＿＿＿＿＿＿＿＿
于＿＿＿＿年＿＿＿＿月＿＿＿＿日＿＿＿＿时＿＿＿＿分第＿＿＿＿次列车到达</td></tr>
<tr><td colspan="4">发生的事实情况或车辆技术状态：</td></tr>
<tr><td></td><td>厂修</td><td colspan="2"></td></tr>
<tr><td></td><td>段修</td><td colspan="2"></td></tr>
<tr><td></td><td>轴检</td><td>轴检</td><td></td></tr>
<tr><td colspan="4">参加人员姓名：　　　　　　　　单位戳记
车　站
列车段
车辆段
其　他
　　　　　　　　　　　　　　　年　月　日</td></tr>
</table>

注：①带号码的普通记录每组一式两页，第一页为编制单位存查页，第二页为证明页，交给接方（包括收货人），不带号码的普通记录只限作抄件用。

②普通记录号码由铁路局编印掌握。

③如换装整理或其他需要调查时，应作抄件送查责任单位。

④※表示车长在列车内编制时填写。

无运转车长值乘的列车，接方进行货运检查发现问题后，按规定拍发的电报作为有车长值乘时交方出具的普通记录。

电报的内容应包括列车的车次、到达时分、车种、车号、发站、到站、品名、发现问题及简要处理情况，需编制记录时按规定要求编制，并将记录粘贴在货票丁联背面或封套背面，无法粘贴的随封票交接。

车站对交接电报应建立登记制度，自编号码，妥善保管。

三、货物运输变更

托运人或收货人由于特殊原因，对铁路承运后的货物，可按批向货物所在的中途站或到站提出变更到站、变更收货人；发送前可向发站提出取消托运，解除运输合同。这两种情况均称为货物运输变更。

发生运输变更往往是由于物资调拨计划不当，市场供销或生产计划发生变化，或因自然灾害及其他事故而发生变化等特殊原因造成的。但由于货物运输变更破坏了运输计划，影响车流组织，增加了非生产的货车停留时间，增加作业费用，延缓货物的送达，产生多余的调车作业，有时会造成不合理运输。因此，对于货物运输合同的变更和货物运输合同的解除，应采取强制措施。

铁路部门允许的货物运输变更有:变更到站;变更收货人;承运后发送前取消托运,解除货物运输合同。但是,铁路部门对下列情况不办理运输变更:

(1)违反国家法律、行政法规、物资流向、运输限制和密封的变更。

(2)变更后的货物运到期限大于容许运输期限。

(3)变更一批货物中的一部分。

(4)第二次变更到站。

托运人或收货人要求运输变更时,须提出"领货凭证"和"货物运输变更要求书"(表2-5)。不能提出"领货凭证"时,须提出其他有效证明文件,并在《货物运输变更要求书》内注明。

货物运输变更要求书 表2-5

<table>
<tr><td rowspan="2"><u>货物运输变更要求书</u></td><td>受理变更顺序号</td><td>第　号</td></tr>
</table>

提出变更单位名称和住址________印章 年 月 日

<table>
<tr><td>变更事项</td><td colspan="6"></td></tr>
<tr><td rowspan="5">原票据记载事项</td><td>运单号码</td><td>发站</td><td>到站</td><td>托运人</td><td>收货人</td><td>办理种别</td></tr>
<tr><td></td><td></td><td></td><td></td><td></td><td></td></tr>
<tr><td>车种车号</td><td colspan="2">货物名称</td><td>件数</td><td>重量</td><td>承运日期</td></tr>
<tr><td></td><td colspan="2"></td><td></td><td></td><td></td></tr>
<tr><td>记事</td><td colspan="5"></td></tr>
<tr><td rowspan="2">承运人记载事项</td><td colspan="5" rowspan="2"></td><td>经办人</td></tr>
<tr><td></td></tr>
</table>

对于符合条件的变更,可按下列规定办理:

(1)发送前取消托运、变更到站或收货人时,由发站受理和处理。

(2)发送后要求变更到站或收货人,限原到站或货物所在的中途站受理和处理。

(3)整车货物变更到站时,须请示铁路局批准;在途中办理变更时,办理站需用电报通知到站及其主管铁路局收入检查室和发站。

(4)车站在受理变更时,应在货票丁联记事栏内注明变更的根据,并订正有关到站站名、收货人名称和车牌、货物标记等有关事项,同时要向变更要求人核收变更手续费。对于变更到站的,还需重新核算运费。

除上述途中作业外,集装箱的中转作业,易腐货物的控温作业,阔大货物的途中检查等皆属于货物在途中的正常作业。

四、运输阻碍的处理

因不可抗力(如风灾、水灾、雹灾、地震等)的原因致使行车中断,货物运输发生阻碍时,铁路局对已承运的货物,可指示绕路运输;或者在必要时先将货物卸下,妥善保管,待恢复运输时再行装车继续运输,所需装卸费用,由装卸作业的铁路局负担。因货物性质特殊(如动物死亡、易腐货物腐烂、危险货物发生燃烧、爆炸等)绕路运输或卸下再装,可造成货物损失时,车站应联系托运人或收货人在要求的时间内提出处理办法。超过要求时间未接到答复或因等候答复将使货物造成损失时,比照无法交付货物处理,所得剩余价款(缴纳装卸、保管、运输、清扫、洗刷除污费后)通知托运人领取。

任务四　组织整车货物的到达作业

任务单

任务名称	组织整车货物的到达作业
知识目标	(1)熟悉整车货物到达作业的组织和要求; (2)熟悉整车货物卸车作业以及卸车后的检查工作的组织和要求; (3)熟悉卸车后对货车的清扫、洗刷和除污的要求; (4)熟悉货物交付和搬运的流程和要求
能力目标	学会在实际工作中合理组织货物的到达作业、卸车作业以及货物的交付和搬运工作
任务描述	(1)绘制整车货物到达作业的流程图; (2)组织整车货物的到达作业
任务要求	(1)绘制整车货物到达作业的流程图; (2)归纳重车到达后的货运票据交接流程,并绘制出流程图; (3)总结卸车工作、监卸工作的过程和要求; (4)说明卸车后的检查内容和要求; (5)说明卸车后对货车的处理; (6)归纳总结货物交付作业的内容和要求

相关理论知识

货物在到站进行的各种货运作业,称为到达作业。到达作业包括:重车和货运票据的交接,货物的卸车、保管和交付以及运输费用的最后结算等。货物经过到达作业后,货物运输技术作业过程即告结束,至此,运输合同即告终止。

按整车办理的货物到达技术作业程序. 如图 2-3 所示。

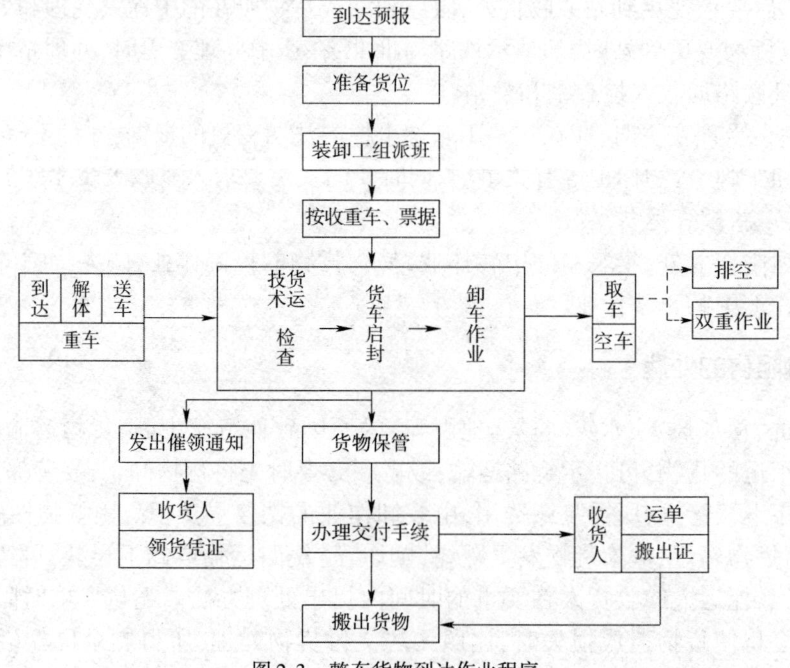

图 2-3　整车货物到达作业程序

一、重车到达和货运票据的交接

列车到达后，车站应及时核对现车，并进行货运检查；检查无误后，与车长或列车乘务员办理重车及货运票据的交接签证。运转室（车号）即将到达本站卸车的重车票据登记后，移交货运室。货运室接到票据即在货物到达登记簿内登记，并核算途中和在到站发生的各项费用，以便交付时向收货人结算。

二、货物的卸车作业

卸车是排空车和装车的基础，是整个运输过程的重要环节之一，是到站工作组织的关键。正确及时地组织卸车作业，能够缩短货车周转时间，提高货车使用效率，保证排空任务和装车的空车来源。

车站必须认真贯彻"一卸、二排、三装车"的运输组织原则，认真做好卸车工作。在铁路货场的卸车组织工作由铁路负责；在其他场所卸车，或罐车运输的货物卸车，用人力卸有动力的机械或车辆，以及集装箱卸货均由收货人负责。

1. 由铁路负责的卸车组织

(1) 货车调送前，货运调度员应将货车调送时间及其情况事先通知货场，以便有关货运员做好卸车准备。

(2) 货车调到卸车地点时，货运员用票据核对现车，查对车号、车牌及货车的货运状态。如发现异状或事故痕迹时，应汇报货运值班员或站长，必要时通知公安人员共同监卸。需会同收货人卸车时，应事先通知收货人。

(3) 卸车开始前，货运员应根据货物性质、包装等情况，对卸车工组提出要求，然后根据票据进行卸车。卸车时应详细检查卸下的货物品名、件数、包装、货物状态，并按规定堆码。如发现货物损失或有事故可疑痕迹时，要及时编制货运记录。

(4) 卸车完毕，经检查符合要求时再签证装卸作业单，拆除表示牌，并将货物卸入的货位及卸车时间填记在票据上，在左下角加盖卸车日期戳，即向货运调度员汇报卸车开始和卸完时间；同时根据票据填写卸货簿、登记移交簿或卸货卡片，将票据、车牌、表示牌、铅封等移交给内勤货运员，将货物交付给货运员。

2. 由收货人负责的卸车组织

(1) 货车调送前，为使收货人能及时卸车，车站货运调度员应将待送的货车数量、货物品名和调送时间预先通知收货人。

(2) 货车送到卸车地点（或重车交接地点）后，货运员应对重车进行检查，填写货车调送单，并与收货人办理移交签证手续。如发现是由铁路部门负责装车的，货运员还须亲自启封并监卸。

(3) 货物卸完后，货运员应在货车调送单上填记卸完时间，登记卸货簿，与收货人办理签证，通知车站运转部门取车。

3. 监卸工作

作业开始之前，监装卸货运员应向卸车工组详细传达卸车要求和注意事项。卸车时，货运员应对施封的货车亲自拆封，并会同装卸工一起开启车门或取下苫盖篷布，要逐批核对货物清点件数，应合理使用货位、按标准进行码放，对于事故货物则应编制记录。此外，应注意作业安全，加快卸车进度，加速货车周转。

4. 卸车后检查

(1)运输票据检查。检查票据上记载的货位与实际堆放货位是否相符;货票丁联上的卸车日期是否填写。

(2)货物检查。主要检查货物件数与运单是否相符,堆码是否符合要求;卸后货物安全距离是否符合规定。

(3)卸后车辆检查。主要检查车内货物是否卸净和是否清扫干净;车门、窗、端侧板是否关闭严密;罐车盖是否已盖好;失效的表示牌是否撤除。

卸下的货物应登入"卸货簿"(或"集装箱到发登记簿")或卸货卡片内,并将卸完的时间通知货运室记入货票丁联左下角有关栏内,并报告货运调度员,以便取车。

5. 货车的清扫、洗刷和除污

不论由铁路部门或收货人组织卸车,负责卸车的单位在卸车后,均要将货车清扫干净,关好车门、车窗、端侧板、盖、阀,检查卸车安全距离,清理装卸线路。必要时还需对货车进行洗刷消毒。如果收货人没有洗刷消毒条件,需由铁路部门办理时,费用由收货人负担。向指定洗刷消毒站回送的货车,由货运员办理有关手续。

三、货物的交付和搬出

铁路部门组织卸车的货物和发站由铁路部门组织装车、到站由收货人卸车的货物,在向收货人点交货物后,即为交付完毕;由托运人自装、收货人自卸的货物,在重车交接完毕后,即为交付完毕。交付完毕,货物运输合同即告结束。对于到达的货物(车),如已编有记录或发现有事故可疑痕迹,应进行货物重量、件数和现状检查。

由铁路组织卸车的货物交付作业包括以下内容:

1. 登记到达簿、发出催领通知

内勤货运员接到货运票据并核对完毕后,在票据上加盖到达日期戳记,并登记"到达登记簿"。然后计算出交付货物时应收或应退的一切费用;并及时发出催领通知。

货物到达后,承运人应及时向收货人发出催领通知,这是承运人履行运输合同应尽的义务;同时也是为了使货物尽快搬出货场,以腾空货位,提高场库使用效率,加速货物流转。

发出催领通知的时间,由铁路组织卸车的货物,应不迟于卸车完了的次日;通知的方式可采用电话、书信、电报、广告等,也可与收货人商定其他通知方式。

2. 货物的保管

对到达的货物,收货人有义务及时将货物搬出,铁路也有义务提供一定的免费保管期限。免费保管期限规定为:由承运人组织卸车的货物应于承运人发出催领通知的次日起算,不能实行催领通知或会同收货人卸车的从卸车次日起算,2d 内将货物搬出,不收取保管费。超过此期限未将货物搬出,对超过的时间核收货物暂存费。规定免费保管期限的目的是避免收货人长期占用货场,保持货场畅通,加速车站货位的周转。

根据具体情况,铁路局可以缩短免费保管期限 1d,也可以提高货物暂存费率,但提高部分不得超过规定费率的 3 倍,并应报告当地人民政府和中国铁路总公司备案,车站站长可以适当延长货物免费暂存期限。

货物运抵到站,收货人应及时领取。拒绝领取时,应出具书面说明,自拒领之日起,3d 内到站应及时通知托运人和发站,征求处理意见。托运人自接到通知次日起 30d 内提出处理意见答复到站。满 30d 仍无人领取货物,按无法交付处理。

3. 向收货人办理交付手续

收货人要求领取货物时，须向铁路提出领货凭证或有效证明文件，经与货运票据核对后，由收货人在货票上签章，收清一切费用，在运单和货票上加盖交付日期戳。

收回的领货凭证应粘贴在货票丁联上留站存查，并将货物运单交给收货人，凭此运单到货物存放地点领取货物。

4. 货物的交付和搬出

交付货运员凭收货人提出的货物运单向收货人点交货物；然后在货物运单上加盖"货物交讫"戳记，将交付日期、经办人姓名填入卸货簿。

门卫对搬出的货物应检查品名、件数、交付日期与运单记载是否相符，确认无误后放行。

复习思考题

1. 名词解释：托运、受理、进货、验收、货票、承运、保管。
2. 试画出整车货物发送作业程序图。
3. 货运计划管理原则是什么？
4. 整车货物运输过程有哪些环节？
5. 验收时需要检查哪些作业事项？
6. 货票一式几联？各联有什么作用？
7. 铁路部门不办理哪些货物的运输变更？
8. 试画出整车货物到达作业流程程序图。
9. 货物途中作业内容有哪些？
10. 货物达到作业内容有哪些？

项目三　组织集装箱货物运输

任务一　认识集装箱

任务单

任务名称	认识集装箱
知识目标	(1)熟悉集装箱定义和分类； (2)掌握集装箱的术语和标记； (3)掌握集装箱技术参数
能力目标	学会识别集装箱的箱型、种类、标记；能正确理解和运用集装箱术语；能说出给定集装箱的技术参数
任务描述	认识集装箱
任务要求	(1)说出集装箱的定义和分类的标准； (2)对照集装箱模型，说出集装箱相关术语的含义； (3)对照集装箱模型，识别集装箱的标记及其含义

相关理论知识

集装箱是为便于物品运送而专门设计的一种运输设备，是在一种或多种运输方式中无须中途换装的集合装载装置。集装箱具有这样一些特点：具有耐久性，能够反复使用；设有便于搬运和装卸的装置，很容易从一种运输方式转换为另一种运输方式；便于货物装满和卸空；具有 $1m^3$ 以上的容积。

此外，集装箱运输更是一种先进的现代化运输方式，是交通运输现代化的产物和重要标志，是件杂货运输的发展方向，是运输领域的重要变革，因此世界各国都把集装箱运输称为20 世纪的“运输革命”。

集装箱是我国铁路主要货物运输种类之一。集装箱运输以其安全、便捷、快速、门到门的优点迅速发展，它也必将成为我国铁路货物运输的发展方向。

一、集装箱的定义

集装箱是一种运输工具，也可以说是运输货物的大容器（包装箱）；集装箱一词不包括车辆和传统包装。根据国际标准化组织（ISO）的标准，结合我国国情，凡具备下列条件（即满足下列要求）的包装箱，可称为集装箱：

(1)具有足够强度，能长期反复使用。

(2)适于多种运输方式运送，途中无须倒装货物。

(3)具有便于装卸的装置，可以进行机械装卸，并可从一种运输方式比较方便地直接换装到另一种运输方式。

(4)便于货物的装满和卸空。

(5)具有 1m^3 及其以上的内部容积。

二、集装箱类型

随着集装箱运输的发展,适箱货物不断增多,为了适应各种货物的特殊需要,现在世界上制造了多种多样集装箱。按其用途、结构、材质和总重不同,可分以下几类。

1.按用途分类

(1)通用集装箱。又称干货集装箱,装运一般成件、贵重、高档、易碎等货物;也适合多种普通货物的运输。例如文化用品、日用百货、医药、纺织品、工艺品、五金交电、电子仪器仪表、机器零件及化工制品等。该类集装箱占全部集装箱总数的70% ~80%。

(2)专用集装箱。专门适应某种状态的货物或特殊性质的货物运输。这类集装箱包括如下几种:

①冷藏集装箱。运送需要保温、冷藏和加温以及通风的货物。

②散装货物集装箱。用来散装运输粉状、粒状货物。如面粉、谷物、食盐、化工原料等货物。

③罐式集装箱。运输液体或胶体货物。如各种酒料、油类、牛奶、糖浆等。

④汽车集装箱。用于装载小汽车。

⑤牲畜集装箱。用来运送牲畜和家禽等货物。此种集装箱具有遮阳光,通风和喂养设备。

⑥开顶集装箱。装运较重、较大,不易在箱门掏装的货物。

⑦板架集装箱。装运笨重大件货物。

⑧其他专用集装箱。装运有特殊要求的货物,如毒品、危险品等。

2.按箱体材料分类

(1)铝合金集装箱。是由钢制框架和铝合金板材组成的集装箱。其特点是自重小、外形美观、防腐蚀性能好,但造价高。

(2)钢制集装箱。由钢材制成的集装箱。其特点是强度大、结构牢、密封性能好、造价低,但防腐蚀性能差。

(3)不锈钢集装箱。由不锈钢焊接而成。其特点是自重小、使用年限长,但造价高。

(4)玻璃钢集装箱。一般框架为钢制,壁板采用两面涂有玻璃纤维和合成树脂的胶合板或玻璃布。其特点是强度大、刚性好、隔热性好、抗腐蚀性强,但自重大,造价高。

3.按重量和尺寸分类

铁路运输的集装箱分为 1t 箱、20ft 箱、40ft 箱、48ft 箱以及经中国铁路总公司批准运输的其他重量和尺寸的集装箱。其中 1t 集装箱称为小型箱,已基本被淘汰,20ft 箱及其以上集装箱称为大型集装箱。

集装箱以 TEU 作为统计单位,表示一个 20ft 的国际集装箱。1 个 40ft 集装箱折合为 2 个 TEU。

4.其他分类方法

(1)按装卸方式分类

①垂直装卸的集装箱。它是指用起重机进行装卸作业的集装箱。

②水平装卸的集装箱。它是指带轮、有支腿式滑轮的集装箱(通常是指拖车式集装箱)。

③可卸箱体。在集装箱的箱底有四个可折叠的支腿,用集装箱拖挂车运到目的地后,使用集装箱拖挂车上的液压装置将集装箱抬起,放下支腿,即可卸下集装箱。这种装卸方式不需要专用的装卸机械,也有利于集装箱拖挂车的有效利用。

(2)按箱主分类

在海运上分为船舶公司的集装箱、出租公司的集装箱和企业自备集装箱。

在铁路运输中分为铁路集装箱和企业自备集装箱。

(3)按长度分类

按集装箱的公称长度可分为13m(40ft)集装箱、6.6m(20ft)集装箱、3.3m(10ft)集装箱、14.8m(45ft)集装箱等。

(4)按箱型分类

按箱型可分为1AAA、1BB、1C、1DX、5D等各型国际和国内集装箱。

三、集装箱的主要术语

1. 有关集装箱尺寸、质量和方位的术语

(1)外部尺寸:集装箱外部的最大长、宽、高尺寸(包括永久性附件在内)。

(2)内部尺寸:按集装箱内接最大矩形六面体确定的长、宽、高净空尺寸,不考虑顶角件凸入箱内部分。

(3)公称尺寸:不计公差,用近似整数表示集装箱尺寸。

(4)实际尺寸:沿集装箱各边测得的外部最大长、宽、高尺寸。

(5)门框尺寸:箱门开口最大宽度和高度。

(6)容积:内部尺寸(即内部长、宽、高)的乘积。

(7)额定质量(额定重量):集装箱的空箱质量(空箱重量)和箱内装载货物的最大容许质量(最大容许重量)之和,即集装箱的总质量(总重量,R),它是营运和作业的上限值,又是设计和试验的下限值。

(8)空箱质量(自重):空集装箱的质量(空集装箱的重量,T),包括各种集装箱在正常工作状态时应备有的附件和各种设备,如机械式冷藏集装箱的机械制冷装置与所需的燃油,罐式集装箱的阀门等在内的质量。

(9)货载质量(载重):集装箱最大容许承载的货载质量(载重,P),包括集装箱有正常工作状态下所需的货物紧固设备及垫货材料等在内质量(重量)。额定质量减去空箱质量的差值,即货载质量。

(10)前端:一般指没有箱门的一端。

(11)后端:一般指有箱门的一端。

注意:如果集装箱两端结构相同,则应避免使用前端和后端这两个术语;若必须使用时,应根据标记、铭牌等特征加以区分。

(12)左侧:从集装箱后端向前端看,左边的一侧。

(13)右侧:从集装箱后端向前端看,右边的一侧。

(14)纵向:集装箱的前后方向。

(15)横向:与纵向垂直的左右方向。

2. 有关集装箱部件的术语

(1)角件:位于集装箱角部,用于支撑、堆码、装卸和拴固集装箱的零件。

(2)角柱:连接顶角件与底角件的立柱。

(3)上端梁:位于箱体端部连接顶角件的横向构件。

(4)下端梁:位于箱体端部连接两个底角件的横向构件。

(5)门楣:箱门上方的梁。

(6)门槛:箱门下方的梁。

(7)上侧梁:位于侧壁上部连接顶角件的纵向构件。

(8)下侧梁:位于侧壁下部连接底角件的纵向构件。

(9)顶板:箱体顶部的板。

(10)顶梁:连接上侧梁的横向构件。

(11)底板:铺在底梁上承托载荷的板。

(12)底梁:设在底板下,承托底板的横向构件。

(13)叉槽:横向贯穿箱底结构,供叉举集装箱用的槽。

(14)端壁:端框架平面内与端框架相连接形成封闭的板壁(不包括端框架在内)。

(15)侧壁:与上侧梁、下侧梁和角结构相连接形成封闭的板壁(不包括上侧梁、下侧梁和角结构在内)。

(16)端门:设在箱端的门。

(17)侧门:设在箱侧的门。

(18)抓臂起吊槽:设在集装箱下侧梁上,供抓臂起吊和搬运集装箱用的槽。

(19)鹅颈槽:设在集装箱底端一端(通常在前端),供容纳鹅颈式底盘车凸起部分的槽。

(20)罩布:一种软的、可拆卸的覆盖物(如帆布、塑料布或涂塑布),用以遮盖集装箱的顶部、侧面或端面。

3. 其他有关的术语

(1)国际标准集装箱:按国际标准化组织的有关标准制造的集装箱。

(2)国家标准集装箱:按国家标准制造的集装箱。

(3)刚性:集装箱在运输过程中(特别是在船舶摇摆时)抵抗横向或纵向规定的挤压载荷的能力。

(4)风雨密性:集装箱承受规定的风雨密闭性试验的能力。

(5)偏码:集装箱堆码时,因上下层集装箱的角件未对准而产生偏移的状态。

(6)偏置:指锥形定位销的端部错开,定位销端部未能嵌入底角件底孔内的堆置状态。

(7)TEU:国际标准集装箱的换算单位,表示一个6.6m(20ft)的国际标准集装箱,一个13m(40ft)的集装箱折合为2TEU,两个3.3m(10ft)的集装箱折合为1TEU。有时也用FTU表示一个13m(40ft)的国际标准集装箱。

四、集装箱的标记

为了易于识别和国际流通,国际标准化组织规定了集装箱统一的标记代号。标记代号标于集装箱上,便于对集装箱进行识别、管理和信息传输。国内使用的集装箱按《集装箱代码、识别和标记》(GB/T 1836—1997)规定涂刷;国际使用的集装箱按《货运集装箱编码、识别和标志》(ISO 6346—1995)规定涂刷。

1. 箱主代号

指集装箱所属部门代号。国内使用的集装箱的箱主代号由四个大写汉语拼音字母组成;而国际集装箱的箱主代号由四个大写拉丁字母组成。为了区别其他设备,规定第四位字母用“U”表示,意思是集装箱。例如:我国铁路集装箱的箱主代号是“TBJU”,TB为中国铁路总公司,J为铁路集装箱。

在我国铁路运输的集装箱有不少是货主自备集装箱,为便于加强企业自备箱的管理,原铁道部下达了《自备集装箱编号和标记涂刷规定》。自备箱的箱主代号的四位拉丁字母,前两位为箱主代号,由箱主确定,后两位规定为集装箱的类型,如通用箱为 TU、冷藏箱为 LU、保温箱为 BU、危险品箱为 WU。

为避免箱主代号出现重名,所有箱主在使用代号之前应向国际集装箱局(BIC)登记注册。国内铁路使用的集装箱,由箱主向所在铁路局申报;国际集装箱,由箱主向国际集装箱局登记注册。

2. 箱号

箱号又称之为集装箱顺序号,由六位阿拉伯数字组成。如果有效数字不足六位时,则在有效数字前用"0"补足六位。自备箱的六位阿拉伯数字的前两位是箱主所在地的省、自治区、直辖市的行政区划分代码;第三至第六位数字为铁路局所给的顺序号。

3. 核对数字

核对数字是按规定方法计算出来的一位阿拉伯数字,专门用于计算机核对箱主代号和箱号记录的准确性,避免抄错箱号。为了与箱号区分开,铁道部规定集装箱的核对数字必须用方框圈出。国内铁路使用的集装箱的核对数字按《集装箱代码、识别和标记》(GB/T 1836—1997)规定计算,由中国铁路总公司提供。例如 TBJU003725 的集装箱核对数字为 8,整体表示为 TBJU0037258。

4. 国家代号、尺寸类型代号

集装箱箱体上涂打的国家代号表示国家或地区,按规定用两个拉丁字母表示。例如:

CN 表示中国,US 表示美国,HK 表示中国香港、TW 表示中国台湾、JP 表示日本、KP 表示朝鲜、KR 表示韩国、MN 表示蒙古。

尺寸类型代号是用来表示集装箱的尺寸和类型。国际标准化组织规定由四位阿拉伯数字表示:前两位表示尺寸,其中第一位数字表示集装箱的长度,第二位数字表示集装箱高度的索引号;后两位表示类型。例如长度为 20ft,高度为 2591mm 的汽车集装箱的尺寸类型代号为 2826。

5. 集装箱的自重、总重、容积

集装箱的自重指的是空集装箱的重量,包括各种集装箱在正常工作状态时应备用的附件和各种设备的重量,如冷藏集装箱的机械制冷装置和燃油。

集装箱总重是集装箱的空箱重量和箱内装载货物的最大容许重量之和。

我国铁路集装箱的自重、总重用中文标示于箱门上。国际上则要求用英文"MAX GROSS"或"MGW"表示总重;"TARE"表示自重,两者均以千克和磅同时标记。

例如:MAX GROSS 24000 kg
52900 lb
TARE 2060 kg
4550 lb

6. 超高标记

凡高度超过 2.8m(8.5ft)的集装箱均应标出此标记。该标记为在黄色底上标出黑色数字(箱高),上面为米制,下面为英制,标志的四周围为黑色边框。

7. 国际铁路联盟标记

欧洲各国铁路车辆往来频繁,各国铁路都有各自的规章制度,手续也极为复杂。为了统一各国铁路对集装箱的技术要求,简化手续,制定了《国际铁路联盟条例》,凡符合条例中对集装箱的技术要求的集装箱，经国际铁路联盟同意，即可获得此标记，表示有权在欧洲各国铁路上运行。如图3-1所示。

“i”“c”表示国际铁路联盟。

“33”表示中华人民共和国铁路。

除了以上标志之外，集装箱上还标记有制造单位、时间，检修单位、时间，20ft以上的集装箱应有集装箱检验单位徽记、国际集装箱安全公约(CSC)安全合格牌照。CSC安全合格牌照，为了维护集装箱在装卸、堆码、运输时的人身安全，集装箱的制造必须通过行政主管部门的审核，检验符合制造要求，才能将此牌照铆在集装箱上，该牌照上应标有维修检验日期或有连续检验计划标记，且箱体标明的集装箱号码应与牌照一致。

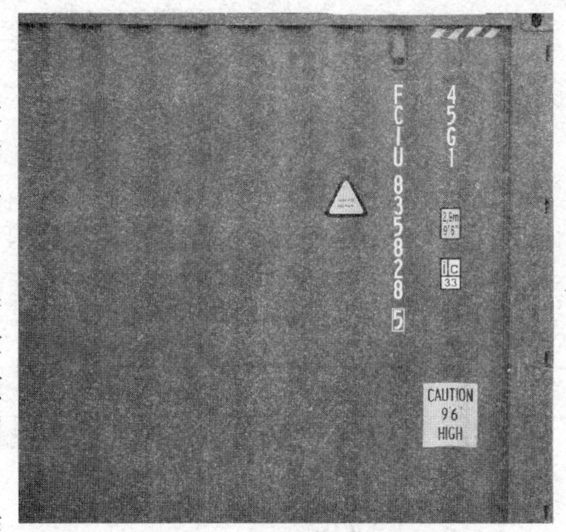

图3-1 国际铁路联盟标记

此外还有海关批准牌照，又称之为TIR批准牌照，为了便于货物在进出国境时，不开箱检查，加速集装箱流通，所有标记均采用不同于箱体的颜色进行涂刷。我国铁路集装箱采用白漆涂刷。

五、集装箱的技术参数

目前集装箱已经成为各种运输方式之间以及国际办理货物联运的主要运输工具之一，因此集装箱必须制定统一的标准。

为了便于国际物资的运输和经济往来，国际标准化组织集装箱技术委员会制定了国际集装箱的标准。集装箱的国际标准随着时间的推移和集装箱运输的实践与发展，进行了多次的修改。目前国际标准集装箱有1AAA、1AA、IA、1AX、1BBB、1BB、1B、IBX、1CC、1C、1CX、1D、1DX共13种。其外部尺寸和额定重量见表3-1。

国际标准集装箱的外部尺寸和额定重量 表3-1

<table>
<tr><th>箱型</th><th>高度(mm)</th><th>宽度(mm)</th><th>长度(mm)</th><th>额定重量(kg)</th></tr>
<tr><td>1AAA</td><td>2896</td><td rowspan="4">2438</td><td rowspan="4">12192</td><td rowspan="4">30480</td></tr>
<tr><td>1AA</td><td>2591</td></tr>
<tr><td>1A</td><td>2438</td></tr>
<tr><td>1AX</td><td><2438</td></tr>
<tr><td>1BBB</td><td>2896</td><td>2438</td><td>9125</td><td>25400</td></tr>
<tr><td>1CC</td><td>2591</td><td rowspan="3">2438</td><td rowspan="3">6058</td><td rowspan="3">24000</td></tr>
<tr><td>1C</td><td>2438</td></tr>
<tr><td>1CX</td><td><2438</td></tr>
<tr><td>1D</td><td>2438</td><td rowspan="2">2438</td><td rowspan="2">2991</td><td rowspan="2">10160</td></tr>
<tr><td>1DX</td><td><2438</td></tr>
</table>

2008年7月，我国铁路公布了铁路正式运输的各种箱型集装箱基本规格。目前，我国铁路运输集装箱的箱型及主要技术参数见表3-2。

我国铁路运输通用集装箱的箱型及主要技术参数　表 3-2a)

箱型	箱类	箱主代码	起止箱号	自重(t)	箱体标记最大允许总重(t)
20ft	通用集装箱	TBJ	510001 ~ 575000	2.21	24.00
			300011 ~ 301710	2.24	30.48
			400001 ~ 400500	2.98	30.48
			580000 ~ 629999	2.24	30.48
40ft			300003 ~ 300005	3.88	30.48
			700000 ~ 700119	3.79	30.48
			710000 ~ 715999	3.88	30.48
48ft			800001 ~ 800404	4.65	30.48

我国铁路运输专用集装箱的箱型及主要技术参数　表 3-2b)

箱型	箱类	箱主代码	自重(t)	箱体标记最大允许总重(t)	外部尺寸(mm)
20ft	板架式汽车集装箱	TBP	4.30	28.30	7675 × 3180 × 348
	弧形罐式集装箱	TBG	6.30	30.48	6058 × 2438 × 2896
	双层汽车集装箱	TBQ	3.7	15.00	6058 × 2438 × 3200
	干散货集装箱	TBB	3.10	30.48	6058 × 2438 × 2591
	散装水泥罐式集装箱	TBG	4.95	30.48	6058 × 2438 × 2896
	水煤浆罐式集装箱	TBG	4.25	30.48	6058 × 2438 × 2591
	折叠式台架集装箱(单)	TBP	2.50	30.00	5610 × 3155 × 3400
	框架罐式集装箱	TBG	4.15	30.48	6058 × 2438 × 2591
50ft	双层汽车集装箱	TBQ	11.61	30.48	15400 × 2500 × 3200

任务二　明确集装箱货物运输组织条件

任务单

任务名称	明确集装箱货物运输组织条件
知识目标	(1)熟悉集装箱运输的基本组织条件; (2)掌握适箱货物的种类
能力目标	能够区别适箱货物以及不适合使用通用集装箱运输的货物;能够正确说明集装箱运输的组织条件
任务描述	明确集装箱货物运输组织条件
任务要求	(1)说出集装箱办理站的要求; (2)举例说明适箱货物和不适合集装箱运输的货物; (3)归纳集装箱运输中一批的概念以及集装箱重量的限制; (4)说明集装箱军事运输的规定

相关理论知识

一、集装箱运输的基本运输条件

1. 集装箱必须在规定的集装箱办理站间运输

铁路车站要办理集装箱业务,必须满足一些基本条件。这些条件是指要有稳定的货源、集装箱硬化场地、与办理集装箱吨位相配套的装卸机械和办理集装箱业务素质的工作人员。铁路局对具备集装箱办理条件的车站进行审查,报中国铁路总公司批准,并在《铁路货物运价里程表》中公布。

在公布的集装箱办理站中,有的办理全部箱型的集装箱业务,而有的仅办理一种或几种箱型。集装箱只能在办理该箱型的集装箱办理站间运输。

集装箱可在专用线办理运输,办理站的专用线应经过铁路局批准,非办理站的专用线应经过中国铁路总公司批准。集装箱在未公布的车站或专用线临时到发时,应经过铁路局批准。跨局运输时,应通知对方铁路局,并报中国铁路总公司备案。

2. 必须使用符合标准的集装箱

在铁路运输的集装箱必须符合国际、国家或中国铁路总公司标准。用于国内铁路运输的自备集装箱,应符合《自备集装箱编号和标记涂刷规定》;用于国际进出口运输的国际集装箱,应根据国际有关条约和协议的规定,经过有关机构鉴定或认可,在箱体上有相应的标志。不符合规定的,不能按集装箱办理运输。

3. 必须是适合集装箱运输的货物

(1)下列货物不能使用通用集装箱装运

①易于污染和腐蚀箱体的货物,如水泥、炭黑、化肥、盐、油脂、生毛皮、牲骨、没有衬垫的油漆等。

②易于损坏箱体的货物,如生铁块、废钢铁、无包装的铸件和金属块等。

(2)下列货物使用通用集装箱运输要符合规定的条件

①在一定季节和一定区域内容易腐烂的货物,经承运人确定,可以使用通用箱装运。

②集装箱运输危险货物要严格按照《危规》的规定执行。

(3)集装箱适箱货物分几类

承运人和托运人对适箱货物应采用集装箱运输;对《集装箱适箱货物品名表》中规定的货物,在发站有运用空箱时,必须采用集装箱运输。《集装箱适箱货物品名表》中规定的品名共有 13 个品类,计 175 个品名,即集装箱适箱货物品类:

①交电类,如机动车零配件、空调机、洗衣机、电视机等。

②仪器仪表类,如自动化仪表、教学仪器、显微镜、实验仪器等。

③小型机械类,如千斤顶、医疗器械、电影机械、复印机、照相机及照相器材等。

④玻璃陶瓷建材类,如玻璃仪器、玻璃器皿、日用陶器、石棉布、瓷砖等。

⑤工艺品类,如刺绣工艺品、手工织染工艺品、地毯、展览品等。

⑥文教体育用品类,如纸张、书籍、报纸、音像制品、体育用品等。

⑦医药类,如西医药、中成药、中药材、生物制品、其他医药品等。

⑧烟酒食品类,如卷烟、烟草加工品、酒、罐头、方便食品、乳制品等。

⑨日用品类,如化妆品、牙膏、香皂、日用塑料制品、其他日用百货等。

⑩化工类,如化学试剂、食品添加剂、合成橡胶、塑料编织袋等。

⑪针纺织品类,如棉布、混纺布、花织布、棉毛衫裤等针织品、服装、毛皮等。

⑫小五金类,如锁、拉手、水暖零件、理发用具、金属切削工具、焊条等。

⑬其他适合集装箱装运的货物。

性质互抵的货物不得混装于同一箱内。

4. 符合集装箱按一批办理的条件

铁路集装箱和自备集装箱不能按一批办理托运。使用托运人提供的回空自备集装箱装运货物,按铁路集装箱办理。

每批必须是标记总重相同的同一箱型,至少1箱,最多不得超过铁路一辆货车所能装运的箱数,且集装箱总重之和不得超过货车的容许载重量。

集装箱装运多种品名的货物不能在运单内逐一填记时,托运人应按箱提供物品清单一式三份。加盖车站日期戳后,一份由发站存查,一份随同运送票据递交到站,一份退还托运人。

5. 集装箱重量的限制

集装箱货物的重量由托运人确定,但托运的集装箱每箱总重不得超过该集装箱的标记总重。在对集装箱总重有限制规定的办理站间运输时,不得超过限制的总重。

集装箱内单件货物的重量超过100kg时,应在货物运单"托运人记载事项栏"内注明。对有称重条件的集装箱办理站(含专用线)必须逐箱复查发送的集装箱重量,对超过载重量的集装箱,车站要纠正后方可运输,并按规定核收复查产生的作业费。

对标记总重超过24t的20ft通用集装箱,在40ft集装箱办理站间运输,最大总重可达到30t;在有"★"限制的20ft集装箱办理站发到的,最大总重仍为18.5t;在其他20ft集装箱办理站,最大总重仍为24t。

对违反规定装载的,按规定补收运费、核收违约金。

6. 集装箱军事运输按有关规定办理

部队或军工企业办理集装箱运输,必须按商运办理。军事运输使用自备集装箱,并要求按军用办理的,不再按集装箱运输条件办理。

二、集装箱货物组织条件

集装箱运输站应按照"合理集结、多装直达、均衡运输、减少回空"的原则组织,以开行班列为发展方向。

集装箱应组织一站直达车装运。铁路局应制定管内中转集结办法,避免积压,尽快运抵到站。

任务三　集装箱货物作业程序及要求

任务单

任务名称	集装箱货物作业程序及要求
知识目标	(1)熟悉集装箱货物作业程序; (2)掌握集装箱货物运输的发送、途中、到达以及进出站、调度、统计的作业标准
能力目标	能够说出集装箱货物作业的基本程序;初步具备按照集装箱货物的作业要求和质量标准,合理组织集装箱作业的能力
任务描述	明确集装箱货物运输组织条件
任务要求	(1)说出集装箱货物作业程序; (2)绘制集装箱货物作业程序图; (3)简要说明集装箱货物作业要求和质量标准

相关理论知识

一、集装箱货物作业程序

集装箱货物作业程序是铁路集装箱作业统一遵循的，包括发送、途中、到达3个环节，如图3-2所示。

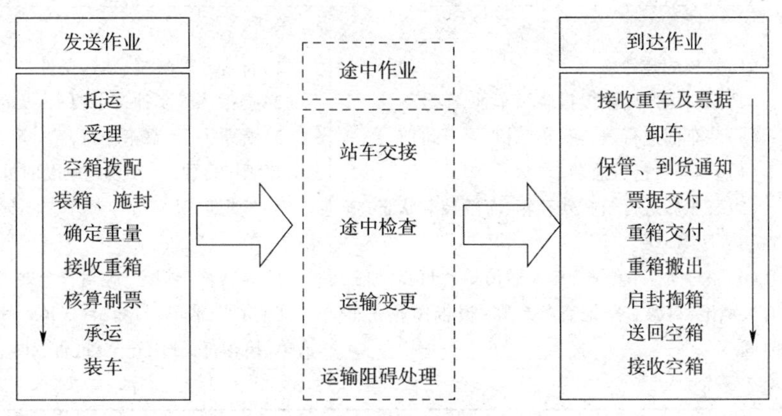

图3-2　集装箱货物作业程序图

二、集装箱货物作业要求

铁路集装箱货物运输作业标准按计划受理、承运、装车、中转、卸车、交付、集装箱进出站、调度、统计等作业项目，分别制定了相关作业质量标准，如表3-3～表3-5所示。

铁路集装箱货物运输发送作业标准　　表3-3

作业项目	作业内容	质量标准
1. 按计划受理	(1)进行适箱货源调查。 (2)编制集装箱月度装箱计划。 (3)提报集装箱月度货物运输计划。 (4)统一受理和审核运单。 (5)安排日装箱计划，批准集装箱进站日期。 (6)组织铁路拼箱运输	(1)掌握集装箱货物的流量、流向，随时掌握变化情况。 (2)核实货源，合理组织安排，提高计划兑现率，最大限度地将适箱货源纳入集装箱运输。 (3)保证月度装箱计划落实。 (4)按运单填制办法逐项审核，符合一批办理托运条件，符合到站营业办理范围，戳记齐全，所附证明文件齐全有效。 (5)及时通知托运人，在规定时间内领取空箱、装箱进站。 (6)符合拼箱条件的货物都进行了组织
2. 承运	(1)复核运单。按批准进箱日期拨空箱。检查箱体状态。 (2)按运单记载验箱，签章，注明箱位号码。抽验集装箱重量。 (3)检查集装箱内货物品名、重量。 (4)填写票据，核收费用，登记有关台账。 (5)填写到发集装箱登记簿、箱号、卡片。 (6)凭货票逐批箱办理交接、签章。	(1)再次核对运单记载事项，戳记要齐全无误；箱体状态不良，应及时给予更换。 (2)箱号、封号与运单填写一致，集装箱箱体状态良好，手把全部入座，施封符合规定。集装箱上无残留的旧货签及其他无关标记。 (3)品名、重量与运单填写一致。 (4)填写票据正确。运杂费核收无误；坚持三检复核制度；填写有关报表，做到账款相符。 (5)填写正确，不漏项，字迹清晰。

续上表

作业项目	作 业 内 容	质 量 标 准
2. 承运	(7)铁路拼箱货物组织装箱,填写集装箱清单;施封。 (8)国际集装箱运输,填写跟踪单	(6)票、箱、卡相符,交接清楚。 (7)码放稳固,清单填记清晰、正确。 (8)跟踪单填写清晰、正确
3. 装车	(1)复核配装计划。 (2)向货运调度员提报装箱车种、车数。 (3)装车前进行票、箱、车三检,召开班前会。 (4)装车时,进行监装。 (5)装车后进行箱区残存箱、车辆装载状态、施封三检。 (6)整理货票,填写货车装载清单和封套,加盖有关戳记,封票。登记有关台账;报告作业完了时间	(1)符合办理限制、装运条件、中转范围正确。 (2)提报选配车种符合要求,及时,准确。 (3)货票齐全,票箱相符,箱体状态良好,施封有效,车辆符合要求,发现问题及时处理。 (4)按规定现场指导装车。不偏载,不错装、不漏装。 (5)装载符合规定,施封符合要求。 (6)货票、清单、封套、台账填记完整正确,货票、清单、箱相符,戳记齐全;报告及时、正确

铁路集装箱货物运输途中、到达作业标准 表3-4

作业项目	作 业 内 容	质 量 标 准
1. 中转	(1)编制中转配装计划,采取一坐、二过、三落地的方法组织。 (2)布置中转作业计划及注意事项。根据中转配装计划,进行作业。中转箱的装卸作业比照装卸车的作业内容办理。 (3)中转作业后,整理复查箱位、货票、中转计划表,填写集装箱中转台账和有关报表,移交货票,报告作业完了时间	(1)符合中转范围,多装直达,加速中转,不虚靡车辆。 (2)布置清楚。坐、过、落箱正确、无误。合理加装,车内剩余箱的整理符合规定。中转箱的装卸作业比照装卸车的质量标准办理。 (3)填记完整、正确,箱位、箱数无差错,票据整理、报告及时、正确
2. 卸车	(1)核对货票、装载清单、封套,确定卸箱区位,检查货票中有无记录。 (2)卸车前,确认车号,检查车辆状态。棚车装载时,检查施封,召开车前会。按规定对棚车进行启封。 (3)卸车时,指定卸车箱位;监卸;将封锁、封套一同保存。 (4)卸车后检查箱体,凭票核对箱号、箱数、货签、施封锁(环)内容,注明箱位,在货票上加盖卸车日期戳,并填写到达登记台账。 (5)凭卸车清单(卡)办理集装箱交接,签章。 (6)卸车货运员凭卸车清单向内勤货运员办理货票交接、签章;报告作业完了时间。 (7)铁路拼箱货物卸车后掏箱,办理交接	(1)货票、装载清单、封套填写一致,发现问题按规定及时处理。 (2)车号正确,发现异状,编制记录,及时处理。 (3)不错卸,不漏卸。 (4)票、箱、台账一致,发现异状,如实编制记录。 (5)集装箱交接清楚。 (6)货票交接清楚。 (7)在卸车作业完毕前,将拼箱货物掏出,发现问题,及时编制记录

续上表

作业项目	作业内容	质量标准
3. 交付	(1)发催领通知。 (2)办理票据交付手续。 (3)按规定核收杂费、装卸费,加盖交付日期戳。 (4)根据运单和卸车清单(卡),对照核对交付日期戳,过期补收滞留费。核实无误后,现场逐箱检查交付,加盖交付完了戳记。在卸车清单(卡)上记明白交付日期和交付货运员。 (5)向统计、装箱调度员提供有关数据。 (6)以卸车清单(卡)核对待交箱,对积压箱进行催领。 (7)整理国际箱跟踪单。往返运输国际箱应核收返程运输费用	(1)不迟于卸车次日。 (2)收货人提出的领货凭证及有效证明文件与货票上记载的收货人名称、货票号码相符,戳记齐全,不误交。 (3)不误收,不漏收,戳记正确。 (4)不误收,不漏收,填记正确及时。 (5)提供的数据准确。 (6)账箱相符。 (7)及时,按规定保管。不误收、不漏收

铁路集装箱货物运输进出站、调度、统计作业标准 表 3-5

作业项目	作业内容	质量标准
1. 集装箱进出站	(1)集装箱进出站按箱号管理,进行登记和销号。 (2)从车站搬出的铁路集装箱,填写出站单。 (3)验收返回的空、重集装箱,核对"铁路集装箱出站单",甲、乙、丙、丁联合对,返回还箱收据,对超期箱核收延期使用费;对发生破损的集装箱编制记录,向责任者收修理费用。 (4)"铁路集装箱出站单"装订成册。 (5)对站外存留的铁路集装箱和周转集装箱,按时按单位填报集装箱站外存箱登记簿、站外存留日况表	(1)记载准确,账号相符,数据正确。 (2)按规定填写出站单,做到正确无误。 (3)督促托、收货人按规定日期返回集装箱,按规定要求验箱出站单办理无误,正确核收费用。 (4)"铁路集装箱出站单"按序号装订,妥善保管。 (5)准确掌握站外存留箱,账号相符
2. 调度	(1)掌握站内、外集装箱动态,组织运用。 (2)向铁路局集装箱装箱调度员汇报车站货源和箱源情况,及时提出调整箱流意见。 (3)根据日班计划,组织装卸车工作。 (4)按下达的空箱回送命令,及时组织向指定的集装箱办理站会送。 (5)填写集装箱作业图表,向车站货运调度员报告。 (6)往返运输的国际集装箱应该在规定时间内回送。 (7)处理集装箱运输中日常发生的问题	(1)加速周转,压缩停时。 (2)掌握集装箱到发规律,做到箱不积压,搞好均衡运输。 (3)认真完成日计划。 (4)准确、按时执行装箱调度员"空箱回送"的命令。 (5)报告及时,图表正确。 (6)集装箱回送日期不超过规定期限。 (7)发现问题及时,处理正确果断

续上表

作业项目	作 业 内 容	质 量 标 准
3. 统计	(1)日常报表统计工作 ①运用报告； ②停留时间统计； ③箱千米计算； ④集装箱运输情况月报； ⑤集装箱站外存留情况； (2)分析工作 ①月、旬装箱计划完成情况； ②“门到门”运输开展情况及站外存留情况； ③集装箱在站平均停留时间完成情况； ④定期向领导汇报各项指标完成情况，并提出改进措施	(1)统计数据准确、齐全，报告及时。 (2)通过分析，发现问题，及时汇报，改进工作

任务四　组织集装箱运输发送作业

任务单

任务名称	组织集装箱运输发送作业
知识目标	熟悉集装箱运输的托运与受理等发送作业的流程以及相关票据的填写
能力目标	能够根据集装箱运输的发送作业要求，组织集装箱运输的发送作业；能够熟练填写集装箱运输相关票据
任务描述	组织集装箱运输发送作业
任务要求	(1)说明托运与受理的规定，并拟定条件，填写集装箱货物运单； (2)总结空箱拨配的流程和需要检查的内容； (3)说明装箱、施封和验收的要求以及需要检查的内容； (4)说明装车的要求； (5)拟定条件，填写货票

相关理论知识

一、托运与受理

集装箱运输以集装箱运单作为运输合同。托运人托运集装箱应按批提出运单。

集装箱货物运单上端居中的票据名称冠以“中铁集装箱运输有限责任公司集装箱货物运单”。它由两联组成，第一联为货物运单，如表3-6a)所示；第二联为提货单，如表3-6b)所示。

集装箱货物运单(第一联)　　　　表 3-6a)

货物指定于　月　日搬入　　　　中铁集装箱运输有限责任公司

货位:　　　　　　　　　　　　集装箱货物运单　　　　承运人/托运人装车

运到期限　　日　　　　　　　　托运人→发站→到站→收货人　　货票号码:

发站		到站(局)		中国	车种车号		货车标重	
到站所属省(市)自治区						运输方式	国内运输□　海铁联运□ 班列运输□ 站到站□　站到门□ 门到站□　门到门□	
发货地点		交货地点						
托运人	名称			电话				
	住址	邮编		E-mail				
收货人	名称			电话				
	住址	邮编		E-mail				
货物品名	集装箱箱型	集装箱箱类	集装箱数量	集装箱号码	施封号码	托运人确定重量(kg)	承运人确定重量(kg)	运输费用
合计								
托运人记载事项:		添附文件:		货物价格:		承运人记载事项:		

注:本运单不作为收款凭证,　　　　托运人盖章签字　　　　承运　　　　交付

“托运人、收货人须知”见背面。　　　　　　　　　　　　日期戳　　　　日期戳

年　月　日

集装箱货物运单(第二联)　　　　表 3-6b)

货物指定于　月　日搬入　　　　中铁集装箱运输有限责任公司

货位:　　　　　　　　　　　　集装箱货物运单　　　　承运人/托运人装车

运到期限　　日　　　　　　　　托运人→发站→到站→收货人　　货票号码:

发站		到站(局)		中国	车种车号		货车标重		提货联
到站所属省(市)自治区						运输方式	国内运输□　海铁联运□ 班列运输□ 站到站□　站到门□ 门到站□　门到门□		
发货地点		交货地点							
托运人	名称			电话					
	住址	邮编		E-mail					
收货人	名称			电话					
	住址	邮编		E-mail					
货物品名	集装箱箱型	集装箱箱类	集装箱数量	集装箱号码	施封号码	托运人确定重量(kg)	承运人确定重量(kg)	运输费用	
合计									
托运人记载事项:		添附文件:		货物价格:		承运人记载事项:			

注:本运单不作为收款凭证,　　　　托运人盖章签字　　　　承运　　　　交付

“托运人、收货人须知”见背面。　　　　　　　　　　　　日期戳　　　　日期戳

年　月　日

集装箱货物运单背面印有“托运人、收货人须知”：

①中铁集装箱运输有限责任公司集装箱货物运单，是承运人与托运人之间为办理集装箱货物铁路运输所签订运输合同的证明。

②托运人托运集装箱货物时，请向承运人按批提出集装箱货物运单一式两联，每批应是同一箱类、箱型，至少一箱，最多不得超过铁路一辆货车所能装运的箱数，且集装箱总重之和不得超过货车的容许载重量。

③集装箱两栏相应各栏记载内容应保持一致，托运人对其所填项目的真实性负责。

④托运人持集装箱运单托运集装箱货物，即确认并证明愿意遵守集装箱货物铁路运输的有关规定。

⑤集装箱运单“发货地点”和“交货地点”栏，托运人选择站到站的运输方式不填写，如选择门到站、站到门、门到门的运输方式，则应填写详细具体的发货地址和交货地址。

⑥集装箱运单“提货联”用于领取集装箱货物。托运人托运集装箱货物后应及时将集装箱运单“提货联”交收货人，收货人要及时与承运人联系领取货物。

⑦其他未尽事宜按照中国铁路总公司有关规定办理。

托运人应如实填记运单。箱内所装货物的品名、件数、重量及使用的箱型、箱号、封印号等应与运单(物品清单)记载的内容相符。

在运单上要注明要求使用的集装箱吨位，使用自备箱或要求在专用铁路、铁路专用线卸车的集装箱，在“托运人记载事项”栏内记明“使用×吨自备箱”或应在运单“托运人记载事项”栏内记明“在×××专用铁路(铁路专用线)卸车”。

如果托运的单件货物的重量超过100kg，应在货物运单“托运人记载事项”栏内注明实际重量。

托运的集装箱不得匿报货物品名，货物中不得夹带危险货物、易腐货物、货币、有价证券以及其他政令限制运输的物品。

承运人对托运人填写的运单进行审核，审核后在运单和领货凭证上加盖“×吨集装箱”戳记。

二、空箱拨配

托运人使用铁路集装箱装运货物时，由货运员指定拨配箱体良好的集装箱。托运人在使用前必须检查箱体状态，发现箱体状态不良时，应要求更换。

在站外装箱时，按车站指定的取箱日期来车站领取空箱，由货运员指定拨配空箱。在站内装、掏箱时，按车站指定的日期将货物运至车站，由货运员指定拨配空箱。

(1)托运人持经车站货运室货运员核准的货物运单，向发送货运员领取空箱。发送货运员接到货物运单后，应做好以下几项工作：

①核对批准的进箱日期及需要拨配的空箱数；

②指定箱号；

③在站外装箱的要认真填写铁路集装箱出站单，如表3-7a)、表3-7b)所示并进行登记；

④由托运人按规定签认后，取走空箱。

(2)拨配空箱时，发送货运员应会同托运人认真检查箱体状态，检查的主要内容有如下几点：

①箱顶是否透亮；

②箱壁是否有破孔；

③箱门能否严密关闭；

④箱门锁件是否完好。

铁路集装箱出站单　　表3-7a)

______站存查　　甲联

A000001

出站填记							
托运/收货人						调度命令号	
到站/货票号			箱型箱号			接收站	
箱体状况	割伤C　擦伤B　破洞H　凹损BR　部件缺失M　污箱DR					领箱人	
搬出汽车号		破损记录号		车站经办人			
进站填记(空 重)							
箱体状况	割伤C　擦伤B　破洞H　凹损BR　部件缺失M　污箱DR					还箱人	
搬入汽车号		破损记录号		车站经办人		出站日期	

门卫验收：(章)

领箱人须知	①如本单记载与实际不符，应在出站前要求更正 ②应及时将新箱送回，超过规定时间须支付集装箱延期使用费。 ③保证箱体完好，发生破损须赔偿。 ④本单乙联与箱同行，还箱时须将乙联交回。 ⑤还箱收据盖戳后，保存60d

说明：①铁路集装箱空箱出站时，将收货人、货票号抹消；交付集装箱重箱出站时，将托运人到站抹消。

②甲、乙联可用不同颜色印刷。

③各站可根据管理需要，增加联数。

铁路集装箱出站单　　表3-7b)

______站随箱联　　乙联

A000001

出站填记							
托运/收货人						调度命令号	
到站/货票号			箱型箱号			接收站	
箱体状况	割伤C　擦伤B　破洞H　凹损BR　部件缺失M　污箱DR					领箱人	
搬出汽车号		破损记录号		车站经办人			
进站填记(空 重)							
箱体状况	割伤C　擦伤B　破洞H　凹损BR　部件缺失M　污箱DR					还箱人	
搬入汽车号		破损记录号		车站经办人		出站日期	

门卫验收：(章)

还箱收据	本单记载的集装箱已交回车站，收据请保存60d。 车站经办人：　　车站日期戳记： A000001

托运人认为箱体状态不良不能保证货物运送安全，要求更换时，承运人应给予更换。在空箱数量不足的情况下，配箱工作应贯彻贵重、易碎、怕湿货物优先，门到门运输优先，纳入

方案去向优先,简化包装货物优先的“四优先”原则,以及急运的学生课本、报纸杂志、邮政包裹和搬家货物,优先拨配空箱。

三、装箱与施封

1.装箱

货物的装箱工作由托运人自己进行,箱内货物的数量和质量由托运人负责。货物装箱时不得砸撞箱体,货物要稳固码放,装载均匀,充分利用箱内容积,要采取防止货物移动、滚动或开门时倒塌的措施,确保箱内货物和集装箱运输安全。

站内装箱时,应于承运人指定的进货日期当日装完。超过期限核收集装箱延期使用费。

2.施封

集装箱施封由托运人负责。施封时应注意如下几个方面:

(1)通用集装箱重箱必须施封,施封时左右箱门锁舌和把手须入座,在右侧箱门把手锁件施封孔施封一枚,用10号镀锌铁线将箱门把手锁件拧固并剪断余尾。其他类型集装箱的施封方法另行规定。

(2)托运的空集装箱可不施封,托运人须关紧箱门并用10号镀锌铁线拧固。

(3)所用施封锁必须是车站出售的,或经车站同意在中国铁路总公司定点施封锁厂订购的。

3.集装箱运单填写

集装箱施封后,托运人应在运单上填记集装箱箱号和施封号码,这是托运人施封责任的书面记载。填写时应注意如下几点:

(1)填记的施封号码应与该箱箱号相对应,运单内填记不下时,可另附清单。

(2)铁路箱可以省略箱主代号,自备箱箱号应填全箱主代号。

(3)已填记的施封号码不得随意更改,必须更改时,托运人须在更改处盖章。

四、验收

发送的集装箱应于承运人指定的进站日期当日进站完毕。超过期限核收货物暂存费。托运人装箱后,交给车站承运,承运的过程是责任转移的过程,必须认真做好集装箱的验收工作。集装箱货物是按箱验收的,货运员应逐箱进行检查。

(1)箱体状态是否良好。这包括两方面含义:一是如果发现在装箱过程中有破坏箱体的情况,要求托运人赔偿;二是如果箱体不良可能危及货物安全的,应更换集装箱。

(2)箱门是否关好,锁舌是否落槽,把手是否全部入座。锁舌不入槽,箱门是假关闭;把手不入座,装卸时极易损坏集装箱。

(3)施封是否有效。集装箱施封由托运人负责。通用集装箱重箱必须施封。

(4)核对运单上填记的箱号和施封号码与集装箱上的是否一致,箱号和施封号码是否对应,运单填记的施封号码有无涂改。

(5)集装箱货物的重量原则上由托运人确定,但对有称重条件的集装箱办理站(含专用线),承运人必须逐箱复查发送的集装箱重量;集装箱总重超过集装箱标记总重时,托运人应对集装箱减载后运输,并按规定交纳违约金。

(6)承运人有权对集装箱货物品名、数量、装载状况等进行检查。需要开箱检查货物时,在发站应通知托运人到场;在到站应通知收货人到场;无法约见托运人或收货人时,应会同驻站公安检查,并做好记录。

检查发现有问题时,由托运人按规定改正后检查验收。验收后的重集装箱应送入货区指定的箱位,并在货物运单上填写箱位号、验收日期并签章。

五、核算制票与承运

接收重箱后,货区货运员应认真填写票据,登记各种台账,并将货运单等相关费用的票据交给核算员,核算员按规定制票,货票丁联如表3-8所示。核收运输费用后,应在货物运单上加盖车站承运日期戳,并将领货凭证(运单第二联)交托运人,此时即为承运。

集装箱货票丁联样式 表3-8

货 票

中铁集装箱运输有限责任公司 X000001

计划号码或运输号码: 丁联 运输凭证:发站→到站存查

发站		到站(局)		车种车号		货车标重		承运人/托运人装车		
经由		货物运到期限		运输方式						
运价里程		集装箱箱型/箱类		保价金额			现付费用			
托运人名称及地址							费别	金额	费别	金额
收货人名称及地址							运费			
货物品名	品名代码	箱数	货物重量	计费重量	运价号	运价率				
合计										
集装箱号码										
施封号码										
记事										

卸货时间 月 日 时 催领通知方法 催领通知时间 月 日 时 到站收费的收据号码	收货人盖章或签字 领货人身份证件号码	到站交付日期戳 经办人章	到站交付日期戳 经办人章

六、装车作业

1. 装载加固基本要求

使用铁路货车装运集装箱时,应合理装载,防止超载、集重、偏载、偏重、撞砸箱体。

集装箱装车前,须清扫干净车地板。

集装箱装车时,应核对箱号,检查箱体和施封情况。专用集装箱和特种货物集装箱还要检查外部配件。

使用集装箱专用车和两用车时,装车前须确认锁头齐全、状态良好;装车后要确认锁头完全入位,门挡立起。

使用普通平车装运集装箱时，应按规定装载加固。

使用敞车装运重集装箱时，应采取措施，防止偏载。

2. 装载技术要求

20ft 重箱不得与空箱配装。

端部有门的 20ft 集装箱使用平车装运时，箱门应朝向相邻集装箱。

空集装箱运输时，须关紧箱门并用 10 号镀锌铁线拧固。

集装箱专用平车 X3k、X4k、X6k 按照规定的装载方案装载。

3. 搬运和堆码要求

集装箱装卸和搬运时应稳起轻放，防止冲撞。10t 以上集装箱应使用集装箱专用吊具装卸。

装卸部门码放集装箱时，必须关闭箱门，码放整齐，箱门朝向一致；多层码放时，要角件对齐，不得超过限制堆码层数。

4. 装车后票据、封套的填写要求

集装箱装车时，应填制“集装箱货车装载清单”（见表 3-9），记明箱号和对应的施封号。在货运票据封套右上角加盖箱型戳记并填记箱号，在“货物实际重量”栏内填记箱数和全车集装箱总重。

集装箱货车装载清单　　表 3-9

装车站　　年　月　日

到站			车种车号			标记载重			施封号码	
货票号码	运输号码	发站	到站	品名	箱数	重量	托运人	箱号	施封号码	记事

计划员：　　装车计划员：　　装车工组：

任务五　组织集装箱运输途中、到达作业

任务单

任务名称	组织集装箱运输途中、到达作业
知识目标	熟悉集装箱途中作业和到达作业的内容和程序；熟悉集装箱交接的规定；掌握集装箱统计和调度工作的内容和方法；熟悉双层集装箱的管理和技术要求
能力目标	能够在实际工作中编制中转配装计划，组织集装箱的中转、到达和交付工作；能够统计集装箱相关信息
任务描述	组织集装箱运输的途中作业和到达作业
任务要求	(1)说明集装箱中转作业的内容和程序； (2)归纳集装箱交接、卸车、交付作业的程序和需要检查的内容； (3)说明集装箱运输统计和调度工作的内容和方法； (4)阐述双层集装箱的管理和技术要求

相关理论知识

一、中转作业

集装箱的中转是通过中转站来完成的。中转站的主要任务是把来自不同车站的集装箱货物,通过有计划地组织重新按到站装车,将集装箱货物以最快速度运至到站。在进行集装箱中转时,如发现集装箱箱体损坏或封印丢失、失效等情况,应立即会同有关部门清点货物,编制详细记录,补封后继续运送。如箱体损坏危及货物运输质量,应及时组织换箱。中转站的中转作业主要包括编制中转配装计划、中转作业组织等。

1. 编制中转配装计划

(1)详细核对中转计划表。核对的主要内容包括:方向、主要到站和存箱数,已开始作业和待运的站存箱数。站存箱数必须以货票与集装箱逐批、逐箱进行复查,然后再与中转计划表的数字进行核实。

(2)确定中转车的去向,审核到达货票,并根据到达待送车的货票,统计中转集装箱去向,确定重车卸后的新去向。

(3)做集配计划。集配计划是按去向、主要到站站别统计得出的,集配计划内容包括:停留在堆场的集装箱,各到达车装载的集装箱,各货车之间相互过车的箱数(卸下的箱要确定堆存箱位)。

(4)根据集配计划,结合送车顺序,确定货车送入后的中转作业顺序。

(5)传达中转作业计划。货运员和装卸工组对计划进行复核,做好作业前的准备。在复查前不但要对数字进行复查,还要检查箱体、铅封状态、标签、箱号是否与箱票记载一致。

2. 中转作业组织

中转作业组织的主要内容包括如下几个方面:

(1)货车送妥后,根据中转作业计划,首先卸下落地箱,再将过车集装箱装载应过的车上,最后整理仍在车上的其他货箱。在进行整理作业时,要检查留于车内的集装箱的可见箱体和铅封的状态,以便划分责任。

(2)进行装载。

(3)中转作业完毕后对货车施封。

3. 中转作业后的整理工作

集装箱中转的整理工作,是指中转作业结束后对中转工作质量的检查,同时也是下一次作业的开始。主要包括货运票据的整理,报表填记,复查中转作业完成的质量等。

其作业程序是:

(1)整理复查货位。

(2)整理复查货运票据。

(3)填写集装箱中转登记簿和有关报表。

(4)移交货运票据、报表。

(5)整理集装箱中转计划表。

(6)准备下一次中转计划。

二、卸车作业

集装箱卸车时,应核对箱号,检查箱体和施封情况。

卸车完了，卸车货运员应凭票核对箱号、箱数、施封等项目，在货运票据上注明箱位，登记“集装箱到发登记簿”（见表3-10），向内勤货运员办理运输票据的交接，向货运调度员报告卸车完了时间。

集装箱到发登记簿　　表3-10

<table>
<tr><th rowspan="3">箱号</th><th colspan="9">到达</th><th colspan="8">发出</th><th colspan="9">停时计算</th><th rowspan="3">记事</th></tr>
<tr><th rowspan="2">卸车日期</th><th rowspan="2">车种车号</th><th rowspan="2">发站</th><th rowspan="2">货票号码</th><th rowspan="2">收货人</th><th rowspan="2">货位号</th><th rowspan="2">卸车货运员</th><th rowspan="2">交付日期</th><th rowspan="2">交付货运员</th><th rowspan="2">交付货运员</th><th rowspan="2">到站</th><th rowspan="2">货票号码</th><th rowspan="2">施封号码</th><th rowspan="2">托运人</th><th rowspan="2">装车日期</th><th rowspan="2">车种车号</th><th rowspan="2">装车货运员</th><th colspan="2">卸车</th><th colspan="2">转出</th><th colspan="2">转入</th><th colspan="2">装车</th><th rowspan="2">停留时间</th></tr>
<tr><th>日期</th><th>时间</th><th>日期</th><th>时间</th><th>日期</th><th>时间</th><th>日期</th><th>时间</th></tr>
<tr><td></td><td></td><td></td><td></td><td></td><td></td><td></td><td></td><td></td><td></td><td></td><td></td><td></td><td></td><td></td><td></td><td></td><td></td><td></td><td></td><td></td><td></td><td></td><td></td><td></td><td></td><td></td><td></td></tr>
<tr><td></td><td></td><td></td><td></td><td></td><td></td><td></td><td></td><td></td><td></td><td></td><td></td><td></td><td></td><td></td><td></td><td></td><td></td><td></td><td></td><td></td><td></td><td></td><td></td><td></td><td></td><td></td><td></td></tr>
<tr><td></td><td></td><td></td><td></td><td></td><td></td><td></td><td></td><td></td><td></td><td></td><td></td><td></td><td></td><td></td><td></td><td></td><td></td><td></td><td></td><td></td><td></td><td></td><td></td><td></td><td></td><td></td><td></td></tr>
<tr><td></td><td></td><td></td><td></td><td></td><td></td><td></td><td></td><td></td><td></td><td></td><td></td><td></td><td></td><td></td><td></td><td></td><td></td><td></td><td></td><td></td><td></td><td></td><td></td><td></td><td></td><td></td><td></td></tr>
</table>

三、交付作业

到站应向运单记载的收货人交付集装箱。

收货人在收到领货凭证或接到车站的催领通知后，应及时到车站领取货物。收货人在办理领取手续时，车站应认真审查领货凭证及相关证明文件，确认正当的收货人后，清算运输费用，在货物运单上加盖戳记并交给收货人。收货人持运单到货区领取集装箱，货区货运员将集装箱点交给收货人后，认真填写集装箱出站单，并在货物运单上加盖“交讫”戳记，收货人凭加盖“交讫”戳记的运单和集装箱出站单将集装箱搬出货场。

到达的集装箱，应于承运人发出催领通知的次日起算，2d 内领取集装箱货物，并于领取的当日内将箱内货物掏完或将集装箱搬出。

站内掏箱时，应于领取的当日内掏完。

集装箱门到门运输重去空回或空去重回时，应于领取的次日送回；重去重回时应于领取的3d 内送回。

铁路集装箱超过免费暂存期限和使用铁路集装箱超过规定期限，核收货物暂存费和集装箱延期使用费。

集装箱的掏箱由收货人负责。集装箱掏空后，收货人应清扫干净，将箱门关闭良好，撤除货签及无关标记，有污染的须除污洗刷。车站对交回的铁路集装箱空箱应进行检查，发现未清扫或未洗刷的，应在收货人清扫或洗刷干净后接收，或以收货人责任委托清扫人员清扫洗刷。

收货人领取自备箱时，自备箱与货物应一并领取。

四、集装箱的交接

1. 交接地点和方法

（1）在车站货场装卸车，重箱凭箱号、封印和箱体外状，空箱凭箱号和箱体外状。箱体没有发生危及货物安全的变形或损坏，箱号、施封号码与货物运单记载一致；施封有效时，箱内货物由托运人负责。

（2）在专用铁路、专用线装卸车，由车站与托运人或收货人商定交接办法。

2. 交接凭证

进出站交接凭证为“铁路集装箱出站单”(见表3-7)。

从车站搬出铁路集装箱时,车站根据运单填写“铁路集装箱出站单”作为出站和箱体状况交接的凭证。集装箱送回车站时,车站收妥集装箱并结清费用后,在“铁路集装箱出站单”乙联上加盖车站日期戳和经办人章,将收据交还箱人。

3. 交接问题的处理

发站在接收集装箱时,检查发现箱号或封印内容与运单记载不符或未按规定关闭箱门、拧固、施封的,应由托运人改善后接收。箱体损坏危及货物和运输安全的不得接收。

收货人在接收集装箱时,应按运单核对箱号,检查施封状态、封印内容和箱体外状。发现不符或有异状时,应在接收当时向车站提出。

到站卸车发现集装箱施封锁丢失、封印内容不符、施封失效时,应在当时清点箱内货物并编制货运记录;发现集装箱破损可能危及货物安全时,应会同收货人或驻站公安检查箱内货物并编制货运记录。铁路集装箱破损时应编制“集装箱破损记录”。

4. 交接责任的划分

交接前由交方承担,交接后由接方承担。但运输过程中由于托运人责任造成的事故和损失由托运人负责;因集装箱质量发生的问题,责任由箱主或集装箱承租人负责。

集装箱在承运人的运输责任期内,箱体没有发生危及货物安全的变形或损坏,箱号、施封号码与运单记载一致,施封有效时,箱内货物由托运人负责。

5. 违约与赔偿责任

托运人有违约责任时,承运人应按合同约定或有关规定向托运人或收货人核收违约金和因检查产生的作业费用。可继续运输的,车站应会同托运人或驻站公安补封,编制货运记录。

铁路集装箱由于托运人或收货人责任造成丢失、损坏及无法洗刷的污染时,应由托运人或收货人负责赔偿,责任人在“铁路集装箱出站单”上签认;车站凭“铁路集装箱出站单”编制“集装箱破损记录”,作为向责任人索赔的依据。

自备箱由于承运人责任造成上述后果时,车站应编制货运记录,由承运人负责赔偿。赔偿费按实际发生的费用计算。

五、集装箱调度和统计工作

1. 集装箱调度

集装箱运输实行全路集中统一调度指挥,集装箱调度纳入全路运输生产调度系统。

(1)集装箱调度的职责

审批和下达集装箱月度装箱计划,按计划组织装箱和掌握去向,调整集装箱保有量和箱流去向,做好均衡运输;贯彻上级指示,发布调度命令;按时收取和向上级报告有关报表,检查分析运输情况,实施集装箱运输方案;处理集装箱运输中常发生的问题。

各级集装箱调度根据中国铁路总公司下达的月度集装箱装车计划审批和下达月度装箱计划,按计划组织装箱,调整集装箱保有量和箱流去向,组织实施集装箱班列运输方案,掌握集装箱扣修和修竣情况,全面、准确掌握集装箱运输和专用平车动态,及时处理发生的问题。

集装箱运输实行优先审批计划、优先配车、优先挂运、优先排空箱的政策,统计报表单独统计。

(2)集装箱计划。车站应预先受理运单,集结后按方向有计划地组织装箱。集装箱月度装箱计划由车站向集装箱调度提报。其主要内容有发送箱数、发送吨数、去向、排空和接空箱型、箱数等。

集装箱应组织一站直达车装运。铁路局应制订管内中转集结办法,避免积压,尽快运抵到站。发站对承运超过 7d 未能装出的集装箱应及时报告集装箱调度处理。

(3)集装箱保有量。铁路集装箱保有量是指铁路局或全路为完成规定的工作量所应保有的运用集装箱数。它是集装箱运输组织中的一项重要指标,它反映出集装箱是否处于正常运输状态,各铁路局保有一定数量的集装箱是完成集装箱运输任务的保证。

(4)集装箱的调整。集装箱调度要进行集装箱保有量的核定和分析,集装箱保有量要保持相对平衡。日常运输出现不平衡或积压时,应进行调整。调整以装运重箱为主,回送空箱和停限装为辅。

集装箱停限装和铁路集装箱空箱回送,在铁路局管内须分公司集装箱调度下达调度命令,跨局时须公司集装箱调度下达调度命令。回空的铁路集装箱,车站凭集装箱调度命令装车回送。

根据运输的需要,可备用适当数量状态良好的空集装箱。集装箱备用必须满 24h,不足 24h 解除备用时,自备用时起,仍按运用集装箱计算在站停留时间。集装箱的备用和解除须中国铁路总公司集装箱调度下达调度命令。各级集装箱调度应掌握车站和集装箱修理工厂每日的集装箱扣修、送修、修竣和在修箱数。新到集装箱应经中国铁路总公司集装箱调度批准后,投入运用。

2. 集装箱信息统计

信息管理工作:集装箱运输应建立全路统一的运输管理信息系统,使用统一的票据、报表和电子单证,实现集装箱运输动态管理和实时信息查询,逐步实现与港口、口岸、大客户等的电子数据交换。

铁路局和公司应设专人负责计算机网络及信息系统日常维护工作,确保系统安全、平稳运行、数据准确,实现对集装箱的实时动态管理。

集装箱办理站应使用全路统一标准的集装箱管理信息系统,及时、准确录入集装箱承运、装卸车、出入站等信息。每日 18:00 做出“集装箱运用报告”,逐级上报集装箱调度。集装箱运用报告按“集装箱运用报告填制说明”的要求填制。

六、双层集装箱运输组织

1. 组织管理

中铁集装箱运输有限公司负责铁路双层集装箱(以下简称双层箱)运输的经营和发到站的安全管理工作;铁路局负责运输组织和途中的安全管理工作。

装车后,装车站要认真检查集装箱在车内的装载状态和锁具定位情况,并做好记录。

装车站要指定专门技术人员根据箱型和重量等确定装车方案,并严格按方案装车,保证不超载、不偏载、不偏重。称重、方案制订、装车和加固等要建立签认制度,责任落实到人。

途中交接检查按《铁路货物运输管理规则》办理。发现箱门开启、上下层箱错位等危及行车安全的情况时,要立即甩车处理。

2. 技术要求

双层箱运输仅限使用 X2k 和 X2H 型专用平车,装后集装箱和货物总重不得超过 78t,重车重心高不得超过2400mm。

双层箱运输在中国铁路总公司公布发到站间、按指定径路组织班列运输。装车后不得超过《技规》规定的铁路双层集装箱运输装载限界,列车运行速度不得超过120km/h。

双层箱专用平车不得经驼峰解编,不得溜放。

双层箱运输,使用国际标准20ft、40ft及宽度、高度、结构、载重和强度等符合国际标准的48ft集装箱,20ft箱高度不超过2591mm,40ft箱不超过2896mm。

箱内货物要码放稳固、装载均匀。装箱后箱门应关闭良好,锁杆入位并旋紧。箱门关闭不良的集装箱不得双层运输。

20ft箱的箱门应朝向相邻集装箱。使用专用锁具连接上下两层集装箱,并将锁具置于锁闭状态。

3. 按方案装车

(1)重箱在下,轻箱在上。上层箱的总重不得超过下层箱。

(2)下层限装2个20ft或1个40ft箱,上层限装1个40ft或48ft箱。

(3)每层20ft箱的高度须相同,重量差不超过10t。

(4)20ft和40ft箱组合时,20ft箱限装下层。

知识拓展

集装化运输

一、集装化运输的基本概念

1. 铁路货物集装化运输的定义

集装化运输是我国铁路货物运输改革的一项重要的技术内容,其改革对象是传统的以人力为基础的包装运输件和散堆装货物。集装化运输和集装箱一样,把包装运输件和散堆装货物,集装和改革成适应现代化的以机械化装卸为基础的货物运输集装件。这项技术改革所达到的主要目的是保证货物运输安全与货物质量,提高货物运输作业效率和降低货物运输作业的劳动强度,增加企业和社会效益。

集装化运输与集装箱运输不同之处是集装化运输具有更大的灵活性,能组织不同形式和类型的货物集装件进行运输。

在集装化运输中,组织货物集装件的方法可分为两种不同的基本形式:一种是借助集装器具形成货物运输集装件;另一种则是借助捆扎索夹具或捆扎材料形成货物运输集装件。

我国发展集装化运输以来,所采用的集装器具类型有托盘式、预垫式、架式、箱式、笼式、袋式、网络式等多种,在外贸运输中还有滑板式集装器具。在捆扎运输中所采用的捆扎材料有镀锌铁丝、氧化与磷化处理钢带、夹具和索具等。在外贸运输中还采用收缩薄膜捆扎技术材料,而在国外常采用拉伸薄膜捆扎技术材料。

因此,我国铁路货物集装化运输定义为:凡使用集装器具、采用捆扎索夹具或捆扎技术方法,把裸装、散装货物包装成件货物等适于集装的货物,组合成一定规格或一定重量的货物集装件,经由各种运输方式运输者,统称为货物集装化运输。

2. 集装件应满足的要求

形成货物集装化运输的集装件,还必须满足下列各项要求:

①货物集装件所使用的集装器具、捆扎索夹具、捆扎材料应具有足够的强度,来保证集

装件牢固可靠,以防止危及行车、货物、运载车辆和运输环境条件的安全;

②货物集装件适于多种装卸、搬运机械作业,便于多层堆码和现代化管理;

③货物集装件的重量和体积能充分合理地利用运载工具的有效载重能力和装载容积;

④货物集装件在运输过程中有条件组织不同运载工具之间进行直接换装作业;

⑤每个货物集装件的重量要求等于或大于1t,或者体积等于或大于1m³。

3. 铁路集装器具的类型

集装器具是指货物集装化运输所使用的集装容器和用具的总称。集装器具类型的选择主要取决于货物的性质和状态。铁路集装器具主要包括托盘、集装笼、集装架、集装袋、集装网、集装专用箱、集装桶、集装夹、滑板、捆扎索具等。

(1)托盘。它是一种具有载货平面,设有叉孔,便于叉车装卸、搬运和堆存成件包装货物的一种集装器具。通过托盘可以把零星的成件包装货物组成一定重量和体积的集装货件。根据结构的不同,托盘有双面托盘、单面托盘、翼形托盘、立柱式托盘、箱形托盘等类型;按使用材料的不同,托盘有木制托盘、钢制托盘、塑料托盘、组合材质托盘、胶合板托盘、玻璃纤维托盘、纸制托盘和模压托盘等类型。托盘是一种使用最为广泛的集装器具。

(2)集装笼。它是一种钢制的笼状容器,除具有放置货物的底架外,四周还设有防护条栏或格栏,在底架下设有供叉车作业的基座,侧栏上设有供起重机作业的挂钩。根据集装货物的不同,集装笼有矿建材料集装笼、杂货集装笼和鲜货集装笼等形式。

(3)集装架。它具有与托盘功能相类似的底座,并有向空间延伸的框架结构物,主要用于集装平板玻璃。其结构有L形、A形、半封闭型、封闭型、H形、LH形等多种类型。

(4)集装袋。它是一种使用韧性材料缝制或胶压而成的圆桶形、矩形或圆锥形软质袋式容器,主要用于集装易于流动的粒状、粉状和块状货物,如水泥、化肥、石英砂、滑石粉、纯碱、石墨、粮食、盐、砂糖、矿粉等。集装袋的经向和纬向一般都设置有加强筋带,加强筋带的延长部分一般做成顶部提吊带,袋子底部设有卸料口,卸料时抽动卸料口的活结绳索,货物便借助重力自动卸出。按制作材料的不同,集装袋有合成纤维集装袋、塑料涂布集装袋和橡胶集装袋;按袋体形状的不同,集装袋有圆筒形、方形和圆锥形等形式。

(5)集装网。集装网包括使用尼龙绳、涤纶绳、丙纶绳等合成纤维材料编织成的韧性集装网和使用钢丝绳等金属丝状材料编织成的刚性集装网。韧性集装网主要用来集装粮食、化肥、食盐、滑石粉等袋装货物;刚性集装网主要用于集装不带包装的石灰石、铁矿石、片石等块状货物。

(6)集装专用箱。它是指除标准集装箱以外的各种箱型集装器具,一般为钢制封闭式结构,具有强度高、刚度大,经久耐用,可防雨、防潮、防撒漏、防丢失等优点,适于集装贵重、易碎、怕湿货物及粉状、颗粒状货物。

(7)集装夹。它是一种用角钢框架、木制条板等制成的夹具,主要用来集装板材、片材类货物。钢制夹板、夹具还可用于集装气瓶类货物及钢板条、钢管等货物。

(8)预垫式集装器具。它是一种用于集装钢管、钢筋、铸铁管、塑料管、毛竹、原木等无包装、不捆扎的长形裸件货物的器具。预垫式集装器具有两种形式:一种是由尼龙绳、聚丙烯绳或钢丝等材料绞绕而成,且绳的两端做有套扣的韧性索具;另一种是用钢材、竹、木等材料制作的刚性预垫。装车时,在货车地板或每层货物间放置预垫器具,在敞车侧板与货物间放置立柱。预垫器具的高度和立柱的大小,以能方便地穿引起吊钢丝绳为度,从而为货物在到站卸车创造方便条件。

(9)滑板。它是一种由载货平板和翼板组成的板式结构物,是托盘的一种简化形式。叉车装卸滑板集装货件时,需要配置推拉系统和夹钳装置,作业时,需要操作推拉系统,使活动夹钳夹住翼板,然后把滑板集装货件平稳地拉入或推出货叉,从而实现货物的装卸、搬运和堆码。滑板与托盘相比,具有用料省、成本低、自重轻、占用空间少,便于回送或回收利用等优点,是成件包装货物的理想集装器具。根据翼板的数目,滑板有单翼形、双翼形、三翼形和四翼形四种形式;按制造材料的不同,滑板有纸滑板、纤维滑板和塑料滑板等形式。

二、集装化运输的技术要求和组织方法

1. 集装器具和集装货件的技术要求

(1)集装器具应具有足够的强度和刚度,以保证货物运输安全;还应设有供机械作业的起吊装置或叉孔,以实现装卸搬运作业的机械化。集装器具的结构、外形设计应科学、简单、美观、便于操作。

(2)为了减少集装器具的回送,凡能采用一次性集装器具的货物,必须采用一次性集装器具。循环使用的集装器具,应最大限度地缩小体积,以满足回送时提高车辆装载量的要求。

(3)集装货件每件的重量和规格尺寸要便于储存和管理,适于在各种运输工具之间直接换装,适应装卸机械化的要求,能充分利用车辆载重力和容积,并应逐步实现标准化。

(4)根据现行《铁路货物集装化运输组织管理办法》的规定,集装货件每件体积不小于 $0.5m^3$,或重量不小于500kg。棚车装运的集装货件,每件重量不得超过1t,长度不得超过1.5m,体积不得超过 $2m^3$。敞车装运的集装货件,每件重量不得超过到站的最大起重能力。集装货件应捆绑牢固,表面平整,适合多层码放;货物应码放整齐、严密,并按规定做好包装储运标志。

(5)承运新品名、新方式集装化货物时,应先组织试运,以检验集装器具、装载加固方法能否保证货物及运输安全。试运成功的集装化方式和器具,由铁路局或中国铁路总公司组织鉴定,并作为运输条件公布执行。集装器具应逐步实行准运证制度。

2. 集装化运输的货源组织

铁路运输的货物中,除罐装货物、散装货物、阔大货物等性质特殊货物外,一般均可采用集装器具或捆扎方法组成集装货件。车站应积极开展集装化货源的调查研究,有计划、有步骤地加以组织。集装化运输应零担、整车并重,对于运输过程中易发生损失、包装材料使用较多、污染车辆、交接手续烦琐、装卸作业困难的货物,应优先实行集装化运输。

3. 集装化运输的作业组织

(1)铁路承运集装化货物时,以集装货件作为基本单位。集装化货物与非集装化货物不得按一批托运。一批运输的多件集装化货物以零担方式运输时,应采用同一集装方式。托运人托运集装化货物,应在货物运单托运人记事栏内注明"集装化"字样。"运单内件数"一栏应填写集装后的件数,"包装"一栏应填写集装方式的名称,如托盘、集装袋等。

(2)集装化运输的货物,要合理组织装车作业,不断改进装载方法,充分利用货车的载重力和容积,并应符合装载加固的有关规定。集装货件卸车时,应检查货物状态,根据货物运单内容清点集装货件件数。到站要将集装货件整体(包括集装器具)交付给收货人。循环使用的企业自备集装器具,到站应签证特价运输证明书,按特定运价收取回空费,并优先组织回送。车站利用企业自备集装器具回空装运货物时,须征得其所有人的同意,但只限装运至原发站,此时免收集装箱器具的回空费。

(3)铁路从承运集装化货物时起到交付时止，对集装货件发生的整体灭失或表层货件损坏负赔偿责任。在运输途中，如果发现集装货件外部被损坏，货物散落，发现站应进行检查清点，并编制货运记录，整理加固后可继续运至到站。到站交付时，要会同收货人进行清点。集装货件在运输过程中发生事故时，按事故处理的有关规定进行调查处理。

集装箱化运输的最大特点是有利于实现装卸、搬运的机械化，从而能大大提高运输效率，加速车辆周转，提高货物送达速度；由于货件是集装形式，便于机械码放，能提高场库面积的使用效率和货车载重力利用率；集装化运输不仅对有些品类的货物能节省原来零小货件的包装材料，而且通过各种集装工具和设施强化了对货物的保护作用，使货物的安全性得到进一步加强；货物集装化简化了过去零小成件包装货物繁杂的交接手续，方便了托运人、收货人和铁路货运作业，减少了货物损失的发生。因此，重视和加强集装化运输的组织和管理是铁路货运工作的重要内容和发展方向。

复习思考题

1. 集装箱的定义是什么？
2. 集装箱按重量如何分类？集装箱的统计单位是什么？
3. 集装箱的标记有哪些？这些标记的含义是什么？
4. 集装箱办理站应具备哪些条件？
5. 集装箱按年运量如何分类？
6. 我国有哪些特大型集装箱场？
7. 集装箱按一批办理的条件是什么？
8. 集装箱货物运单一共有几联？如何正确填写集装箱货物运单？
9. 集装箱施封时应注意哪些问题？
10. 箱体状态良好包含哪些含义？
11. 简述集装箱运输的途中作业和到达作业。
12. 集装箱调度有哪些职责？

项目四 调查与处理货物损失

任务一 认识货物损失种类和等级

任务单

任务名称	认识货物损失种类和等级
知识目标	掌握货物损失定义
能力目标	(1)能对货物损失进行分类; (2)能对货物损失等级进行确定
任务描述	根据所学知识,确定货物损失种类和等级
任务要求	(1)了解货物损失定义; (2)分析货物损失种类; (3)分析货物损失等级

相关理论知识

一、货物损失的定义

货物在铁路运输过程中发生灭失、短少或者损坏属于货物损失。

正确理解"货物损失"的定义,重点要把握"铁路运输过程中"的含义。它是指自铁路运输企业接收货物时起,至将货物交付收货人时止。在这个过程中发生的损失都属于货物损失,都要按货物损失处理有关程序去调查处理。

二、货物损失的种类

货物损失的种类有如下五种:

(1)火灾。按照公安部、劳动部、国家统计局公通字[1996]82号《火灾统计管理规定》:"凡在时间或空间上失去控制的燃烧所造成的灾害,都为火灾。"货车或车站公共货运设施、设备发生燃烧,但未造成货物损失的火灾,不应列为货物损失。

(2)被盗(有被盗痕迹)。"被盗痕迹"以包装撕破为表面特征。对于包装封条开裂、捆扎脱落,包装内物品短少或被调换,除有证据证明属于被盗之外,按丢失事故处理。货物全批灭失、件数短少,包装内货物短少均按丢失事故处理。

(3)丢失(全批未到或部分短少、没有被盗痕迹的)。

(4)损坏(破裂、变形、磨伤、摔损、部件破损、湿损、腐烂、植物枯死、活动物死亡、污染、染毒等)。

(5)其他(办理差错及其他原因造成的货物损失)。

上述第(1)~(4)类事故属于货损货差事故。货损是指货物状态或质量发生变化,丧失或部分丧失货物原来的使用价值。货差是指货物数量发生变化。第(5)类事故则属于严重办理差错和其他事故,此类事故虽然可能造成经济损失,但不一定造成货物本身的直接损失。

三、货物损失的等级

货物损失按其损失程度分为4个等级。

(1)一级损失。货物损失款额(以下简称损失款额)10万元以上的。

(2)二级损失。损失款额1万元以上未满10万元的。

(3)三级损失。损失款额1000元以上未满1万元的。

(4)轻微损失。损失款额未满1000元的。

货物损失款额既包括货物事故造成的货物损失,也包括其他直接经济损失。铁路赔偿款额只是表示在该起货物损失中铁路所承担的经济责任,而不能作为确定货物损失等级的依据。

铁路运输过程中发生的办理差错(未构成货物损失的),如误办理(违反营业办理限制、停限装命令)、误运送、误交付、票货分离等,按照《铁路货物损失处理规则》的规定程序处理。

任务二　编制记录

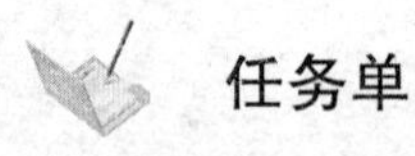

任务单

任务名称	编制记录
知识目标	(1)熟悉货运记录的含义; (2)熟悉普通记录的含义; (3)熟悉货运记录编制后的处理
能力目标	(1)学会对货运记录的编制; (2)学会对普通记录的编制
任务描述	根据所学知识,参照《铁路货物损失处理规则》,编制普通记录和货运记录
任务要求	(1)编制普通记录; (2)编制货运记录; (3)处理编制后的货运记录

相关理论知识

记录分为货运记录和普通记录。货运记录为一页绿色A4纸(货主页)和一页白色A4纸(存查页)。带号码的普通记录每组一式两页,第一页为编制单位存查页,第二页为交给接方的证明页。

货运记录和普通记录号码均由铁路局编印掌握。货运记录和普通记录用纸均应建立请领、发放、使用制度。

车站必须按统一顺号连续使用记录用纸，并按编制日期和号码顺序登记。涉及货物快运的还应在货运记录左上角加盖“货物快运专用”戳记。

一、货运记录

1. 定义

货运记录作为货物发生损失时的证明。凡是货物在铁路运输过程中发生货物损失的，车站均应在发现次日内按批(车)编制货运记录。但列车有货运车长时，如装车时间紧张，可在物品清单(或交接凭证)中记明货物损失情况，由卸车站编制货运记录。

2. 货运记录的作用

(1)事故定责的原始证明材料。货物损失发生后，需编制货运记录，对事故定责时须提供带号码货运记录，故货运记录是分析事故责任的基本原始证明材料。

(2)起法律效用的证明文件。《合同法》和《铁路法》规定，货物在运输过程中发生灭失、短少、变质、污染或者损坏时，责任一方要承担赔偿责任。当铁路作为承运人，托运人或收货人作为另一方，一旦发生经济纠纷，货运记录就是起法律效用的证明文件。

(3)事故档案。货运记录是了解货运工作质量，分析事故规律、原因，提出防范、安全措施的重要资料。货运记录是证明事故发生情况的原始资料，是事故的档案。

3. 货运记录的适用范围

遇有下列情况时应编制货运记录：

(1)发生《货规》《管规》及其引申规则办法中所规定需要编制的情况时。

(2)自备篷布、自备集装箱运输发生损失时。

(3)一批货物中的部分货物补送或损失货物及误运送货物回送时。

(4)发现无票据、无标记、无法交付货物和公安机关查获铁路运输中被盗、被诈骗的货物以及公安机关缴回的赃款移交车站时，沿途拾得的铁路运输货物交给车站处理时。

(5)托运人组织装车，收货人组织卸车，货车施封良好，篷布苫盖和敞车、平车、砂石车货物装载外观无异状，收货人提出货物有损失经承运人确认时。

(6)集装箱运输的货物，箱体完整、施封良好，收货人提出货物有损失经承运人确认时。

4. 货运记录编制的一般要求

货运记录由车站货运安全员编制。编制记录要如实记载货物损失及有关方面的当时现状，不得在记录中做损失责任的结论，记录各栏应逐项填记。货运记录应记明车(箱)体、门窗、施封或篷布的情况、货物包装及装载加固状态、损失货物装载位置、损失程度等。

货运记录内容分为一般情况、事故情况、参加人签章、附件和交付货物时收货人意见等5个部分，各部分应按栏逐项填记。

“一般情况”栏，应根据运单及票据封套记载及到达车次、实际作业时间逐项填记。

“票据原记载”栏，应按事故货物运单记载事项详细填写，如有货无票可填记“无票”字样。

“按照实际”栏，应按货物实际情况填写，凡经检斤的货物应在“重量”栏内加以注明。如有票无货，可填写“无货”字样。货物损失涉及重量的，应将发生损失的货物和完整货物分别检斤，中途站只对成件货物中的损失货物进行检斤，填入记录的“按照实际”栏内。

“事故详细情况”栏，应记明以下内容：

(1)车辆来源及货运检查情况(货车车体、门窗、施封、篷布苫盖等情况)。

(2)事故货件的实际状态和损失程度。

(3)货物包装、装载状态、装载位置和周围的情况。

(4)对事故货件的处理情况。

“参加人签章”栏应由参加检查货物(车)的有关人员签字或盖章,同时注明其所属单位全称。但记录编制人必须加盖带有所属单位名称的人名章。发生事故有公安人员参加处理时,也应由公安人员签字或盖章。凡未加盖带有所属单位名称的人名章,或涂改处未加盖编制人员人名章的,均视为无效。

“附件”栏应按所附有关材料名称、数量的实际情况填写。

记录某一项漏填、误填或事故情况记载不具体,以后作了补充,只要不影响事故分析和责任判定,可视为有效。

一辆货车内两批以上货物发生事故,编制该记录的货运员必须是同一人。货运记录的“编制人”栏应为实际编制人的姓名。

一件事故涉及两个以上责任单位时,应作记录抄件送有关单位。

5.货运记录编制的重点要求

(1)火灾

货车种类、编挂位置、邻车情况、牵引机车类型、起火部位、被烧货物装载位置,车辆防火板规格及技术状态,可能造成起火的各种迹象。

货物在货场内存放时发生火灾,应记明仓库、雨棚、相邻设备及周围堆放货物等情况,货位原来堆放何种货物和火源等。

以上均要记明火灾发生和扑灭的时间,被烧货物状态。

(2)被盗丢失

被盗货物装载或码放位置,车(箱)内货物装载状态,是否装满(能否容下少件),有无明显被盗痕迹,包装损坏状态,短少货物的具体品名、数量(无法判明短少数量时,应记明现有数量或现状),涉及重量时应检斤,并记明现有重量。

棚车开启车门能否明显发现。车窗处被盗丢失,应记明货物装于车窗位置以及该车窗锁闭状态。货车两侧或一侧上部施封时,应记明下部门扣是否损坏、封印的站名和号码。车门缝处货物被盗割的,应记明货物现状。

敞车装载的,要记明表层货物现状和篷布、绳网苫盖状态。篷布、绳网有破口时,应记明破口位置、尺寸、新痕旧痕和破口处货物的现状。

集装箱装载的,应记明现有数量或短少数量、箱号、箱体和箱门状态。

(3)损坏

货物的损坏程度、部位、尺寸、新痕旧痕,包装材质、储运图示标志,装载方法,码放位置及周围货物、衬垫情况及接触本批货物的车地板、端侧墙状态。

①货物破损变形应记明货物现状,接触货物有无窜动或冲撞痕迹,包装损坏状态、破损部位、内货固定及衬垫情况,加固材料质量、加固方法,包装上标明的装卸方式。

②机械设备包装破损,底托带、支架立柱、横梁等有折断或变形,以及围衬材料破损、脱落、丢失,应对该处货物裸露部位表面进行检查,记明现状。

③湿损货物在货车或集装箱内的装载位置、湿损数量,可判明湿损程度时应记明湿损程度。棚车、集装箱装运的,应记明车体或箱体不良部位、状态和尺寸,是否透光,定检修单位和时间;敞车装运苫盖篷布的,应记明货物装载状况、篷布质量、苫盖、绳索捆绑等情况,篷布

所属单位。

④货物变质应记明运单上货物的容许运输期限、实际运到时间及记事栏内容，货物包装、内部衬垫现状，货物堆码方式，变质货物位置及损失数量和程度。

机械冷藏车装运的货物应记明车内外温度、货物温度，车门胶条密封、包装及内部衬垫现状。乘务员出具的普通记录证明和机械冷藏车作业单作为附件。

⑤货物污染应记明污染物（源）名称、位置、面积、包装情况，污染物（源）与被污染货物距离，被污染货物的数量和程度，车内外是否贴有“洗刷除污”标签及车内清洁、衬垫情况。

多批货物混装时，污染物和被污染货物应分别编制货运记录。

（4）集装货物

外部状态发生被盗、丢失、损坏可比照（2）、（3）项内容填记，还应记明集装用具状态，堆码方式。货物散落时，应检查清点并记明现有数量，若无法清点数量的可检斤，并记明全批复查重量。集装货物拆盘（捆）卸车时，要对每盘（捆）件数清点。

（5）其他

①票货分离应记明票据来源、票据记载内容或货物（车）来源，以及标记内容。对无标记的，应记明包装特征或具体货物品名、件数和重量。

②误运送应记明判明误运送的依据，货物（车）的发站及正确到站。

③到站卸车发现货物包装完整，件数相符，重量短少或多出，按《货规》规定在货物运单内注明，交付时收货人提出检斤或指出包装有异状，经检斤重量不足或发现内品短少，编制货运记录，由到站调查处理。

二、普通记录

1. 普通记录的作用

普通记录是货物运输过程中，发生换装、整理或在交接中需要划分责任以及依照其他规定需要编制时，所编制的一种凭证。它是一般证明文件，不能作为要求赔偿的依据。

2. 普通记录的适用范围

普通记录作为现状交接证明。遇有下列情况之一，须在当日按批（车）编制普通记录：

（1）发生《货规》《管规》及其引申规则办法中所规定需要编制的情况时。

（2）货物损失涉及车辆技术状态时。

（3）货车发生换装整理时。

（4）集装箱封印失效、丢失或封印站名、号码与票据记载不一致或未按规定使用施封锁时。

（5）货物运单、货票、货车装载清单上有记载，记载内容发生涂改或被划掉未加盖带有单位名称的人名章时。

（6）卸车（换装）发现货物件数较票据记载多出时。

（7）依据其他有关规定，需要证明时。

在办理货运检查交接作业时发现问题，按规定拍发的交接电报应视为普通记录。

3. 普通记录的编制要求

（1）一般要求

编制普通记录要如实记载有关情况。无运转车长值乘的列车，接方进行货运检查发现问题后,按规定拍发的电报应作为有车长值乘时交方出具的普通记录。

(2)重点要求

应记明交接时货车车体、门窗、施封或篷布、绳网的现状,货物包装及装载加固状态。

①货车封印失效、丢失、封印站名或号码无法辨认时,应记明失效、丢失和无法辨认的具体情况。

②封印的站名或号码与票据、封套或补封记录记载不符时,应记明封印实际站名或号码。

③货物运单与货票记载不符,而货物运单记载情况与货物相符时,应记明不符的具体情况。

④施封的货车未在票据或封套上记明施封号码时,应记明现车施封状况。

⑤车辆技术状态不良时,应记明车种、车型、车号和车辆不良的具体情况,检修单位名称及年月。

⑥发现货车两侧或一侧上部施封时,应记明下部门扣是否损坏。

⑦棚车车体及集装箱专用车、平车装运的集装箱箱体发生损坏时,应记明损坏位置、尺寸、新痕旧痕和箱号。

站车交接中发现的问题按规定拍发电报。其内容除包括普通记录反映的情况外,还应记明列车的车次及到达时间,货车的车种、车号,发现问题的简要处理情况。

编制记录须加盖货物损失处理专用章或单位公章,编制人员还须加盖带有所属单位名称的人名章,其他参加检查货物(车)的有关人员也应签字或盖章,同时注明其所属单位名称。记录有涂改时,在涂改处须加盖编制人员的人名章。

【例 4-1】 根据以下案例编制普通记录(题中未详述条件可自定):

朝阳川站 2015 年 3 月 14 日承运到昆明东站一批大米,件数 670 件,每件包装标记重量 100kg,保价金额为 13.4 万,当日承运人组织装车,车号 C_{62A} 4539530,苫盖铁路货车篷布 3 块挂运,3 月 17 日运行至沈阳西站,列检发现车辆一侧旁承游间距离为 0,出具车统-23 扣车就地处理。沈阳西站 3 月 21 日换装至 C_{62A} 4577821 车,同时卸下 70 件货物后苫盖原布篷车继运。

根据《铁路货物损失处理规则》关于普通记录的重点说明编制“普通记录”,具体发生的事实情况或车辆技术状态编制为:

朝阳川发昆明东整车大米,670 件,每件包装标记重量 100kg,2015 年 3 月 14 日由承运人组织装车,车号 C_{62A} 4539530。苫盖铁路货车篷布 3 块挂运,3 月 17 日 13 点 30 分运行至沈阳西站列检发现车辆一侧旁承游间距离为 0,出具车统-23 扣车就地处理。

三、货运记录编制后的处理

1. 发站编制的记录

发站编制的货运记录,由发站负责处理。如确实无法联系托运人时,应将货运记录(货主页)随同运输票据送到站处理,同时以货物损失查复书告知到站。

2. 中途站编制的记录

中途站编制的货运记录(货主页)随同运输票据或货物送到站处理,同时以查复书告知发、到站。

(1)自站责任的货运记录(货主页)随同运输票据或货物送到站处理。

(2)他站责任的记录应自编制记录之日起 3 日内将相关材料送有关站调查,货运记录

(货主页)随同运输票据或货物送到站处理。一批货物中部分货物发生损失时,应拴挂“损失货物标签”继运到站。发生损失的货物继运到站前应采取防护措施,避免扩大损失。

(3)发生火灾、货物变质、活动物死亡、气体类危险货物泄漏、剧毒品、爆炸品、放射性物品被盗丢失,货物损失能在发现站处理的,发现站应积极处理;不能在发现站处理的,货运记录(货主页)随同运输票据送到站处理,但发现站负责查明原因。

3. 到站编制的货运记录(包括附有发站和中途站编制的货运记录)

到站编制的货运记录(货主页)应及时交给收货人。遇有发站或中途站编制的记录,卸车时应按照记录记载的情况,认真核对现货,情况相符时,不再编制记录,记录交收货人;情况不符时,应重新编制记录交收货人,原记录留存。

(1)自站责任的记录向发站调查承装情况。

(2)他站责任的记录及相关资料送有关站调查。

(3)货运记录送查后,件数不足的货物补送齐全,在向收货人补交时应收回货运记录(货主页),并及时通知有关站结案。

任务三　处理货物损失

任务单

任务名称	处理货物损失
知识目标	(1)熟悉货物损失处理作业程序; (2)熟悉货物损失速报的内容; (3)熟悉货物损失路内、路外的定责依据
能力目标	(1)学会拍发货物损失速报; (2)学会对货物损失定责
任务描述	根据所学知识,参照《铁路货物损失处理处理规则》,能够拍发货物损失速报,能对货物损失定责
任务要求	(1)编制货物损失速报; (2)分析货物损失责任; (3)归纳货物损失处理作业的程序; (4)绘制货物损失处理作业程序图

相关理论知识

车站发现货物损失后,发现人员应保护现场,立即向车站负责人和货运安全员报告。接到报告后,车站负责人应组织有关货运人员立即赶赴现场进行货物损失勘查、清理、资料收集并编制货物损失报告。必要时通知托运人或收货人。

物流企业(包括铁路物流企业或铁路运输企业委托的社会物流企业,下同)在接取送达过程中发现货物损失时,应由物流企业相关人员对发生损失货物情况拍照留存,并编制货物损失报告交车站。

一、货物损失勘查

(1)火灾。货车火灾:查明火灾列车车次、到达时间、编挂位置;查看车内货物装载现状、起火部位、四周货物烧损情况;检查车辆状态、货物装载高度;了解机车类型及状态。

货场火灾:损失货物所处位置;着火点货位及周边自然现状;货物入库(区)时间和货物交接检查情况;仓库电线、灯具情况;装卸作业机具防火情况;人员出入情况。

(2)被盗。车、集装箱(以下简称箱)内货物被盗:查明列车车次、到达时间、编挂位置;查看车(箱)体状态、施封状态、货物装载现状。

货场内货物被盗:查明货物入库(区)时间、作业班组、作业货运员及在库区的交接情况。

(3)丢失。车(箱)内货物丢失:查明列车车次、到达时间、开始作业和卸车完了时间,检查车辆、施封状态、货物装载现状。

货场内货物丢失:查明货物入库(区)、卸车时间、卸车班组、货运员、库区货运员的交接情况、货物码放位置及相邻货物进出库情况等。

(4)损坏。查明破损货物的损坏程度、部位、数量、包装、衬垫、破口尺寸、堆码以及车(箱)状态、篷布状态等现状。

查明变质货物位置及损失程度、数量;机械冷藏车乘务员出具的普通记录和机械冷藏车作业单;运单上货物的容许运输期限、记事栏相关内容及标记,货物包装堆码方式。

查明污染货物损失程度、数量,车内污染物(源)名称、位置、面积、包装情况,污染物(源)与被污染货物距离,被污染货物的数量和程度。

(5)上述情形以外的其他货物损失视具体情况进行勘查。

二、货物损失报告

发现货物被盗、火灾等情况,发现单位(人)应立即向公安、消防部门报案。货物损失涉及铁路交通事故的,应通知铁路局列车调度、安全监督管理部门;涉及车辆技术状态的,应通知车辆部门;涉及活动物或食品污染变质的,应通知防疫、检疫部门;涉及参加保险的货物,必要时应通知保险公司;涉及海关监管的货物,应通知海关监管部门;涉及环境污染的货物,应通知环保部门;必要时还应通知托运人(收货人)。

三、货物损失速报

发现火灾,罐车装运的压缩气体、液化气体泄漏,剧毒品、放射性物品被盗丢失以及估计损失款额达到一级损失等情况时,应在1h内逐级报告,并在24h内向有关车站、直属站段、铁路局以电报形式拍发“货物损失速报”,抄送总公司运输局。

货物损失速报内容如下:

(一)损失等级、种类。

(二)发现损失的时间、地点。

(三)发站、到站、品名、承运日期。

(四)车种、车型、车号、货票号码、办理种别、保价或保险金额(金额前注明“保价”或“保险”字样)。

(五)损失概要。

(六)对有关单位的要求。

拍发速报时,在电文首部冠以“货物损失速报”字样,(一)至(六)项为各项代号。速报由车站主管领导审核签发。

【例4-2】 主送:××站、××铁路局

抄送:铁道总公司运输局、××铁路局

货物损失速报

(一)二级、丢失;

(二)××年××月××日,××站;

(三) 发站××站,到站××站,品名发电机组,承运日期××年××月××日;

(四)棚车 P3117024,票号 59597,整车,保价 51000 元;

(五)卸车发现上记有票无货,清单有记载,详见××站 028788 号货运记录;

(六)望××站提出处理意见,复有关××站。

A 站第××号电

××年××月××日

四、货物损失鉴定

货物发生损失需要鉴定时,按《货规》规定办理。交付前车站应会同收货人(托运人)或物流企业进行检查确认,必要时邀请有鉴定能力的第三方进行鉴定。损失鉴定应在发现站现场就地进行,现场难以鉴定时,经与收货人(托运人)协商同意后,可以移至适当的场地进行鉴定。

损失货物鉴定时,应按批编制"货物损失鉴定书",货物损失鉴定书应加盖处理站货物损失处理专用章或单位公章,参加人员应签字或盖章,第三方参加鉴定的,还需加盖鉴定单位的印章或附出具的货物损失鉴定报告。

车站组织货物损失鉴定时应由货运负责人、货物损失处理人员等两人以上参加鉴定。

鉴定一般应自编制货运记录之日起 10d 内完成,以"货物损失查复书"(以下简称查复书)送有关单位。情况特殊需要延期时,应以查复书或电报说明原因通知有关单位,但最长不得超过 30d。

鉴定所支出的费用(包括整理、化验等费用),应在货物损失鉴定书中记明。属于收货人(托运人)责任的,由收货人(托运人)支付;属于承运人责任的,由责任单位承担。

五、货物损失调查

车站发现货物损失或办理差错,除按规定编制记录外,还应自发现之日起 3d 内以查复书形式,通过系统对货物损失的原因和责任进行调查,必要时可派人外出调查。但交接责任明确的货物损失,可不进行调查。

系统发生软、硬件故障,无法正常使用时,应由其主管直属站段负责处理。

调查所需资料文档应一次性使用数码相机、扫描仪等设备录制电子文档,在系统内加载。其主要包括以下内容:

(1)货票存查联、站车交接电报、普通记录。

(2)货物发生被盗、丢失,货票未附物品清单时,车站检查的现有货物数量和包装特征的清单。

(3)分析责任所需的运输票据封套、装载清单、封印照片。

(4)其他有关资料(可按需要后附),车辆技术状态检查记录、货物损失鉴定书、货物损失现场照片等。

一辆货车内多批货物发生损失时,上述资料应分别录制并加载。

六、车站接到调查材料的处理

车站接到调查材料后,应核对记录、附件是否齐全、正确,接到的纸质速报和查询电报,应于当日在收件上加盖收文日期戳记,登记于"货物损失(记录、调查、赔偿)登记簿"内,并按以下规定办理:

(1)初次接到调查记录,如果核对所附材料不符合要求而影响调查时,应一次提出,自接到记录之日起3d内以查复书要求处理站补充材料。

(2)调查记录如果有误到情况,自接到之日起次日内以查复书告知处理站。

(3)属于自站责任的,自接到记录之日起3d内以"查复书"答复送查站,告知发、到站。

对已明确为自站责任,但还需要向有关单位索取补充材料,了解货物损失、下落或到达交付情况时,应以查复书要求处理站补充。

(4)属于他站责任的,以查复书说明理由和根据,自收到货运记录之日起3d内答复处理站。并抄送发、到站和有关单位。一级损失的,应抄报主管铁路局。

(5)因情况复杂,责任站不能在自接到记录之日起3d内调查答复(包括要求暂缓赔偿的),需要延期时,应提前提出理由,告知发、到站(铁路局)。但此项延期自收到记录之日起,最多不得超过30d。

七、铁路局接到事故调查报告的处理

发现货物一级损失,发现铁路局应立即深入现场组织处理。涉及他局责任时,自拍发货物损失速报之日起10d内邀请有关铁路局参加处理,召开分析会,并形成会议纪要。

有关铁路局接到货物损失速报后,应组织调查,并按发现铁路局通知的开会日期参加分析会,签署会议纪要。铁路局间对损失责任划分意见一致时,由发现铁路局将会议纪要连同有关调查材料送到达铁路局;铁路局间对损失责任划分意见有分歧时,应在会议纪要内阐明各自意见。

有关铁路局拒不参加分析会或中途擅离会议,不签署会议纪要的,对分析会确定的责任不得提出异议。

涉及托运人、收货人责任和铁路局以外其他部门(包括社会物流企业)责任时,由到站(铁路局)处理,有关站(铁路局)积极配合。

八、货物损失责任划分

划分货物损失责任应以事实为根据、规章为准绳。在查明货物损失情况和原因的基础上,首先应按国家法律、行政法规及铁路企业的有关规定划清承运人与托运人、收货人之间的责任。

货物损失调查定责工作由到站(中途终止运输的,为货物终止运输站)、到达铁路局负责,但发站承运后装车前、货物承运前在车站仓储或货物仅在车站仓储的,定责工作由发站或仓储办理站负责。发生货物损失后,记录编制站应初步判定是否为承运人责任,难以判定的应由到站进一步调查确定。涉及物流外包业务的,定责意见须经签约铁路局确认。

九、铁路内部各单位及物流企业责任的划分

铁路内部各单位之间货物损失责任划分,应根据下列各项规定确定,并根据不同情况,

参照有关规章妥善处理。

1. 火灾

(1)火灾责任以公安消防部门认定的起火原因为依据,铁路局间对火灾责任意见不一致时,二级、三级、轻微损失由处理铁路局按照公安消防部门的认定定责;一级损失相关铁路局对责任认定不一致时,由发生铁路局报总公司裁定。

(2)因未按规定安装防火板或安装不符合规定,闸瓦火花烧坏车底板而造成的,列最近定检施修该车的车辆段所属铁路局或车辆厂属地铁路局责任。

列车未按规定隔离造成的,列列车编组站责任;中途摘挂后隔离不符造成的,列中途摘挂站责任。

(3)有公安机关证明系扒车人员引起的火灾,列该扒乘人员最初扒乘该次列车的扒乘站(铁路局)责任。既有扒乘原因又有使用车辆不当情况时,扒乘站负主要责任,使用车辆不当负次要责任。

(4)遇铁路局间分界站接入列车时发现火灾,在进站30min之内用调度电话通知交出铁路局调度所,并取得该列车机车乘务组证明,查不清原因的,列交出铁路局责任;未在规定时间内通知并取得证明的,列接入铁路局责任。

(5)违反车辆使用限制,列发站责任(防火板原因造成火灾的除外);车辆代用的能查明火灾原因的,列责任站责任,查不清起火原因时,列发生站(区间发生的列发生铁路局)责任,赔款由发站(有铁路局代用命令的由发送铁路局)和发生站(铁路局)分摊。

(6)罐车装运的危险货物,因车辆技术状态不良发生火灾,列最近定检施修该车的车辆段所属铁路局或车辆厂属地铁路局责任;阀(盖)关闭不严的,列装车站责任。

(7)棚车车体完整、门窗关闭、施封良好,查不清原因时,列前一装卸站责任;货车发生补封查不清原因时,列补封站责任,如属委托补封的或以上一责任货运检查站责任补封的,列委托单位或上一责任货运检查站责任;装车站未施封,查不清原因时,列装车站责任,赔款由装车站和发生站(区间发生的为发生铁路局)分摊。

集装箱箱体完整,施封良好,查不清原因时,列发站责任。

(8)易燃、自燃货物因包装质量、自然属性或装载方法,非易燃货物以易燃材料包装、衬垫,敞车装运未苫盖篷布,或以其他物品苫盖造成的,列装车站责任。

(9)除上述各款外,又查不明铁路内各部门间原因时,列发生铁路局责任。

2. 被盗丢失

(1)棚车(含毒品车)、冷藏车装运的货物。

①门窗关闭施封有效,列装车站责任;未使用规定的施封锁或未在车门下部施封,有记录或站车交接电报证明的,列封印站责任,赔款由封印站和上一责任货运检查站分摊;无记录或站车交接电报证明的,列封印站责任,赔款由封印站和到站分摊。

②封印失效、丢失、断开,不破坏封印即能开启车门,均按站车交接规定列责。

③货车发生补封,列上一责任货运检查站责任,未按规定拍发电报,列补封站责任;连续补封,列第一责任站责任,赔款共同分摊;自站责任补封的,列补封站责任;如属委托补封的,列委托单位责任。

货车在途中发生补封,补封单位拍发的站车交接电报漏抄送发、到站的,列上一责任货运检查站责任,赔款由责任单位和补封单位分摊。

④卸车站发现货车封印的站名相符但号码与运输票据或封套记载不符时,列装车站责任。

⑤施封的货车,已有途中站车交接电报或普通记录,且现状与途中交接电报或普通记录记载内容相符,卸车站可以不再拍发电报。如内容不相符,又未拍发站车交接电报的,列卸车站责任。

⑥车窗开启或使用不完整车辆(包括车体端侧墙有破洞,车窗、烟囱口不完整)以及不施封造成的,列装车站责任。

(2)敞车装运的货物。

①铁路货车篷布丢失造成货物损失,按站车交接规定列责。

②托运人自备篷布丢失及造成货物损失的,列发站责任,赔款由沿途各铁路局分摊。

(3)集装箱装运的货物。

①卸车发现集装箱封印失效、丢失,站名无法辨认以及封印站名、号码不符或箱体破损,列装车站责任。施封有效,站名相符,号码不符,列发站责任。

②使用平车和集装箱专用平车装运的集装箱箱体损坏,按站车交接列责;有交方普通记录证明的,列交方责任;没有交方普通记录证明的,列接方责任;多次损坏、多次证明的,列第一责任站责任,赔款共同分摊。

③集装箱装载不符合规定,造成封印失效、丢失,列装车站责任。

(4)到站发现罐车破封,查不明原因的,列发送铁路局责任,赔款由沿途各铁路局分摊。

(5)有公安机关证明,系扒乘人员造成货物被盗、丢失,列该扒乘人员最初扒乘该次列车的扒乘站(铁路局)责任。

(6)路用罐车技术状态不良造成货物泄漏时,列最近定检施修该车的车辆段所属铁路局或车辆厂属地铁路局责任。

(7)因调车冲撞造成罐车货物泄漏时,列调车作业站责任;查不清调车冲撞站的,列发生站(铁路局)责任。

(8)车门缝处货物被盗割的,列发送铁路局责任,赔款由沿途各铁路局分摊。

(9)集装货物卸车发现整体灭失以及散落其中小件丢失,列装车站责任;但因包装和捆绑不良造成的,列装车站责任,赔款由装车站和发站分摊。

(10)货物发生被盗、丢失,定责前公安机关破案,则按破案结论定责。

(11)不属《管规》站车交接检查内容,但通过货运计量安全检测监控设备(简称监控设备)或其他方式检查发现敞车篷布顶部被割或棚车(集装箱)顶部被破坏等问题的,按下列规定划责:

①途中有监控设备的货运检查站、无监控设备的途中站或到站货运检查时发现的,按规定处理并拍发电报的,如上一货运检查站有监控设备,列上一有监控设备的货运检查站责任,赔款由责任货运检查站和发站分摊;如前方途经站无监控设备,列发站责任,赔款由发现铁路局前方沿途各铁路局分摊。

②检查发现但未处理的,列发现站责任,赔款由发现站、发站和上一有监控设备的货运检查站分摊。

③中途站换装整理时发现的,如上一货运检查站有监控设备,列上一有监控设备的货运检查站责任,赔款由责任货运检查站和发站分摊;如前方途经站无监控设备,列发站责任,赔款由沿途各铁路局分摊;换装后发生的,列换装站责任。途中有监控设备的货运检查站、无监控设备的途中站或到站货运检查时发现的,按规定处理并拍发电报的,如上一货运检查站有监控设备,赔款由责任货运检查站和换装站分摊;如前方途经站无监控设备,列换站装责任,赔款由发现铁路局前方沿途各铁路局分摊;检查发现但未处理的,列发现站责任,赔款由发现站、换装站和上一有监控设备的货运检查站分摊。

④车体完整、棚车施封良好、装载状态发生异状或敞车装载状态、篷布苫盖无异状，能通过监控设备判明发生站的，列发生站责任；能通过监控设备判明发生区段的，列发生铁路局责任；无法通过监控设备判明的，列发站责任，赔款由发现铁路局前方沿途各铁路局分摊。

3. 损坏

(1)因货物无包装或包装有缺陷发生损坏，列发站责任。

货物发生损坏，经到站鉴定不属于包装质量和货物性质原因时，列装车站责任。

(2)整车易碎货物(包括以缸、坛、陶瓷、玻璃为容器的货物)发生损坏，除能查明责任者外，列发站责任；有明显冲撞痕迹，查不清责任者时，列到达铁路局责任，赔款由沿途各铁路局分摊。

集装箱装运的易碎货物发生损坏，又查不明铁路内各单位间原因时，列到达铁路局责任，赔款由沿途各铁路局分摊。

(3)棚车漏雨造成货物湿损，货运检查能够发现的，列装车站责任；不能发现的列最近定检施修该车的车辆段所属铁路局或车辆厂属地铁路局责任。

敞车货物湿损列装车站责任。因铁路货车篷布丢失造成货物湿损，按站车交接规定列责。托运人自备篷布丢失、损坏及造成货物湿损，列发站责任，赔款由沿途各铁路局分摊；或按站车交接规定列责。

篷布顶部被割造成货物湿损，途中有监控设备的货运检查站、无监控设备的途中站或到站货运检查时发现的，按规定处理并拍发电报的，如上一货运检查站有监控设备，列上一有监控设备的货运检查站责任，赔款由责任货运检查站和发站分摊；如前方途经站无监控设备，列发站责任，赔款由发现铁路局前方沿途各铁路局分摊。

篷布顶部被割造成货物湿损，检查发现但未处理的，列发现站责任，赔款由发现站、发站和上一有监控设备的货运检查站分摊。

中途站换装整理时发现的，如上一货运检查站有监控设备，列上一有监控设备的货运检查站责任，赔款由责任货运检查站和发站分摊；如前方途经站无监控设备，列发站责任，赔款由沿途各铁路局分摊；换装后发生的，列换装站责任，途中有监控设备的货运检查站、无监控设备的途中站或到站货运检查时发现的，按规定处理并拍发电报的，如上一货运检查站有监控设备，赔款由责任货运检查站和换装站分摊；如前方途经站无监控设备，列换站装责任，赔款由发现铁路局前方沿途各铁路局分摊；检查发现但未处理的，列发现站责任，赔款由发现站、换装站和上一有监控设备的货运检查站分摊。

因篷布质量不良造成货物湿损，列装车站责任。

集装箱箱体状态不良，货物发生湿损，列发站责任。

(4)货物装载加固违反规定，或使用不符合要求的捆绑加固材料和装置，造成货物损坏，列装车站责任。

分卸的货物倒塌造成货物损坏，列前一卸车站责任，赔款由装车站和前一卸车站分摊。

(5)货车(集装箱)清扫不彻底造成的货物污染，列装车(箱)站责任。

(6)使用未洗刷除污的车辆造成的货物污染，上一卸车站未回送洗刷除污时，列上一卸车站责任；回送洗刷除污的车辆被排走而漏洗刷除污时，列误排站责任；洗刷除污不彻底，列洗刷除污站责任。

(7)对污染源和被污染货物处理不当，造成损失扩大时，由处理站承担损失扩大部分赔款。

(8)货物染毒涉及车辆原装货物，又未保留原车和货物时，经鉴定能查明原因的，列责任站责任;查不清原因的,列未保留站责任。

(9)违反《铁路危险货物配放表》《铁路车辆编组隔离表》的限制以及车辆使用规定造成污染的,列违反站责任。

(10)违反车辆使用限制,或货物质量、温度、包装、装载方法不符合《铁路鲜活货物运输规则》(简称《鲜规》)要求,造成货物变质的,列发站责任。

(11)机械冷藏车违反易腐货物控温规定,造成货物变质,列发送铁路局责任。

(12)发、到站装卸车作业时间超过《鲜规》要求,列发站或到站责任。

(13)货物运到逾期造成货物变质的,列积压站责任;连续积压,列积压时间最长的车站责任,赔款由连续积压站按积压天数比例分摊。

4.其他

(1)伪编货运记录,列编制站责任。同一车内多批货物发生损失,编制两份以上货运记录,经查明其中一份属于伪编,则其余各份货运记录所涉及的货物损失列编制站责任。

误编、迟编以及迟送查货运记录,列责任单位责任,赔款由责任单位与记录编制站分摊。

收到调查记录(包括查询文电)超过规定答复期限未答复的,列迟延答复站责任。

(2)因涂改运输票据造成的货物损失或办理差错,列涂改站责任;无法辨认涂改站时,列接方责任。因票据封套上封印号码填记简化,影响原因和责任分析时,列责任站责任,赔款由责任站和简化填记的车站分摊。

卸车发现运单、货票上记载的件数、重量、货物价格发生涂改,未按规定加盖戳记,实卸货物与涂改后的记载相符,而与领货凭证不符时,除查明原因外,列发站责任;到站卸车未按章编制记录时,列到站责任。

(3)途中票据丢失后发生的货物损失或办理差错,除查明原因外,列丢票站责任。

(4)由于发站未检斤或检斤不准确,发生被盗丢失后重量相符或多出时,列责任站责任,赔款由责任站和发站分摊。

(5)对误到的货物未按规定编制记录和处理,发生损失的,列卸车站责任。

(6)铁路内部交接不认真,接收后发现的货物损失或办理差错,除能查明责任者外,列接方责任。

(7)因处理不认真,未采取积极措施,换装、整理不当,以致货物损失扩大时,由处理不当或换装、整理不当车站承担损失扩大部分赔款。

(8)到站对运到逾期货物不按章编制记录(或拍发电报)查询,列责任站责任,赔款由责任站(或货物积压站)和到站分摊。

发站、中途站对运到逾期货物接到查询记录、电报,未在2d内(自接到查询的次日起)答复的,货物发生损失,列责任站(或货物积压站)责任,赔款由责任站(或货物积压站)和延迟答复站分摊。

(9)发生一级损失,处理铁路局未能在规定期限内处理完毕,或未按本规则规定向铁路总公司提出裁定申请的,列处理铁路局责任。二级、三级损失,到站未在规定期限内定责处理或提出裁定申请的,列到站责任。轻微损失到站未在规定期限内定责处理,列到站责任。

(10)因铁路行车原因造成货物损失的,按安全监察部门确定的责任单位列责。

(11)投保运输险的货物发生损失,因代办保险的车站未在货物运单、货票记事栏内加盖“已投保运输险”戳记,超过保险索赔期限如由铁路负责时,列责任单位责任,赔款由责任单位和代办保险的车站分摊。

（12）货物发生损失，依照规定赔偿，托运人（或收货人）有异议，法院判决按照实际损失赔偿时，超出赔偿限额或保价比例的，列责任单位责任，其差额损失赔款由责任单位和发站分摊。

（13）铁路局调整卸车站后，卸车发现的货物损失或办理差错，能查明责任的，列责任站责任，赔款由责任站和调整卸车铁路局分摊；查不明责任的，列调整卸车铁路局责任。

违反规定办理货物（车）变更，货物发生损失，列变更受理站责任。

（14）误运到站，回送过程中发生货物损失，属于回送站责任时，赔款由回送站和误运站分摊。

（15）领货凭证上未记明本批货物的货票号码，或未在货物运单和领货凭证平行处加盖骑缝戳记，货物发生冒领或误交付时，列到站责任，赔款由到站和发站分摊。

（16）列车编组顺序表上对施封的货车未记明"F"字样，货车一侧无封，发生被盗、丢失，列上一货运检查站责任，赔款由上一货运检查站和该列车的编组站分摊；货车两侧无封，列该列车的编组站责任。

（17）货物品名过多或同一品名规格、价值不同以及同一包装内有两种以上的货物按一批托运时，未按规定填写货物运单（货票）、物品清单或填写简单笼统，造成到站难以确定损失时，列责任站责任，赔款由责任站和发站分摊。

（18）货车已施封，但未在运输票据或封套上注明"F"字样及施封号码，货物发生被盗、丢失时，查明原因的，由装车站和责任单位共同负责；查不明原因的，由装车站负责。

（19）货车滞留，滞留站未按规定拍发电报，货物发生变质或损失，列责任单位责任，赔款由责任单位和滞留站分摊。

（20）记录编制站拆下的封印，在规定保管期限内，责任站调查发现该封印丢失或与记录不符，列记录编制站责任。

（21）集装运输的货物（如集装袋、网，托盘，成捆钢材，有色金属），卸车时发现捆绑松散，而未对损失货物清点（或未检斤）并编记录注明的，列卸车站责任。

（22）由承运人负责接取送达时，在接取时发生的货物损失，列发站责任；在送达时发生的货物损失，列到站责任。委托其他物流企业接取送达时，按委托协议清算赔款。

（23）仓储货物发生损失，列仓储站责任。

（24）未涉及上述情况的责任划分条款，由到站提出定责意见，报主管铁路局审定。

十、对损失定责有异议时的处理

对货物损失定责意见有争议，经一次往返查复不能取得一致时，按下列规定办理：

（1）轻微损失责任由到站裁定。

（2）三级损失责任，到站应将定责意见上报主管铁路局，由到达铁路局裁定。

（3）二级损失责任，到站应将定责意见上报主管铁路局，由到达铁路局与相关铁路局协商，到达铁路局裁定。

（4）一级损失责任，到达铁路局应将定责意见连同会议纪要等材料上报总公司裁定。

二级、三级损失责任，到达铁路局的裁定为最终裁定；轻微损失责任，到站的裁定为最终裁定。

铁路内部责任确定后，由定责单位填写查复书并下达"货物损失定责通知书"（以下简称"定责通知书"），送主管铁路局、责任铁路局、责任单位和发、到站及有关单位。查复书的内容应包含定责意见及定责依据。

凡按规定权限定责的货物损失，责任站（铁路局）必须尊重定责意见。

对承运人责任明确的货物损失处理要坚持快速调查、快速定责。自货物损失发现之日起，对轻微、三级损失处理期限最长不得超过10d;对二级、一级损失处理期限最长不得超过30d。

托运人或收货人在法定有效期间内提出赔偿要求的,以办理完毕赔偿手续并下达定责通知书时间为结案时间;超过法定有效期限,托运人或收货人未提出赔偿要求的,自然结案;由上级或到达铁路局裁定的,以接到裁定批复时间为结案时间;经调查确认非承运人责任的,以调查确认时间为结案时间。结案后,调查单位应将结案情况告知相关单位。

责任单位收到定责通知书后,应于10d内确定责任部门,超过30d仍不能确定责任部门的,列货运部门责任。定责单位超过规定时间不调查、不定责的,列本单位货运部门责任。

任务四　赔偿诉讼与统计货物损失

任务单

任务名称	赔偿诉讼与统计货物损失
知识目标	(1)了解货物损失赔偿的审核要求; (2)了解货物损失的诉讼程序; (3)掌握货物损失统计方法
能力目标	能够对"货物损失统计报告表"正确填写
任务描述	根据所学知识,参照《铁路货物损失处理规则》,能够正确填写"货物损失统计报告"
任务要求	(1)审核货物损失赔偿资料; (2)正确填写相关报表

相关理论知识

车站对收货人或托运人的赔偿要求,按《货规》规定受理。但在运输途中发生的火灾、货物变质、活动物死亡等情况就地处理时,经与托运人、收货人协商同意,可由发现站受理,并通知发、到站。

对承运人责任明确的货物损失,收货人或托运人向到站或发站提出赔偿要求时,到站或发站均应受理。涉及物流外包业务的,由签约单位按合同约定指定车站受理。委托他人办理时,应由收货人或托运人出具委托书、委托人和被委托人的身份证明复印件和联系方式。

一、货物损失的赔偿

无论车站是否具有赔偿审核权限,在提赔人向车站提出赔偿要求时,车站应进行资格、资料等项的全面审核。

1. 审核资格和资料

车站对收货人或托运人的赔偿要求,按《货规》规定受理。但在运输途中发生的火灾、货物变质、活动物死亡等情况就地处理时,经与托运人、收货人协商同意,可由发现站受理,并通知发、到站。

对承运人责任明确的货物损失,收货人或托运人向到站或发站提出赔偿要求时,到站或发站均应受理。涉及物流外包业务的,由签约单位按合同约定指定车站受理。委托他人办理时,应由收货人或托运人出具委托书、委托人和被委托人的身份证明复印件和联系方式。

受理赔偿要求时,应审核赔偿要求人的权利、有效期限、"赔偿要求书"内容,以及规定的证明文件[货物运单原件或快运货票戊联、货运记录(货主页)原件以及与货物损失有关的其他资料]。审核无误后,在"赔偿要求书收据"上加盖货物损失处理专用章或车站公章,交给赔偿要求人。

通过铁路货运电子商务系统网上受理客户提出的赔偿要求时,经受理站审核后,需将受理情况以"客户通知书"通过铁路货运电子商务系统告知客户。

2. 货物损失的赔偿款额

赔偿款额按照《中华人民共和国铁路法》《货规》和铁路货物保价运输的有关规定计算。赔偿额尾数不足1元时,按进整处理。

对非承运人责任的保价货物损失,收货人或托运人向到站或发站提出补偿要求时,比照赔偿程序受理。

3. 赔偿的审核权限

轻微损失的赔偿由受理站审核办理。赔偿要求人要求以现金支付赔款的,由车站按财务规定当日完成现金赔付;赔偿要求人要求通过银行转账的,由受理站在下达"货物损失赔(补)偿通知书"当日将赔偿材料报主管直属站段,由直属站段转账。轻微损失赔款备用金由车站主管直属站段财务部门按照备用金管理制度办理和监督。

三级损失的赔偿由受理站在受理当日,以查复书写明调查过程、损失款额、赔偿金额等上报主管直属站段,抄送发、到站及相关站,由主管直属站段审核办理。

二级、一级损失的赔偿及保价货物损失补偿,由受理站在受理当日,以查复书写明调查过程、损失款额、赔(补)偿金额等上报主管铁路局,抄送发、到站及相关站,由主管铁路局审核办理。

涉及物流外包业务的(包括客户以铁路方保证金冲抵违约金或向保函开立银行索赔违约金的),由签约单位按合同约定指定车站办理赔偿;不属车站办理权限的,由车站在受理当日,以查复书写明调查过程、损失款额、赔(补)偿金额等上报主管直属站段或铁路局,抄送发、到站及相关站,由主管直属站段或铁路局按合同约定审核办理。

4. 赔偿的办理

办理赔(补)偿单位应填发赔通,并加盖货物损失处理专用章或单位公章。赔通分为正本、副本,正本为领、付款凭证(由银行转账时,交本单位财务部门;领取现金时,交赔偿要求人领款用),副本为赔款通知(本单位财务部门清算用;银行转账时,交赔偿要求人、发站、到站)。通过铁路货运电子商务系统网上办理赔偿的,应将赔通加载至铁路货运电子商务系统上告知客户。

车站上报直属站段、铁路局的赔偿资料,经审核确定不属于铁路责任时,直属站段、铁路局应说明理由与根据,告知受理站,受理站以盖有货物损失处理专用章或单位公章的函件答复赔偿要求人,同时将全部赔偿材料(赔偿要求书除外)复印留存后退还赔偿要求人,并告知有关单位。

5. 赔偿处理期限

办理赔偿的期限,自受理赔偿要求的次日起至填发赔通之日止为2个工作日。特殊情况下办理赔偿的最长期限:直属站段不超过5个工作日,铁路局不超过10个工作日。

赔通下达后应及时送财务部门,财务部门接到赔通后,应在5个工作日内支付赔款。保价运输货物的损失赔款由保价成本承担,非保价运输货物的损失赔款由运营成本承担。涉及物流外包业务的(包括客户以铁路方保证金冲抵违约金或向保函开立银行索赔违约金的),由签约单位按规定支付或冲减违约金。

6. 赔偿金额的清算

一批赔款额或铁路局间分摊后的款额不足500元时,互不清算,由处理单位列销。

500元以上的跨局货物损失赔款,由处理铁路局汇总,以财务通知书附赔通和定责通知书,按月向责任铁路局清算一次,但处理铁路局超过3个月未向责任铁路局清算的,责任铁路局可不予清算。责任铁路局接到处理铁路局清算的财务通知书后,按月向处理铁路局支付垫赔款。责任铁路局不得退回赔通。

涉及物流外包业务的,支付违约金(包括以保证金冲抵违约金、向保函开立银行索赔违约金)的签约铁路局,每季度次月10d前与责任铁路局办理资金结算。

在赔偿后又找到货物的,由货物所在站按无标记货物处理,维持原来定责不变。

被盗丢失货物损失赔偿后,公安机关破案证明属其他单位责任时,按下列规定处理:

(1)赔款额不满一级损失的,维持原来定责不变。

(2)赔款额在一级损失以上的,原责任单位将原调查材料、原赔通和公安机关破案证明一并报主管铁路局审核后,自原货运记录编制之日起180d内,向新的责任铁路局填发赔通和定责通知书,转送上述材料。新的责任铁路局应及时转账,落实责任。超过上述期限的,仍维持原来定责不变,新的责任铁路局不予受理。

7. 货物损失的诉讼

赔偿要求人向法院提起的诉讼案,按照总公司及所属企业法律纠纷案件处理的有关规定执行。法院调解或判决承运人责任生效后,由被告单位先行垫付铁路承担的款额。涉及被告单位以外铁路其他单位责任时,应根据法院的调解或判决和本规则有关规定确定责任。

二、货物损失的统计

车站、直属站段、铁路局对于货物损失的责任(无论是否发生赔款),均须逐件统计。货物损失按结案日期统计上报。上级裁定的,按接到裁定批复的当月统计,列铁路局其他责任的,由铁路局统计上报。铁路局、直属站段根据赔通和定责通知书,检查督促管内各单位及时统计上报。

货物损失统计以一批作为一件。但由于自然灾害、火灾、行车原因,在同一车站(区间)、同一列车内、同一时间发生的多批货物损失应按一件统计,其损失等级按损失款额总和确定。一件损失由几个责任单位共同承担时,货物损失件数由主要责任单位统计;无主要责任单位的,除另有规定者外,按造成货物损失的车站顺序,由第一个责任单位统计。

因托运人、收货人责任或押运人过错使铁路运输工具、设备或第三者的货物造成损失时,分别由发站、到站统计货物损失件数,责任部门列“其他路外”。

货物在接取时发生的责任货物损失,由发站统计;货物在送达时发生的责任货物损失,由到站统计;责任部门列“接送”。货物承运前和交付后仍在车站仓储或货物仅在车站仓储时发生的责任货物损失,由提供仓储服务的车站统计,责任部门列“货运”。

货物发生的损失,凡属下列情形之一者,属非过失责任:

(1)货物在运输过程中被哄抢。

(2)在车站范围之外发生的货物被盗、丢失、损坏。

(3)非承运人过失引起的货场或列车火灾、爆炸、染毒。

(4)非承运人过失造成的货物湿损。

(5)由于铁路行车原因造成的货物损失。

(6)因自然灾害,易腐货物超过容许运输期限到达而造成的腐坏。

(7)托运人派人押运的货物,既不是押运人责任又非承运人过失发生的火灾、染毒,导致货物损失。

(8)到站由收货人组织卸车的货物在货车交接时,集装箱门到门运输的货物在卸车时,发现封印失效、丢失,造成货物丢失或损坏。

(9)托运人以自备篷布苫盖货物,在运输途中自备篷布丢失、损坏及造成货物损失时。

(10)其他非承运人过失造成的但属于承运人负责赔偿的货物损失。

虽属上述情况但查明系承运人的直接过失造成的货物损失,属过失责任。

车站、直属站段、铁路局应按月统计货物损失,于次月5d前填写"货物损失统计报告"和"货物损失综合统计分析报告表"。非过失责任的货物损失单独统计,在"货物损失统计报告"表的相应栏内画一斜线,分子表示过失责任,分母表示过失责任与非过失责任的合计数,无非过失责任时,斜线可省略。

车站、直属站段、铁路局应按季度、年度对货运安全情况进行总结分析并逐级上报。

对过失责任货物损失要严格按照"损失原因不查清不放过、损失责任者得不到处理不放过、整改措施不落实不放过、教训不吸取不放过"的原则,认真组织分析,二级、三级、轻微损失的,自接到记录之日起(自站发现的自发现之日起)10d内,由车站主管站长主持召开分析会确定责任部门,以"货物损失报告表"报告主管直属站段、铁路局;一级损失的,自责任明确之日起10d内,由责任铁路局主持召开管内货物损失责任分析会,并将结果报总公司运输局。

货物损失调查和赔偿材料分别由定责单位、责任单位和办理赔偿单位完整打印并加盖货物损失处理专用章或单位公章后保存,自结案的次年1月1日起,保管3年。

车站对施封锁应建立使用去向登记制度。无论是否编有记录的施封锁,卸车站均自卸车之日起保管180d后方可销毁。

任务五　处理两无货物

任务单

任务名称	处理两无货物
知识目标	(1)熟悉无法交付货物含义; (2)熟悉无标记事故货物含义
能力目标	学会对两无货物的处理
任务描述	根据所学知识,参加《铁路货物损失处理规则》,能够正确处理两无货物
任务要求	(1)分析无法交付货物的含义及内容; (2)分析无标记事故货物的含义及内容; (3)归纳两无货物处理作业程序; (4)填写两无货物处理的相关表格

相关理论知识

一、无法交付货物

无法交付货物是指承运人无法向正当收货人进行交付的货物,下列货物属于无法交付货物:

(1)从承运人发出催领通知的次日起(不能实行催领通知时,从卸车完了的次日起),经过查找,满30d(搬家货物满60d)仍无人领取的货物。

(2)收货人拒领(应出具书面证明),托运人又未按规定期限提出处理意见的货物。

二、无标记事故货物

无标记事故货物:是指货物没有标记(货签),无法判明发、到站及托运人、收货人而无法回送、交付的货物。

下列货物属于无标记货物:

(1)清仓(库、区)检查发现的无标记事故货物;

(2)在铁路沿线拣拾以及公安部门交给车站的无标记事故货物;

(3)赔偿后又找回但收货人拒领的货物;

(4)车站内散落的零件、货底以及其他无票、无标记的货物。

(5)损失赔偿后有价值的残存物品。

两无货物的产生,会给国家、人民财产造成不必要的损失,因此对两无货物的处理要抱着认真负责的态度,要坚持"妥善保管、物归原主、合法移交、按章处理"的原则。站(段)要成立两无货物处理领导小组,由站(段)和车间领导、货运安全室、公安等部门人员组成。路局、站(段)均应指定专人负责,建立健全工作制度和岗位职责,做好两无货物的处理工作。

三、无法交付货物和无标记货物的处理

车站发现无法交付货物和无标记货物(以下简称两无货物)后,应于当日编制货运记录,核对现货、登记立卷,妥善保管。

凡能判明发、到站的无标记货物,应拴挂"损失货物标签",凭货运记录向发站或到站回送,并填记于货车装载清单内;对不能判明发、到站或托运人、收货人的无标记货物,应在车站货运负责人、货运安全员等不少于3人的情况下开装检查,寻找能正确交付的线索。同时,编制物品清单,注明品名、包装特征、重量、发现日期和卸下车次等有关事项,自编制货运记录之日起3d内填写"无标记(无法交付)货物处理书"(见表4-1)上报主管铁路局,并在系统内详细记载货物的件数、具体品名、包装及特征,内品数量、规格、尺寸、颜色、生产厂家及每件重量,同时应加载货物照片,以便各单位查找核对,尽可能将货物交于收货人或托运人,减少损失。

无标记(无法交付)货物处理书 表4-1

__________铁路局

下列货物根据局(分局)　　　　年　　月　　日第　　号通知处理

货运记录号码	品名	件数	重量	单价	实际处理价格	记事

于　　年　　月　　日有价(无价)移交有关部门,费用以第　　号运杂费收据核收上缴。

处理站(公章)　　　经办人(印)　　　收购单位(公章)

规格:16开竖印

车站不得将无标记货物交给个人取送或带送，不得自行用无标记货物顶替抵补自站责任的丢失货物。

发、到站收到他站回送的两无货物后，应核对现货、登记立卷，对照本站自编和他站的调查货运记录。能判明收货人或托运人的，应联系收货人或托运人处理；不能判明的，应填制"无标记(无法交付)货物处理书"上报主管铁路局。

无标记货物交付收货人或托运人时，如原批编有货运记录的，应在交付时收回货运记录结案。

各直属站段应成立两无货物管理小组，指定专人负责管理，建立健全工作制度和岗位职责，做好两无货物的管理工作。车站应为两无货物的存放提供条件，对两无货物实行分区管理，隔离设置，编号单独存放，严格按照仓库安全管理要求，做好仓库设防工作，保证货物包装完整，做到账物相符，按照规定期限妥善保管。两无货物不得提前处理、不得隐瞒不报或私自处理，不得顶件运输、顶件交付。

两无货物在保管期间发生损失时，参照有关规定办理。车站应及时上报无标记货物，认真核对和查询答复，给外站调查人员提供工作方便。

车站将"无标记(无法交付)货物处理书"上报铁路局后，又查找到货物的到站及收货人时，立即先用电话声明注销该项报告，然后按规定手续向到站回送。

铁路局自收到车站上报的"无标记(无法交付)货物处理书"后，满60d查找不到托运人或收货人时，应及时指定车站变卖。但军用品、危险品、国家禁止及限制运输的物品、机要文件和各种证件不得变卖，应移交公安机关或有关部门处理。

变卖款扣除有关搬运、保管、劳务、税费、变卖手续费等费用后，由变卖车站按规定上缴铁路局。

任务六　认识保价运输

任务单

任务名称	认识保价运输
知识目标	(1)熟悉保价运输的含义； (2)熟悉限额赔偿原则； (3)熟悉保价金额的含义； (4)熟悉保价费率及保价费
能力目标	能分析保价货物损失的赔偿金额
任务描述	根据所学知识，参照《铁路货运事故处理规则》，能够正确计算保价货物损失的赔偿金额
任务要求	(1)分析货物的实际价格和保价金额； (2)归纳限额赔偿原则； (3)计算保价运输货物损失的赔偿金额

相关理论知识

一、铁路货物保价运输概述

保价运输是指铁路运输企业与托运人共同确定的以托运人申明货物价值为基础的一种特殊运输方式，保价就是托运人向承运人声明其托运货物的实际价值。凡按保价运输的货物,托运人除缴纳运输费用外,还要按照规定缴纳一定的保价费。保价运输是铁路运输合同的组成部分,是保证托运人,收货人能得到及时合理的赔偿的一种赔偿形式。在发生承运人的责任赔偿时,铁路要按照相关规定给予赔偿。

1. 保价金额

如果托运人要求按保价运输时,应在货物运单托运人记载事项栏内注明"保价运输"字样,并在"货物价格"栏内以元为单位填写货物的实际价格,全批货物的实际价格即为货物的保价金额。货物的实际价格是该批货物在起运地的价格与税款、包装费和已发生的运输费用。

2. 保价费

保价运输时应按货物保价金额的一定比例交纳保价费。货物保价费按照保价金额乘以适用的货物保价费率计算。

保价费率分为五个基本级和两个特定级,其费率分别为1‰、2‰、3‰、4‰、6‰、10‰和15‰。保价费率不同的货物按一批托运时,应分项填记品名及保价金额,保价费分别计算。保价费率不同的货物合并填记时,适用于其中最高的保价费率。

按保价运输办理的货物,应全批保价,不能只保其中一部分。

保价运输货物变更到站后,保价运输继续有效。承运后发送前取消托运时,货物保价费应全部退还给托运人。货物在发送前如发生损失并按有关规定处理时,货物保价费不再退还托运人。

3. 保价运输标记

车站受理一批保价金额在50万元以上的整车、大型集装箱货物,一批保价金额在30万元以上的1吨、10吨集装箱货物或一批保价金额在20万元以上的零担货物,应在货物运单、货运票据封套或货物装载清单上加盖保价运输戳记(或用红色书写),并在"列车编组记事"栏内注明"保价运输"字样。

4. 保价货物损失的赔偿

保价运输的货物发生损失的,按照实际损失赔偿,但最高不超过保价金额。如果损失是铁路运输企业的故意或者重大过失造成的,不受保价金额的限制,按照实际损失赔偿。一部分损失时,按损失货物占全批货物的比例乘以保价金额赔偿;逾期未能赔付时,处理站应向赔偿要求人支付违约金。

5. 免责条款

承运人从承运货物时起,至将货物交付收货人时止,对保价货物发生的灭失、短少、变质、污染、损坏承担赔偿责任,但由于下列原因造成的,承运人不承担赔偿责任。

(1)不可抗力。

(2)货物本身的自然属性或合理损耗。

(3)托运人、收货人或押运人的过错。

二、货物运输保险

铁路货物运输保险是我国保险事业的一个重要组成部分,是托运人以铁路装运的货物作为保险标的的保险。遇有保险责任范围内的损失时,由保险公司负责按规定给予赔偿,以补偿被保险货物在运输过程中因自然灾害和意外事故所造成的经济损失。

货物运输保险由保险公司或委托铁路代办。承运人对投保货物运输险的货物,应在货物运单、货票“托运人记载事项”栏内加盖“已投保运输险,保险凭证×××号”戳记。托运人托运货物,应在货物运单“货物价格”栏内,准确填写该批货物总价格,根据总价格确定保险总金额,投保货物运输险。

投保货物运输险的货物在运输中发生损失,对不属于铁路运输企业免责范围的,未按保价运输承运的,按照实际损失赔偿,但最高不超过国务院铁路主管部门规定的赔偿限额;如果损失是铁路运输企业的故意或者重大过失造成的,不适用赔偿限额的规定,按照实际损失赔偿,由铁路运输企业承担赔偿责任。

属保险责任范围的损失,由保险公司按照实际损失,在保险金额内给予补偿。

保险公司按照保险合同的约定向托运人或收货人先行赔付后,对于铁路运输企业应按货物实际损失承担赔偿责任的,保险公司按照支付的保险金额向铁路运输企业追偿,因不足额保险产生的实际损失与保险金的差额部分,由铁路运输企业赔偿;对于铁路运输企业应按限额承担赔偿责任的,在足额保险的情况下,保险公司向铁路运输企业的追偿额为铁路运输企业的赔偿限额,在不足额保险的情况下,保险公司向铁路运输企业的追偿额在铁路运输企业的赔偿限额内按照投保金额与货物的实际价值的比例计算,因不足额保险产生的铁路运输企业的赔偿限额与保险公司在限额内追偿额的差额部分,由铁路运输企业赔偿。

三、保险保价运输

既保险又保价的货物在运输中发生损失,对不属于铁路运输企业免责范围的,按照实际损失赔偿,但最高不能超过保价额,由铁路运输企业承担赔偿责任。对于保险公司先行赔付的,比照对保险货物损失的赔偿处理。

四、非保价货物

非保价货物实行限额赔偿,即不按件数只按重量承运的货物,每吨最高赔偿100元件;按件数和重量承运的货物,每吨最高赔偿2000元件;个人托运的搬家货物、行李每10kg最高赔偿30元。实际损失低于上述赔偿限额时,按货物实际损失的价格赔偿损失;如果损失赔偿是铁路运输企业的故意或者重大过失造成的,不适用赔偿限额的规定,按照实际损失赔偿,由铁路运输企业承担赔偿责任。

复习思考题

1. 2015年10月10日,昆明东站发延吉站卷烟一车,共375件,车号P_{60} 3011025,发站由托运人组织装车,到站货检良好,到站由收货人组织卸车,卸车完毕后,收货人提出货物短少50件,要求车站证明交接现状,请编制货运记录。

2. 延吉站2015年4月24日承运到昆明东站大米3批,件数分别为200件、200件、270件,每件包装标记重量100kg,保价金额分别为4万、4万、5.4万,当日装车车号C_{62A} 4432479,苫盖铁路货车篷布3块并挂运。4月27日运行至沈阳西站,列检发现车辆一侧旁承游间距离为0,扣车就地处理。沈阳西站5月1日换装至C_{62A}4528271,同时卸下70件货物后苫盖原车篷布继运。该车于5月11日到达昆明东站,昆明东站卸前货检车体良好,篷布捆绑绳索无异,车顶站两块篷布各破口一处分别为1200mm×800mm和1450mm×1100mm,破口处货物明显有凹痕,卸见货物实有580件,其中160件不同程度湿损,当日编制第48322号货运记录送沈阳西站调查。沈阳西站接到调查记录后以“货物被盗,货运记录内有会同公安字样,但漏填公安人员姓名”为由将调查卷退还昆明东站,昆明东站在原货运记录上补填公安姓名后再送沈阳西站,沈阳西站将该卷转延吉站。收货人向昆明东站提赔34000 元,其中丢失的 9 件价值 18000 元,湿损货物经有关部门确认后,按每件 100 元处理,即价值 16000 元。

(1)沈阳西站换装时应如何处理?

(2)超载部分至少应卸下多少件?

(3)请根据案例情况编制普通记录和货运记录。

(4)换装费由谁承担?

(5)如何划分责任? 其依据是什么?

(6)请根据案例情况计算赔偿款额。

3. 砀山站 2015 年 6 月 9 日承运到荆门站鲜梨一车,货票号码 55001,件数 1200 件,纸箱包装,重 30t,托运人砀山县梨场,收货人荆门市果品公司。托运人在运单托运人记载事项栏内注明容许运输期限 9 日,保价金额 7 万元。装 P_{62} 3105678,施封两枚,封印号码 F00001、F00002。该车 2015 年 6 月 17 日 16 时 10 分到达襄樊北站时,列车进向左侧施封锁(F00001)丢失,襄樊北站编第 12345 号普通记录,补封一枚(号码 F10002)继运。6 月 20 日 17 时 30 分到达荆门站,到站货检门关闭无异状,施封良好,开启车门见车底板有积水,纸箱包装有不同程度受潮,车容未满,卸后清点件数为 1180 件,较运单记载短少 20 件,开箱检查内货全部腐烂,收货人称货物价值 105000 元。

(1)请根据案例编制普通记录。

(2)请根据案例情况编制货运记录。

(3)请根据案例情况编制货物损失速报。

(4)请填写货物损失查复书。

(5)请计算货物运到期限。

(6)请划分事故责任,并说明依据。

(7)请计算赔偿金额,并填写货物赔偿通知书。

项目五　组织鲜活货物运输

任务一　认识鲜活货物运输

任务单

任务名称	认识鲜活货物
知识目标	(1)掌握鲜活货物定义及分类; (2)知道易腐货物储运方法
能力目标	能够辨析鲜活货物种类,知道其在储运过程中的要求
任务描述	请到附近的大型超市中观察售卖的各种鲜活货物,常温条件、冷藏条件、冷冻条件的货品其质量、价格
任务要求	(1)判断鲜活货物种类(含热状态分类); (2)对观察到的鲜活货物种类、储运条件、质量、产地、价格等进行记录,思考鲜活货物运输特点和要求

相关理论知识

一、鲜活货物的概念及分类

鲜活货物是指在铁路运输过程中需要采取制冷、加温、保温、通风、上水、加冰等特殊措施,以防止出现腐烂、变质、冻损、生理病害、病残死亡等问题的货物。

鲜活货物分为易腐货物和活动物两大类:

1. 易腐货物

易腐货物系指在一般条件下保管和运输时,极易受到外界气温、湿度、卫生条件及机械作用的影响而腐败变质的货物。

易腐货物按其热状态分为冻结货物、冷却货物和未冷却货物。

(1)冻结货物。它是指经过冷冻加工成为冻结状态的易腐货物,装车时按照货物的承运温度不同又有-18℃以下、-15℃以下和-12℃以下三种承运温度范围,运输时提供-15℃以下、-12℃以下和-10℃以下三种运输温度控制范围。如速冻食品、冻水产品、冻肉、冻乳制品等。

(2)冷却货物。它是指经过冷却处理,温度在冻结点以上的易腐货物,装车时货物的承运温度达到规定要求,一般在0~10℃范围。如冷却的熟肉制品、鲜蛋、蔬菜水果等。

(3)未冷却货物。它是指未经过任何冷处理,完全处于自然状态的易腐货物,装车时对货物的承运温度没有要求。如未冷却的熟肉制品、鲜蛋、鲜奶、鲜蔬菜水果、花卉植物等。

易腐货物包括肉、蛋、乳制品、速冻食品、冻水产品、鲜蔬菜、鲜水果等。常见品名见《铁路鲜活货物运输规则》(以下简称《鲜规》)附件1“易腐货物机械冷藏车运输条件表”,按其性质和运输条件分为13类：

(1)速冻食品，包括速冻水果、速冻蔬菜和速冻调理方便食品。

(2)冻水产品，包括冻鱼、冻鱼片、冻虾、冻蟹、冻贝类。

(3)肉类，包括猪肉、牛肉、羊肉、兔肉和禽肉。

(4)肉类制品，包括火腿、腌肉、熏肉、腊肉等熟肉制品和熏蒸火腿、火腿肠、香肠(腊肠)等。

(5)油脂类，包括动物油和食用植物油。

(6)禽蛋类，包括冰蛋和鲜蛋。

(7)乳制品，包括冷冻乳品、奶油、炼乳、鲜奶和乳类饮品。

(8)糖果类，包括巧克力和糖果、蜜饯。

(9)饮品，包括非酒精类饮品和酒类饮品。

(10)鲜蔬菜，包括叶菜类、根茎类、瓜菜类、花菜类、茄果类、葱蒜类和菜用豆类。

(11)鲜水果，包括仁果类、核果类、柑橘类、浆果类、瓜类、热带亚热带水果。

(12)坚果类。

(13)其他，包括花卉植物和罐头。

《鲜规》中未列载的如药品、血浆、疫苗等，如运输上有制冷、加温、保温、通风等特殊要求，托运人也可以按照易腐货物办理。

2. 活动物

活动物包括禽、畜、兽、蜜蜂、活水产品等。

二、影响易腐货物腐败因素

1. 易腐货物腐败的原因

易腐货物是由有机物、矿物质和水组成的，其中有机物包括蛋白质、脂肪和类脂肪、糖类、维生素、酶和有机酸等。它们的化学成分及其含量决定了易腐货物具有不同的色、香、味、质地和营养。

易腐货物在储运过程中，由于某些原因的综合作用，其成分发生分解变化，逐渐失去其食用价值和使用价值，称为易腐货物的腐败。它是易腐货物各种组成成分在一定外界环境条件作用下以及自身的生化过程的影响而产生恶臭、异味和毒素的过程。引起易腐货物腐败的原因主要有3种：微生物作用、呼吸作用和化学作用。

(1)微生物作用

微生物作用是指微生物在易腐货物内滋生繁殖，导致其腐败。微生物作用，主要是微生物分泌出有毒的酶、毒素等物质，破坏细胞壁，侵入内部，将细胞中复杂的有机物水解，供微生物利用，使其生长繁殖；最终加速易腐货物分解、消耗，导致其腐败变质。微生物作用是一种生物作用，主要作用于动物性易腐货物。如细菌、酵母菌、霉菌、病毒等微生物作用，引起蛋白质分解为硫化氢、氨等各种难闻气体和有毒物质；引起脂肪分解为甘油和脂肪酸，脂肪酸再被氧化分解为醛类、酮类和酸类，发酵、变酸、发臭，不堪食用，失去食用价值。

(2)呼吸作用

呼吸作用系指水果、蔬菜采摘离开母体后，在酶的作用下仍缓慢进行呼吸作用，逐渐消耗体内的养分，有机物被分解为较简单物质，并放出热量，最终腐败。在此过程中放出的热量并不是全部被细胞所利用，其中绝大部分以呼吸热的形式散发出去。呼吸作用分为有氧呼吸和缺氧呼吸,其中缺氧呼吸产生的乙醇及其他有害物质,累积在细胞中,并输送到其他部位,加快腐败。呼吸作用是一种生物化学作用,主要发生在植物性易腐货物。

影响呼吸作用的因素主要是呼吸强度,即植物性易腐货物每千克每小时放出的 CO_2 的毫克数。果蔬的品种不同,呼吸强度不一样,例如绿叶蔬菜呼吸强度最大,番茄、浆果其次,苹果、柑橘较小。果蔬的生长天数的长或短,也影响呼吸强度,一般早熟品种比晚熟品种大。

呼吸作用产生的免疫功能可以抵御外界微生物,但以消耗自身体内营养物质为代价。由于呼吸作用,果实逐渐由青转黄,由硬变软;蔬菜则由绿变黄,随着营养物质的消耗、水分的蒸发,抗微生物作用不断下降,促使其呼吸强度继续增大,最终导致腐烂或者枯萎。因此,在储藏植物性易腐货物时,要保护呼吸作用抵抗微生物作用积极的一面,又要限制其消耗养分消极的一面,只能降低呼吸作用而不能停止。

(3)氧化作用

氧化作用系指果蔬等易腐货物表皮碰伤后发生氧化,从而发生变色、变味、腐烂。氧化作用是一种化学作用。易腐货物因碰撞、振动、挤压等物理作用,表皮受到损伤,内部组织暴露于空气中,使其中某些成分被氧化,植物性易腐货物为了抵御微生物侵入,加强呼吸作用,加速腐败。例如当果蔬受伤、破碎或切开后,果实中的单宁物质(与风味、色泽有密切关系)被氧化而生成黑色物质。

以上导致易腐货物腐败的原因各有特点,并非孤立而是相互影响的,有时同时进行。例如水果碰伤后,伤口处迅速氧化、变色,细菌、霉菌等微生物也从伤口侵入,水果因自发愈伤和抵御微生物的侵袭又引起呼吸作用加强,从而加速了腐败变质。

一般说来,动物性食品腐败的原因主要是微生物作用:动物性食品没有生命,对细菌等微生物抵抗能力不大,一旦沾染,微生物很快繁殖,造成腐败变质。植物性食品腐败的原因主要是呼吸作用。

2. 影响微生物作用和呼吸作用的因素

(1)影响微生物作用的因素

微生物主要包括霉菌(黄曲霉、菌丝霉、青霉和毛霉)、酵母菌和病毒等三大类。微生物在易腐货物体内以几何级数迅速增加。但其繁殖速度受以下诸多因素影响:

①温度。一般微生物最适宜的繁殖温度是25~35℃,一般细菌在60℃环境中30min即可杀死,2~4℃繁殖速度逐渐减慢,-15~-18℃停止繁殖。

②湿度。各种微生物的繁殖都有一个最适合的湿度,过高过低都使微生物的生存繁殖受到限制。一般情况下,湿度过大,微生物繁殖快,呼吸作用强,货物容易腐败;湿度过小,水分蒸发快,货物干耗增大,使货物失去新鲜状态,质量和数量都受到损失。

③pH值。一定的微生物都有自己适宜的酸碱度。最适合生存繁殖的pH值:多数病菌为6.8~7.6,酵母菌为3~6,一般霉菌为2~8。

④渗透压。微生物繁殖最适合的盐水浓度为0.8%~0.9%。1.8%的盐水即可抑制杆菌,15%的盐水即可抑制球菌,接近饱和盐浓度即可杀死细菌。

⑤氧气。除厌氧菌外,一般微生物在氧气充足时繁殖会加快。

⑥阳光和紫外线。微生物都怕阳光和紫外线照射。

(2)影响呼吸作用的因素

①内因,主要是易腐货物的品种、果蔬的生长天数等。在相同条件下,不同品种的果蔬,呼吸强度有很大差异,一般说来热带水果的呼吸强度最高,亚热带水果次之,而温带水果呼

吸强度较低。同品种不同收获期的果蔬呼吸强度也不同,一般是早熟的比晚熟的强。

②外因,主要是温度、空气成分、机械创伤、微生物侵蚀等。在一般情况下,温度每上升10℃,呼吸强度就增加一倍。

三、易腐货物的储运和冷藏方法

1.储运方法

易腐货物即易于腐败变质的货物,储运中必须采取能够抑制上述3种作用(微生物、呼吸、氧化)发生,防止腐败变质,保持新鲜度,延长保存期的保藏方法。

(1)冷藏法

冷藏法是通过降低货物的温度来抑制微生物的生长繁殖,降低酶的活性,减缓呼吸、氧化作用。

(2)气调法

气调法是通过调节或控制密闭储运环境中空气中的氧气、氮气、二氧化碳、乙烯或其他微量气体的浓度,抑制水果、蔬菜等植物性的易腐货物的呼吸作用和肉类等动物性易腐货物的氧化、脱水,延缓成熟过程,保持新鲜状态,减少损耗,从而增加保存期。该方法储藏效果好、储藏时间长、无污染,主要是用气调集装箱运输浆果等。

(3)电离子法

电离子法是利用一万伏或两万伏的高压电电离空气产生正、负离子,正、负离子使易腐货物的生物电得到中和,弱化生命活动,使其处于休眠状态;同时产生适量臭氧杀死微生物,使易腐货物极少消耗或不消耗营养物质,达到延长保存期保鲜的目的。这种方法可以使易腐货物在常温下长期储存而不腐烂,特点是:设备简单、价格低廉、能量消耗小、操作过程可实现自动化。同时经此技术处理的易腐货物可用普通棚车或汽车运输,能大大缓和目前冷藏车不足的矛盾。

(4)辐射处理法

辐射处理法是用射线照射易腐货物,杀死储运环境里的微生物、细菌,抑制易腐货物的生化作用和代谢作用,以延长保存期。但该方法会使易腐货物的色泽、风味、营养成分发生变化,维生素E易受到破坏。

(5)减压法

减压法是通过降低易腐货物包装容器的气压使之成为低压密闭状态,抑制果蔬的呼吸作用和微生物的生长繁殖,保持湿度,较好地保持货物的质地、鲜度、风味、颜色和重量。

(6)表面涂层法

表面涂层法是在果蔬表面涂抹或喷洒果蜡,或者由蛋白质、淀粉和油脂等高分子物质组成的溶液,使果蔬表面形成一层薄膜,起到限制呼吸作用,防止水分蒸发和阻止微生物侵入的作用。

(7)超低温速冻保鲜和冷冻升华干燥法

冷冻干燥技术是将含水易腐货物快速冷冻后,在低温状态下使冰晶升华以使易腐货物干燥的一种方法。该方法使药品、食品的天然成分得到最大限度的保留。目前主要使用液氮速冻和真空干燥技术,但所需设备结构复杂、能耗高、加工时间长。近年来采用带回冷的空气涡轮制冷技术,在超低温环境下对中草药、食品进行速冻,在低温低压环境下对其升华干燥。

(8)冻结真空干制法

冻结真空干制法是将含有大量水分的易腐货物速冻(速冻至－18℃以下)后密封,在真空包装内低温升华脱水(97%～98%的水),可抑制微生物繁殖,又能使货物有良好的复水性。这种冻干食品比速冻食品更能保持原有的色、香、味及维生素,并且密封包装后可在常温下运输。食用时,充入适量的水即可复原。

2.冷藏方法

各种保藏方法中,冷藏法以其简便易行、经济实用、安全有效的特点,在我国铁路易腐货物运输中得到了普遍采用。

在低温环境中,首先微生物的繁殖速度减缓;其次,呼吸作用和氧化作用需要氧化酶催化,而酶在温度较高时活性较强,温度较低时活性减弱,呼吸作用和氧化作用也随之减弱。由于微生物作用、呼吸作用和氧化作用的强弱均与温度高低有关,温度是造成易腐货物腐败的重要条件。因此,采用冷藏方法,保持适度的低温,既可有效抑制微生物的繁殖,又能减弱呼吸、氧化作用,对防止易腐货物腐败是相当有效的。而且较其他保藏方法,冷藏法通常以空气为热交换的介质,不会给易腐货物带来有害的化学物质,有利于保护消费者的健康。

冷藏是将易腐货物的温度降低,按其降低的程度分为冻结和冷却两种方法。

(1)冻结方法

冻结方法是将易腐货物的温度降低到使货物中大部分水都变成冰的低温,在冻结状态下储运。在冷冻加工过程中,有快速冻结和慢速冻结的区别,快速冻结的效果比慢速冻结好。

快速冻结,易腐货物液汁中的水能很快结冰析出,迅速形成分布均匀的微小冰晶体,不致损伤细胞组织结构,能增加变化的可逆性,解冻时液汁融化后能充分地渗回到细胞组织中,货物的营养成分和滋味都能得到较好的保持。

慢速冻结,易腐货物液汁中的水结晶过程长,形成的冰晶体大,破坏了细胞组织结构,解冻时液汁融化后不能充分地渗回到细胞组织中,甚至有部分液汁流出,形成不可逆过程,使货物的品质下降。

冻结方法能做到在低于0℃的低温下储藏易腐货物,可取得较理想的保质效果。在冻结货物中,将经过深度冷冻,温度在－18℃以下的冻结货物称为深度冷冻货物(简称深冷货物);将经过普通冷冻,温度高于－18℃的冻结货物称为普通冷冻货物(简称普冷货物)。动物性易腐货物含水量小,耐冻性强,适宜用冻结的方法冷藏,冻鱼、冰淇淋等易腐货物,采用深冷运输,能更好地保持货物的品质和风味。果蔬等植物性易腐货物含水量大,如用冻结方法冷藏,应采用快速冻结,以免破坏细胞组织结构,造成冻损。

(2)冷却方法

冷却方法是将易腐货物的温度降低到适宜储藏又不至于使货物冻结的低温。虽然降低温度,可有效地抑制微生物的繁殖,减弱氧化、呼吸作用,有利于保持货物的质量,但对果蔬等植物性易腐货物,温度又不宜过低,温度低于0℃易造成货物发生冷害冻损而变质,通常只是将货物冷却到适宜的温度进行储运。多数果蔬的适宜储运温度在0～4℃。

四、冷藏运输

冷藏运输是冷藏方法在易腐货物运输中的运用,需要在运输技术上提供适合货物性质的低温运输条件,在运输组织上尽量缩短运输时间。

1. 冷藏运输技术要求

冷藏运输最重要的技术要求是保持适当的低温。铁路冷藏运输主要是使用机械冷藏车和冷藏集装箱等运载器具,采用机械制冷等技术,将易腐货物置于适宜的低温防护下进行运输,以保持货物的质量,防止腐烂变质。此外,采用预冷技术,运输前在预冷站或冷库将易腐货物降温处理成冻结货物或冷却货物,装车前对车辆、集装箱进行预冷,运输时能将货物温度尽快降低到适宜的运输温度,更有利于保持易腐货物的质量。

运输过程中调湿也是一项关键的技术条件。湿度是指空气中含水蒸气的程度,通常用相对湿度即以绝对湿度与饱和湿度的百分比表示。目前铁路冷藏运输车辆、运输器具仍缺乏自动调湿技术,一般是通过降低温度,使空气中的水蒸气冷凝达到降低空气湿度的目的,采用洒水增大湿度。

冷藏运输还应注意及时通风换气,排除热量、有害气体和多余水汽,补充新鲜空气,并保持良好的卫生环境,防止易腐货物受到污损和被微生物感染。冷藏运输如能有选择地结合使用其他保藏技术,即可更有效地保持易腐货物的品质。例如,可将水果、蔬菜、肉类等用气调法或减压法密闭包装后冷藏运输,能更好地保持货物的鲜度、风味和色泽。

2. 冷藏运输组织方法

冷藏运输尽管采取了低温和其他特殊的防护措施来保持易腐货物的质量,但也只能延缓而不能停止货物的物理、化学、生物变化过程,货物质量仍有缓慢的降低,如营养成分减少、水分干耗增大、色泽风味改变等,运输时间越长,质量降低的程度越大。因此,应积极组织快速运输,尽量缩短运输时间,以利于保持易腐货物的初始质量。

3. 冷藏链与保鲜链

铁路冷藏运输只是易腐货物整个物流过程中的一个环节,如采用冷藏链技术,将易腐货物从生产、加工、分拣、储存、运输、配送、销售乃至消费的全过程,均置于低温防护下,则可最大限度地保护易腐货物的原有质量。采用保鲜链技术,综合运用各种适宜的无污染的保鲜方法和手段,则可以使易腐货物在生产、加工、分拣、储存、运输、配送、销售乃至消费的各环节中,最大限度地保持鲜活的特征和品质。

任务二　认识鲜活货物运输设备

任务单

任务名称	选择鲜活货物运输设备
知识目标	(1)掌握鲜活货物运输设备种类; (2)熟悉鲜活货物运输设备的适用条件
能力目标	根据货物性质,结合鲜活货物运输设备,选择合适的运输设备
任务描述	7月1日,某货运办理站接到货主托运申请,货物有冷鲜肉、奶酪、香蕉、土豆、白菜,请根据货物性质(品名、热状态、提交运输时货物温度、要求运输温度、包装),选择鲜活货物运输车辆
任务要求	(1)分析货物种类,影响货物质量的因素; (2)设计表格,选择鲜活货物运输车辆

相关理论知识

一、车辆

1. 冷藏车

(1)机械制冷原理

铁路机械冷藏车和机械冷藏集装箱是采用压缩式制冷机进行制冷的。

压缩式制冷机通常由压缩机、冷凝器、膨胀阀和蒸发器4个基本部件组成,并用管道连接成一个闭合的系统(见图5-1)。一般用氨或氟利昂做制冷剂,用水或空气做冷却剂。制冷剂在蒸发器内汽化而吸收周围介质的热,汽化后的制冷剂蒸气被压缩机吸出并加以压缩,压力和温度都提高后压入冷凝器。冷凝器是放热的部件,高压高温蒸气在这里被冷却水冷却而凝成液体。高压的液体通过膨胀阀又进入蒸发器,由于压力降低,液体又吸热汽化。此后,低压的蒸气又进入压缩机,开始新的循环。

常用的制冷剂,氨有毒,氟利昂会破坏大气中的臭氧(O_3),它们正逐步被无毒环保的制冷剂取代,以减少对环境的污染和破坏。

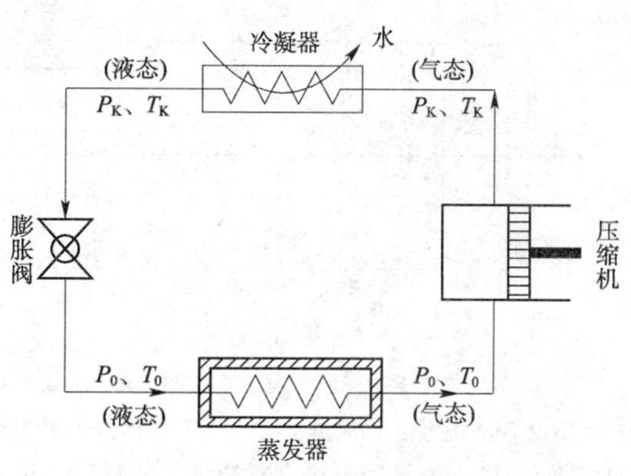

图5-1　机械制冷基本原理示意图

(2)机械冷藏车

①机械冷藏车的构成

机械冷藏车,如图5-2a)、b)、c)所示。它是目前我国铁路鲜活货物运输的主要工具,主要包括B_{21}、B_{22}、B_{23}、B_{10BT}等。其中B_{21}、B_{22}、B_{23}型为5节一组,均由1辆发电乘务车和4辆冷藏货物车组成(见图5-3),发电乘务车在车组的中部,两端各连挂2辆冷藏货物车。B_{10BT}为单节机械制冷车(见图5-4),运货质量良好,受到消费者的好评。

a)

b)

c)

图5-2　机械冷藏车

a)五节式机械冷藏车;b)B_{22}机械冷藏车发电乘务车;c)单节式机械冷藏车

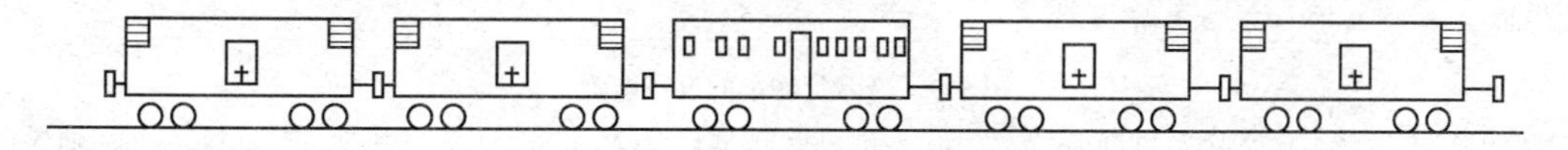

图5-3　五节式机械冷藏车车组连接状况

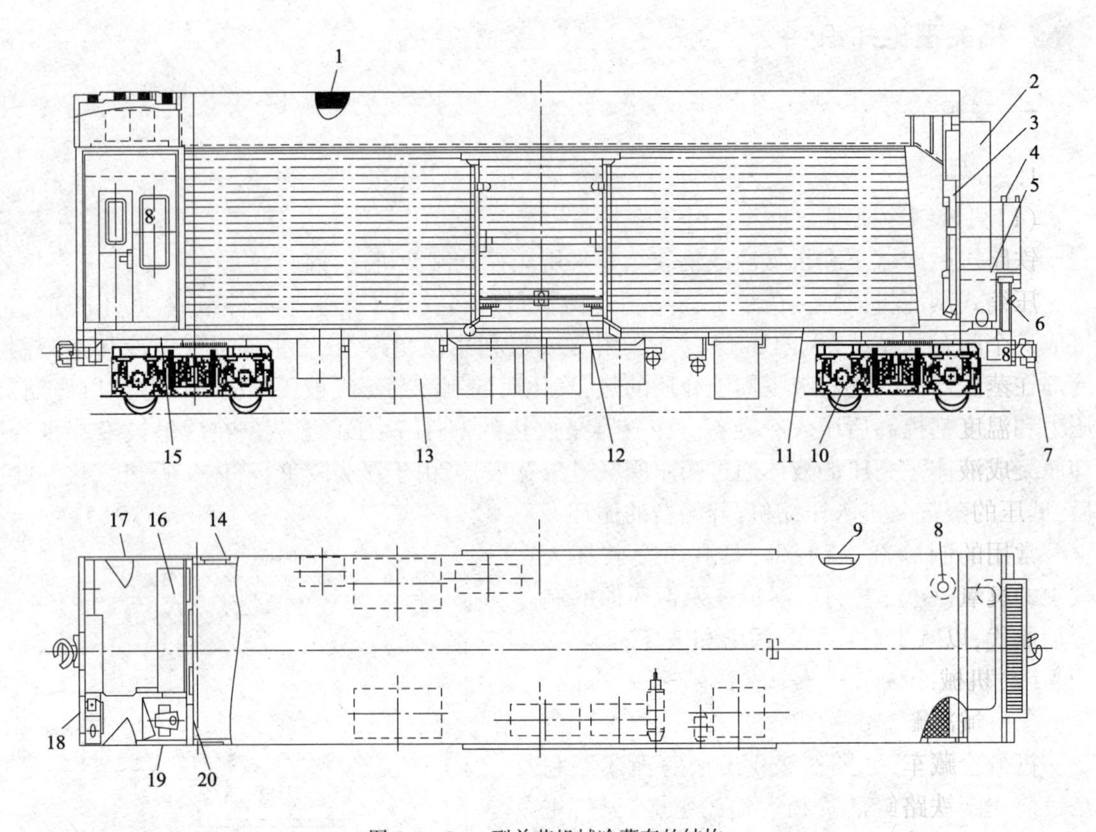

图 5-4　B_{10BT}型单节机械冷藏车的结构

1-车顶;2-制冷机组;3-回风道;4-工作台及扶梯;5-燃油装置;6-机械间;7-车钩缓冲装置;8-排水阀;9、14-侧墙;10-转向架;11-车底架;12-货物间车门;13-辅助柴油发电机组;15-标记;16-押运室;17-车门;18-端墙钢结构;19-车窗;20-隔热端墙

机械冷藏车车组采用集中供电,集中值乘,单车制冷、加温的形式。发电乘务车上设有机械间、变配电间和乘务员工作、生活设施。发电乘务车的两套柴油发电机分别为两端的冷藏货物车供电。冷藏货物车(见图5-5)内长18m,两端各有一个工具间,上部为制冷机组,下部为总控柜和制冷机组配电柜;车内的一套制冷、加温机组,通过顶棚风道向车内输送冷风或热风,使用风机将冷、热空气吹入车内,经循环挡板、底格板、通风条等循环装置进行循环,使车内获得比较均匀稳定的温度,并通过测温、控温装置进行测温、控温。车上设有通风换气装置,需要时可对车内进行通风换气(见图5-6)。

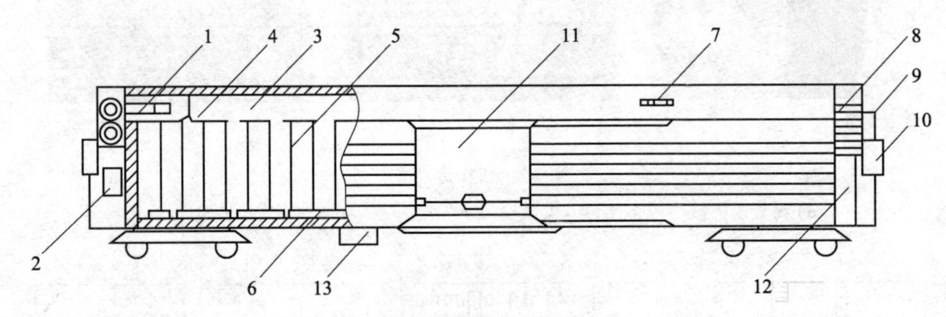

图 5-5　冷藏货物车的设备布置

1-制冷机组;2-冷藏车总控柜;3-风道;4-循环挡板;5-通风条;6-底格板(离水格子);7-通风换气排气口;8-机组通风百叶窗;9-护栏;10-工作台;11-车门;12-工作间侧门;13-备件箱

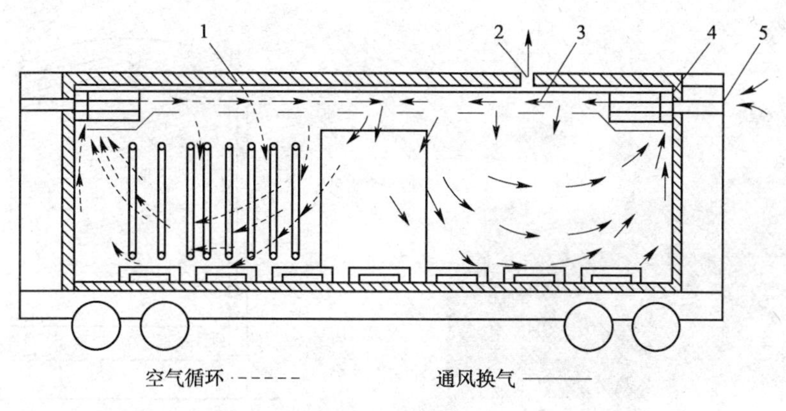

图 5-6　B_{22}型机械冷藏车空气循环及通风换气示意图

1-风道孔隙;2-排气口;3-风道;4-风机;5-进气管

②机械冷藏车的技术参数及特点

我国铁路使用的各型机械冷藏车的基本性能,如表 5-1 所示。

机械冷藏车能使热货快速降温,车内可获得与冷库相同水平的低温,车内温度分布比较均匀,便于实现制冷、加温、通风、循环、融霜的自动化,也可提高控温的稳定性与可靠性,适宜于鲜活货物的长距离运输。但是机械冷藏车造价昂贵,检修、运用成本高,维修复杂,耗能高。

机械冷藏车基本性能表　　　　表 5-1

车型	自重(t)	载重(t)	容积(m^3)	装货面积(m^2)	车内装载尺寸(mm)长×宽×高	最大外部尺寸(mm)长×宽×高	门孔尺寸(mm)宽×高	车组自重(t)	车组载重(t)	车组全长(m)	车内可保持的温度(℃)	特点
B_{21}	38.5	45	92	45.9	18×2.55×2.0	21938×3035×4325	2700×1900	208	180	107.7	-22~+14	5 节机械冷藏车组,1 辆工作车,两端各 2 辆货物车
B_{22}	38	46	105	46	18×2.558×2.3	21938×3020×4670	2700×2300	206	184	107.7	-24~+14	同上
B_{23}	38.2	45.5	105	46	18×2.560×2.3	21938×3134×4640	2702×2306	206	182	110.1	-24~+14	同上
B_{10BT}	41.1	38	100	43.6	17.3×2.56×2.3	21938×3094×4700	2700×2300	—	—	—	-24~+14	单节机械冷藏车

(3)冷板冷藏车

冷板冷藏车是在隔热车的车顶棚下安装固定冷冻板而形成的冷藏车,利用冷冻板制冷。冷冻板为密封的钢制板状容器,内设成排蒸发器管,管内可通过制冷剂,管外与容器内壁之间的空隙充满低共晶液。在运输中利用冷冻板中的低共晶液吸热,为车内制冷。低共晶液可在冷冻板内反复冻结、融化,循环使用。

第一代冷板冷藏车是依靠地面充冷站充冷,目前发展到第二代冷板冷藏车(机械冷板冷藏车)(见图 5-7、图 5-8),它自带制冷机组、依靠地面电源驱动制冷机组充冷。

图 5-7　BSY 型机械冷板冷藏车

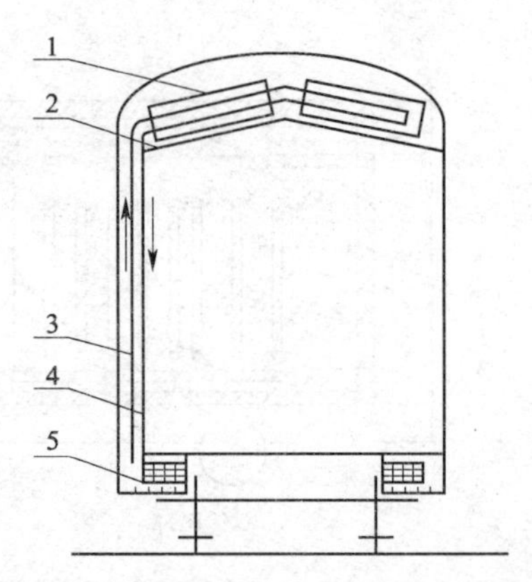

图 5-8　机械式冷板冷藏车结构示意图

1-冷冻板;2-挡板;3-进液管;4-回气管;5-制冷机组

冷板冷藏车可由发站或中途充冷站充冷,配备制冷机组和充冷系统的机械冷板冷藏车可自行充冷。一次充冷,一般能连续运行 100h。冷量用完后,可再次充冷。车内温度可通过调整冷冻板下调温板调节窗的开度来调节,控温范围 -8 ~5℃。

冷板冷藏车具有结构简单、制冷费用低、节约能源、恒温性能好、无人值守等优点,但也有自重大、调温困难、抗震性差、成组运用灵活性差等缺点;可以满足普通冷冻类货物温度要求。但受冷板蓄冷量的限制,要求运程在 5d 之内,适用于专用线运输冻货。目前铁路冷板冷藏车数量较少,有单节冷板冷藏车和 4 节冷板冷藏车组两种。

2. 隔热车

隔热车属于专用车,没有专门的制冷和加温设备,车内温度取决于环境温度和装货温度,可满足大部分蔬菜和水果的运输。因不设制冷设备,隔热车具有无须供应燃料和途中服务、成本低、检修方便、装货容积大、可单节使用等优点,在国外得到广泛发展。

3. 家畜车、活鱼车

家畜车(见图 5-9)是运输猪、羊、鸡、鸭等家畜家禽的专用车,主要有 J_1、J_2、J_3、J_5 和 J_6 型,载重量分别为 10t、15t、18t、20t 和 16.6t。其中 J_6 为活牛专用车。

家畜车的车墙、车门设置有调节窗、端窗等装置。车内一般分成 2 ~3 层,设有押运人员的休息室和存放饲料、用具架。车上安装水箱等储水、给水等设备,有的还有饲料槽。活牛专用车分为押运人生活间和装货间两部分。

图 5-9　J_6 型家畜车

活鱼车是运输活鱼、鱼苗的专用车。车内设有水箱水泵循环水流系统和储水箱等设备。水槽内的水通过水循环装置循环流动,经水槽上的喷雾器不断喷入空气中再落入水槽中,将氧气带入水槽内增氧。

4. 棚车、敞车

棚车、敞车属于通用车。在专用车不足的情况下,可有条件地选用棚车、敞车装运鲜活货物。使用时,根据需要增设装载装置、装车备品并采取相应措施,可用于装运水果、蔬菜等易腐货物和牛、羊、猪、马等活动物。

二、集装箱

1. 冷藏集装箱

冷藏集装箱(见图5-10)是专为运输要求保持一定温度的冷冻货物或低温货物而设计的集装箱,箱内温度可维持在 -25 ~ +25℃间,除了具有控制和调节箱内温度的装置外,还有气调装置、除湿和加湿装置及臭氧发生装置,主要用于运输新鲜水果、鱼虾、肉类、蔬菜、胶片、药品等鲜活货物。

冷藏集装箱是一种先进的易腐货物冷藏运载工具,也是冷藏链的一项重要技术基础。它除了具有一般集装箱载货量相对小、运用灵活、满足小批量运输需要,市场适应性强、"门到门"运输的优点外,还能减少易腐货物在不同运输方式运输工具间换装和在待装、待搬、装卸、搬运、中转、配送等作业过程中的暴露时间,使货物免受外温影响而导致变质腐败或冷害冷冻,也减少了货物被污染的可能性,有利于保持货物的质量。

冷藏集装箱有机械冷藏箱、气调冷藏集装箱、低压冷藏集装箱等多种。

另外,冷藏集装箱还可以按尺寸分为20ft、40ft、45ft等类型。按控温范围分为冷冻集装箱和保温集装箱两种。

图5-10 机械冷藏集装箱

2. 动物集装箱

动物集装箱(见图5-11)是一种装运鸡、鸭、鹅等活家禽和牛、马、羊、猪等活家畜用的集装箱。为了遮蔽太阳,箱顶采用胶合板露盖,侧面和端面都有用铝丝网制成的窗,以求有良好的通风。侧壁下方设有清扫口和排水口,并配有上下移动的拉门,可把垃圾清扫出去。还装有喂食口。

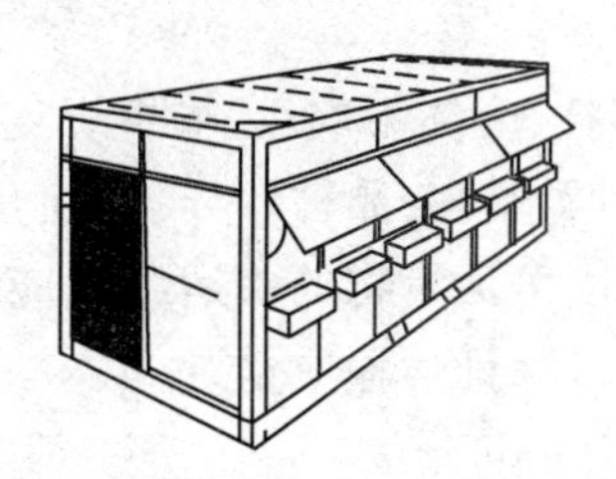

图5-11 动物集装箱

任务三　组织一批易腐货物运输

任务单

任务名称	进行一批易腐货物的受理、承运
知识目标	(1)掌握易腐货物运输一批的要求； (2)掌握易腐货物运输货物运单填写的要求； (3)掌握易腐货物运输承运的要求
能力目标	学会在实际工作中按照规章要求、易腐货物实际状态完成对一批易腐货物的承运
任务描述	2015年7月5日，某托运人到车站托运香蕉一批，30t，机械冷藏车运输。车站货运员按照规定，顺利完成了该批货物的承运
任务要求	(1)分析发站易腐货物发送作业环节和要求； (2)分析该批易腐货物的运输条件； (3)完成对该批易腐货物运单的审查； (4)完成对该批易腐货物的发送作业； (5)完成对该批易腐货物的运费核算

相关理论知识

一、鲜活货物运输的特点和要求

1.鲜活货物运输的特点

(1)时效性强

鲜活货物运输时间过长，将导致其营养减少、颜色褪变、质量下降甚至腐烂变质、掉膘、病残、死亡，因此必须组织快速运输。通过运输的时间及空间效用获得市场价值，通过运输组织的特殊防护和组织方法保证货物质量，可取得更多经济效益和社会效益。

(2)对温度、湿度、卫生条件要求高

消费者对鲜活产品的品质要求高，主要体现在外观色泽、风味口感、新鲜营养、卫生安全等方面。这些质量指标极易受外界气温、湿度和卫生条件的影响，只有适宜条件、正确运输组织才能保证鲜活货物品质。

(3)季节性强，运量波动大

鲜活货物，尤其是新鲜蔬菜、水果类和水产品类，季节性生产，形成运输淡旺季，货源波动大。

(4)品种多样，个体不均，运输组织复杂

鲜活货物种类繁多，品种各异；即使是同一品种，由于成熟度不同，个体不均，储运条件也有差异。因此，鲜活货物的储运组织应与其耐运性、抗病性相适应，必要时装车前通过分级提高均一性，以保证运输质量。

(5)批量小，去向分散

鲜活货物市场总体需求逐年增加，但市场需求呈现需求品种多、批量小的发展趋势，除少数大宗鲜活货物的流向较为明显和稳定外,多数货物的流量流向都较为分散。

2. 鲜活货物运输的一般要求

(1)承运货物要符合运输条件的规定

易腐货物的热状态、承运质量、承运温度、包装和容许运输期限等要符合运输条件的规定;活动物应无病残,有规定的检疫证明,需要的容器、饲料和装车备品也应符合运输安全和卫生要求。

(2)需配备相应的运输服务设备

为保证鲜活货物的运输质量及安全,需要有冷藏车、家畜车、活鱼车等专用货车和冷藏集装箱等运载器具以及为鲜活货物运输服务的供电、预冷、上水、供料等设施。

(3)运输过程中保持适宜的温度、湿度

储运过程中的温度、湿度对鲜活货物的质量有很大影响。例如冻肉要求冷藏车内的温度保持在-6℃以下,湿度在95%~100%;叶类鲜蔬菜(冷却)运输时要求机械冷藏车车内温度0~3℃,湿度80%~95%。空气湿度过于干燥,萝卜容易空心;过于潮湿,叶菜类就容易腐烂。

(4)要有良好的卫生和通风条件

鲜活货物事关食品卫生安全,储运环境应符合卫生防疫的要求,必须按规定严格对货车、货位进行清扫、洗刷除污和消毒,使用的装卸搬运机具、用品应清洁,运输需要的饮用水要卫生,防止货物受到污染和微生物侵害;还要有良好的通风条件,便于散热降温,排除有害气体、异味和多余水汽,保持空气清新适宜。

(5)做到灵活、快速运输

首先,鲜活货物都是具有生命或者营养价值的货物,随着运输时间增长,货物的质量降低程度也随之增大,因此,需要组织快速运输。其次,为适应去向分散、批量小的发展趋势,需要增加单节式机械冷藏车、冷藏集装箱等专用车辆和运载工具,采用灵活多样的运输组织方式。因此,必须加强运输组织工作,做到快速运输。要积极组织开行鲜活货物快运直达列车、鲜活货物五定班列,发展鲜活货物行包快运和绿色通道等多种快运形式。

(6)提供冷藏物流服务

为提高易腐货物储运质量,提高市场竞争力,铁路应以冷藏运输为主体,逐步构建和拓展易腐货物产储运销一体化的冷藏链,实现冷藏运输网络与冷藏仓储配送网络的无缝对接,形成具有铁路特色的冷藏物流网络体系,为托运人提供更优质的全方位和全程物流服务。

二、易腐货物的基本运输方法

在运输中为了保证易腐货物质量,需要采取保持一定的温度、湿度、通风和卫生条件的运输方法。为了在运输工具内满足相应要求,易腐货物可以采取下述基本运输方法:

1. 冷藏方法

冷藏运输是指由冷藏车、冷藏集装箱提供冷源,保持车内、箱内温度低于外界温度来运输易腐货物。运输工具要具备隔热的车体或箱体、制冷设备。大部分易腐货物适宜的运输温度低于外界温度,冷藏运输是主要运输方法。

2. 保温运输

保温运输是指不采用任何制冷、加温措施,仅利用车体或箱体的隔热性能或货物本身的冷量或热量来保持适宜的温度范围进行运输。如寒季保温运输冻肉、柑橘等。

3. 防寒运输

防寒运输是指当保温运输不能使车内温度维持在货物容许的最低温度以上时,需采取措施防止货物冷害冻害。多用于寒季运输怕冷怕冻货物。实质是加强隔热性能的保温运输。主要防寒措施:加挂草帘、棉被、铺垫稻草、稻壳等。

4. 加温运输

加温运输是指由运输工具提供热源,保持车内温度高于外界温度来运输货物。当防寒运输不能防止货物冻害冷害时,采取加温运输。铁路运输通过机械冷藏车开启电热器加温。

5. 通风运输

通风运输是指运输全程或部分区段需要开启冷藏车的通风口盖、进风阀门、排气口或者棚车车门车窗,或吊起敞车侧板进行车内通风来运输货物。通风运输主要用于敞车、棚车运输水果、蔬菜,目的在于散发货物的田间热、呼吸热,排除二氧化碳、乙醇等有害气体和多余水汽,避免货物积热不散、缺氧呼吸或被乙醇催熟导致腐烂。

三、组织一批易腐货物的发送作业

易腐货物通常按整车运输,也可用冷藏(或保温)集装箱运输。铁路不办理零担鲜活货物运输。

1. 作业环节一:托运与受理

(1)易腐货物的托运

装运易腐货物应按规定使用冷藏车。确因冷藏车不足时,承运人可根据托运人的要求,按"使用棚敞车运输易腐货物的措施"(《铁路鲜活货物运输规划》,下文简称《鲜规》附件4)规定使用棚敞车运输。托运人、承运人和收货人在办理易腐货物冷藏运输时,均应遵守"易腐货物机械冷藏车运输条件表"(《鲜规》附件1,格式见表5-2)的规定。该表将易腐货物分为13类,每一类按顺号将具体货物品名又按照热状态分类,对承运感官质量、承运温度、运输温度、适用包装、装载方法等作了具体规定。

易腐货物机械冷藏车运输条件表(摘录) 表5-2

品类顺号	货物品类	货物品名	货物热状态	装车时货物质量要求		运输温度(℃)	适用包装号或包装	装载方式		说明
				感官质量	承运温度(℃)			装载要求	装载号	
1.4	速冻调理方便食品	速冻面米食品(馄饨、包子、水饺、汤圆、面点)、速冻蒸煮食品、速冻熏烤食品、速冻玉米等	冻结	外观轮廓清晰,外形完整,不破、不裂、不偏心,产品表面无明显冰晶存在。无异味、无杂质。产品包装完好无破损。无复冻现象	–18以下	–15以下	3	紧密堆码		

续上表

品类顺号	货物品类	货物品名	货物热状态	装车时货物质量要求		运输温度（℃）	适用包装号或包装	装载方式		说明
				感官质量	承运温度（℃）			装载要求	装载号	
3.5	禽肉	冻家禽、冻禽肉、冻禽副产品、冻禽肉制品	冻结	冻结良好。表皮和肌肉切面有光泽，具有禽种固有的色泽。无不良异味，无变形，无复冻现象	以下	-15以下	3(整家禽也可用8号包装)	紧密堆码		
					-15以下	-12以下				
					-12以下	-10以下				
8.1	糖果	巧克力	冻结	色泽呈乳白色或稍带微黄色。无肉眼可见杂质和其他异物。具有新鲜乳品固有的香味，无其他异味。包装完整、无破损	-18~0(视产品要求确定)	-18~0(视产品要求确定)	3	紧密堆码		
			未冷却			20以下				
10.1	叶菜类	苋菜、茴香、甜菜、菊苣、青菜、油菜、抱子甘蓝、结球甘蓝（圆白菜、包菜）、芹菜、小白菜、荠菜、芥蓝、大白菜、羽衣甘蓝、莴苣、欧芹、菠菜、牛皮菜、结球莴苣、莴笋、茼蒿、蕹菜等	冷却	成熟适度，色泽正，新鲜、清洁。无腐烂、开裂、黄叶、抽薹或发芽，无异味，无冷害、冻害、病虫害及机械伤。无雨湿、水渍	0~3	0~3	3、4、5、6、7	稳固装载，留通风空隙	1、2、3、4、5、6	
			未冷却							
10.3	瓜菜类	黄瓜、佛手瓜、西葫芦	冷却	产品个体完整无损，成熟适度，色泽正，新鲜，无萎蔫，果面清洁。无腐烂、异味、冷害、冻害、病虫害及机械伤。无雨湿、水渍	7~10	7~10	3、4、5、6、7（南瓜冬瓜可无包装）	稳固装载，留通风空隙	1、2、3、4、5、6	南瓜冬瓜可不包装
			未冷却							
		冬瓜、苦瓜、丝瓜、笋瓜	冷却		9~13	9~13				
			未冷却							
		南瓜	冷却		3~6	3~6				
			未冷却							
10.6	葱蒜类	大蒜、韭葱、洋葱、鸦葱、青葱、细香葱、大葱、蒜薹等	冷却	成熟适度，色泽正，新鲜，果面清洁。无腐烂、异味、发芽、抽薹、散瓣、冷害、冻害、病虫害及机械伤。无雨湿、水渍	0~3	0~3	3、4、5、6、7（洋葱也可用8号包装）	稳固装载，留通风空隙	1、2、3、4、5、6	
			未冷却							

续上表

品类顺号	货物品类	货物品名	货物热状态	装车时货物质量要求		运输温度（℃）	适用包装号或包装	装载方式		说明
				感官质量	承运温度（℃）			装载要求	装载号	
11.1	仁果类	苹果	冷却	果体完整良好，新鲜洁净，果梗完整。无机械伤。无裂果、烂果，无虫伤、病虫果。无异常气味，无雨湿、水渍	0～4		3、4、5、6、7	稳固装载，留通风空隙	1、2、3、4、5、6	
			未冷却							
11.3	柑橘类	橘子、温州蜜橘、甜橙、血橙、锦橙、宽皮柑橘类	冷却	成熟适度。无病斑、虫伤、裂口、腐烂，无机械损伤，无水肿、冷害、冻伤。无雨湿、水渍。蒂部不得脱落或受伤。为防止果蒂刺伤，需将果蒂剪平	3～7	3～7	2、3、4、5、6、7	稳固装载，留通风空隙	1、2、3、4、5、6	
			未冷却							

①易腐货物按一批托运的规定

a. 不同热状态的易腐货物不得按一批托运。

不同热状态的易腐货物，运输条件差别较大。例如禽蛋中，冰蛋是冻结货物，其运输温度是－15℃；冷却鲜蛋是冷却货物，其运输温度是0～4℃；未冷却鲜蛋是未冷却货物，其运输温度是5～12℃；至于皮蛋、盐蛋等却不一定须按易腐货物办理。另外，易腐货物的热状态不同，对运输成本和货物质量的影响也较大。经冻结和冷却的货物运输时，不但可以减少制冷量，提高货物装载量，降低运输成本，也易于将货温尽快降低到规定的运输温度，有利于保持易腐货物的质量。因此，不同热状态的易腐货物运输条件不同，不得按一批托运。

b. 按一批托运的整车易腐货物，一般限运同一品名。

使用机械冷藏车时，按一批托运的易腐货物，一般限同一品名。不同品名的易腐货物，如运输温度要求接近、货物性质允许混装的，可按一批托运，在同一机械冷藏车内组织混装运输。此时，托运人应与发站和乘务组商定运输条件，签订运输协议，并将运输条件记录在货物运单“托运人记载事项”栏和“机械冷藏车作业单”（《鲜规》附件7，格式见表5-3）内。

机械冷藏车作业单 表5-3

NO ×××××××

一、始发站作业记录
1. 发站________到站________车种、车型、车号________货票号________。
2. 货物品名、热状态________；包装种类、状态________。
3. 货物质量抽查情况：______________________。
4. 货物装载方法______________________。

续上表

一、始发作业记录

5. 商定的运输条件____________________。

6. 车辆预冷时间________小时,车内预冷温度________℃。

7. 货物进站时间____月____日____时。装车时间____月____日____时____分开始到____月____日____时____分止,其中制冷时间____月____日____时____分开始到____月____日____时____分止。

8. 装车时车内温度________℃,车外温度________℃,货物的承运温度________℃。

9. 试运批准号:____________________。

10. 其他需说明情况:

托运人或经办人签字(盖章)____________________ 机械冷藏车机械长签字(盖章)____________________

铁路专用线(专用铁路)签字(盖章)______________ 发站货运员签字(盖章)____________________

二、到站作业记录

1. 到达车次________次,时间____月____日____时____分。

2. 车辆调入时间____月____日____时____分。卸车时间____月____日____时____分起至____月____日____时____分止,其中制冷时间____月____日____时____分开始到____月____日____时____分止。

3. 卸车时温度:车内________℃,车外________℃。

4. 货物质量:感官观察________冻结货物温度________℃。

5. 车内洗刷情况________________。

6. 其他需说明情况:

收货人或经办人签字(盖章)____________________ 机械冷藏车机械长签字(盖章)____________________

铁路专用线(专用铁路)签字(盖章)______________ 到站货运员签字(盖章)____________________

三、机械冷藏车温度记录

日/时分									
外温									
车内温度									
日/时分									
外温									
车内温度									

机械冷藏车机械长(签字)________;列车戳

注:①未冷却货物可不填记货物的承运温度。

②冷却及未冷却的货物以卸车时车内温度为货物交接温度。

③机械冷藏车温度记录填满时,可在本页反面画格填写。

④"机械冷藏车作业单"一式三份,一份由发站留存,一份随车递送到站保存,一份由机械冷藏车乘组交配属单位存档。

⑤本作业单保存期为一年。

一般情况下,下列货物不得混装运输:具有强烈气味的货物和容易吸收异味的货物;易产生乙烯气体的货物和对乙烯敏感的货物;水果和肉类,蔬菜和乳制品。

②货物运单的填写与审查

a. 货物品名。

托运易腐货物时,托运人应在货物运单"货物名称"栏内填记货物品名,注明其品类顺号及热状态。

例如,冷却的鲜奶,货物运单"货物名称"栏内应填写"鲜奶(顺号7.5,冷却)"。

b. 容许运输期限。

托运易腐货物时，托运人应在货物运单“托运人记载事项”栏内注明易腐货物容许运输期限(日数)。由于运输过程中存在各种不可控因素有可能导致运送延误或到站后不能及时送车和卸车，为使货物质量能有更可靠的保证，易腐货物容许运输期限须大于铁路部门规定的运到期限 3d 以上。

易腐货物的容许运输期限，必须依据科学实验、实践经验和专门知识，根据货物的品种、性质、采收季节、初始质量、成熟度、加工处理方法、气候、运输工具、运输方式等一系列因素确定。

c. 易腐货物的检疫证明。

托运人托运需检疫运输的易腐货物，应按国家有关规定提出检疫证明，例如运输动物产品的“动物检疫合格证明(产品 A)”(格式见表 5-4)和出入境植物的“植物检疫证书”(格式见表 5-5)。托运人在货物运单“托运人记载事项”栏内注明检疫证明的名称和号码，将随货同行联牢固地粘贴在运单背面。车站凭此办理运输。

动物检疫合格证明 表 5-4

动物检疫合格证明(产品A)

编号:

货主	张三	联系电话	
产品名称	禽肉	数量及单位	160t
生产单位名称地址	郑州武田集团		
目的地	四川省成都市(州)　　县(市、区)		
承运人	郑州西站	联系电话	
运载方式	□公路　√□铁路　□水路　□航空		
运载工具牌号		装运前经______消毒	
本批动物产品经检疫合格，应于陆日内到达有效。 官方兽医签字：××× 签发日期：2013 年 8 月 20 日 (动物卫生监督所检疫专用章)			
动物卫生监督检查站签章			
备　注			

第　联　　共二联

注：①本证书一式两联，第一联由动物卫生监督所留存，第二联随货同行。

②动物卫生监督所联系电话：××××××××。

植物检疫证明 表 5-5

	中华人民共和国出入境检验检疫		正　本
	植物检疫证书	编号 No.：	020130100
发货人名称及地址			
收货人名称及地址			
品名		植物学名	
报检数量		标记及号码	

续上表

	中华人民共和国出入境检验检疫		正 本
包装种类及数量			
产地			
到达口岸			
运输工具		检验日期	15 Feb. ,2013
兹证明上述植物、植物产品或其他检疫物已经按照规定程序进行检查和/或检验,被认为不带有输入国或地区规定的检疫性有害生物,并且基本不带有其他的有害生物,因而符合输入国或地区现行的植物检疫要求			
杀虫和/或灭菌处理			
日期	15 Feb. ,2013	药剂及浓度	
处理方法		持续时间及温度	
附加声明			
印章	签证地点	签证日期 13 Feb. , 2010	
授权签字人 ×××			签名×××
中华人民共和国出入境检验检疫机关及其官员或代表不承担签发本证书的任何财经责任			

为了防止病虫害的传播,控制疫情的蔓延,按照《中华人民共和国动物防疫法》《植物检疫条例》,经由铁路运输的动植物产品和鲜活植物,应是无病和符合检疫要求的。例如,需检疫运输的肉、油脂、内脏、生皮毛、血液、骨、蹄等畜禽产品;稻麦、瓜果、蔬菜的种子和中药材等植物产品以及苗木、盆景等鲜活植物。托运人应凭检疫合格证明办理运输。

d. 机械冷藏车的运输方式。

使用机械冷藏车运输易腐货物时,托运人应按"易腐货物机械冷藏车运输条件表"规定或与承运人商定的运输条件,在货物运单"托运人记载事项"栏内具体注明装载货物的运输温度要求和"途中控温""途中不控温""途中通风""途中不通风"等字样,以便铁路按要求组织运输。

③商定条件运输及试运

运输易腐货物原则上应按"易腐货物机械冷藏车运输条件表"的规定办理,以保证货物的质量。但在实际工作中,因新产品不断出现,或者受自然条件和作业条件的限制,托运人要求不按规定条件运输或运输未列名的易腐货物时,应按下列规定办理:

a. 使用机械冷藏车运输进口易腐货物,以及经过基因修改、非正常天然繁殖、使用过生长激素和经过化学药物处理等降低了耐储运性的易腐货物时,托运人应与发站和乘务组商定运输条件,签订运输协议,并将运输条件记录在货物运单"托运人记载事项"栏和"机械冷藏车作业单"内。

b. 使用机械冷藏车运输易腐货物,托运人要求不按《鲜规》规定条件办理时,应在确认货物不致出现腐烂、变质、冻损等问题的前提下,与发站和乘务组商定运输条件,签订运输协议;并将运输条件记录在货物运单"托运人记载事项"栏和"机械冷藏车作业单"内。

c. 使用机械冷藏车运输易腐货物,装车时温度高于"易腐货物机械冷藏车运输条件表"规定或商定的运输温度的上限时,经托运人确认不影响货物质量的,可以组织运输,但托运人应与发站和乘务组签订运输协议并支付有关费用。

d. 承运人按与托运人商定的运输条件或签订的运输协议组织运输,除承运人责任外,货物质量由托运人负责。

e. 使用机械冷藏车运输“易腐货物机械冷藏车运输条件表”中未列名的易腐货物时，应按以下规定试运：

* 试运前，托运人应与发站商定运输条件，提出“铁路易腐货物试运申请表”一式三份，托运人、发站、发送铁路局各一份。

* 发站将“铁路易腐货物试运申请表”报铁路局，经批准后组织试运，铁路局将有关情况上报中国铁路总公司备案并抄送相关铁路局。

* 托运人应将试运批准号和运输条件记录在货物运单“托运人记载事项”栏和“机械冷藏车作业单”内。

* 发站在确认首批试运货物安全抵达到站后，方可发出次批试运货物。同一发站、品名、运输条件的货物，首批试运不得超过 4 车。试运期不得超过 1 年。

* 试运期间，如货物在运输过程中出现腐烂、变质、冻损等问题，须立即停止试运。发站应组织有关人员分析事故原因，并将结果报铁路局。需要继续试运的必须制定改进措施，重新办理试运手续。

* 试运结束后，发站应将试运总结报铁路局，铁路局将有关情况报中国铁路总公司。

(2) 易腐货物的受理

承运人受理托运人提出的易腐货物运输请求，检查货物运单，签证货物运单。

检查货物运单时，除了检查托运人所填记的事项是否符合铁路运输条件和到站的营业办理范围，到站与到局是否相符，托运人、收货人名称及地址是否清楚准确外，还应特别检查标志易腐货物运输特点的事项是否填记完整、明确和正确。如货物的具体名称，而不是概括、笼统的名称，具体的承运温度、运输温度等，还有运输方式，“托运人记载事项”栏的填记确认。

2. 作业环节二：进货、验收

托运人在指定日期将符合检疫要求，货物的质量、温度、包装符合“易腐货物机械冷藏车运输条件表”“易腐货物运输包装表”（《鲜规》附件 2，格式见表 5-6）规定的易腐货物搬入装卸线，准备实施装车。

易腐货物运输包装表（摘录） 表 5-6

包装号	包装名称	包装材料	包装要求	包装规格	货物净重或容积	堆码试验	备注
1	木箱	木材（干燥，无虫蛀、霉变、腐朽，无污染，无异味）	用木材组合装钉。通风、透气、清洁、干燥、牢固。内部光滑无尖凸物，外表无钉头或钉尖显露，无其他尖刺。箱子应有足够强度。箱子平整，能够平稳堆放，相互堆码，配合适宜。箱内应加衬垫物	具有 16 根条档的木箱，箱板的厚度为 12 ~ 15mm，宽度为 20 ~ 40mm。箱档的厚度和宽度根据木箱的尺寸选定，但厚度不得小于 15mm，宽度不得小于 40mm（可取 40 ~ 60mm）。箱外用两道 14 号铁丝或铁腰捆扎箍紧；当内装物较轻且木箱体积较小时，也可用塑料打包带捆扎。具体规格尺寸需要根据盛装货物的特性、体积层数和重量确定	20 ~ 25kg	空箱净压 650kg，24h 无明显变形。重箱自码 4.8m 高，无明显变形	

续上表

包装号	包装名称	包装材料	包装要求	包装规格	货物净重或容积	堆码试验	备注
2	纸箱	纸板(无湿损、污染、发霉，无破损)	用纸板组合装钉。通风透气(装冻货除外)，清洁、无污染，无受潮、离层现象。箱内勿突出长钉，纸板要做防潮处理	瓦楞纸箱开孔形状采用圆形、椭圆形或长椭圆形，通气孔直径取25~30mm，孔的总面积不超过整个包装面积的3%~5%。箱内中部可装支撑的纸板或采用纸板分层隔离衬垫或加井字形瓦楞纸格。 纸箱接头粘合搭接舌边宽度不小于30mm，粘合牢固。纸箱接头钉应排列整齐、均匀，钉合接缝应钉牢、钉透，不得有叠钉、翘钉、不转角等缺陷。封箱，可用胶粘带粘牢，也可用低碳钢扁丝钉牢或采用粘合剂粘合。 具体规格尺寸需根据盛装货物的特性、体积、层数和重量而定	15~25kg	空箱净压650kg，24h无明显变形。重箱自码4.8m高，无明显变形	部分娇嫩水果可使用货物净重小于15kg的包装，空箱净压试验参见有关标准

发站对托运人交运的易腐货物按照规定进行检查，认真抽查托运货物的质量、包装及安全防护用品是否符合要求。使用机械冷藏车装运时，发站应在装车时会同乘务组对货物的温度、质量、包装和安全防护用品进行抽查，并将抽查情况记录在“机械冷藏车作业单”内。货物包装和破验部位的恢复由托运人负责。

(1)易腐货物的质量

托运的易腐货物应有良好的初始质量，必须品质新鲜。冻水产品、肉类及肉类制品类动物性易腐货物必须色泽新鲜、气味正常，无腐烂变质现象。水果必须色泽新鲜，无过熟、破裂、腐烂、虫害等现象；蔬菜必须色泽新鲜，无腐烂、雨湿、水渍等现象，瓜类无破裂。

检查货物的质量，目前基本上仍采用看、闻、触摸等感官观察的方法，有待研发科学实用的检测仪表，以保证检测的客观性和准确性。

(2)易腐货物的温度

易腐货物的温度必须符合承运温度要求。检测货物的温度，体大冻结的货物，可在货件上钻一深孔，深度以达到货物、货件中心部位为宜，插入温度计并保持5~6min后取出确定温度；松散、有缝隙的货物、货件可将温度计直接插入货物、货件中心部位测温。

(3)易腐货物的包装

易腐货物的包装必须符合“易腐货物运输包装表”规定。易腐货物的包装编为9个包装号,依次包括木箱、花格木箱、纸箱、钙塑箱、塑料箱、竹筐、条框、编织袋、桶等9个包装名称。包装材料应质量良好无污染,结构和规格能适应货物体积、形状的要求,便于装卸、搬运、堆码和装载。包装强度和性能须适应货物的性质,怕挤压的货物,包装必须坚固,能承受货物堆码的压力;需要通风的货物,包装应有适当的缝隙或通风孔。体大坚实的货物,如冻肉类、冻鱼和西瓜、哈密瓜等可不要包装。

货物的质量、温度、包装达不到要求时,承运人有权拒绝承运货物。

3. 作业环节三:装车

(1)选配车辆

运输易腐货物时,应根据货物的种类、热状态、气候条件、运输距离和运输去向等因素选择使用的车辆。装运易腐货物应按规定使用冷藏车。确因冷藏车不足时,承运人可根据托运人的要求,按《鲜规》"使用棚敞车运输易腐货物的措施"规定使用棚敞车运输。

①冷藏车的使用规定

a. 机械冷藏车组,可组织同一到站卸车的两站分装,或同一发站装车的两站分卸。但两分装或分卸站应为同一径路,距离不超过200km。第一装车站的装车数或第二卸车站的卸车数不得少于全组车的一半(枢纽地区除外)。两站分装(卸)是指机械冷藏车组中不同货物车在不同车站装(卸)车,同一货物车只能在一个车站装(卸)车。

b. 机械冷藏车组中不同的货物车,可以装运温度要求不同的货物。

c. 机械冷藏车装载货物的重量,不得超过车辆的标记载重量。

d. 机械冷藏车严禁用于装运易污染、腐蚀和损坏车辆的非易腐货物。

e. 无包装的水果、蔬菜(西瓜、哈密瓜、南瓜、冬瓜除外)等易污染、损坏车内设备的易腐货物不得使用冷藏车装运。

f. 使用机械冷藏车(包括空车回送和回空代用),应由发站逐级上报中国铁路总公司调度部门,经其调度命令承认后方可使用。车站应将调度命令号码填记在"机械冷藏车装车通知单"内。

②棚敞车的使用规定

易腐货物是否适合棚敞车运输,由托运人确定。使用棚敞车运输易腐货物,托运人应与发站商定运输条件,签订运输协议,并将运输条件记录在货物运单"托运人记载事项"栏内。

托运人要求使用棚敞车代替冷藏车装运易腐货物时,应在提出的铁路货物运输服务订单上注明"如无冷藏车也可拨配棚车或敞车",在货物运单"托运人记载事项"栏内记明要求使用的车种和容许运输期限(日数)。承运人应尽量满足托运人需要的车种和车数。

运输途中各地区有外温低于-10℃时,使用棚车装运玻璃瓶装的酒、罐头、饮料类货物必须采取保温措施。

(2)易腐货物装车前的准备工作

①填记机械冷藏车装车通知单

机械冷藏车装车通知单(《鲜规》附件6,格式见表5-7)是车站与机械冷藏车乘务组进行工作联系的书面凭证。易腐货物装车前,发站应与托运人商定易腐货物进货、装车等事项,将计划装车时间、装车地点、货物品名及热状态、重量、到站等事项填记在"机械冷藏车装车通知单"内,于装车前12h内交给乘务组;两站分装的,第二装车站应在车辆到达后及时交给乘务组。乘务组应在装车前做好上水、补足油料、预冷车辆等工作。

机械冷藏车装车通知单　　　　表 5-7

车　　号	装车地点	货物品名及热状态	重量(t)	到站	计划装车时间	附　　注
中国铁路总公司、铁路局调度命令号码						
装车站货运员(签字)站戳： 年　　月　　日				机械长(签字)列车戳： 年　　月　　日		

注：机械冷藏车装车通知单一式两份，一份交乘务组作为准备装货的通知，一份发站存查。

②检查车辆

承运人应调配技术状态良好、干净清洁的车辆，装车单位应在装车前认真检查。对状态不良不能保证货物安全和运输质量的车辆，承运人应予以调换。对不清洁、不符合卫生条件的车辆，车站要组织清扫、洗刷。按规定需要消毒的，由托运人委托有资质的单位对车辆和货位进行消毒。

③预冷车辆

车辆预冷有利于货物降温，减少途中冷量消耗，也便于保持车内适宜的运输温度。用冷藏车运输易腐货物时，在装车前必须预冷，待车内温度降低到规定温度后，方可装车。

机械冷藏车车内预冷：冻结货物为 −3 ~ 0℃；香蕉为 11 ~ 15℃；菠萝、柑橘为 9 ~ 12℃；其他易腐货物为 0 ~ 3℃。

④准备保温、隔热材料，冰

使用棚敞车装运易腐货物，需要采取防寒、保温、隔热措施时，所用材料应清洁无污染。车内铺砌的冰墙和直接加入菜内的冰要清洁无污染，冰的数量、形状、大小要满足运输要求。车内铺砌冰墙的，应确保冰墙融化后货物码放稳固，不倒塌、不坠落。

(3)易腐货物的装车作业

①装车作业基本要求

易腐货物应按“易腐货物机械冷藏车运输条件表”“易腐货物装载方法表”(《鲜规》附件3)规定的方法装载。

使用机械冷藏车：经过预冷的冷藏车装车时，应采取措施保持车内温度。在装车作业中应使用不致损坏车内设备的工具，不得挤碰循环挡板和挤占车体压筋之间的空隙，上层货物距离循环挡板至少应留出 50mm 的空隙，不得在货物分层间使用影响通风的隔板。货物在车内的堆码，应当保证两侧车门能够方便开启。开关车门时，严禁乱砸硬撬。在采取保温、防寒、防湿等措施时，严禁以钉、钻、铆等方式损坏冷藏车车体。

使用棚敞车：易腐货物进行棚敞车装车作业时，要做到轻拿轻放。对需要通风运输的水果、蔬菜等易腐货物要留有足够的通风空隙。同时，可以将门窗开启固定，或将敞车下门吊起，翻转到最大限度并捆绑牢固，用栅栏将货物挡住。开启的门窗和吊起的小门最外突出部位不得超限。

敞车装运蔬菜、水果等，使用易燃材料做防寒覆盖时，应苫盖货车篷布运输。无法苫盖货车篷布时,应按《铁路危险货物运输管理暂行规定》(TG/HY 105—2014)附件6“铁路车辆编组隔离表”中6的规定进行隔离。

易腐货物的装载与加固应符合《铁路货物装载加固规则》(简称《加规》)、《铁路超限超重货物运输规则》(简称《超规》)等有关技术要求。

②装车作业组织

车站、机械冷藏车乘务组和托运人应加强装车组织工作,缩短装车时间。发站应与托运人商定易腐货物进货、装车和车辆取送时间等事项,及时通知机械冷藏车乘务组,避免出现货等车或车等货的现象,滞延易腐货物运输。

易腐货物作业车停站时间原则上不得超过该站的货车停留时间。单节机械冷藏车每辆装车作业时间(不包括洗车和预冷时间,下同)不得超过3h。货物车为4辆的机械冷藏车组,每组装卸车作业时间不得超过6h,每车的装车作业时间不得超过3h。装车期间需要制冷的,要在“机械冷藏车作业单”中注明起止时间,车站按规定核收有关费用。

车站货运员和机械冷藏车乘务员应对装车作业进行指导,发现问题及时联系托运人、收货人共同解决。货物装车完毕,机械冷藏车乘务员应检查车门是否关闭严密,及时记录车内温度并开机调温。

车站、铁路专用线(专用铁路)、机械冷藏车乘务组要认真按车填写“机械冷藏车作业单”,并做好传递交接工作。

③易腐货物的装载方法

易腐货物的装载方法必须在保证货物质量良好的前提下,充分利用车辆、集装箱的装载容积和载重力。铁路易腐货物的装载方法包括紧密堆码法和稳固装载、留通风空隙法两大类。

a. 紧密堆码法。此法可减少货物间的空隙,减缓货物本身冷量的散失,有利于保证货物质量和有效利用货车装载量,适用于冻结货物、冬季保温运输的某些怕冷货物、热季运输的某些不发热的冷却货物或夹冰运送的鱼虾、蔬菜等的装载。马铃薯、晚白菜、萝卜、南瓜、冬瓜、西瓜、胡萝卜等可采用这种装载方法。

b. 稳固装载、留通风空隙法。此法是在货物或货件间留有通风空隙,以保证空气流通,利于货物散热和车内空气循环,适用于冷却和未冷却的水果、蔬菜、鲜蛋等的装载。按其所留空隙的方式及程度不同,又可分为4种装载方法、6个装载号,分别为品字形装载方法(1号)、“一二三、三二一”装载方法(2号)、井字形装载方法(3号)、筐式装载方法(4~6号)。

★品字形装载方法

品字形装载方法是指奇数层与偶数层货件交错、骑缝装载,货件堆码呈品字形状(图5-12)。该方法适用于箱装,并在热季要求冷却或通风,或在寒季要求加温的货物。品字形装载只能在货件的纵向形成通风道,车内空气只能沿车辆纵向循环,不能上下流通。

★“一二三、三二一”装载方法

这种装载方法是指第一层按间隔一件、二件、三件留空隙,第二层按间隔三件、二件、一件留空隙,奇数层同第一层,偶数层同第二层(见图5-13)。这是铁路冬季运输柑橘使用较多的一种装载方法。使用这种方法装载,空气只能在车辆纵向的三条通风道中流通。因此空气循环比品字形、井字形装载法要差,但可提高装载量,适宜运输较坚实的水果和蔬菜。

★井字形装载方法

井字形装载方法是指货箱侧板之间留空隙,端板之间紧靠,奇数层装法相同,偶数层装法相同,奇数层与偶数层交叉堆放形成井字形(见图5-14)。这种方法适用于长条形包装货物的装载,堆码灵活,各层货件纵横交错,可按车辆有效装载尺寸和包装规模确定纵向或横向的放置件数。该方法的特点是,形成井字形上下通风道,并且各层直缝内形成纵横通风道,空气渗入包装件中的缝隙,循环情况较品字形更优。此外,较好的空气循环使车内装载不受限制,货件摆放灵活,装载量较大。

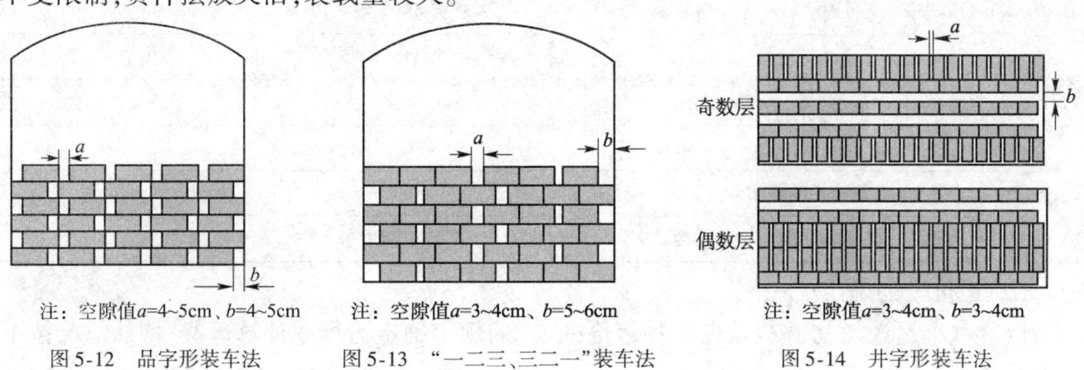

注:空隙值a=4~5cm、b=4~5cm　注:空隙值a=3~4cm、b=5~6cm　注:空隙值a=3~4cm、b=3~4cm

图5-12　品字形装车法　图5-13　“一二三、三二一”装车法　图5-14　井字形装车法

★筐式装载方法

筐式装载方法主要适用于喇叭形竹筐、柳条筐等包装的水果和蔬菜的装载,也适用于梯形塑料箱类包装。由于这类筐形包装本身形状及编造上的特点,装载时货件之间自然形成一定间隙利于空气流通,故不必留出专用风道,只要考虑货物性质,确定好货件装载顺序即可。

筐式装载方法之一:底层两侧的箩、篓、筐等大筐口朝下,中间的大筐口朝上,第二层则方向相反,奇数层装法相同,偶数层装法相同[见图5-15a)]。其特点是货件与车墙间有纵向通风道,货件上下及横向有间隙,车内空气循环较好。

筐式装载方法之二:底层及奇数层全部大筐(箱)口朝上,第二层及偶数层全部大筐(箱)口朝下[见图5-15b)]。这种装载方法的特点是货件间纵横向均设有通风道,上下有间隙,车内空气循环条件最好,但对车辆容积的利用较差。

筐式装载方法之三:每层的筐(箱)口大头朝上,按顺序堆装[见图5-15c)]。

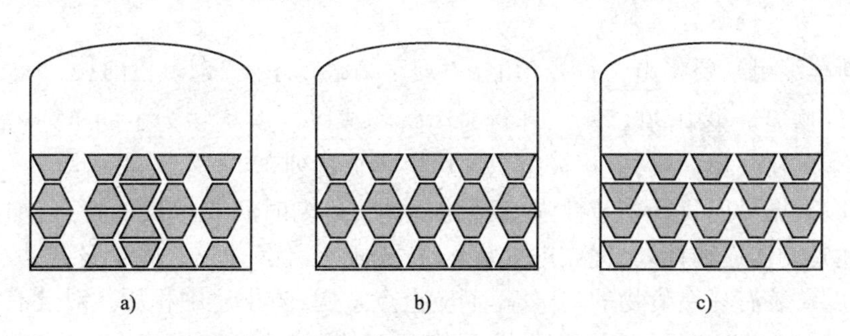

图5-15　筐式装载法

a)筐口对装法一;b)筐口对装法二;c)筐式顺装法

4. 作业环节四:制票与承运

易腐货物整车运输核算运费与普通货物整车运输核算运费的方法基本一致,但在计费重量和运价率加减成方面有特别规定。

(1)计费重量

机械冷藏车运送易腐货物按规定计费重量计费(见表5-8),超过时按货物重量以吨为单位四舍五入计费。

冷藏车规定计费重量表　表 5-8

车种车型		计费重量(t)	附注
机械冷藏车	B_{21}	42	4 辆装货
	B_{22}、B_{23}	48	4 辆装货
	B_{10}	44	单节
冷板冷藏车	BSY	40	
自备机械冷藏车		60	
自备冷板冷藏车		50	
代替其他货车装运非易腐货物铁路冷藏车		冷藏车标重	

(2)运价率的确定

以冷藏车运送货物,按"铁路货物运价率表"的规定确定运价率计算运费,特殊情况按下述方法办理:

①途中不需要加温(或托运人自行加温)或制冷的机械冷藏车按机械冷藏车运价率减20%计费。

②使用铁路机械冷藏车,要求途中保持温度 -12℃(不含)以下的货物,按机械冷藏车运价率加 20% 计费。

③使用铁路冷板冷藏车运输的货物按加冰冷藏车运价率加 20% 计费。

④自备冷藏车、隔热车(即无冷源车)和代替其他货车装运非易腐货物的铁路冷藏车,均按所装货物适用的运价率计费。

发站承运易腐货物后应在货物运单、货票、封套上分别加盖红色"易腐货物"、△K(表示须快速挂运的货车)戳记。

四、易腐货物的途中作业

1. 易腐货物车辆运行组织

发站、列车编组站要将△K符号转记在"列车编组顺序表"记事栏内。

在易腐货物运量集中的区段,应开行易腐货物或以易腐货物为主的班列、直达、快运等快速货物列车。在其他区段,应积极组织挂运快速货物列车。

承运人应根据易腐货物季节性强、运量波动大、运输时间要求快的特点,加强运输组织工作,坚持优先安排运输计划、优先进货装车、优先配空、优先取送、优先编组、优先挂运。

各级调度对装有易腐货物的列车、车辆应重点掌握,防止途中积压。对装有易腐货物的车辆,除中间站装(卸)车可编入摘挂、小运转列车外,其他站均应编入快运列车或直达、直通、区段列车。车辆在编组站、区段站的中转停留时间,原则上不得超过车站有关去向的货车中转停留时间。

需中途上水的机械冷藏车应编在列车中部,乘务组应提前拍发电报将有关情况通知前方上水站。机械冷藏车需要上水时,各车站应予以支持并免费供水。

装有易腐货物的车辆,在运行途中不得保留积压。遇有特殊情况需要保留时,保留站应立即向铁路局调度、货运部门报告;同时采取措施妥善处理,并在货票记事栏内记明滞留原因和时间。

装有易腐货物的车辆因技术状态不良等原因发生滞留不能继运时,滞留站应及时向铁路局调度、货运部门报告,并尽量组织按原运输条件倒装。由于气温、技术条件等限制不能倒装又不宜在当地处理的货物,滞留站应通知发、到站及时联系托运人、收货人,并限时提出处理办法。超过要求时间未接到答复或因等候答复使货物造成损失时,由发生地铁路局与发送铁路局协商处理。

为便于检修和管理,机械冷藏车临时备用时,应停留在有上水条件的枢纽地区或车站。

2. 易腐货物的途中作业

机械冷藏车乘务组应按"易腐货物机械冷藏车运输条件表"的规定或商定的温度要求保持车内温度,对未冷却的易腐货物应在最短时间内将车内温度降到规定的范围。同时定期对车内温度状况进行监控,在装车后及运输途中,每隔2h记录一次各车内的温度,每6h填写一次"机械冷藏车作业单"。使用机械冷藏车装运水果、蔬菜和其他需要通风运输的货物时,应根据具体情况定期进行通风作业。

易腐货物原则上不办理变更到站。确需变更时,可变更到站一次,且容许运输期限要大于重新计算的运到期限3d以上。

运输途中发现易腐货物腐烂、变质、冻损、污染、生理病害、病残死亡等问题时,发现单位应立即通知车站联系托运人、收货人并妥善处理,防止货物损失扩大。处理货物腐烂、变质情况时,应扣除运输途中的合理损耗。

五、易腐货物的到达作业

易腐货物车辆到达后,卸车单位应及时组织卸车,到站应及时发出催领通知,与收货人办理交付作业。收货人领取货物时,必须将货物的装车备品、防护用品、衬垫物品等全部搬出。

1. 卸车作业

车站货运员和机械冷藏车乘务员应对卸车作业进行指导,发现问题及时联系托运人、收货人共同解决。

车站、机械冷藏车乘务组和托运人应加强卸车组织工作,缩短卸车时间。易腐货物作业车停站时间原则上不得超过该站的货车停留时间。单节机械冷藏车每辆卸车作业时间不得超过3h。货物车为4辆的机械冷藏车组,每组卸车作业时间不得超过6h,每车的卸车作业时间不得超过3h。卸车期间需要制冷的,要在"机械冷藏车作业单"中注明起止时间,车站按规定核收有关费用。

在卸车作业中应使用不致损坏车内设备的工具,不得挤碰循环挡板。开关车门时,严禁乱砸硬撬。

卸车单位负责将卸后的车辆和货位清扫干净。

2. 交付作业

为保证易腐货物的品质,运抵到站后车站应及时联系收货人办理交付手续,领取货物。当联系不到收货人或收货人拒绝领取到达易腐货物时,到站应自发出催领通知次日起(不能实行催领通知时,为卸车完了的次日)或收货人拒绝领取之日起,1d内及时通知发站和托运人,征求处理意见。托运人自接到通知之日起,2d内提出处理意见答复到站。对于超出容许运输期限仍无人领取的货物,或收货人拒领而托运人又未按规定提出处理意见的货物,或虽未超过上述期限,但是货物已开始腐坏、变质时,到站可按无法交付货物或依据有关规定处理。

到达发现易腐货物腐烂、变质、冻损、污染、生理病害、病残死亡等问题时，到站应立即组织卸车并按规定编制货运记录，使用机械冷藏车的，应会同乘务组组织卸车。收货人有异议的，不得拒绝卸车或中途停止卸车，否则因此造成的扩大损失由收货人承担。

3. 车辆的洗刷除污作业

被易腐货物污染的车辆，卸车单位要彻底洗刷除污，保证没有残留的污水、秽物。按规定需要消毒的，由收货人委托有资质的单位进行消毒。车辆洗刷除污、消毒后适当通风，晾干后再关车门。机械冷藏车洗刷除污、消毒后须经车站和乘务组检查验收，棚车、敞车洗刷除污、消毒后须经车站检查验收。卸车单位没有货车洗刷除污条件的，车站应根据调度命令填写"特殊货车及运送用具回送清单"，向铁路局指定的洗刷除污站回送。

清扫、洗刷除污费用由收货人承担。

任务四　组织活动物的运输

任务单

任务名称	描述组织一批活动物的关键作业要求
知识目标	(1)掌握活动物运输的基本要求； (2)知道不同活动物运输在车辆、运输组织方面的特别规定
能力目标	学会在实际工作中按照规章要求、活动物实际状态完成对一批活动物的运输组织
任务描述	2015年10月5日，某托运人到车站托运活牛一批，整车。车站货运员按照规定，选择车辆，顺利完成了该批货物的装车、承运，运抵到站
任务要求	(1)分析发站活动物运输组织的特别规定； (2)完成对该批活动物的运输组织； (3)完成对该批活动物的运费核算

相关理论知识

一、活动物运输的发送作业

1. 托运与受理

(1)办理种别

活动物一般按整车运输。集装箱运输可用活动物专用集装箱运输，但不能用通用集装箱运输。

(2)活动物的检疫证明

为防止动物疫病的传播，保护畜牧养殖业发展和人民身体健康，运输的活动物(包括家禽、家畜、鱼虾、蟹贝、实验动物、观察动物、演艺动物、野生动物等)应是健康无病的，必须持有国家卫生防疫部门出具的检疫合格证明。动物检疫合格证明(动物A)(表5-9)是活动物健康无病的凭证，也是运输、销售时必备的合法凭证之一。

动物检疫合格证明　　　　表 5-9

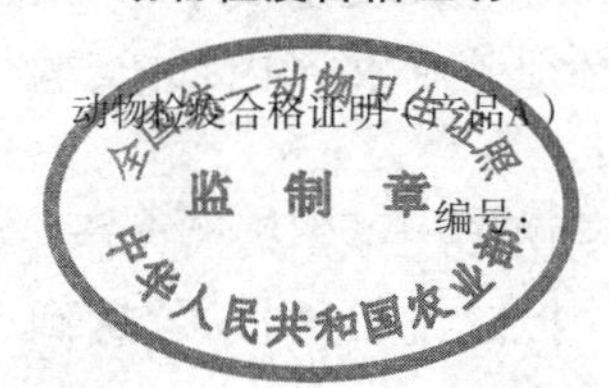

编号:

<table>
<tr><td>货　主</td><td colspan="2">李力</td><td colspan="2">联系电话</td><td>××××××</td></tr>
<tr><td>动物种类</td><td colspan="2">羊</td><td colspan="2">数量及单位</td><td>叁拾只</td></tr>
<tr><td>启运地点</td><td colspan="5">四川省　成都市　市(州)　双流　县(市、区)　乡(镇)黄甲　村黄甲(√养殖场、交易市场)</td></tr>
<tr><td>到达地点</td><td colspan="5">广西省　南宁　市(州)　县(市、区)　×××　乡(镇)　村(√养殖场、屠宰场、交易市场)</td></tr>
<tr><td>用途</td><td>商业</td><td>承 运 人</td><td>×××</td><td>联系电话</td><td></td></tr>
<tr><td>运载方式</td><td colspan="3">□公路　☑铁路　□水路　□航空</td><td>运载工具牌号</td><td></td></tr>
<tr><td>运载工具消毒情况</td><td colspan="5">装运前经×××消毒</td></tr>
<tr><td colspan="6">本批动物经检疫合格,应于　肆　日内到达有效。
官方兽医签字:×××
签发日期:2014 年 3 月 7 日
(动物卫生监督所检疫专用章)</td></tr>
<tr><td>牲畜耳标号</td><td colspan="5"></td></tr>
<tr><td>动物卫生监督检查站签章</td><td colspan="5"></td></tr>
<tr><td>备注</td><td colspan="5"></td></tr>
</table>

第　联　共　联

注:①本证书一式两联,第一联由动物卫生监督所留存,第二联随货同行。

②跨省调运动物到达目的地后,货主或承运人应在 24h 内向输入地动物卫生监督机构报告。

③牲畜耳标号只需填写后 3 位,可另附纸填写,需注明本检疫证明编号,同时加盖动物卫生监督机构检疫专用章。

④动物卫生监督所联系电话:××××××××。

托运活动物,托运人应按国家检疫规定提出检疫证明,在运单“托运人记载事项”栏内注明检疫证明的名称和号码,并将随货同行联牢固地粘贴在运单背面,车站凭此办理运输。

(3)猛禽、猛兽商定条件运输

托运猛禽、猛兽(包括演艺用)时,不仅存在动物的安全问题,还涉及运输作业人员的人身安全问题。因此,托运人应与发站商定运输条件和运输防护方法,报发送铁路局批准。跨局运输时,发送铁路局应将商定的事项通知有关铁路局,以便做好接运接卸的准备和防护工作。托运人应在货物运单“托运人记载事项”栏内注明商定的运输条件和运输防护方法。

(4)活动物的押运

活动物运输的最大特点就是运输过程中要同时进行饲养工作,养运难以分离。运输活动物,托运人必须派熟悉动物特性的押运人随车押运,负责做好动物的饲养、饮水、换水、洒水、看护和安全工作。托运人应在运单“托运人记载事项”栏内注明押运人人数和押运人的姓名、证件名称及号码。

押运人的人数,每车 1 ~ 2 人,托运人要求增派时,须经发站承认,但合计人数不得超过 7 人。押运人应遵守“押运人须知”和铁路的有关规定,途中不得吸烟、生火、做饭、用明火照明。押运人携带物品必须符合有关规定及安全要求,只限途中生活用品和途中需要的饲料和饲养工具。为放蜂需要带的狗必须装在铁笼内,并交验检疫证明。押运人不得携带危险品和违反政令限制的物品。

托运人随车携带增氧机时,必须配带1~2只灭火器。随车携带的动力用柴油不得超过100kg。柴油应盛装于小口塑料桶内,口盖必须拧紧,达到严密不漏。严禁使用汽油动力增氧机,严禁携带汽油上车。

(5)蜜蜂的托运

托运蜜蜂时,托运人要按车填写物品清单(一式三份,一份留站存查,一份随票递送到站,一份交托运人)。物品清单要记明蜜蜂的空箱数、有蜂箱数、押运人所带的生活用品,饲养工具及蜜蜂饲料等。

(6)活动物的运输标记

对承运的活动物,发站应在运单、货票、封套上注明"活动物"和"禁止溜放"字样,以引起各环节运输工作人员的注意,做好沿途服务工作,及时办理运输作业,缩短在途时间。

2.进货、验收与装车

承运人要求托运人在指定日期将符合检疫要求的健康活动物进货,验收货物后,准备实施装车。装运活动物的车辆是否适合所装活动物生活、生理特点的要求,是运输过程中能否为活动物创设必要的生存环境的重要前提。承运人应按照活动物的装车作业要求,进行指导、实施、检查和验收。

(1)车辆的选用

装运活动物,应选配合适的车种、车型及符合卫生要求的车辆。装运活动物应选用专用车辆、敞车或有窗的棚车。由托运人检查确定拨配的车辆是否适合装运活动物,并在运单"托运人记载事项"栏内记明同意使用车辆的车型、车号。托运人认为车辆不适合时,承运人应予以调换。

装运牛、马、骡、驴、骆驼等大牲畜,应使用带有古标记的木地板货车;确因木地板货车不足需要使用其他货车时,应采取衬垫等防滑措施。不得使用铁底货车,以免因行车、调车冲击、振动,引起大牲畜跌倒、坠落而残废、死亡,甚至造成行车事故。

发往深圳北的活牛,多属供港物资,应用活牛专用车或棚车装运,不得使用敞车装运。

装运活鱼不得使用全钢棚车及车窗不能开启的棚车(采用增氧机运输的除外)。

(2)活动物的装车

装车前,装车单位应认真检查技术状态、卫生清洁状况。对技术状态不良不能保证货物安全和运输质量的车辆,发站应予调换。对不清洁的车辆,车站要组织清扫、洗刷。按规定需要消毒的,由托运人委托有资质的单位对车辆和货位进行消毒。

装车时,应按规定的方法和要求装载:

禽、畜可单层或多层装载,每层的装载数量由托运人根据季节、运输距离、活动物的体积及选用的车种车型等情况来确定。装运活动物的车辆可开启门窗,但应采取措施防止大牲畜头部伸出。对开启的车门应捆绑牢固,并用栅栏将活动物挡住。开启的门窗最外突出部位不得超限。

蜜蜂的装载,应纵向排列、稳固堆码,并留有足够的通风道,预留押运人休息的位置。在顶部蜂箱上不准乘坐人员,不准装载自行车和其他杂物。以往,曾发生过在通过隧道、天桥及接触网区段时,坐在顶部的押运人员碰死碰伤、触电事故。

蜜蜂进站时,托运人必须在蜂箱巢门外安装纱罩,防止蜜蜂飞出蜇人,遮蔽信号,危及车站作业人员人身安全,影响车站作业安全和行车安全。蜂箱巢门未安装纱罩的,发站不得承运。蜜蜂的装车,托运人必须严格按照车站指定的时间进货、装车,最好在蜂群休息的夜间组织进行。

活动物的装载应符合《加规》《超规》等有关技术要求。

为避免溜放冲击造成活动物损伤甚至死亡,活动物装车后应插挂“禁止溜放”货车表示牌。

3. 制票与承运

活动物整车装车后,货运员将签收的运单交货运核算员填制货票,核收运杂费;发站在货物运单上加盖车站日期戳,完成承运。

二、活动物运输的途中作业

1. 编组挂运

装载活动物的车辆原则上不得与乘坐旅客的车辆编挂在同一列车内。确需编挂在同一列车内时,应与乘坐旅客的车辆隔离 1 辆以上。

装运蜜蜂的车辆与装载农药的车辆原则上不得编挂在同一列车上。如因车流不足、分别挂运有困难时,在本次列车运行全程内不发生列车折角转向运行的条件下,可编入同一列车内,但应将蜜蜂车挂在农药车的前部,并隔离 4 辆以上。

蜜蜂车和生石灰车编挂同一列车内时应隔离 2 辆以上,并将蜜蜂车挂在生石灰车的前部。

车站调车作业时,活动物车严禁溜放。

2. 途中运行组织

在活动物运量集中的区段,应开行以活动物为主的班列、直达、快运等快速货物列车。在其他区段,应积极组织挂运快速货物列车。

承运人应根据活动物运输时间要求快的特点,加强运输组织工作,坚持优先安排运输计划、优先进货装车、优先配空、优先取送、优先编组、优先挂运。

各级调度对装有活动物的列车、车辆应重点掌握,防止途中积压。对装有活动物的车辆,除中间站装(卸)车可编入摘挂、小运转列车外,其他站均应编入快运列车或直达、直通、区段列车。车辆在编组站、区段站的中转停留时间,原则上不得超过车站有关去向的货车中转停留时间。

3. 途中的上水作业

水是生命之源。在运输途中如果活动物的饮用水不能得到及时补充和更换,将导致其生存环境和条件恶化,易造成活动物中暑、缺氧、掉膘、病残,甚至死亡。

活动物在中途上水,由铁路部门指定的上水站免费供应。上水设备由托运人或押运人自备。车站应将挂有活动物的列车接入备有上水设备的股道。对需要途中上水的活动物,发站或上水站应拍发电报依次向前方上水站进行预报。

4. 污染物的清理作业

活动物的排泄物以及垫料、包装物、容器等污染物应由押运人或收货人在铁路指定站或到站清除;并按动物防疫部门的规定处理,不得中途随意向车外抛撒,不得违规在中途站清扫和冲洗。

5. 活动物疫情的处理

运输过程中发现活动物染疫、疑似染疫、病死或死因不明时，押运人应及时通知车站。车站发现上述情况时，应及时向当地动物防疫部门报告并按动物防疫部门的规定妥善处理，同时拍发电报通知发、到站和上级主管部门。严禁乱扔染疫、疑似染疫的活动物，以及病死或死因不明的活动物尸体。

6. 蜜蜂的途中作业

为防止蜜蜂蜇伤人畜、危及生命，保证铁路作业安全和货物安全，在车站和运输过程中不得放蜂。

蜜蜂运输不办理变更到站。根据国家有关规定，运输蜂群外出采蜜需要取得到达地专门机构签发的许可证，托运人是根据许可到指定的到站进行生产活动。因此，不允许蜜蜂办理变更到站。

三、活动物的到达作业

活动物车辆到达后，卸车单位应及时组织卸车，到站应及时发出催领通知，与收货人办理交付作业。蜜蜂到达到站后，要尽快办理卸车、交付手续，并及时搬出货场。收货人领取货物时，必须将货物的装车备品、防护用品、衬垫物品等全部搬出。

卸车单位负责将卸后的车辆和货位清扫干净。卸车时要采取必要的措施防止活动物发生病残死亡等事故。

被活动物污染的车辆、货位，卸车单位要彻底洗刷除污，保证没有残留的污水、秽物。按规定需要消毒的，由收货人委托有资质的单位进行消毒。车辆洗刷除污、消毒后适当通风，晾干后再关车门。机械冷藏车洗刷除污、消毒后须经车站和乘务组检查验收，棚车、敞车洗刷除污、消毒后须经车站检查验收。卸车单位没有洗刷除污条件的，车站应根据调度命令填写"特殊货车及运送用具回送清单"，向铁路局指定的洗刷除污站回送。

清扫、洗刷除污费用由收货人承担。

复习思考题

1. 什么是鲜活货物？鲜活货物如何分类？
2. 引起易腐货物腐败的原因主要有哪些？
3. 我国铁路运输易腐货物的车辆、设备有哪些？有何特点、适用范围？
4. 简述铁路冷藏车的主要类型及优缺点。
5. 简述鲜活货物运输的特点。
6. 鲜活货物运输有哪些要求？
7. 简述冷藏车的使用规定。
8. 受理易腐货物有哪些特别规定？
9. 易腐货物装车有何特别规定？
10. 受理活动物有哪些特别规定？
11. 铁路运输活动物的车辆及设备有哪些？基本要求是什么？
12. 冷藏集装箱的主要类型有哪些？机械冷藏箱的主要特点是什么？
13. 简述鲜活货物运输的发展趋势。

项目六　组织危险货物运输

任务一　认识危险货物

任务单

任务名称	认识危险货物
知识目标	了解危险货物的定义，熟悉危险货物的分类和品名表，掌握危险货物品名表的使用方法
能力目标	掌握危险货物品名表的使用方法，能利用危险货物品名表准确查询危险货物的各种信息
任务描述	认识危险货物
任务要求	(1)阐述说明危险货物的定义及其定义的主要内容，并举出一些典型危险货物的例子； (2)说明危险货物的分类情况，举出不同种类危险货物的典型例子； (3)说明危险货物品名表的结构，查询典型危险货物的各种信息

相关理论知识

一、危险货物的定义

在铁路运输中，凡具有爆炸、易燃、毒害、感染、腐蚀、放射性等危险特性，在运输、储存、生产、经营、使用和处置中，容易造成人身伤亡、财产损毁或环境污染而需要特别防护的物质和物品[引自《危险货物分类和品名编号》(GB 6944—2005)]定义为危险货物。由于铁路运输工作只涉及运输、装卸和储存，因此，在《铁路危险货物运输管理暂行规定》(TG/HY 105—2014)(以下简称《危规》)第五条中对危险货物作了如下的叙述：在铁路运输中，凡具有爆炸、易燃、毒害、感染、腐蚀、放射性等特性，在运输、装卸和储存保管过程中，容易造成人身伤亡、财产毁损和环境污染而需要特别防护的货物，均属危险货物。《危规》中的叙述突出了铁路运输工作(运输、装卸和储存保管)的特点，与国家标准是完全一致的。

危险货物的定义是对危险货物的权威界定。一种货物是否属于危险货物必须符合危险货物的定义。该定义的具体内容包括以下 3 个方面：

1. 具有危险特性

货物在性质上必须具有爆炸、易燃、毒害、腐蚀、放射性等，必须具备以上特性中的一种或一种以上的货物才有可能成为危险货物。例如乙醇(酒精)，当浓度很高时(95% 以上或无水乙醇)，易挥发，沸点低(78.32℃)，闪点低(12.78℃)，易于燃烧，蒸气有刺激性，所以属于危险货物(铁危编号 31161，3 类一级易燃液体)。但低浓度的乙醇溶液(即各种酒类)，由于酒精浓度低，挥发量少，闪点、燃点高，不易燃烧，所以它属于普通货物。而与乙醇同属于一类的甲醇则不同,它既具有易燃性(易挥发,沸点64.8℃,闪点11.11℃),也具有毒性,属于危险货物(铁危编号31158)。即使是低浓度的甲醇溶液,也有很大的毒性。曾经轰动全国的山西假酒案,造成很多人死亡和伤害,引起了党和政府的高度重视,就是因为假酒是用工业酒精勾兑的,酒精中含有超量的甲醇所致。

还须提及一点,上述定义的各种特性后还有一个"等"字,它意味着还有其他一些具有危害的性质,也被列为危险性的物质和物品,这就是第9类杂项危险性物质和物品,它包括对生态和环境起破坏作用的物质和物品。例如:第9类91009号的二氧化碳(固态),又叫干冰,就是危害环境的物质。从二氧化碳(CO_2)本身的性质来看,它无毒、无味,在水中有一定的溶解度,常温下为气体,低温或高压下为固体,它对人无害也无助于呼吸,它比空气重,常沉在最低层地下坑洞中,当其在空气中的含量达到8%时,会把氧气(O_2)往上排,使人缺氧,造成窒息。由于一系列的原因使全球大气中的CO_2浓度大大增高,造成全球气温升高,我们称之为温室效应加剧,对人类和一切生物生存的环境造成非常大的影响和危害,从而引起了各国环境专家的高度重视,被联合国环境规划署(UNEP)决议列为全球对环境最有危害的6种化学品之一[包括镉(Cd)、铅(Pb)、汞(Hg)、氮氧化物和光学氧化剂、二氧化碳(CO_2)及其衍生物等6种],因此,把CO_2列为危害环境的物质。

危险货物因为其本身的特性,在运输、装卸和储存的任何一个环节,都可能表现出其危险特性,并引起危害,造成人身伤亡和财产毁损或者环境污染,或生态破坏等严重事故。所以在其运输过程中的每一个环节,都必须采取特别的防护措施,或者使用防护设备,以确保整个运输过程从装卸、运输、储存、保管,直到货主手中,不出事故,不造成人身伤亡和财产毁损或破坏环境。为了便于了解危险货物特性,更好地组织运输,危险货物按其主要危险性和运输要求划分9类,各类危险货物按其性质又划分为若干项。本任务我们就来认识危险货物及其分类和特性。

2. 可能造成危害后果

危险货物的危险特性是货物本身固有的,在运输、装卸和储存的任何一个环节都可能表现出来,并且引起危害,造成人身伤亡和财产毁损或环境污染,或生态破坏等严重事故。例如用桶装黄(白)磷,因它具有自燃性,常用水做保护剂,我们在运输、装卸过程中,或桶的液密性差,或桶的包装质量较差,在这些过程中稍有不慎,且对微小的变化没有发现,水就会慢慢地泄漏出来,水流光了,保护剂没有了,黄磷就会自燃;如果周围有可燃物或化学性质敏感的货物就有可能酿成大祸,造成人身的伤亡和财产的损毁,由于磷燃烧后产生大量的白烟,危害更大。又如桶装的电石(它的化学名叫碳化钙,与水反应生成乙炔气和氢氧化钙),由于气密性差,或受潮(保管不好),或天气等原因,使电石吸潮,就会产生乙炔气,随着气体的不断增加,压力也随之增加,最后产生爆炸。如果乙炔气释放过多,再遇到周围有火源,还会产生强烈的爆炸。再如编号91006的石棉,它形成的细小颗粒是空气中危害最大的污染物,是一种强致癌物质,被人呼吸进体内后,积累造成对人体的危害,甚至造成死亡。它不仅是室外空气,也是室内空气最有害的污染物之一,对环境危害极大。所以定义特别强调在运输过程中容易造成人员伤亡、财产毁损或环境污染这层含义。

3. 可以采取特别的防护措施

定义指出,尽管这些货物的特性具有危险性,为确保运输、装卸和储存安全,防止危害事故的发生,在运输过程中的每一个环节中都必须采取特别的防护措施,或者使用防护设备,以确保整个运输过程从装卸、运输、储存、保管,直到货主手中,不出事故,不造成人身伤亡和财产毁损或破坏环境。国家的法律、法规中,各种行业的规章中以及许多相关的标准都制定了应该采取的防护措施,把各种危险性控制在安全的范围内。没有这些积极的特殊措施作保证,是绝对不允许运输的。如编号 61001 的氰化物(剧毒品)的运输,必须采用Ⅰ类包装(包装强度要求高),在《铁路危险货物品名表》(简称《品名表》)12 栏内注有特殊规定要求,必须实行铁路剧毒品运输跟踪管理,以严格的管理制度确保运输安全。所以危险货物的定义虽然只有几十个字,但它包含的内容是非常科学的、严格的。

二、铁路危险货物的分类

根据国家公布的《危险货物分类与品名编号》(GB 6944—2012)和《危险货物品名表》(GB—12268),结合铁路运输实际情况,铁路运输危险货物按其主要危险性和运输要求划分 9 类,各类危险货物按其性质又划分为若干项。其具体类项名称见表 6-1。

危险货物类项名称表　　表 6-1

类号及名称	项号及名称		铁危编号
1. 爆炸品	(1)有整体爆炸危险的物质和物品		11001 ~ 11148
	(2)有迸射危险,但无整体爆炸危险的物质和物品		12001 ~ 12057
	(3)有燃烧爆炸危险并有局部爆炸危险或局部迸射危险或两种危险都有,但无整体爆炸危险的物质和物品		13001 ~ 13061
	(4)不呈现重大危险的物质和物品		14001 ~ 14066
	(5)有整体爆炸危险的非常不敏感物质		15001 ~ 15005
	(6)无整体爆炸危险的极端不敏感物品		16001
2. 气体	(1)易燃气体		21001 ~ 21072
	(2)非易燃无毒气体		22001 ~ 22069
	(3)毒性气体		23001 ~ 23077
3. 易燃液体	(1)一级易燃液体		31001 ~ 31318
	(2)二级易燃液体		32001 ~ 32158
4. 易燃固体、易于自燃的物质、遇水放出易燃气体的物质	(1)易燃固体	(一级易燃固体)	41001 ~ 41074
		(二级易燃固体)	41501 ~ 41559
	(2)易于自燃的物质	(一级自燃物品)	42001 ~ 42052
		(二级自燃物品)	42501 ~ 42537
	(3)遇水放出易燃气体的物质	(一级遇水易燃物品)	43001 ~ 43057
		(二级遇水易燃物品)	43501 ~ 43510
5. 氧化性物质和有机过氧化物	(1)氧化性物质	(一级氧化性物质)	51001 ~ 51086
		(二级氧化性物质)	51501 ~ 51530
	(2)有机过氧化物		52001 ~ 52123
6. 毒性物质和感染性物品	(1)毒性物质	一级毒性物质(剧毒品)	61001 ~ 61205
		二级毒性物质(有毒品)	61501 ~ 61940
	(2)感染性物品		62001 ~ 62004
7. 放射性物质	六种形式:易裂变物质、低弥散放射性物质、低比活度放射性物质、表面污染物体、特殊形式放射性物质、其他形式放射性物质		71001 ~ 71030

续上表

类号及名称	项号及名称		铁危编号
8. 腐蚀性物质	(1)酸性腐蚀性物质	(一级)	81001~81135
		(二级)	81501~81647
	(2)碱性腐蚀性物质	(一级)	82001~82041
		(二级)	82501~82526
	(3)其他腐蚀性物质	(一级)	83001~83029
		(二级)	83501~83515
9. 杂项危险物质和物品	(1)危害环境的物质		91001~91021
	(2)高位物质		92001、92001
	(3)经过基因修改的微生物或组织,不属感染性物质,但可以非正常地天然繁殖记过的方式改变动物、植物或微生物物质		93001

三、铁路危险货物品名表的构成

铁路危险货物品名表由13个栏目组成,如表6-2所示。

铁路危险货物品名表 表6-2

铁危编号	品名	别名	信息化品名	主要特征	包装标志	包装类	包装方法	灭火方法	洗刷除污编号	急救措施	特殊规定	联合国及国际编号
41511A	萘	粗萘,精萘,萘饼,工业萘	萘(固)	无色或白色结晶或粉末,有特殊气味,相对密度1.16,熔点80℃,闪点79℃,易挥发	8	Ⅲ	10,11,13,21,22,24	水、砂土、干粉、熔融萘着火不能用水	3		6、29条	1334

注:①第1栏:铁危编号,由5位阿拉伯数字及英文大写字母组成。

②第2栏:品名,为危险货物的正式运输名称及附加条件。

③第3栏:别名,为危险货物正式运输名称以外的其他名称。

④第4栏:信息化品名,为危险货物运输运单、货票填写以及货运管理使用名称。

⑤第5栏:主要特征,为危险货物的主要物理、化学性质及危险性。

⑥第6栏:包装标志,为危险货物包装标志(见《危规》附录3)。

⑦第7栏:包装类,为按危险货物的危险程度划分的包装类。

⑧第8栏:包装方法,为危险货物包装表的包装号(见《危规》附件3)及特定的包装方法。

⑨第9栏:灭火方法,为推荐的灭火剂及灭火禁忌。

⑩第10栏:洗刷除污编号,为洗刷除污方法编号(见《危规》附件8)及特殊洗刷除污方法。

⑪第11栏:急救措施,为建议的临时急救措施。

⑫第12栏:特殊规定,为该品名执行有关铁路危险货物运输特殊规定的顺序号(见《危规》附件1)。特殊规定的内容必须认真查看,严格执行。

⑬第13栏:联合国及国标编号,联合国编号为联合国危险货物运输专家委员会《关于危险货物运输的建议书》中该品名的编号(仅供参考用),国标编号是GB 12268中的编号。

四、铁路危险货物品名表的使用

（1）根据危险货物“品名首字笔画索引表”或“品名首字汉语拼音索引表”（《品名表》P2 – Pl），查出该品名在“危险货物品名索引表”中所在页码，得出该品名的铁路危险货物编号。如“丙酮”这一货物品名，首字“丙”的笔画为5画，并查出“丙”所在页，在该页的品名索引表中查出“丙酮”的铁路危险货物编号为31025。或者利用“丙”的汉语拼音“B”查出“丙”也在同一页，也得到“丙酮”铁路危险货物编号为31025（第3类第1项的一级易燃液体）。

当品名开头为α、β、γ等外文字母或阿拉伯数字以及（正）、（异）、（邻）、（间）、（对）等带有括号的汉字时，这些字母或数字等若是用来表示物质的化学结构，则不作为品名的首字，如N – 乙基 – 1 – 萘胺，首字为“乙”，N只表示取代基位置；若不是用来表示物质的化学结构，则作为品名首字用，这些品名列在“危险货物品名索引表”最后的“其他”栏内。

《品名表》未列入的，而“危险货物品名索引表”中列有品名的货物应按“危险货物品名索引表”中对应的编号办理铁路运输。

（2）根据品名的铁路危险货物编号，在《品名表》中查出该品名的主要特性、包装标志、包装类别等与安全运输有关的各种资料。

如萘41511A［别名粗萘、精萘、萘饼、工业萘、信息化品名萘（固）］，从《品名表》可知道物理特性为无色或白色结晶或粉末，有特殊气味，相对密度1.16，熔点80℃，闪点79℃，易挥发。包装标志编号为8，Ⅲ类包装，包装方法编号为10、11、13、21、22、24号，着火时的灭火方法用水、砂土、泡沫、干粉，熔融萘着火不能用水，洗刷除污为3号，特殊规定为6、29条。该品名的联合国编号为1334。可以得到与安全运输有关系的重要数据和资料以及相关规定，确保运输安全。

（3）“信息化品名”说明：

为适应铁路危险货物运输信息化建设需要，中国铁路总公司组织对《品名表》进行了修订，2009年9月1日起实施。此次修订最大的变化就是增加了“信息化品名”一栏。“信息化品名”是针对每一个危险货物品名除“品名”和“别名”以外给出的第三个名称，与品名或别名相同或相似，以后《铁路危险货物运输办理站（专用线、专用铁道）办理规定》中公布的品名以及车站承运货物的品名，均使用的是信息化品名。第一次仅公布了692个，中国铁路总公司将根据情况以后继续增加。

信息化品名命名的基本原则是：“命名删繁就简，品名别名优选，利于微机操作，货主填写方便”。具体命名方法有如下几点：

①当品名和别名只由汉字组成，而没有α、β、γ等外文字母或阿拉伯数字以及（正）、（异）、（邻）、（间）、（对）、［液态］、［固态］、［未另列明的］等带有括号的汉字及附加条件时，该品名的信息化品名为：“品名”或“别名”。如：铁路危险货物编号41001，品名“非晶形磷”，别名“红磷、赤磷”，信息化品名定为“红磷”。

②对于品名或别名相同而铁路危险货物编号不同的货物，或者铁路危险货物编号相同而品名具有不同的附加条件时，信息化品名为“名称（一）”“名称（二）”……如：别名“硝化棉”的货物铁路危险货物编号“11032、11143、41031、41062”，且具有不同的物质形态或含量，对应的信息化品名为“硝化棉（一）、硝化棉（二）、硝化棉（三）……”。

③同一编号、具有不同状态（液态或固态）的危险货物品名，信息化品名定为“名称（液）”或“名称（固）”。如：81501磷酸［固态］、磷酸溶液，对应的信息化品名分别为“磷酸

(固)、磷酸(液)”。

(4)铁路危险货物运输的特殊规定:

根据《品名表》第12栏中特殊规定的顺序号,从“铁路危险货物运输特殊规定”(《危规》附件1)中查出相关特殊规定。“铁路危险货物运输特殊规定”共有77条,涉及铁路危险货物运输中不同品名,不同的特殊问题和要求。

例如萘在《品名表》12栏内注有6、29,就是特殊规定顺序号的6和29,要求萘的运输应按照下述要求办理:

①麻袋、塑料编织袋、复合塑料编织袋的强度应符合国家标准。

②在专用线装、卸车的萘饼,可用企业自备车散装运输。

(5)易燃普通货物品名表

易燃普通货物也是易燃的,也有造成火灾的危险性,但在危险程度上达不到易燃危险的程度而列为普通货物,在运输上就不受易燃危险货物运输条件的限制,但易引起燃烧、在铁路运输过程中需采取防火措施的货物,如棉花、麻类、牧草等,属易燃普通货物。按普通货物运输,见表6-3所示。

易燃普通货物品名表 表6-3

序号	品名
1	《铁路危险货物品名表》规定之外的籽棉、棉花(皮棉)、木棉、黄金棉、废棉、破籽花
2	《铁路危险货物品名表》规定之外的各种麻类和麻屑
3	麻袋(包括废、破麻袋),各种破布、碎布,线屑,乱线,化学纤维
4	牧草、谷草、油草、蒲草、羊草、芦苇、荻苇、玉米棒、玉蜀黍秸、豆秸、秫秸、蒲叶、烟秸、甘蔗渣、蒲棒、蒲棒绒、芒杆、亚麻草、烤烟叶、晒烟叶、粽叶及其他草秸类
5	葵扇(芭蕉扇)、蒲扇、草扇、棕扇、草帽辫、草席、草帘、草包、草袋、蒲包、草绳、芦苇、芦苇席子、笤帚以及其他芦苇,草秸制品
6	干树皮、干树枝、干树条、树枝(经脱叶加工)、带叶的竹枝、薪柴(劈柴除外)、松明子、腐朽木材(喷涂化学防腐剂的除外)
7	刨花、木屑、锯末
8	纸屑、废纸、纸浆、柏油纸、油毡纸
9	炭黑、煤粉
10	粮谷壳、花生壳、笋壳
11	羊毛、驼毛、马毛、羽毛,猪鬃以及其他禽兽毛绒
12	麻黄、甘草

注:①用敞、平、砂石车装运易燃普通货物时,应用篷布苫盖严密,在调车或编入列车时,应进行隔离。但对干树皮、干树枝、干树条和带叶的竹枝,由于干湿程度、带叶多少不同,应否苫盖篷布,由发站根据气温和运输距离在确保运输安全的原则下负责确定。

②腐朽木材喷防火涂料或采取其他防火措施后,可不苫盖篷布。

③本表未列的品名,是否也属于易燃普通货物,由发站报铁路局确定。

④以易燃材料做包装、捆扎、填塞物,以竹席、芦席、棉被等苫盖的非易燃货物,以及用木箱、木桶、铁桶包装的易燃普通货物,均按普通货物运输。以敞车装运时,是否应苫盖篷布,由托运人根据货物的运输安全情况负责确定,并在运单“托运人记事”栏内注明。

任务二　危险货物的特性

任务单

任务名称	认识危险货物的特性
知识目标	熟悉各种不同危险货物的定义、特性以及在包装、储存、装卸和运输过程中需要注意的事项
能力目标	能够准确识别危险货物并按照《危规》规定对危险货物进行分类
任务描述	认识危险货物的特性
任务要求	(1)说明各种不同危险物质的定义和具体的分类； (2)举例阐述不同危险物质的危险性主要表现在哪里； (3)对不同危险物质的包装和储存要求进行梳理，并加以比较； (4)使用表格形式，对不同危险物质的装卸和运输要求进行对比

相关理论知识

《危规》将铁路危险货物分为9类25项，各类各项均有不同的危险特性，现分述如下：

一、爆炸品

1.爆炸品的定义

爆炸品是指受到高热、摩擦、撞击、震动或其他外界作用，能迅速发生剧烈化学反应，瞬间产生大量气体和热量，形成巨大的压力，发生爆炸，对周围环境造成破坏的物质和物品。它包括爆炸性物质、爆炸性物品以及为产生爆炸或烟火实际效果而制造的爆炸性物质和物品中未提及的物质和物品。

过分敏感或反应性很强以致可能产生自发反应的爆炸性物质禁止运输。

2.爆炸的种类

爆炸可分为物理爆炸、核爆炸和化学爆炸三种。物理爆炸是指因物理变化(温度、体积、压力等)引起的爆炸，如气球、锅炉因内部压力过大而产生的爆炸。核爆炸是由于原子核的裂变(重核)和轻核聚变而产生巨大的能量而引起的爆炸，如原子弹、氢弹的爆炸。化学爆炸是物质在瞬间完成化学变化(反应)，同时产生大量气体和热量而形成的爆炸。危险货物中的爆炸一般属于化学爆炸。

3.爆炸品的性质

(1)爆炸性

爆炸品发生爆炸具有3个基本特征，即反应过程中放出大量的热，反应速度极快，能产生大量气体。这些特征是任何化学反应能成为爆炸性反应所必须具备的，而且这三者互相关联，缺一不可。

①反应过程中放出大量的热。放热是化学爆炸反应得以自动高速进行的首要条件，也是爆炸过程的能量来源，没有这个条件，爆炸过程就根本不能发生，当然反应也就不能自行延续，因此也就不可能出现爆炸过程的自动传播。例如，1kg梯恩梯爆炸时能产生1183kcal(卡路里，热量单位，1kcal = 4.187kJ)的热量，而把1kg大米做成饭却只需要约500kcal的热量。

②反应速度极快。这是区别于一般化学反应的显著特点,爆炸可在瞬间完成。例如1kg梯恩梯完全爆炸只需要十万分之一秒的时间,而1kg煤能放热2140kcal(1kcal=4.187kJ),比梯恩梯约多一倍,但其反应时间要几十分钟,故煤不具备爆炸条件。

③产生大量气体。一个化学反应,即使具备了前面两个条件,而不具备本条件时,仍不属爆炸。

气体具有很强的压缩性和体积膨胀性,爆炸物质在爆炸瞬间生成大量气体产物,由于爆炸反应速度极快,它们来不及扩散膨胀,都被压缩在爆炸物质原来所占有的体积内,爆炸过程在生成气体产物的同时释放出大量的热量,这些热量也来不及逸出,都加热了生成的气体产物,这样就导致在爆炸物质原来所占有的体积内形成高温高压状态的气体。这种气体可以瞬间膨胀做功,由于功率巨大,就能对周围物体、设备、房屋造成巨大的破坏作用。例如,1L炸药在爆炸瞬间可以产生1000L左右的气体产物,它们被强烈地压缩在原有的体积内,再由于3000~5000℃的高温,这样就形成了数十万个大气压的高温高压气体源,它们瞬间膨胀,功率是巨大的,破坏力也是巨大的。

如果化学反应中没有气体产生,就是产生大量的热,也不具有爆炸能力,爆炸过程必须有气体产物生成是发生爆炸现象的必要条件。

(2)敏感性

在外界能量作用下,炸药发生爆炸的难易程度称为炸药的敏感度(简称感度)。由于各种炸药的成分不同,其敏感度也不一样,敏感度一般以引起炸药爆炸所需要的最小外界能量来度量,这种能量称为起爆能。炸药的起爆能越小,其敏感度越高。

爆炸品的敏感度主要分热感度(加热、火花、火焰)、机械感度(冲击、针刺、摩擦、撞击)、静电感度(静电、电火花)、起爆感度(雷管、炸药)等。不同的爆炸品的各种感度数据是不同的。根据铁路运输的特点,与炸药敏感度有直接关系的为热感度和机械感度。

①炸药的热感度。炸药在热能的作用下发生爆炸、燃烧或分解的难易程度称之为热感度,通常以爆发点、火焰感度、热分解等来表示。

爆发点是指爆炸物质在一定的延滞期内发生爆炸的最低温度。延滞期是指从开始对爆炸物质加热到发生爆炸所需要的时间。同一爆炸物质,延滞期越短,爆发点越高;延滞期越长,爆发点越低。爆发点越低,则表明炸药对热的敏感度越高。因此,运输中炸药要避免高热。

炸药的火焰感度是指在火焰(或火花、火星)作用下,炸药发生燃烧、爆炸的难易程度,是热感度的一种标志。

炸药的热分解,表现为在常温下因自催化效应而自发缓慢分解,并随着温度的升高而加速进行。因此,炸药不易长期储存,仓库应注意通风散热。

②炸药的机械感度。机械感度主要表现为撞击、摩擦感度。撞击感度是指炸药在机械撞击下发生爆炸变化的能力。可在专门的落锤仪上经试验测定,一般采用爆炸百分数法表示,即在一定锤重和一定落高下撞击爆炸物质,以发生爆炸次数的百分数表示,如梯恩梯的撞击感度为4%~8%。把10kg落锤、25cm落高、爆发率2%以上作为爆炸品撞击感度的参考数据。摩擦感度是炸药在机械直接摩擦作用下发生爆炸的能力。它是利用摩擦感度测定仪来测定的。

③影响炸药感度的主要因素。不同的炸药,由于本身的物理化学性质不同,它们的爆炸感度也不同。影响炸药感度的主要因素是:

a. 化学组成和化学结构。

爆炸品的化学组成和化学结构是决定其具有爆炸性质的主要因素。具体地讲是由于分子中含有某些"爆炸性基团"引起的。例如硝基(- NO.)、迭氮基(- N = N = N -)、雷酸根(—O—C = N)等。

爆炸物质的组成中所含的爆炸团(基)越活泼,数目越多,其感度越大。例如芳香族硝基化合物,随着分子中硝基(- N07)数目的增加,其敏感度亦增高。硝基苯只含有一个硝基,它在加热时虽然分解,但不易爆炸,因其毒性突出定为毒害品;(邻、间、对)二硝基苯虽然具有爆炸性,但不敏感,由于它的易燃性比爆炸性更突出,所以定为易燃固体;三硝基苯所含硝基的数目在三者中最多,其爆炸性突出,非常敏感,故定为爆炸品。

b. 爆热。炸药爆炸时所释放的热量(爆热)越大,则其感度越大。因为爆热大的炸药,在接受外界机械能转化为热能时,只用较少的局部爆炸激发点(热点)就能因集中高于爆发点的温度而引起炸药爆轰。

c. 颗粒的大小。炸药的颗粒越细,爆轰感度越大。因为颗粒小,比表面大,接受的冲击波能量多,容易形成更多的热点。

d. 温度。

不同爆炸品的温度敏感度是不同的,例如:雷汞为165℃,黑火药为270 ~ 300℃,苦味酸为300℃。同一爆炸品随着温度升高,其机械感度也升高。原因在于其本身具有的内能也随温度相应的增高,对起爆所需外界供给的能量则相应减少。因此,爆炸品在储存、运输中绝对不允许受热,必须远离火种、热源,避免日光照射,在夏季要注意通风降温。

但对于在低温下凝固后结晶类型发生改变的除外,例如硝化甘油混合炸药,在凝固、半凝固时,结晶多呈三斜晶系,属不安定型。不安定型结晶比液体的机械感度更高,对摩擦非常敏感,甚至微小的外力作用就足以引起爆炸。因此,硝化甘油炸药在冷天要做防冻工作,储存温度不得低于15℃,以防止冻结。

e. 密度。

炸药的密度越大,越不利于热点的形成和火焰的传播,所以感度降低。如散装炸药比铸装炸药容易起爆。

爆炸品随着密度增大,通常敏感度均有所下降。粉碎、疏松的爆炸品敏感度高,是因为密度不仅直接影响冲击力、热量等外界作用在爆炸品中的传播,而且对炸药颗粒之间的相互摩擦也有很大影响。在储运中应注意包装完好,防止破裂致使炸药粉碎而导致危险。

f. 杂质。

炸药中的杂质或附加物的硬度越大、熔点越高、含量越多、粒度越大,对提高炸药感度的作用越大。因为坚硬的杂质(如砂子、玻璃屑等)能使外界应力集中在棱角处,形成强烈的摩擦中心而产生热点。如在落锤10kg,落高25cm的撞击感度试验条件下,梯恩梯无杂质时的感度为4% ~8%,当砂子含量为0.2% ~0. 25%时,感度可达29%。因此,在储存、运输中,特别是在撒漏后收集时,要防止砂粒、尘土混入。相反,松软的或液态杂质混入爆炸品后,往往会使敏感度降低。例如:雷汞含水大于10%时,可在空气中点燃而不爆炸;苦味酸含水量超过35%时就不会爆炸。因此,在储存中,对加水降低敏感度的爆炸品如苦味酸等,要经常检查有无漏水情况,含水量短少时应立即添加,包装破损时要及时修理。

爆炸品除具有以上所述的爆炸性强和敏感度高的特性外还有以下一些性质:

a. 很多炸药,例如梯恩梯、硝化甘油、雷汞等都具有一定的毒性。

b. 有些爆炸品与某些化学药品如酸、碱、盐发生化学反应的生成物是更容易爆炸的化学品。例如:苦味酸遇某些碳酸盐能反应生成更易爆炸的苦味酸盐;雷汞遇盐酸或硝酸能分解,遇硫酸会爆炸。

c. 某些爆炸品与一些重金属(铅、银、铜等)及其化合物的生成物,其敏感度更高。例如:苦味酸受铜、铁等金属撞击,立即发生爆炸;雷汞与铜作用的生成物具有更大的敏感度等。为此苦味酸等不得用金属容器包装。

d. 某些爆炸品受光照易于分解。如叠氮银、雷酸银等。

e. 某些爆炸品具有较强的吸湿性,受潮或遇湿后会降低爆炸能力,甚至无法使用。如硝铵炸药等应注意防止受潮失效。

4. 爆炸品的装卸、储存注意事项

(1)包装

爆炸品的包装容器类型往往对危险性有决定性影响。包装的材料应与所装爆炸品的性质不相抵触,严密不漏、耐压、防震、衬垫妥实,并有良好的隔热作用,单件包装应符合《品名表》和《危规》中“铁路危险货物包装表”(《危规》附件3)的规定。

(2)装卸与搬运

开关车门、车窗不得使用铁撬棍、铁钩等铁质工具;必须使用时,应采取防火花涂层等防护措施。装卸搬运时,不准穿铁钉鞋,使用铁轮、铁铲头推车和叉车,应有防火花措施。禁止使用可能发生火花的机具设备。照明应使用防爆灯具。作业时应轻拿轻放,不得摔碰、撞击、拖拉、翻滚。第1.1项和1.2项爆炸品的装载和堆码高度不得超过1.8m。车、库内不得残留酸、碱、油脂等物质。发现跌落破损的货件不得装车,应另行放置,妥善处理。

(3)存放与保管

爆炸品必须存放于专库内,库房应有避雷装置、防爆灯及低压防爆开关。仓库应由专人负责保管。库内应保持清洁,并隔绝热源与火源,在温度40℃以上时,要采取通风和降温措施。爆炸品的堆垛间及堆垛与库墙间应有0.5m以上的间隔。要避免日光直晒。

(4)撒漏处理与消防

对撒漏的爆炸品应及时用水润湿,撒以松软物后轻轻收集,并通知公安和消防人员处理。禁止将收集的撒漏物品装入原包件中。

有火灾危险时,应尽可能将爆炸品转移或隔离,不能转移或隔离时,要立即组织人员疏散。

扑救时,可用水或其他灭火器灭火,禁用砂土。施救人员应配备防毒面具。

二、气体

1. 定义

本类气体系指符合下述两种情况之一的物质:

(1)在50℃时,蒸气压大于300kPa的物质;

(2)在20℃及101.3kPa标准压强下完全是气态的物质。

注:1个标准大气压 = 0.1013MPa(兆帕) = 101.3kPa(千帕) = 1.01×10^5Pa(帕)。本类包括:压缩气体、液化气体、溶解气体、冷冻液化气体、气体与其他类别物质的蒸气的混合物、充有气体的物品和烟雾剂。

2. 气体的运输

气体有流动、扩散的特点，为了便于运输和使用，可以根据各种气体的性质加压封装。处于压缩状态的气体叫作压缩气体。如果对压缩气体继续施压，一些压缩气体就会转化为液体，这就是铁路运输中的液化气体。但是有些气体仅仅使用加压的办法并不能使其变为液体，还必须在加压的同时降低其温度。例如氧气，必须把温度降到 -118.8℃，施加 5.04MPa(49.7 个大气压)的压强，才能液化。若温度未达到此值，无论施加多大的压力都不能使其液化。这个能使气体液化的最高温度叫作临界温度。不同气体，其临界温度也不相同。在临界温度时，使气体液化所需要最小压强叫作临界压强。

对临界温度比常温高的气体，通常都用单纯压缩的办法使其液化，如氯气、氨气等；对临界温度比常温低的气体，则需要用加压、降温的方法才能使其液化。在一般情况下，考虑到加工成本、盛装材料和使用范围，对这类物质往往只用加以适当压力的方法制成压缩气体或液化气体(含加压溶解于介质的气体)，封装于钢瓶(筒、罐)中储存和运输。

还有一些气体是将其加压后溶解于盛有溶剂的容器内运输的。因为这些气体的化学性质很不稳定，易燃、易爆，单纯加大压力，其危险性就更大。如乙炔，利用乙炔溶解于丙酮的特性，在乙炔钢瓶内装入吸有丙酮的硅藻土等多孔物质，再加压将乙炔充装于内，使乙炔溶解于丙酮内，既增加了气瓶的单位体积的容量，又保证了运输安全。

3. 气体的特性

(1)易燃易爆性

气体当中，约有 54.1% 是可燃气体，有 61% 的气体具有火灾危险。可燃气体的主要危险性是易燃易爆性，所有处于燃烧浓度范围之内的可燃气体，遇火源都可能发生着火；处于爆炸极限范围之内的可燃气体，遇火源都可能发生爆炸。可燃物质(可燃气、蒸气和粉尘)与空气(或氧气)混合达到一定的浓度范围时，遇着火源后就会发生爆炸，这个浓度范围称为爆炸极限。例如一氧化碳与空气混合的爆炸极限为 12% ~75%。可燃性混合物能够发生爆炸的最低浓度和最高浓度，分别称为爆炸下限和爆炸上限。在低于爆炸下限和高于爆炸上限浓度时，既不爆炸，也不着火。这是由于前者的可燃物浓度不够，过量空气的冷却作用，阻止了火焰的蔓延；而后者则是空气不足，导致火焰不能蔓延的缘故。一般情况下，爆炸极限越宽，爆炸极限下限越低，危险性越大。

综合可燃气体的燃烧现象，其易燃易爆性具有以下 3 个特点：

①比液体、固体易燃，且燃速快，一燃即尽。这是因为一般气体分子间引力小，容易断键，无须熔化分解过程，也无须用以熔化、分解所消耗的热量。

②一般规律是由简单成分组成的气体比复杂成分组成的气体易燃、燃速快、火焰温度高、着火爆炸危险性大。这是因为单一成分的气体不需受热分解的过程和分解所消耗的热量。

③价键不饱和的可燃气体比相对应价键饱和的可燃气体的火灾危险大。这是因为不饱和的可燃气体的分子结构中有双键或三键存在，化学活性强，在通常条件下，即能与氯、氧等氧化性气体起反应而发生着火或爆炸，所以火灾危险性大。

(2)扩散性

处于气体状态的任何物质都没有固定的形状和体积，且能自发地充满任何容器。由于气体的分子间距大，相互作用力小，所以非常容易扩散。其特点是：

①比空气轻的可燃气体逸散在空气中可以无限制地扩散，易与空气形成爆炸性混合物，

并能够顺风飘荡,迅速蔓延和扩展。

②比空气重的可燃气体泄漏出来时,往往飘浮于地表、沟渠、隧道、厂房死角等处,长时间聚集不散,易与空气在局部形成爆炸性混合气体,遇着火源发生着火或爆炸;同时,密度大的可燃气体一般都有较大的发热量,在火灾条件下,易于造成火势扩大。

(3)可压缩性和膨胀性

任何物体都有热胀冷缩的性质,气体也不例外,其体积也会因温度的升降而胀缩,且胀缩的幅度比液体要大得多。其特点如下:

①当压强不变时,气体的温度与体积成正比,即温度越高,体积越大。通常气体的相对密度随温度的升高而减小,体积却随温度的升高而增大。

②当温度不变时,气体的体积与压强成反比,即压强越大,体积越小。如对在标准大气压(101.3kPa)、100L、质量一定的气体加压至1013kPa时,其体积可以缩小到10L。这一特性说明,气体在一定压力下可以压缩,甚至可以压缩成液态。所以,气体通常都是经压缩后存于钢瓶中的。

③在体积不变时,气体的温度与压力成正比,即温度越高,压力越大。这就是说,当储存在固定容积容器内的气体被加热时,温度越高,其膨胀后形成的压力就越大。如果盛装压缩或液化气体的容器在储运过程中受到高温、暴晒等热源作用时,容器内的气体就会急剧膨胀,产生比原来更大的压强,当压强超过了容器的耐压强度时,就会引起容器的膨胀,甚至爆裂,造成事故。

(4)带电性

从静电产生的原理可知,任何物体的摩擦都会产生静电,氢气、乙烯、天然气、液化石油气等压缩气体或液化气体从管口或破损处高速喷出时也同样能产生静电。其主要原因是气体本身剧烈运动造成分子间的相互摩擦;气体中含有固体颗粒或液体杂质在压力下高速喷出时与喷嘴产生的摩擦等。气体中所含的液体或固体杂质越多,多数情况下产生的静电荷也越多;气体的流速越快,产生的静电荷也越多。

据实验,液化石油气喷出时,产生的静电电压可达9000V,其放电火花足以引起燃烧。因此,压力容器内的可燃压缩气体或液化气体,在容器、管道破损时或放空速度过快时,都易产生静电,一旦放电就可能引起着火或爆炸事故。

带电性是评定可燃气体火灾危险性的参数之一,掌握了可燃气体的带电性,就可以采取设备接地、控制流速等相应的防范措施。

(5)腐蚀性、毒害性和窒息性

①一些含氢、硫元素的气体具有腐蚀性。如硫化氢、硫氧化碳、氨、氢等,都能腐蚀设备,削弱设备的耐压强度,严重时可导致设备系统裂隙、漏气,引起火灾等事故。目前危险性最大的是氢,氢在高压下能渗透到碳素中去,使金属容器发生"氧脆"变疏。因此,对盛装这类气体的容器,要采取一定的防腐措施。如用高压合金钢并含铬、钼等一定量的稀有金属制造材料,定期检验其耐压强度等。

②压缩气体和液化气体,除氧气和压缩空气外,大都具有一定的毒害性。《品名表》列入的剧毒气体中,毒性最大的是氰化氢,当在空气中的浓度达到300mg/m^{3}时,能够使人立即死亡;达到200mg/m^{3}时,10min后死亡;达到100mg/m^{3}时,一般在1h后死亡。多数有毒气体比空气重,短时间内不易扩散到高空,被污染的空气长时间与人接触,将会引起人体中毒甚至死亡。不仅如此,氰化氢、硫化氢、硒化氢、锑化氢、二甲胺、氨、溴甲烷、二硼烷、二氯硅烷、

锗烷、三氟氯乙炔等气体，除具有相当的毒害性外，还具有一定的着火爆炸性。这一点是不能忽视的，切忌只看毒性的标志，而忽视火灾的危险性。

③窒息性，除氧气和压缩空气之外，其他气体大多有窒息性。如二氧化碳、氮气气瓶的工作压强均可达到15MPa，设计压强有的可达20～30MPa，这些气体的密度较空气略重或近似，一旦泄漏于房间或大型设备及装备内时，会使现场人员窒息死亡。

(6)氧化性

除了极易自燃的物质外，一般情况下可燃物质只有和氧化性物质作用，遇火源时才能发生燃烧。所以，具有氧化性的气体是燃烧得以发生最重要的因素之一。这些氧化性物质易分解，直接或间接放出氧和热量，导致可燃物燃烧或爆炸。氧化性气体有两类：一类是明确列为助燃气体的，如氧气、压缩或液化空气、一氧化二氮等；另一类是有毒气体，如氯气、氟气、四氟(代)肼、氯化溴、四氧化二氮、一氧化氮等，这些气体本身都不可燃，但氧化性很强，与可燃气体混合时都能着火或爆炸。如氯气与乙炔接触即可爆炸；氯气与氢气混合见光爆炸；氟气与氢气混合在黑暗中也可爆炸。因此，不可忽视这些气体的氧化性，在运输、储存时必须与可燃物分开。

4. 气体的运输危险性

对运输来说，本类货物的危险性主要表现在如下两个方面：

(1)容器破裂甚至爆炸的危险。本类货物都是灌装在耐压容器中，内部承受着几百千牛以上压力的容器本身就是一种危险货物。由于受热、撞击等原因造成容器内压力的急剧升高，或者由于容器内壁被腐蚀，容器材料疲劳等原因使容器的耐压强度下降，都会引起容器破裂甚至爆炸。

(2)由于气体物质本身的化学性质引起的危险。本类货物由于共同的物理特性，都需灌装在耐压容器中，才成为一大类。但各种气体的化学性质差别很大，有的易燃易爆，有的有毒，有的具有腐蚀性等。气体如果溢漏出来，因其本身的化学性质，可能引起火灾、灼伤、爆炸、中毒、冻伤等事故。即使是化学性质很不活泼的惰性气体或二氧化碳的溢漏，也会引起窒息死亡。针对气体的不同化学性质所引起的各种危险，应采取相应的有效防护措施。

5. 本类物质的装卸、储存注意事项

(1)包装

通常应以耐压的气瓶装运，部分沸点高于常温的气体，可用安瓿瓶或质量良好的玻璃、塑料、金属容器盛装，个别气体亦可采用特殊容器装运。具体包装方法按《品名表》和《危规》附件3“铁路危险货物包装表”规定办理。

(2)装卸与搬运

作业时，应使用抬架或搬运车，防止撞击、拖拉、摔落、滚动。防止气瓶安全帽脱落及损坏瓶嘴。装卸机械工具应有防止产生火花的措施。

气瓶装车时应平卧横放。装卸搬运时，气瓶阀不要对准人身。装卸搬运工具、工作服及手套不得沾有油脂。装卸有毒气体时，应配备防护用品，必要时使用供氧式防毒面具。

在储存、运输和使用压缩气体和液化气体的过程中，一定要注意防火、防晒、隔热等措施；在向容器、气瓶内充装时，要注意极限温度和压力，严格控制充装量，防止超装、超温、超压。

(3)存放与保管

本类物质应存放于阴凉通风场所，防止日晒、油污，隔绝热源与火种，当库内温度超过

40℃时，应采取通风降温措施。

气瓶平卧放置时，堆垛不得超过5层，瓶头要朝向同一方，瓶身要填塞妥实，防止滚动；立放时要放置稳固，防止倒塌。

(4)泄漏处理和消防

阀门松动漏气应立即拧紧，如无法关闭时，可将气瓶浸入冷水或石灰水中(氨水瓶只能浸入水中)；液化气体容器破裂时，应将裂口部位朝上。

气瓶着火时，应向钢瓶浇洒大量冷水，或将气瓶投入水中使之冷却，同时将周围气瓶和可燃物搬离现场。

三、易燃液体

1. 定义

易燃液体是指闭杯闪点不高于60.5℃，或开杯闪点不高于65.6℃的液体或液体混合物，或在液体及悬浮液中含有固体的液体。由于国际和国内各种运输工具的仓厢内的温度一般最高为55℃(特殊因素也有超过这一温度的)，因此闪点低于55℃的液体在运输中有火灾的危险性。考虑到一定的保险性，国际和国内的有关规定都以闭杯闪点不高于60.5℃为区别易燃液体的标准。

易燃液体易燃的程度常用“闪点”来表示。闪点越低，则表示该液体越容易燃烧。液体的闪点是在专门的闪点测定仪中测定的，当装有液体试样的小杯上方与一定直径和长度的火焰(火苗)接触时，液体挥发的蒸气初次发生蓝色闪火时的液体温度称为该易燃液体的闪点。这时，若盛装液体的小杯是敞开无盖的，则测得的闪点称为开杯闪点；若使用的仪器是加盖的闭口式测定仪，通过上盖窗口瞬间开启时测得的闪点称为闭杯闪点。易燃液体的闪点与液体的沸点有关，沸点越低，闪点也越低，就越容易燃烧。

2. 危险特性

(1)高度易燃性

由于液体的燃烧是通过其挥发出的蒸气与空气形成可燃性混合物，在一定的比例范围内遇火源点燃而实现的，因而液体的燃烧是液体蒸气与空气中的氧进行的剧烈反应。所谓易燃液体实质上就是指其蒸气极易被引燃，多数易燃液体被引燃只需要0.5mJ左右的能量。由于易燃液体的沸点都很低，故十分易于挥发出易燃蒸气，且液体表面的蒸气压较大，加之着火所需的能量极小，故易燃液体都具有高度的易燃性。如甲醇闪点为11.11℃，最小引燃能量为0.215mJ。

(2)蒸气的易爆性

由于液体在一定温度下都能蒸发，所以在存放易燃液体的场所都存在大量的易燃蒸气。当蒸发的易燃蒸气与空气混合并达到爆炸浓度的范围时，遇火就会发生爆炸，挥发性越强，这种爆炸的危险性就越大。

影响其蒸发的主要因素有下列几点：

①温度。液体的蒸发随着温度(液体温度和空气温度)的升高而加快。即温度越高，蒸发速度越快，反之则越慢。因为液体的温度越高，分子的平均运动速度就越快，能够克服液面的分子引力跑到空气中去的分子越多。如汽油的挥发损耗，夏天比冬天大就是这个缘故。

②暴露面。液体的暴露面越大，蒸发量也就越大。因为暴露面越大，同时从液体里跑出来的分子数目也就越多；暴露面越小、飞出的分子也就越少。所以汽油等挥发性强的液体应

在口小、深度大的容器中盛装。

③相对密度。液体的相对密度与蒸发速度的关系是：相对密度越小，蒸发得越快，反之则越慢。在实际工作中，除二硫化碳等少数特殊的液体外，通常是相对密度小的液体蒸发快，而相对密度较大的液体则蒸发较慢，所需要蒸发的温度也较高。这就是在同一条件下，汽油蒸发损耗大，而润滑油却损耗极少的道理。

④饱和蒸气压力。液面上的压力越大，蒸发越慢，反之则越快。因为液面受压后，在一定程度上阻碍了液体分子飞离液体表面的倾向，故蒸发就慢。但是当液体处于密闭容器中时，液体能蒸发成饱和蒸气，即液体的蒸气处于动态平衡状态。不同液体而言，如果其易燃液体的饱和蒸气压越大，表明其蒸发速度越快，蒸发在空间内的可燃物质越多，着火的危险性就越大。

⑤流速。液体的流动速度越快，蒸发就快，反之则慢。

(3)受热膨胀性

储存于密闭容器中的易燃液体受热后，在本身发生体积膨胀的同时，会使蒸气的压力加大，当超过容器所能承受的压力限度，就会造成容器膨胀，常出现“鼓桶”，甚至爆裂，遇到火源而引发危险。因此，容器应留有不少于5%的膨胀余量，夏天应移至阴凉处或喷淋冷水保护。

(4)流动性

流动性是任何液体的通性，其流动性更增加了易燃液体火灾危险性。易燃液体渗漏后会很快向四周流淌，并由于毛细管和浸润作用，能扩大其表面积，加快挥发速度，提高空气中的蒸气浓度。如在火场上储罐(容器)一旦爆裂，液体会四处流淌，造成火势蔓延，扩大着火面积，给施救工作带来困难。所以，为了防止液体泄漏、流散，在储存工作中应备置事故槽(罐)，构筑防火堤、设置水封井等；液体着火时，应设法堵截流散的液体，防止火势扩大蔓延。

(5)带电性

多数易燃液体都是电解质，在运输、装卸过程中摇晃、搅拌或高速流动过程中，由于摩擦极易产生静电；当所带静电荷聚积到一定程度时就会产生静电火花，有引起燃烧和爆炸的危险。

(6)毒害性

易燃液体或其蒸气大部分具有毒害性，有的还有刺激性和腐蚀性。通过人体的呼吸道、消化道、皮肤三种途径进入体内时，会造成人身中毒，须注意防护。

3.本类物质的装卸、储存注意事项

(1)包装

易燃液体按其闪点和初沸点分为3个包装类，见表6-4。

易燃液体的包装 表6-4

包装类	闪点	初沸点	包装类	闪点	初沸点
Ⅰ	—	≤35℃	Ⅲ	23℃≤闪点≤60.5℃	>35℃
Ⅱ	<23℃	>35℃			

包装容器应气密或液密封口，并留有不少于5%的膨胀余位，以防液体受热体积膨胀而致容器破裂。

(2)装卸与搬运

易燃液体在装卸前应先通风，开关车门、车窗时不要使用铁制工具猛力敲打，必须使用时应采取防止产生火花的防护措施。作业人员不准穿铁钉鞋。装卸搬运中，不能撞击、摩擦、拖拉、翻滚。装卸机具应有防止产生火花的措施。装载钢桶包装的易燃液体，要采取防磨措施，不得倒放和卧放。

(3)存放和保管

存放于阴凉通风场所，避免日晒，隔绝热源和火种。堆放要稳固，严禁倒置。库内温度超过40℃时，应采取通风降温措施。容器受热膨胀时，应浇洒冷水冷却，必要时应移至安全通风处放气处理。

(4)渗漏处理和消防

容器渗漏时，应及时移至安全通风处更换包装。渗出的液体可用干砂土等物覆盖后扫除干净。

灭火时，一般不宜用水，对密度大于水或溶于水的易燃液体，可用雾状水或开花水灭火，但应注意液体被冲散而扩大着火范围。扑救有毒性液体的火灾，应戴防毒面具或站在上风处。发现中毒人员，应立即移至空气流通处，并送医诊治。

四、易燃固体、易于自燃的物质、遇水放出易燃气体的物质

1. 定义

此类物质易于引起和促成火灾，按其危险特性此类物质可分为以下3类：

(1)易燃固体——燃点低，对热、撞击、摩擦敏感，易被外部火源点燃，燃烧迅速，并可能散发出有毒烟雾或有毒气体的固体。

(2)易于自燃的物质——自燃点低，在空气中易于发生氧化反应，放出热量而自行燃烧的物质。

(3)遇水放出易燃气体的物质——遇水或受潮时发生剧烈化学反应，放出大量的易燃气体和热量的物质，有些不需要明火，即能燃烧或爆炸。

2. 易燃固体(第4.1项)

(1)易燃固体的主要特性

易燃固体主要有含磷化合物、硝基化合物、易燃金属粉末等。此外，它们之中有的是含过量水分或小包装的爆炸性物品。其主要特性有：

①燃点低，在高热、明火、摩擦作用下易燃烧。

易燃固体的着火点都比较低，一般都在300℃以下，在常温下只要有能量很小的着火源与之作用即能引起燃烧。如镁粉、铝粉只要有20mJ的点火能即可点燃；硫黄、生松香只需15mJ的点火能即可点燃。有些易燃固体在储存、撞击等外力作用时也能引发燃烧，例如赤磷、闪光粉等受摩擦、震动、撞击等也能起火燃烧甚至爆炸。所以易燃固体在储存、运输、装卸过程中，应当注意轻拿轻放，避免摩擦撞击等外力作用。

②遇酸、氧化剂易燃易爆。

绝大多数易燃固体具有还原性，与酸、氧化剂接触，尤其是强氧化剂，能够立即引起着火或爆炸。如H发孔剂与酸性物质接触能立即起火，萘与发烟硫酸接触反应非常剧烈，甚至引起爆炸。红磷与氯酸钾、硫黄与过氧化钠或氯酸钾相遇，都会立即引起着火或爆炸。

③可分散性。

固体具有可分散性，一般来讲，物质的颗粒越细，其比表面积越大，分散性就越强。当固体粒度小于0.01mm时，可悬浮于空气中，这样能充分与空气中的氧接触，发生氧化作用。易燃固体中的金属粉末如铝粉、镁粉等，燃烧时不仅温度很高，而且粉尘极易飞扬，与空气混

合达到爆炸极限时,遇明火引起粉尘爆炸。

④热分解性。

某些易燃固体受热后不熔融,而是发生分解现象。有的受热后边熔融边分解。一般来说,热分解的温度高低直接影响危险性的大小,受热分解温度越低的物质,其火灾爆炸危险性就越大。

⑤毒害性。

许多易燃固体有毒,或燃烧产物有毒,或有腐蚀性。如二硝基苯、二硝基苯酚、硫黄、五硫化二磷等。

(2)易燃固体包括的范围

①极易燃烧的固体和通过摩擦可能起火或促进起火的固体:指在标准试验中,燃烧时间小于45s或燃烧速度大于22mm/s的粉状颗粒或糊状的固体物质;或能够被点燃,并在10min以内可使燃烧蔓延到试样的全部的金属粉末或金属合金;以及经摩擦可能起火的物质和被水充分浸湿抑制了自燃性的易自燃的金属粉末等。这类物质主要包括湿发火粉末(用充分的水湿透,以抑制其发火性能的铪粉、钛粉、锆粉等),铁铈合金(打火机用的火石),铈的板、锭或棒,七硫化四磷、三硫化四磷等硫化物以及氢化锆、氢化钛等金属的氢化物,癸硼烷、冰片、萘、樟脑等有机升华的固体及副醛、仲甲醛等有机聚合物,硫、金属锆片、火柴等。

②易引起分解放热并可散发毒性蒸气或其他气体的固体。由于储存或运输过程中温度升高,或混入杂质能引起激烈的热分解,一旦着火无须外界供氧便可发生极其危险的反应,特别是在无火焰分解情况下,即可散发毒性蒸气或其他气体。这些物质主要包括脂肪族偶氮化合物、有机叠氮化合物、重氮盐类化合物、亚基类化合物、芳香族硫代酰肼化合物等固体物质,如偶氮二异丁腈、苯磺酰肼等。

③含过量水分等原因失去敏感性的爆炸性物质。此类物质在储运状态下,使得爆炸性物质失去敏感性(即退敏)的试剂应均匀地分布在所储运的物质之中。对于含有水或用水浸湿退敏时,如果预计在低温(0℃以下)条件下储运,应当添加诸如乙醇等适当相溶的溶剂来降低液体的冰点,以防结冰后影响退敏效果。由于退敏爆炸品在干燥状态下属于爆炸品,所以在储运时必须明确说明系在充分浸湿的条件下才能作为易燃固体储运。此类物质须由中国铁路总公司认定的专业技术机构做出运输安全综合分析报告,报中国铁路总公司批准。含水不低于30%的苦味酸银、含水不低于20%的硝基胍、硝化淀粉,含水不低于15%的二硝基苯酚、二硝基苯酚盐、二硝基间苯二酚和含水不低于10%的苦味酸铵(以上含水率均为质量百分比)等均属退敏固体爆炸品。

此外,易燃固体还包括41552植物纤维[干的]一类的易燃物质,如棉花、亚麻、大麻、木棉、黄麻、剑麻等易燃的植物纤维类物质,对于牧草、谷草、油草、蒲草、羊草、芦苇、玉蜀黍秸、豆秸、秫秸、麦秸、蒲叶、烟秸、草席、草帘及其他芦苇、草秸的制品等易燃普通货物,在储运中也易发生燃烧,须做好防范措施。

3.易于自燃的物质(第4.2项)

这些物质自燃点低,在空气中易于发生氧化反应,放出热量而自行燃烧。

(1)易于自燃的物质的主要特性

①极易氧化。自燃的发生是由于物质的自行发热和散热速度处于不平衡状态而使热量积蓄的结果。自燃物品多具有空气氧化、分解的性质,且燃点较低。在未发生自燃前,一般都经过缓慢的氧化过程,同时产生一定热量,当产生的热量越来越多,积热使温度达到该物

质的自燃点时,便会着火燃烧。

凡能促进氧化的一切因素均能促进自燃。空气、受热、受潮、氧化剂、强酸、金属粉末等能与自燃物品发生化学反应或对氧化反应有促进作用,它们都是促使自燃物品自燃的因素。例如油布、油纸等在常温、潮湿的环境中能缓慢氧化,并且不断放出热量,当积热不散,达到一定温度时,也会引起自燃。

②易分解。某些自燃物质的化学性质很不稳定,在空气中会自行分解;积蓄的分解热也会引起自燃,如硝化纤维素胶片、赛璐珞等。

(2)易于自燃的物质包括的范围

①发火物质:是指与空气接触5min之内即可自行燃烧的物质(包括液体、固体和固、液混合物)。如白磷(42001,黄磷)、三氯化钛(发火的,42008)、发火钙金属(钙粉,42002)、烷基铝(42022)等。

②自燃物质:是指与空气接触,不需要外部热源的作用即可自行发热而燃烧的物质。这类物质的特点是在量大(若干千克),经过时间较长(若干小时或若干天)才会自燃,所以又称为积热自燃物质。如油纸、油布、油绸及其制品(42506),含油5%以上的或焦的、湿的、潮的麻制品(42039),赛璐珞碎屑(42504),潮湿棉花(42505),种子油饼[含水≤11%](42525)等。

(3)影响自燃的因素

①氧化剂。自燃物品必须在一定的氧化介质中才能发生自燃,如黄磷必须在空气(氧气)、氯气等氧化性气体或氧化剂中才能发生自燃,如果把黄磷放在水中,甚至煮沸,因与氧化剂隔绝,不会发生自燃。所以黄磷都是放在盛满水的容器中。但是,有些自燃物品,由于本身含有大量的氧,在没有外界氧化剂供给的条件下,也会氧化分解直至自燃起火。物质分子中含氧越多,越易发生自燃,如硝化纤维胶片就是如此。因此对这类物品在消防管理上应当更加严格。

②温度。温度升高能加速自燃性物品的氧化反应速度,促使自燃加快。

③潮湿。潮湿对自燃物品有着明显的影响,因为一定的水分能起到促使生物过程的作用和积热作用,可加速自燃性物品的氧化过程而自燃,如硝化纤维胶片和油纸、油布等浸油物品,在有一定湿度的空气中均会加速氧化反应,造成温度升高而自燃。故此类物品在储存和运输过程中应注意防湿、防潮。

④含油量。对涂(浸)油的制品,如果含量<3%,氧化过程中放出的热量少,一般不会发生自燃。因此,在危险化学品管理中,对于含油量<3%的涂油物品不列入危险品管理。

⑤杂质。某些杂质的存在,会影响自燃物品的氧化过程,使自燃的因素加大,如浸油的纤维含有金属粉末时就比没有金属粉末的易自燃。绝大多数自燃物品如与残酸、氧化剂等氧化性物质接触,会很快引起自燃。所以自燃物品在仓储、运输过程中,除应注意与这些残留杂质隔离外,对存放的库房、载运的车(船)体等,事先应仔细检查清扫,以免自燃引起火灾。

⑥其他因素。除上述因素外,自燃物品的包装、堆放等,对其自燃性也有影响。如油纸、油布严密的包装、紧密的卷曲、折叠的堆放,都会因积热不散,通风不良而引起自燃。因此,油纸、油布等浸油物品应以透笼木箱包装,限高、分堆存放,不得超量积压堆放。

4.遇水放出易燃气体的物质(第4.3项)

(1)此类物质的危险特性

①遇水易燃易爆,是该类物质的通性,其特点是:

a. 遇水后发生剧烈的化学反应使水分解，夺取水中的氧与之化合，放出可燃气体和热量。当可燃气体在空气中达到燃烧范围时，或接触明火，或由于反应放出的热量达到引燃温度时就会发生着火或爆炸；如金属钠、氢化钠等遇水反应剧烈，放出氢气多，产生热量大，能直接使氢气燃爆。

b. 遇水后反应较为缓慢，放出的可燃气体和热量少，可燃气体接触明火时才可引起燃烧。如氢化铝、硼氢化钠等。

c. 电石、碳化铝等遇湿易燃物质盛放在密闭容器内，遇湿后放出的乙炔或甲烷及热量逸散不出来而积累，致使容器内的气体越积越多，压力越来越大，当超过了容器的强度时，就会胀裂容器以致发生化学爆炸。

②遇氧化剂和酸着火爆炸，遇湿易燃物质除遇水能反应外，遇到氧化剂、酸也能发生反应，而且比遇到水反应得更加剧烈，危险性更大。有些遇水反应较为缓慢，甚至不发生反应的物质，当遇到酸或氧化剂时，也能发生剧烈反应。如锌粒在常温下放入水中并不会发生反应，但放入酸中，即使是较稀的酸，反应也非常剧烈，放出大量的氢气。这是因为遇水易燃物质都是还原性很强的物质，而氧化剂和酸类等物质都具有较强的氧化性，所以它们相遇后反应更加强烈。

③毒害性和腐蚀性，有一些遇水易燃物质与水反应生成的气体是易燃有毒气体，如电石放出的乙炔气，金属磷化物放出的磷化氢，硅化物放出的四氢化硅，硫化物放出的硫化氢气体都是毒性很大的，并放出一定的热量，积热后着火燃烧。遇水易燃的物质有许多本身就是有毒的，如钠汞齐、钾汞齐等都是毒害性很强的物质。

碱金属及其氢化物类、碳化物类与水作用生成强碱，都具有很强的腐蚀性，还必须注意防腐。

(2) 遇水易燃的物质

遇水易燃物质常见的有：锂、钠、钾、铷、铯、钙、锶、钡等碱金属和碱土金属。钠汞齐、钾汞齐、金属氢化物（如氢化钙等），碳化物（碳化钙，即电石），硅化物（硅化镁），磷化物（磷化钙、磷化锌）及硼氢化物（硼氢化钠）及镁、锌等轻金属粉。还包括一些合金类，如硅铁[30% ≤ 含硅 < 90%]（43505）、硅钙（43503）、硅铝粉[无涂层的]（43504）等。

5. 此类物质的装卸、储存注意事项

(1) 包装

此类物质按其危险程度分为Ⅰ、Ⅱ、Ⅲ类包装。

盛装遇空气或潮气能引起反应的物质，其容器须气密封口。对缓慢氧化能自燃的物质，包装应易于通风散热。对化学性质特别敏感的钠、钾等金属，须浸没在煤油或密封于石蜡中。

(2) 装卸与搬运

作业时不得摔碰、撞击、拖拉、翻滚，防止容器破损。装卸搬运机具，应有防止产生火花的措施。雨雪天无防雨设备时，不能装卸遇水易燃物质。

(3) 存放与保管

此类物质应存放于阴凉、通风、干燥场所，防止日晒，隔绝热源和火种，与酸类、氧化剂必须隔离存放。严禁露天存放遇水易燃物质。

(4) 撒漏处理和消防

对撒漏的物质，应谨慎收集妥善处理。撒漏的黄磷应立即浸入水中，硝化纤维要用水润湿;金属钠、钾应浸入煤油或液状石蜡中,电石、保险粉等遇水易燃物品撒漏,收集后进行安全处理,不得并入原货件中。

此类物质中的一些金属粉末、金属有机化合物、氨基化合物和遇水易燃物质着火时,禁用水和二氧化碳灭火剂。扑救浸油的棉、毛、麻类制品火灾时,要注意防止复燃。对此类物品的火灾扑救,应有防毒措施。

五、氧化性物质和有机过氧化物

1. 定义

此类物质具有强氧化性,易引起燃烧、爆炸。氧化性物质易于分解并放出氧和热量,本身不一定可燃,但可能导致可燃物的燃烧,与松软的粉末状可燃物能形成爆炸性混合物,对热、震动或摩擦较为敏感。有机过氧化物是分子组成中含有过氧基的有机物,其本身易燃、易爆,极易分解放出氧和热量,对热、震动和摩擦极为敏感。这类物质有非常大的危害性。

2. 危险特性

(1)氧化性物质的特性

①很强的氧化性。氧化剂中的无机过氧化物均含有过氧基,很不稳定,易分解放出原子氧;其余的氧化剂则分别含有高价态的氯、溴、氮、硫、锰、铬等元素,这些高价态的元素都有较强的获得电子的能力。因此,氧化剂最突出的性质是遇易燃物品、可燃物品、有机物、还原剂等会发生剧烈化学反应引起燃烧爆炸。

②遇热分解性。氧化剂遇高温易分解出氧和热量,极易引起燃烧爆炸。

③撞击、摩擦敏感性。许多氧化剂如氯酸盐类、硝酸盐类等对摩擦、撞击、振动极为敏感。储运中要轻装轻卸,以免增加其爆炸性。

④与酸作用分解。大多数氧化剂,特别是碱性氧化剂,遇酸反应剧烈,甚至发生爆炸。

例如,过氧化钠(钾)、氯酸钾、高锰酸钾等,遇硫酸立即发生爆炸。这些氧化剂不得与酸类接触,也不可用酸碱灭火剂灭火。

⑤与水作用分解。有些氧化剂,特别是活泼金属的过氧化物,如过氧化钠(钾)等,遇水分解出氧气和热量,有助燃作用,使可燃物燃烧,甚至爆炸。这些氧化剂防止受潮,灭火时严禁用水、酸碱、泡沫、二氧化碳灭火扑救。

⑥毒性和腐蚀。有些氧化剂具有不同程度的毒性和腐蚀性。例如铬酸酐、重铬 酸盐等既有毒性,又会烧伤皮肤;活性金属的过氧化物有较强的腐蚀性。操作时应做好个人防护。

⑦强氧化剂与弱氧化剂之间的反应。有些氧化剂与其他氧化剂接触后能发生复分解反应,放出大量热而引起燃烧、爆炸。如亚硝酸盐、次亚氯酸盐等。遇到比它强的氧化剂时显示还原性,发生剧烈反应而导致危险。因此,氧化剂也不能混储、混运。

(2)有机过氧化物的特性

①分解爆炸性。由于有机过氧化物都含有过氧基 -O-O-,而 -O-O- 基是极不稳定的结构,对热、振动、冲击或摩擦都极为敏感,所以当受到轻微的外力作用时即分解。如过氧化二乙酰,纯品制成后存放 24h 就可能发生强烈的爆炸;过氧化二苯甲酰当含水在 1% 以下时,稍有摩擦即能爆炸;过氧化二碳酸二异丙酯在 10℃ 以上时不稳定,达到 17.22℃ 时即分解爆炸;过氧乙酸纯品极不稳定,在 -20℃ 也会爆炸,浓度大于 45% 时就有爆炸性,作为商品制成含量为 40% 的溶液时,在存放过程中仍可分解出氧气,加热至 110℃ 时即爆炸。不难看

出，有机过氧化物对温度和外力作用是十分敏感的，其危险性和危害性比其他氧化剂更大。

②易燃性。有机物一般都易燃而有机过氧化物更容易燃烧，如过氧化叔丁醇的闪点为26.67℃，过氧化二叔丁酯的闪点只有12℃，闪火即可燃烧。有机过氧化物受热或与杂质（如酸、重金属化合物、胺等）接触或摩擦、碰撞而发热分解，产生有害或易燃气体，当封闭受热时迅速由燃烧转为爆炸。所以扑救有机过氧化物火灾时应特别注意爆炸的危险性。

③人身伤害性。过氧化物容易伤害人的眼睛，如过氧化环己酮、过氧化氢叔丁基、过氧化二乙酰等都对眼睛有伤害作用，其中某些过氧化物即使与眼睛短暂地接触，也会对角膜造成严重的伤害。因此，应避免眼睛接触过氧化物。

3. 本类物质的装卸、储存注意事项

（1）包装

氧化性物质根据其危险程度分为Ⅰ、Ⅱ、Ⅲ类包装。

包装和衬垫材料应与所装物性质不相抵触。封口要严密，包装要防潮，内外包装不得沾有杂质。严格执行包件内货物净重的规定。

（2）装卸与搬运

装车前，车内应打扫干净，保持干燥，不得残留有酸类和粉状可燃物。卸车前，应先通风后作业。装卸搬运中不能摔碰、拖拉、翻滚、摩擦和剧烈震动。搬运工具上不得残留或沾有杂质。托盘和手推车尽量专用，装卸机具应有防止发生火花的防护装置。

（3）存放与保管

应存放于阴凉通风场所，防止日晒、受潮，远离酸类和可燃物，特别要远离硫黄、硝化棉、金属粉等还原性物质。亚硝酸盐类与其他氧化性物质应分库或隔离存放。堆垛不宜过高、过大，注意通风散热。库内货位应保持清洁，对搬出后的货位应清扫干净。

（4）撒漏处理和消防

氧化性物质撒漏时，应扫除干净，再用水冲洗。收集的撒漏物品，不得倒入原货件内。过氧化钠等着火时，不能用水扑救；其他氧化性物质用水灭火时，要防止水溶液流至易燃、易爆物品处。

六、毒性物质和感染性物质

本类物质都是指对人体特别有害的物质和物品，按其危害的机理不同分为毒性物质和感染性物质。

1. 定义

毒性物质是指进入人体后累积达到一定的量，能与体液组织发生生物化学作用或生物物理变化，扰乱或破坏肌体的正常生理功能，引起暂时性或持久性的病理状态，甚至危及生命安全的物质和物品。

感染性物质是指含有病原体的物质，包括生物制品、诊断样品、基因突变的微生物、生物体和其他媒介，如病毒蛋白等。

2. 危险特性

（1）毒性物质

①毒害性。毒害性主要表现对人体及其他动物的伤害，引起人体及其他动物中毒的主要途径是呼吸道、消化道及皮肤3个方面。

a. 呼吸道中毒：在毒害品中，挥发性液体的蒸气和固体粉尘最容易通过呼吸道进入人体;尤其在工作现场,接触毒品如氢氰酸、苯胺、1605、西力生、赛力散、三氧化二砷等时间较长,很容易引起呼吸道中毒。这些毒品进入人体后,随着血液循环还可以扩大中毒。

b. 消化道中毒:毒害品侵入人体消化道引起的中毒。主要是在进行毒品作业后,未经漱口、洗手、更换工作服等就喝水、饮食、吸烟,或操作中误服毒品,进入胃肠引起中毒,溶解被人体吸收后引起人身中毒。

c. 皮肤中毒:一些能溶解于水或脂肪的毒物接触皮肤后侵入人体内引起中毒。如1605、1059、硝基苯等。尤其通过皮肤破裂的地方侵入人体,并随着血液循环而迅速扩散。特别是氰化物的血液中毒,导致很快死亡。此外,氯苯乙酮等对眼角膜等人体的黏膜有较大的危害。

②易燃性。从列入的毒害品中,约89%都具有火灾的危险性。无机毒害品中的金属氰化物和硒化物大都本身不燃,但都有遇水、遇湿易燃性(如氰化钠、氰化钾等),它们遇水、遇湿后放出极毒的氰化氢气体是易燃气体;锑、汞、铅等金属氧化物、硝酸铊、硝酸汞、五氧化二钒等大都本身不燃,但都有氧化性,能在500℃以下分解,当与可燃物接触时易引起着火或爆炸。此外,在1000多种毒害品中,有许多是透明油状液体,闪点都在23℃以下,如溴乙烷闪点在-20℃,乙撑亚胺(稳定的)闪点在-11℃等,这些毒害品既有毒害性,也有易燃性。

③易爆性。毒害品中的叠氮化钠,芳香族含2、4位两个硝基的氯化物、萘酚,酚钠等化合物,遇热撞击等都能引起爆炸,并分解出有毒气体。如2、4一二硝基氯化苯,毒性大,遇明火和受热至150℃以上即可以燃烧或爆炸。

(2)毒害性物质的定量标准

毒害性与毒害物质进入机体的数量(剂量)、方式(吸入、经口摄入、皮肤接触等)、时间分布(一次剂量或多次剂量)等有关。

毒害性物质的定量标准是根据危害的途径,按半数致死剂量来确定的:通常是指急性经口吞咽毒性,固体 $LD_{50} \leq 200mg/kg$,液体 $LD_{50} \leq 500mg/kg$;或急性经皮肤接触毒性 $LD_{50} \leq 1000mg/kg$;急性烟雾、粉尘的吸入毒性 $LC_{50} \leq 10mg/L$ 的物质,以及列入《品名表》中的农药。

急性经口吞咽毒性 LD_{50} 是指在14d内能使刚成熟的天竺鼠半数死亡所使用的物质剂量,用“mg/kg”表示。

急性皮肤接触毒性 LD_{50} 是指在白兔赤裸皮肤上连续24h接触,在14d内使受试动物半数死亡所使用的物质剂量,以“mg/kg”表示。

急性吸入毒性 LC_{50} 是指使刚成熟的天竺鼠连续吸入1h,在14d内使受试动物半数死亡所使用的蒸气、烟雾或粉尘的浓度,以“mg/L”表示。

(3)感染性物质

少量误服、吸入或皮肤接触后,能与体液和组织发生生物化学作用或生物物理变化,扰乱或破坏肌体正常生理功能,引起暂时性或持久性的病理状态,甚至危及生命。感染性物品系含有会使人或动物致病的活性微生物的物质,能引起病态,甚至致人、畜死亡的物品。

3. 本类物质的装卸、储存注意事项

(1)包装

毒性物质(包括农药)在确定包装类别时,必须考虑到人类意外中毒事故的经验,及个别物质具有的特殊性质,如液态、高挥发性、任何特殊的渗透可能性和特殊生物效应。

对易挥发的液态毒性物质容器应气密封口,其他的应液密封口;固态的应严密封口。

（2）装卸与搬运

装卸车前应先行通风。装卸搬运时严禁肩扛、背负，不得撞击、摔碰、翻滚，防止包装破损。装卸易燃毒害品时，机具应有防止发生火花的措施。作业时必须穿戴防护用品，严防皮肤破损处接触毒物，作业完毕及时清洁身体后方可进食和吸烟。

（3）存放与保管

应存放在阴凉、通风、干燥的库内，不得露天存放。与酸类应隔离存放，严禁与食品同库存放。必须加强管理，严防丢失和发生误交付。

（4）撒漏处理和消防

固态毒品撒漏时，应谨慎收集处理，如氰化钠可用漂白粉或次氯酸钠处理；液态毒品渗漏时，可先用砂土、锯末等物吸收，妥善处理。被毒性物质污染的机具、车辆及仓库地面，应进行洗刷除污。

发生火灾时，对遇水能发生危险反应的毒性物质（如金属铊、锑粉、铍粉、磷化锌、磷化铝、氟化汞、氟化铅、四氰基乙烯等）不得用水灭火。处理撒漏毒性物质和扑救毒性物质火灾时，必须穿戴防护服、口罩、手套或防护面具，施救人员要站在上风处。发现头晕、恶心、呕吐等现象，要立即转移至空气新鲜处。

七、放射性物质

1. 定义

放射性物质是指单个放射性核素大于或等于《危规》附录 7 中 A1，A2 相应限值或放射性核素混合物大于《危规》附录 8 中相应限值的物质。

2. 放射性物品的特性

放射性物品的物理状态有固态、液态和气态。放射性物品能自发地不断放出 α、β、γ 射线或中子流，它们具有不同的穿透能力，过量的射线照射，对人体细胞有杀伤作用。若放射性物质进入人体内，对人体容易造成内照射危害。有些放射性物质还具有易燃、易爆、腐蚀和毒害等危险性。放射性物质所放出的射线有 α 射线、β 射线、γ 射线和中子流 4 种，因各种射线的穿透能力和电离能力不同，在运输中的防护要求也不同。

（1）α 射线是带正电的粒子流，带两个单位的正电荷，电离能力强；射程很短，在空气中一般不超过 2 ~ 12cm；穿透能力很弱，用一张纸、衣服或几十厘米的空气就能“挡住”。但因其电离能力强，一旦进入体内，会引起较大的伤害。

（2）β 射线是高速运动的电子流，由于它的速度高，所以能量也较大，穿透能力较强，但可被几毫米厚的铝片、塑料板“挡住”。β 射线的电离能力较弱。

（3）γ 射线是一种波长较短的电磁波（即光子流），不带电，以光的速度在空间传播。γ 射线穿透能力很强，而电离能力很弱。

（4）中子流是不带电的中性粒子束。在自然界里，中子并不单独存在，只有在原子核分裂时才能从原子核里释放出来。中子流的穿透能力很强，容易被含有很多氢原子的物质和碳氢化合物所吸收，如水、石蜡、水泥，相反它却能通过很重的物质，如铁、铅等。

3. 本类物质的装卸、储存注意事项

（1）装卸与搬运

装卸车前应先行通风，严禁肩扛、背负，不得撞击、翻滚货件。作业时间应按《危规》中表 7 的要求控制。堆码时应将辐射水平低的放射性包装件放在辐射水平高的包装件周围。在搬运Ⅲ级放射性包装件时，应在搬运机械的适当位置上安放屏蔽物或穿防护围裙，以减少人员受照剂量。

装卸、搬运放射性矿石、矿砂时，作业场所应喷水防止飞尘；作业人员应穿戴工作服、工作鞋，戴口罩和手套，作业完毕应全身清洗。

(2)存放和保管

放射性物质的存放必须专库专用，仓库应通风良好、干燥、地面平坦，应有专人管理，按规定码放。

遇到燃烧、爆炸可能危及放射性物质安全时，应迅速转移至安全处，并派专人看管。

(3)撒漏处理和消防

运输中包装件破裂，内容物撒漏时，应立即向有关部门报告。由安全防护人员测量并划出安全区域，悬挂明显标志。

当人体受污染时，应在防护人员指导下迅速除污。若人员受到过量照射时，应立即送医救治。放射性矿石、矿砂的包装件破损时不得运输。

放射性物质着火后可用砂土、二氧化碳等相应的灭火剂扑救，火灾后现场必须要经射线测定和消毒处理，达到安全要求。

八、腐蚀性物质

1.定义

腐蚀性物质是指与完好皮肤组织接触不超过4h，在14d的观察期中发现引起皮肤全厚度损毁；或在55℃时，对S235JR + CR型或类似型号钢(一般为20号钢)或无覆盖层铝的表面均匀年腐蚀率超过6.25mm/年的物质。

此类物质可通过化学作用使生物组织接触时会造成严重损伤；在渗透时会严重损害甚至毁坏其他货物和运载工具。

2.危险特性

(1)腐蚀性

当腐蚀性物质与其他物质接触时，会使其他物质发生化学变化或电化学变化而受到破坏，这种性质就叫腐蚀性，这是腐蚀性物品的主要危险特性。其特点如下：

①对人体的伤害。当人们直接接触及腐蚀性物品后，会引起灼伤或发生破坏性创伤以至溃疡等；当人们吸入这些物品挥发出来的蒸气或飞扬到空气中的粉尘时，呼吸道黏膜便会受到腐蚀，引起咳嗽、呕吐、头痛等症状；人体被腐蚀性物质灼伤后，伤口往往不容易愈合。

②对有机物质的破坏。腐蚀性物质能夺取木材、衣物、皮革、纸张及其他一些有机物质中的水分，破坏其组织成分，甚至使之炭化。如有时封口不严的浓硫酸坛中进入杂草、木屑等有机物，浅色透明的酸液会变黑就是这个道理；浓度较大的氢氧化钠溶液接触棉质物，特别是接触毛纤维，即能使纤维组织受破坏而溶解。这些腐蚀性物品在储运过程中，若渗透或挥发出气体(蒸气)还能腐蚀库房的屋架、门窗、苫垫和运输工具等。

③对金属的腐蚀。在腐蚀性物质中，不论是酸性还是碱性的，对金属均能产生不同程度的腐蚀作用。浓硫酸虽然不易与铁发生作用，当储存日久，吸收空气中的水分后浓度变稀薄时，也能继续与铁发生作用，使铁受到腐蚀；又如冰醋酸，有时使用铝桶包装，但储存日久也能引起腐蚀，产生白色的醋酸铝沉淀；有些腐蚀品，特别是无机酸类，挥发出来的蒸气对库房建筑物的钢筋、门窗、照明用品、排风设备等金属物料和库房结构的砖瓦、石灰均能发生腐蚀

作用。

(2)毒害性

在腐蚀品中,有一部分能挥发出具有强烈毒害性的气体。如氢氟酸的蒸气在空气中的浓度达到0.05% ~0.025%时,即使短时间接触也是有害的;甲酸蒸气(在空气中的最高允许浓度0.0005%)、硝酸挥发的二氧化氮气体、发烟硫酸挥发的三氧化硫等,都对人体有相当大的毒害作用。

(3)易燃、易爆危险性

在列入管理的腐蚀品中,约83%的具有引发火灾的危险性,有的本身就具有易燃的性质。一些无机腐蚀品,尽管本身不燃,但都具有较强氧化性,有的还是氧化性很强的氧化剂,与可燃物接触或遇高温时,都有着火或爆炸的危险。如浓硫酸、发烟硫酸、三氧化硫、硝酸、发烟硝酸、氯酸(浓度40%左右)、溴素等无机酸性腐蚀品,与可燃物如甘油、乙醇、H发孔剂、木屑、纸张、稻草、纱布等接触,都可能发生强烈的氧化反应而起火。此外,酸性物品和碱性物品产生的中和热如不能散发,积累到一定程度也能产生危险。

而有机腐蚀品大都可燃,且有的非常易燃。如有机酸性腐蚀品中的溴乙酰闪点为1℃,甲酸、冰醋酸、甲基丙烯酸、苯甲酰氯等遇火易燃,蒸气可形成爆炸性混合物;有机碱性腐蚀品1,2—丙二胺遇热可分解出有毒的氧化氮气体。

还有一些遇水分解产生易燃的腐蚀性物质。如五氯化磷、五氯化锑、五溴化磷、四氯化硅、三溴化硼等多卤化合物,遇水分解、放热、冒烟,放出具有腐蚀性的气体,这些气体遇空气中的水蒸气还可形成酸雾;氯磺酸遇水猛烈分解,可发生大量的热和浓烟,甚至爆炸;无水溴化铝、氧化钙等腐蚀品遇水能产生高热,接触可燃物时会引起着火;异戊醇钠、氯化硫本身可燃,遇水分解。

3.本类物质的装卸、储存注意事项

(1)包装

腐蚀性物质根据其危险程度分为Ⅰ、Ⅱ、Ⅲ类包装。这类货物的包装类是根据人类经验同时考虑到另外一些因素确定的。如缺少人类经验,包装类必须根据实验数据确定。

腐蚀性物质应选用耐腐蚀容器,按所装物质性质、状态采用气密封口、液密封口或严密封口,防止泄漏、潮解或撒漏。

(2)装卸与搬运

作业前应穿戴耐腐蚀的防护用品,对易散发有毒蒸气或烟雾的腐蚀性物质,必须通风作业,并使用防毒面具。货物堆码必须平稳牢固,严禁肩扛、背负,不得撞击、拖拉、翻滚货件。装车前卸车后必须清扫车辆,车内不得留有稻草、木屑、煤炭、油蜡、纸屑、碎布等可燃物。

(3)存放与保管

腐蚀性物质应存放在清洁、通风、阴凉、干燥场所,防止日晒、雨淋。堆码应整齐稳固,不得与可燃物、氧化剂等混存。

(4)撒漏处理和消防

发现液体酸性腐蚀性物质撒漏应及时撒上干砂土,清除干净后,再用水冲洗污染处;大量酸液溢漏时,可用石灰水中和。

着火时,不可用柱状水,以防腐蚀液体飞溅伤人;对遇水能剧烈反应及引起燃烧、爆炸或放出有毒气体的腐蚀性物质,禁用水灭火。

九、杂项危险物质和物品

本类物质和物品是指第1类至第8类未包括的物质和物品。如干冰(CO_2:固体),按其性质归纳在前8类中任何一类都是不恰当的。还有其他一些物质如锂电池组、多卤联苯或多卤三联苯(液体和固体)和石棉类等。这些物质都是对环境有害的。随着我国和世界各国对环境保护认识的提高,各种公害事件不断发生,血的教训唤起了人们对环境的重视。为了自身的生存和发展,维持正常的生态平衡变得非常重要。因此,增设第9类,共列9.1项、9.2项和9.3项,都是对生态和环境有害的物质和物品。

1.危害环境的物质(第9.1项)

凡是能对地球生物生存环境(如温度、大气成分、水质、土壤、声音强度等)造成危害的物质,都可以称作危害环境的物质。如CO_2是联合国环境规划署列为全球最有害的化学品之一。在产生温室效应加剧的原因中CO_2占56%,氯氟烃占24%,CH_4占11%,N_2O占6%。

全球气候变暖所带来的后果是十分严重的,全球升温,两极冰帽融化,水因升温膨胀,海平面将上升,沿海城市和海岛将淹没,全球1/3的人口受到影响。气候变暖会使温度带和降水带移动,使生态环境受到影响。变暖的气候有利于病菌、霉菌和有毒物质的生长,导致食物受污染或变质,气候变暖甚至会引起全球疾病的流行,严重威胁人类的健康。

石棉的微粒是大气和室内空气非常有害的物质,吸入体内,积累后危害极大,具有强致癌作用。此外,锂电池组及多卤联苯等对水质的污染也非常严重,对环境造成很大的破坏。

2.高温物质(第9.2项)

高温物质是温度≥100℃的液体(包括熔融金属和熔融盐)和≥240℃的固体。高温物质出事故后会直接伤害人体和各种生物体,直接影响周围环境。如:改质的煤焦沥青,原来煤焦沥青中的有害成分已改变,软化点在100℃以上。经鉴定不属于前8类危险货物,但超过100℃运输时,按第九类危险货物办理。

3.经过基因修改的微生物和组织(第9.3项)

该项是经过基因修改的微生物或组织,能够非正常地繁殖结果的方式改变动物、植物或微生物的原有特性。这类物质会影响生物体的遗传混乱引起变异,破坏生态平衡。

任务三　认识危险货物包装

任务单

任务名称	认识危险货物包装
知识目标	了解危险货物包装的定义和作用,熟悉危险货物包装的分类和要求,掌握危险货物包装的各种标志
能力目标	能够熟练运用危险货物包装的定义、分类和要求,按规定程序对危险货物选择合理的包装
任务描述	认识危险货物的包装
任务要求	(1)说明危险货物包装的作用,并举例; (2)列举国家关于危险货物包装的标准化法规; (3)阐述危险货物包装的分类和要求; (4)说明危险货物包装改变的规定; (5)识别出不同的危险货物包装标志,并说明其具体含义

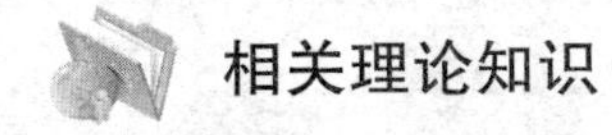

相关理论知识

一、危险货物包装概述

1. 包装的定义

根据包装的主要目的,包装可分为运输包装(也称外包装)和销售包装(也称内包装)。运输包装是指以满足运输储存要求为主要目的包装,它具有保障产品的运输安全,方便装卸、加速交接、点验等作用。销售包装是指以促进销售为主要目的的包装,这种包装的特点是外形美观,有必要的装潢,包装单位适于顾客的购买量以及商店的陈设要求。本文的包装要求,主要以运输包装为主。

2. 危险货物包装的重要性

从多年危险货物运输事故分析,由于包装方面的原因而造成的事故占有较大的比重。因此,完整的包装是危险货物安全运输的基础。在实际工作中必须高度重视危险货物的包装。

危险化学品运输从业人员除必须熟悉和掌握危险化学品的特性,严格遵守有关规章制度及操作规程外,对危险化学品的包装也必须从严要求,以确保危险化学品在流通过程中的安全。

联合国(UN)《危险货物运输》和国际海事组织(IMO)《国际海上危险货物运输规则》以及国际空协(IATA)、国际铁组(OCK)的《危险货物运输规则》对危险化学品运输包装也都有明确的规定。我国自1962年以来对危险化学品运输亦制定了运输规则,公安部、交通运输部、中国铁路总公司、化工部、商业部等部门对加强危险货物的管理也曾三令五申,并做出若干规定,其中危险化学品的包装是重要组成部分。

1985年以来,我国对危险化学品包装的立法管理日趋完善,发布并实施了一系列的国家标准,以规范危险化学品的包装。这些标准化法规有:

《公路、水路危险货物包装基本要求和性能试验》(JT 0017—1988);

《危险货物运输包装标志》(GB 190—2009);

《包装储运图示标志》(GB/T 191—2008);

《危险货物运输包装通用技术条件》(GB 12463—2009)等。

危险货物的包装必须符合国家标准要求,包装的材质、类型、规格、方法和单件质量,应当与所包装的危险化学品的性质和用途相适应,便于装卸、运输和储存。铁路危险货物的运输包装和内包装应按《危规》《品名表》及《铁路危险货物包装表》的规定确定包装方法;运输时,还必须符合《危规》中明确的其他关于包装的要求。

3. 危险货物包装的作用

危险货物的运输包装除了具有一般货物包装的作用以外,还具有以下特殊作用。

(1)能防止被包装的危险货物因接触雨雪、阳光,潮湿空气和杂质而变质,或产生剧烈的化学反应而造成事故。

(2)可以减少货物在运输过程中所受到的碰撞、震动、摩擦和挤压,使危险货物在包装的保护下保持相对稳定状态,从而保证运输安全。

(3)可防止因货物洒漏、挥发以及与性质相悖的货物直接接触而发生事故,或污染运输设备、其他货物。

(4)便于储运工程中的堆垛、搬动、保管,提高运载效率和工作效率,提高操作的安全性。

二、危险货物运输包装及标志

1. 危险货物包装的分类

货物包装的分类按照不同的分类方法可以分成不同的类别，例如按用途分类，按目的分类，而危险货物的运输包装本身已指明了包装货物的种类和包装的目的，因此分类方法主要有如下四种：按危险货物的种类分类、按包装材料分类、按包装类型分类、按包装结构强度分类。

(1)按危险货物的种类分类

①通用包装：适用于第三、四、五、六类危险货物和第一、第八类中的某些货物。

②专用包装：常见的有两种：一种是爆炸品专用包装，因为不同的爆炸品其物理、化学性质各不相同，这类包装甚至在爆炸品之间都不能通用；另一种是一些特殊的危险货物，由于某种特殊性质而需采用专门包装。例如：过氧化氢(双氧水)专用包装、二硫化碳专用包装、黄磷专用包装、碱金属专用包装、电石专用包装等。

③气瓶包装：这是第二类危险货物的专用包装。此类包装物最显著的特点是能承受一定的内压力，所以又称压力容器。

④抗辐射包装：由于放射性物品本身的放射性污染和广泛的辐射作用，包装材料和结构应具有封严、抗压、抗腐蚀和抗辐射线穿透(即屏蔽作用)的化学和物理性能。

⑤抗腐蚀包装：腐蚀性物品由于其对材料的腐蚀性，需用不同的耐腐蚀材料来包装各种腐蚀品。

(2)按包装材料分类

按制作包装的材料可以分为：木制包装、金属制包装、塑料制包装、编制材料包装、玻璃陶瓷包装和棉麻织品包装等。在进行危险货物的包装时，应根据危险货物的性质，选择合适的包装材料，确保危险货物的安全运输。

塑料的主要成分是树脂，是一种可塑性高分子材料，是近代发展起来的新型材料。由于塑料具有质量轻、耐腐蚀、机械性能好，易于加工、易于着色和美观的特点，所以被广泛运用于各类产品的包装。塑料制成的各种包装容器已逐步取代金属包装容器、陶瓷包装容器。

(3)按包装类型分类

危险货物按包装的类型分为桶、箱、袋 3 大类。桶类包装通常使用的有铁桶、铝桶、铁塑复合桶、木板桶、胶合板桶、纤维板桶、厚纸板桶、塑料桶等，主要用来运输液态的危险货物。箱类包括集装箱、铁皮箱、危险货物保险箱、密木箱、胶合板箱、纤维板箱、刨花板箱、瓦楞纸箱、钙塑箱、条板花格木箱、编制箱等；瓦楞纸箱具有质量轻，透气性、隔热性、化学稳定性、耐冲击性能好以及折叠组装灵活和成本低等优点。袋类包括棉布袋、麻袋、乳胶布袋、塑料袋、纸袋、集装袋等，此类包装物一般用来做外包装或衬里用。

(4)按包装结构强度分类

危险货物在国际运输中，按照包装的结构强度和防护性能及内装物的危险程度将其分为如下 3 个等级。

Ⅰ类包装：货物具有较大危险性，包装强度要求高。

Ⅱ类包装：货物具有中等危险性，包装强度要求较高。

Ⅲ类包装：货物具有的危险性小，包装强度要求一般。

2. 危险货物包装要求

(1)基本包装——“铁路危险货物包装表”

为了托运、承运使用方便，根据运输包装设计及试验要求而编制的《危规》附件3“铁路危险货物包装表”列载了各种包装的编号、内外包装的要求以及每种包装的重量限制等内容。包装编号分为26个，1号为钢质气瓶，2～9号为各种材质的桶类包装，10～11号为袋类包装，12～23号为箱类包装，24～25号为纸箱包装，26号为放射性物品包装，经由铁路运输的危险货物包装必须符合包装规定的要求及《铁路危险货物品名表》内特定的要求。各类危险货物适用包装号，在《铁路危险货物品名表》内均有列载，托运人可根据危险货物品名方便地确定其适用的包装。

(2)改变包装

托运人拟使用的包装未按照该货物品名在《品名表》中确定的包装号及《危规》附件3《铁路危险货物包装表》中该包装号对应的包装运输，则必须按改变运输包装办理。托运人提出改变包装时，应填写《新运输包装申请表》(见表6-5)及《铁路货物运输技术说明书》(见表6-6)，经中国铁路总公司认定的包装检测机构进行包装性能实验，出具运输安全综合分析报告，铁路局批准后，进行试运，试运期2年。

新运输包装申请表　　表6-5

<table>
<tr><td rowspan="16">申请单位填写</td><td rowspan="2">货物名称</td><td rowspan="2" colspan="2"></td><td>铁危编号</td><td></td></tr>
<tr><td>联合国编号</td><td></td></tr>
<tr><td>拟装货物主要理化性质</td><td colspan="4"></td></tr>
<tr><td>《铁路危险货物品名表》规定的包装类、包装方法</td><td colspan="4"></td></tr>
<tr><td colspan="5">拟 用 包 装 状 况</td></tr>
<tr><td>包装生产企业</td><td colspan="2"></td><td>包装出厂日期</td><td>年 月 日</td></tr>
<tr><td>包装生产许可证签发单位①</td><td colspan="2"></td><td>生产许可证号码</td><td></td></tr>
<tr><td>包装检验合格证签发单位②</td><td colspan="2"></td><td>包装检验
合格证号码</td><td></td></tr>
<tr><td rowspan="2">外包装③</td><td>名称</td><td>材质</td><td>规格</td><td>单位重量</td></tr>
<tr><td></td><td></td><td></td><td></td></tr>
<tr><td>内包装③</td><td></td><td></td><td></td><td></td></tr>
<tr><td>衬垫材料及衬垫方法③</td><td colspan="4"></td></tr>
<tr><td>封口方法③</td><td colspan="4"></td></tr>
<tr><td>申请单位</td><td colspan="4">单位名称　　　　（公章）
地址　　　　邮编
联系人(签章)　　　　电话
年　月　日</td></tr>
<tr><td colspan="5" style="display:none"></td></tr>
<tr><td colspan="5" style="display:none"></td></tr>
<tr><td rowspan="5">检验单位填写</td><td>检 验 日 期</td><td colspan="2"></td><td colspan="2"></td></tr>
<tr><td>检 验 项 目</td><td colspan="2">量　值</td><td colspan="2">合 格 与 否</td></tr>
<tr><td></td><td colspan="2"></td><td colspan="2"></td></tr>
<tr><td>检验单位意见</td><td colspan="4"></td></tr>
<tr><td>检验单位及检验人</td><td colspan="4">检验单位名称　　　　（公章）
地址　　　　邮编
检验人(签章)　　　　电话
年　月　日</td></tr>
</table>

续上表

装车站意见	（公章） 年　月　日
直属站、车务段（货运中心）意见	（公章） 年　月　日
铁路局主管部门意见	（公章） 年　月　日
注：①列入国家实行生产许可证制度工业产品目录的包装生产单位； ②为国家质量监督检验检疫部门认定的检验机构； ③应附内、外包装照片及资料。	

注：本表A4（A3对开）两页印刷。

铁路货物运输技术说明书　　表6-6

<table>
<tr><td rowspan="21">申请鉴定单位填写</td><td colspan="4">申请单位声明
本单位对所填数据的真实性负责，保证送鉴样品与所托运货物一致。否则，所造成的一切损失由本单位承担经济、法律责任。
申请单位（盖章）：
经办人（签字）：
年　月　日</td></tr>
<tr><td>品名</td><td></td><td>别名</td><td></td></tr>
<tr><td>外文名称</td><td></td><td>分子式（结构式）</td><td></td></tr>
<tr><td colspan="2">成分及百分含量</td><td colspan="2"></td></tr>
<tr><td rowspan="5">货物主要理化性质</td><td colspan="3">颜色：　；状态：　；气味：　；相对密度：　；水中溶解度：　g/100mL</td></tr>
<tr><td colspan="3">熔点：℃；沸点：　℃；闪点：　℃；（闭杯）；燃点　℃；黏度：</td></tr>
<tr><td colspan="3">分解温度：　℃；聚合温度：　℃；控温温度：　℃；应急温度：　℃</td></tr>
<tr><td colspan="3">与酸、碱及水反应情况：</td></tr>
<tr><td colspan="3">其他有关化学性质：</td></tr>
<tr><td rowspan="4">拟用包装</td><td colspan="3">内包装（材质、规格、封口）：</td></tr>
<tr><td colspan="3">衬垫（材质、方法）：</td></tr>
<tr><td colspan="3">外包装（材质、规格、封口、捆扎）：</td></tr>
<tr><td colspan="3">单位重量：　kg；总重：　kg；包装标志：　包装类：</td></tr>
<tr><td rowspan="5">防护及应急措施</td><td colspan="3">作业注意事项：</td></tr>
<tr><td colspan="3">容器破损及撒漏处理方法：</td></tr>
<tr><td colspan="3">灭火方法：　；灭火禁忌：</td></tr>
<tr><td colspan="3">中毒急救措施：</td></tr>
<tr><td colspan="3">存放注意事项　；洗刷除污方法：</td></tr>
</table>

续上表

鉴定单位填写	货物的主要危险性	爆炸性	爆发点：　℃；瀑速：　m/s；撞击(摩擦)感度：
		气体特性	临界温度：　℃；50℃时蒸气压：　kPa；充装压力：　kPa
		易燃性	闪点：　℃(闭杯)；爆炸极限：　；燃点：　℃；　燃烧产物：
		自燃性	自燃点：　℃
		遇水易燃性	与水反应产物：　；反应速度：　；放热量：
		氧化性	与可燃物粉末混合后燃烧、摩擦、撞击情况：
		毒害性	经口或皮肤接触半数致死量：LD_{50} =　mg/kg； 吸入蒸气：LD_{50} =　mg/m^3； 感染性：
		放射性	比活度：　Bq/kg；　总活度：　Bq；半衰期：　；　射线类型：
		腐蚀性	与皮肤、碳钢、纤维等作用情况：
		其他危险性	水生急毒性：　；恶臭：　；其他影响运输的性质：
	鉴定单位意见	该货物属于：危险货物(　　)；非危险货物(　　)	
		危险货物	非危险货物
		该货物应属危险货物第___类，第___项， 比照编号____________________________， 比照品名____________________________， 比照《包装表》第____________________包装。 包装标志：__________；包装类：__________。	
		建议：	
	鉴定单位及鉴定人	鉴定单位(公章) 年　月　日	鉴定人(签章) 年　月　日
装车站意见			(公章)　年　月　日
直属站、车务段(货运中心)意见			(公章)　年　月　日
铁路局主管部门意见			(公章)　年　月　日
产品生产及托运单位		产品生产单位： 地址： 产品托运单位： 地址： 托运单位(公章)　　联系人(签章)	电话： 邮编： 电话： 邮编： 年　月　日

注：本表A4(A3对开)两页印刷。

改变氯酸盐、高氯酸盐、高氯酸、黄磷等包装需经中国铁路总公司批准。

铁路运输危险货物需要改变包装时，《危规》第六章有明确规定。总结起来，主要需要准备以下资料：

①改变运输包装单位的申请报告。

②《新运输包装申请表》(《危规》格式2，一式四份)。

③中国铁路总公司认定的包装检测机构出具的包装检测试验合格证明和运输安全综合分析报告。

④承运人、托运人双方签订的安全运输协议。

⑤拟使用的包装生产企业的生产资质证。

改变包装企业向发站提出申请后,车站上报所在铁路局;经所属铁路局批准后,可在指定的时间和区段内进行试运。跨局试运时由主管铁路局以电报形式通知有关铁路局和车站。危险性较大的货物,应进行可行性研究或论证后,经过性能试验,方可试运。

试运前,承运人、托运人双方应协定安全运输协议。

试运时,托运人应在货物运单托运人记载事项栏内注明"试运包装"字样。

试运时间2年。试运结束时车站应会同托运人将试运结果报主管铁路局。铁路局对试运结果进行研究后,提出试运报告报中国铁路总公司。中国铁路总公司根据试运报告进行必要的复验,达到要求后正式批准。未经批准或超过试运期间未总结上报的,必须立即中止试运。

3. 其他包装规定

(1)使用旧包装

危险货物的包装一般不得使用旧包装。若需使用旧包装,例如钢瓶等则按有关规定办理。

(2)集合包装

采用集装化运输的危险货物集合包装必须有足够的强度,能够承受堆码和多次搬运,并便于机械装卸。集合包装中的单件应符合《危规》危险货物包装表中的规定。

4. 危险货物包装标志

为了明确、显著地识别危险货物的性质,保证装卸、搬运、储存、保管、送达的安全,应根据各种危险货物的特性,在运输包装的表面加上特别的图示标志;必要时再加以文字说明,以便于有关人员采取相应的防护措施,提醒各环节的作业人员,谨慎小心,严防事故发生。《危规》附录1(见表6-7)中的危险货物包装标志是摘自《危险货物包装标志》(GB 190),标志的制订,是以危险货物的分类为基础的。

(1)包装标志和颜色

危险货物包装标志有9类21个。标志1为爆炸品中的第1项"整体爆炸品",第2项"抛射爆炸品"和第3项"燃烧爆炸品",颜色为橙红底色黑色字体。标志2为爆炸品中的第4项"一般爆炸物品",标志3为爆炸品中的第5项"不敏感爆炸物品",标志2和标志3的颜色与标志1相同。标志4、标志5、标志6为第二类压缩气体和液化气体。标志7为易燃液体。标志8、标志9和标志10是第四类的危险货物。标志11和标志12为氧化剂和有机过氧化物。标志13至标志16是毒害品和感染性物品。标志17、标志18和标志19分别为一级、二级、三级放射性物品。标志20为腐蚀品。标志21为第九类物质。

每种危险货物包装件应按其类别粘贴相应的标志。但如果某种物质或物品还有属于其他类别的危险性质,包装上除了粘贴该类标志作为主标志以外,还应粘贴表明其他危险性的标志作为副标志,副标志图形的下角不应标有危险货物的类项号。

(2)包装标志的尺寸

标志尺寸分为四种:50mm×50mm,100mm×100mm,150mm×150mm,250mm×250mm。

5. 危险货物包装储运图示标志

危险货物包装储运图示标志是根据货物对易碎、易残损、易变质、怕热、怕冻等有特殊要求所提出的搬运、储存、保管以及运输安全的注意事项(《危规》附录2)。

(1)包装储运图示标志和颜色

①小心轻放:用于表示碰撞震动易碎,需要轻拿轻放的运输包装件。

②禁用手钩:用于不得使用手钩搬动的运输包装件。

③向上:用于指示不得倾倒、倒置的运输包装件。

④怕热:用于表示怕热的运输包装件。

⑤远离放射源及热源:用于指示应远离放射源及热源的运输包装件。

危险货物运输包装标志 表6-7

爆炸品 1 包装标志1 爆炸品标志 (符号:黑色;底色:橙红色)	1.4 爆炸品 1 包装标志2 爆炸品标志 (符号:黑色;底色:橙红色)	1.5 爆炸品 1 包装标志3 爆炸品标志 (符号:黑色;底色:橙红色)	易燃气体 2 包装标志4 易燃气体标志 (符号:黑色或白色;底色:正红色)
不燃气体 2 包装标志5 不燃气体标志 (符号:黑色或白色;底色:绿色)	有毒气体 2 包装标志6 有毒气体标志 (符号:黑色;底色:白色)	易燃液体 3 包装标志7 易燃液体标志 (符号:黑色或白色;底色:正红色)	易燃固体 4 包装标志8 易燃固体标志 (符号:黑色;底色:白色红条)
自燃物品 4 包装标志9 自燃物品标志 (符号:黑色;底色:上白下红)	遇湿易燃物品 4 包装标志10 遇湿易燃物品标志 (符号:黑色或白色;底色:蓝色)	氧化剂 5.1 包装标志11 氧化剂标志 (符号:黑色;底色:柠檬黄色)	有机过氧化物 5.2 包装标志12 有机过氧化物标志 (符号:黑色;底色:柠檬黄色)
剧毒品 6 包装标志13 剧毒品标志 (符号:黑色;底色:白色)	有毒品 6 包装标志14 有毒品标志 (符号:黑色;底色:白色)	有害品 6 包装标志15 有毒品标志 (符号:黑色;底色:白色)	感染性物品 6 包装标志16 感染性物品标志 (符号:黑色;底色:白色)

续上表

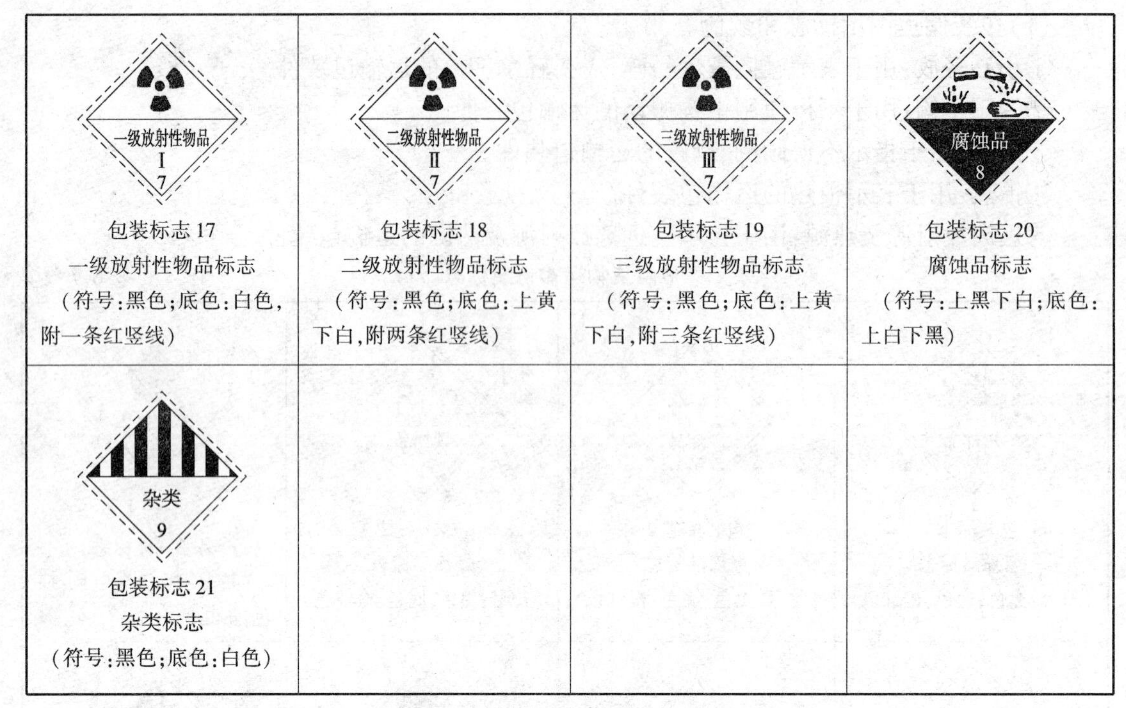

一级放射性物品 Ⅰ 7 包装标志 17 一级放射性物品标志 （符号：黑色；底色：白色，附一条红竖线）	二级放射性物品 Ⅱ 7 包装标志 18 二级放射性物品标志 （符号：黑色；底色：上黄下白，附两条红竖线）	三级放射性物品 Ⅲ 7 包装标志 19 三级放射性物品标志 （符号：黑色；底色：上黄下白，附三条红竖线）	腐蚀品 8 包装标志 20 腐蚀品标志 （符号：上黑下白；底色：上白下黑）
杂类 9 包装标志 21 杂类标志 （符号：黑色；底色：白色）			

⑥由此吊起：用于指示吊运运输包装件时放链条或绳索的位置。

⑦怕湿：用于表示怕湿的运输包装件。

⑧重心点：用于指示包装货物的重心所在位置。

⑨禁止滚翻：用于表示不得滚动搬运的运输包装件。

⑩堆码重量极限：用于表示允许最大堆码重量的运输包装件。

⑪堆码层数极限：用于指示最大堆码层数的运输包装件。

⑫温度极限：用于表示需要控制温度的特殊货物。

图示标志的颜色一般为黑色。如果包装件的颜色使图示标志显得不清晰，则可选用其他颜色印刷，也可在印刷面上选用适当的对比色。一般应避免采用红色和橙色。粘贴的标志采用白地印黑色。

（2）包装储运图示标志的尺寸

包装储运图示标志尺寸为：70mm × 50mm，140mm × 100mm，210mm × 150mm，280mm × 200mm 四种。

任务四　组织危险货物运输的发送作业

任务单

任务名称	组织危险货物运输的发送作业
知识目标	了解危险货物发送作业的组织过程；掌握危险货物发送过程的审查和核对的内容和标准；掌握危险货物发送过程中对车辆的选用要求和使用限制的规定
能力目标	能够在实际工作中组织危险货物的托运、受理、保管、装卸车以及承运工作；能够填写相关票据

任务描述	认识危险货物的包装
任务要求	(1)作为托运人,对将要托运的危险货物核对所需资料,填写货物运单,并说明与普通货物运单的区别; (2)作为承运人,审核货运运单,受理该危险货物,填写完成货物运单; (3)阐述验货时需要核对的内容; (4)阐述危险货物装卸作业流程和装卸责任的划分,以及需要审查核对的内容; (5)说明危险货物装卸时对车辆的选用规定和使用限制; (6)作为承运人,审核运单和计量单,填写货票,完成承运

相关理论知识

货物在发站所进行的各项货运作业,统称为货物的发送作业。货物的发送作业主要包括托运、受理(计划受理、运单受理)、进货、验收、制票、承运、装车等环节。

一、托运

托运人以货物运单向承运人提出货物运输要求,并向承运人交运货物,称为货物的托运。

1. 托运人托运货物的准备工作

托运人在托运货物时,应做好以下工作:

(1)对货物进行符合运输需求的包装

为了保证货物的运输安全,充分利用货车的载重力和容积以及便于货物的装卸作业,托运人托运货物时,应根据货物的性质、重量、运输种类、运输距离、气候状况以及货车装载等条件,使用符合运输要求的包装。

(2)备齐必要的证明文件

托运人托运需凭证明文件运输的货物,必须在托运货物前备齐相应的证明文件。

(3)向车站提交运单

托运人托运货物,应向车站按批提出货物运单一份。

2. 托运人填写货物运单

车站应根据批准的货物运输计划或运输合同受理货物运单。车站受理货物运单时,应确认托运的货物是否符合运输条件,各栏填写是否齐全、正确、清楚,领货凭证与运单相关栏是否一致。

(1)货物运单的作用及组成

①运单的作用

货物运单是托运人和承运人签订的确认运输过程中各方的权利、义务与责任的运输合同。货物运单既是托运人向承运人提出货物托运的申请,又是承运人承运货物、核收运费、填制货票的依据,也是货运全过程的一种运送单证,还是编制记录、备查或处理事故赔偿的凭据。

②运单的组成、种类及传递

a. 组成。货物运单由两部分组成,即货物运单和领货凭证。如图 6-1 所示。

b. 种类。现付运单:黑色印刷;到付或后付运单:红色印刷;快运货物运单:也是黑色印刷,仅将票据名称的“货物运单”改印为“快运货物运单”字样;剧毒品专用运单:样式与现付运单一样,只是用黄色印刷,所以又称为黄色运单,并有剧毒品的标志图形(骷髅图案)。

货物指定于　月　日搬入

货位：

计划号码或运输号码：

运到期限　日

××铁路局

货物运单

承运人/托运人装车
承运人/托运人施封

托运人→发站→到站→收货人　　货票第　　号

托运人填写					承运人填写				
发站		到站(局)			车种车号		货车标重		
到站所属省(市)、自治区					施封号码				
托运人	名称				经由	铁路货车篷布号码			
	住址		电话			集装箱号码			
收货人	名称				运价里程				
	住址		电话						
货物名称	件数	包装	货物价格	托运人确定重量(kg)	承运人确定重量(kg)	计费重量	运价号	运价率	运费
合计									
托运人记载事项					承运人记载事项				

注：本单不作为收款凭证，托运人签约须知见背面。

规格：350×185mm

托运人盖章或签字

年　月　日

到站交付日期戳

发站承运日期戳

领货凭证

车种及车号

货票第　号

运到期限　日

发站		
到站		
托运人		
收货人		
货物名称	件数	重量
托运人盖章或签字		
发站承运日期戳		

注：收货人领货须知见背面。

图6-1　货物运单和领货凭证

c. 传递过程。货物运单部分:托运人→发站→到站→收货人。领货凭证部分:托运人→发站→托运人→收货人→到站。

(2)货物运单的填写

①发到站填写要求

a. "发站"栏和"到站(局)"栏,应分别按《铁路货物运价里程表》规定的站名完整填记,不得简称。到达(局)名,填写到达站主管铁路局名的第一个字,例如:(哈)、(上)、(广)等,但到达北京铁路局的,则填写(京)字。

b. "到站所属省(市)、自治区"栏,填写到站所在地的省(市)、自治区名称。

c. 托运人填写的到站、到达局和到站所属省(市)、自治区名称,三者必须相符。

②托运人、收货人名称及地址的填写

a. "托运人名称"和"收货人名称"栏应填写托运单位和收货单位的完整名称,如托运人或收货人为个人时,则应填记托运人或收货人姓名。

b. "托运人地址"和"收货人地址"栏,应详细填写托运人和收货人所在省、市、自治区城镇街道和门牌号码或乡、村名称。托运人或收货人装有电话时,应记明电话号码。如托运人要求到站于货物到达后用电话通知收货人时,必须将收货人电话号码填写清楚。

③货物名称的填写

托运人托运危险货物时,应在货物运单"货物名称"栏内填写"危险货物品名索引表"内列载的品名和相应的铁危编号。如"汽油,31001"。

④"托运人确定重量"填写

应按货物名称及包装种类分别将货物实际重量(包括包装重量)用公斤记明。

⑤"包装"栏填写

记明包装种类,如"木箱""纸箱""麻袋""条筐""铁桶""绳捆"等。

⑥"托运人记载事项"栏

该栏填记需要由托运人声明的事项,这里只列举一些与危险货物运输有关的事项:

a. 托运危险货物:托运人资质证书、经办人身份证、培训合格证号码。

b. 托运需要押运的货物:托运人资质证书、经办人身份证、培训合格证号码;押运员姓名、身份证号码和《押运员证》或《培训合格证》号码。

c. 托运爆炸品:还需要出具到达地县级人民政府公安部门批准的《民用爆炸物品运输许可证》,托运烟花爆竹时须出具《烟花爆竹道路运输许可证》,并注明许可证名称和号码。

d. 危险货物按普通货物运输:×××,按普通货物运输,如:豆粕,可按普通货物运输。

e. 新品名试运或改变包装:注明"比照铁危编号×××新品名试运,批准号×××"字样或"试运包装,批准号×××"字。

f. 整车货物:应注明要求使用的车种、吨位,是否需要苫盖篷布。在专用线卸车的,应记明"在××专用线卸车"。

g. 使用自备货车或租用铁路货车在营业线上运输货物:应记明"过轨运输许可证、企业自备铁路货车过轨技术检查合格证号"。使用托运人或收货人自备篷布时,应记明"自备篷布××块"。

h. 托运"短寿命"放射性物品:填写"容许运输期限××d"。

i. 国外进口危险货物,按原包装托运:应注明"进口原包装"。

j. 其他按规定需要由托运人在记载事项栏内注明。

⑦托运人填写运单右上角

在运单的右上角用红色戳记标明货物的类项名称(《危规》格式10)。

二、受理

发站对托运人提出的货物运单,经审查符合运输规定后,在货物运单"货物指定于×月×日搬入"栏内,填写搬入或装车日期,即为受理。车站受理托运人提出的运单时,应认真审查运单填写的事项是否符合铁路运输规定。

1. 托运危险货物审查的主要内容

(1)审查资质

受理货运员根据中国铁路总公司近期公布的《资质一览表》确认托运人资质,审查经办人、押运人的身份证、《培训合格证》和《押运员证》,确保《托运人资质证书》、经办人身份证和《培训合格证》与运单记载一致,证件不齐或不符合规定不得办理运输。

(2)审查办理站

根据中国铁路总公司《办理规定》审查到站的营业办理限制和起重能力,包括到站、专用线(专用铁路)、收货人名称及办理品名等是否符合规定。

(3)审查品名

货物名称关系着货物运输条件、安全和运费的计算。

①审查填报的危险货物品名是否符合发到站办理的品名范围。

②审查运单记载的品名、类项、编号等内容与《品名表》的规定是否一致。

③核查《品名表》第12栏内有无特殊规定,确定所运货物的运输条件。

特注:运单记载的品名与《托运人资质证书》规定的范围、《品名表》《办理规定》中列载的发到站品名必须一致。

(4)审查包装及车辆

①审查危险货物的运输包装和内包装是否符合《品名表》和《危规》附件3《铁路危险货物包装表》的规定,是否具有危险货物运输包装检测合格证明,不符合时是否按"试运包装"办理。

②使用企业自备车时,审查车辆的使用是否符合"四个统一"的要求。

a. 气体类危险货物:罐车产权单位为托运人的,《铁路危险货物托运人资质证书》的单位名称必须与《危货车安全合格证》《押运员证》《培训合格证》的单位名称相统一;罐车产权单位为收货人的,罐车产权单位名称必须与《危货车安全合格证》《押运员证》《培训合格证》的单位名称相统一。

货物品名、托运人、收货人、发到站、专用线(专用铁路)等须与《办理规定》中公布的相统一;货物品名须与《危货车安全合格证》中的品名及罐体标记品名相统一。

b. 非气体类液体危险货物:非气体类液体危险货物运输时比照本条第①项规定办理,不审核《押运员证》,有押运规定的,须审核《培训合格证》。

(5)审查托运人记载事项栏内内容

①需要凭证明文件运输的危险货物,证明文件中的品种、数量、运入地、货主及收货人是否相符,证件是否齐全有效。

②派有押运员的货物,审查押运员的身份证、《培训合格证》或《押运员》是否有效。

③托运"短寿命"放射性物质时,其容许运输期限至少须大于货物运到期限。

(6)审查运单右上角内容

审查托运人在运单右上角是否用红色戳记标明类项名称。

(7)审查军用危险货物

托运军用危险货物时,必须由铁路军事运输计划中明确发送单位,并应审查经办人的有效证件与发送单位一致,直接与车站办理运输手续;与运输计划不符时,车站应拒绝承运,并及时向铁路上级单位和军交运输部门报告情况,任何货运代理公司不得代办军用危险货物运输。

2. 填写运单相关内容

(1)按要求填写承运人填写栏内容。

(2)承运人填写运单右上角内容

①针对货物查《危规》附件1:铁路危险货物特殊规定第12栏中规定停止制动作用的货车,在运单右上角用红色记明"停止制动作用"的字样;

②针对货物查《危规》附件7:铁路车辆禁止溜放和限速连挂表,在运单右上角用红色戳记标明"禁止溜放"或"限速连挂"的字样;

③针对货物查《危规》附件6:铁路车辆编组隔离表,在运单右上角用红色戳记标明规定的三角标记;

④派有押运人的成组危险货物车辆,运单右上角注明"成组连挂、不得拆解"。

受理完毕,在危险货物运输作业签认单上签字。

三、验货保管(站内办理)

货物搬入指定地点(货位)后,货运员按照运单的记载认真检查现货。进货验收是为了保证货物运输安全、完整以及划清承运人与托运人之间责任。

危险货物品名繁多,性质不一,仅《品名表》所列的"铁危编号"就有2000多个,且新的化工品名不断出现。为了防止匿报品名等事项的发生,对托运人第一次来站托运的货物或无法判明货物性质的,车站应要求托运人进行货物性质鉴定,根据鉴定情况按相应的规定运输。对有些危险货物和普通货物外形等差别不大的货物,为防止企业谎报品名运输,车站应建立抽验制度,杜绝违规运输事件的发生。

(1)核对现货与运单记载的品名、件数是否相符。

(2)检查货物的状态是否良好。

(3)核对包装是否符合《危规》的规定要求。

验货后,企业运输员与货区货运员现场交接签认。

四、装(卸)车作业

装运危险货物应快装、快卸、快取、快送、优先编组、优先挂运。站内停放危险货物车辆时,要采取安全防护措施。对重点危险货物,由车站通知公安部门派人看护巡守,并要合理组织劳动力和装卸机械。遵守装车作业规章制度和作业程序,对顺利完成装卸车作业具有重要意义。

1. 车辆的选用及使用限制

(1)车辆的选用

①棚车的使用

危险货物限使用棚车装运,《品名表》第11栏内有特殊规定除外,如:爆炸品、硝酸铵、氯酸钠、氯酸钾、黄磷和钢桶等包装的一级易燃液体应选用车况良好的 P_{64}、P_{64A}、P_{64AT}、P_{64CK}、

P_{64CT}等竹底棚车或木底棚车装运,并须对门口处金属磨耗板,端、侧墙的金属部分采用非破坏性措施进行衬垫隔离处理。如使用铁底棚车时,须经铁路局批准。

②毒品专用车的使用

毒性物质限使用毒品专用车,如毒品专用车不足时,经铁路局批准可使用铁底棚车装运(剧毒品除外)。铁路局应指定毒品专用车保管(备用)站。毒品专用车回送时,使用“特殊货车及运送用具回送清单”。

③企业自备罐车的使用

a. 见《危规》附件1《铁路危险货物运输特殊规定》第2条“2(a),2(b),2(c),2(d)”。

b. 对自备罐车应防止租借和混装使用。

(2)车辆的使用限制

根据危险货物特殊性质,在调车作业和运输编组隔离、车辆技术检查、整备、检修等技术作业中需采取特殊防护事项,要有明确规定,并须书面通知有关单位和人员。

①停止制动

铁路车辆的制动是通过闸瓦与车辆轮箍的摩擦产生的摩擦力来阻止车辆的运行,车辆制动因摩擦冒出的火星产生高温,严重时可将轮箍烧红,烧坏车地板。有些危险货物对火和热非常敏感,为保证货物完整和行车安全,在特殊规定第4条中,规定装有电引爆雷管、导爆索、三硝基甲苯等有整体爆炸危险的物质和物品,限使用停止制动作用的棚车。在特殊规定第26条中,规定含氮量≤12.6%,含水或其他润湿剂<32%的硝化纤维素,限按整车办理,并仅限使用停止制动作用的棚车装运。全列车中停止制动的货车辆数不得大于6%。

装运需停止制动作用的货车时,车站应书面通知车辆部门,由货车车辆段派就近的列检作业场人员到站确定后关闭截断塞门并施封;到站卸车后,应通知车辆部门派人员到站检查拆封,开启截断塞门。车站及车辆部门应认真登记并做好记录。

②禁止溜放和限速连挂

调车作业是铁路运输过程中一个重要环节。调车连挂速度的高低,冲击力大小对货物安全有密切关系,装有危险货物的车辆尤为重要,若把所有装有危险货物的车辆一律禁止溜放或限速连挂,就会大大降低作业效率,延缓货物的送达。因此通过多年的实践,总结出危险货物《铁路车辆禁止溜放和限速连挂表》(《危规》附件7),详细规定了禁止溜放品类、品名和限速连挂的物质和物品。

禁止溜放和限速连挂的原则:

a. 货物的性质对机械冲击比较敏感,经撞击、摩擦能引起燃烧、爆炸的货物。如雷管等。

b. 经撞击能使容器破漏,造成严重伤亡事故,且不易施救的货物。如液氨、放射性同位素等。

c. 受冲击后容器破损造成脱水,从而引起危险货物自燃或溢出的液体遇火星立即燃烧的货物,如黄磷、乙醚、甲苯等;以及具有强烈腐蚀性,极易伤害人体的货物;如硝酸、硫酸等。

d. 按组级代号办理的特殊货物。

e. 有些危险货物由于较稳定或包装比较坚固,调车时允许溜放,但连挂时限速在2km/h以下。

f. 除爆炸品、气体、特种车辆、特种货物或搭乘旅客的车辆,其他“禁止溜放”的货车可向空线溜放。

③编组隔离标志的确定

由于挂有危险货物的车辆的列车在运行中接触的外界条件复杂,编入同一列车的危险货物性质也各不相同,列车中除了货物以外还有乘务人员,为保证人身、货物安全以及发生事故易于施救，因此，危险货物车辆在编入列车时需用普通货物车辆进行隔离。为了指导编组、调车作业，制定了《铁路车辆编组隔离表》(《危规》附件6)，在车辆编组时，应认真按表中的规定执行。

对运送有调车作业限制、编组隔离限制和需要停止制动作用的货车，应按特殊防护事项表(表6-8)的规定办理。

特殊防护事项表 表6-8

特殊防护事项	货车上的表示	运输单据上的表示
《危规》附件7中规定禁止溜放和限速连挂的货车	在货车两侧插挂"禁止溜放"或"限速连挂"的货车表示牌	在运单右上角、票据封套上用红色记明"禁止溜放"或"限速连挂"的字样
《危规》附件6中规定编组需要隔离的货车	①在货车表示牌上要记明三角标记; ②未规定"禁止溜放"或"限速连挂"的货车可用货车表示牌背面记明三角标记，并插于货车两侧	在运单右上角、票据封套上用红色记明规定的三角标记
《品名表》第12栏中规定停止制动作用的货车	在货车表示牌上记明"停止制动作用"字样	在运单右上角、票据封套上用红色记明"停止制动作用"的字样

2. 装卸责任范围

货物装车或卸车的组织工作根据装卸地点和货物的性质来划分承运人与托运人、收货人的责任范围。

(1)承运人装卸的范围

货物装车或卸车的组织工作，在车站公共装卸场所以内由承运人负责。有些货物虽在车站公共装卸场所内进行装卸作业，但由于在装卸作业中需要特殊的技术或设备、工具，亦可由托运人或收货人负责组织。但装卸工作的统一管理应由车站负责。

(2)托运人、收货人装卸的范围

①除车站公共装卸场所以外进行的装卸作业，装车由托运人、卸车由收货人负责。

②罐车运输的货物以及用人力装卸带有动力的机械和车辆，均由托运人或收货人负责组织装车或卸车。

③车站应同各专用铁路、专用线所有人签订运输协议，商定货车交接地点、货车取送、货车装卸、货物和备品交接等有关事项，并报主管铁路局备案。由托运人或收货人组织装车或卸车的货车，车站应在货车调到前，将调到时间通知托运人或收货人。托运人或收货人在装卸车作业完了，应将装车完了或卸车完了时间通知车站。

托运人或收货人负责组织装卸的货车，超过规定的装卸车时间标准或规定的停留时间标准，承运人应向托运人或收货人核收规定的货车使用费。

3. 装卸车作业

(1)危险货物装卸车的一般安全注意事项

①装车作业前：除了要和普通货物一样进行三检外，应对车辆进行必要的通风检查；检查车种车型与规定装运货物是否相符，查看门窗状态、进行透光检查，确认车辆是否过期。车内、库内必须打扫干净，无残货和污染；严禁使用明火照明，照明灯具应具有防爆性能；装卸机具应能防静电、防止产生火花；应对车辆和仓库进行必要的通风和检查，向装卸人员明确货物品名、性质、安全注意事项，布置需准备的消防器材和安全防护用品。

②装卸作业中：要认真做到：轻拿轻放，不拖拉、滚动、背负、肩扛；货件不得倒置、卧装(钢

瓶等特殊容器除外),堆码整齐稳固,防止倒塌,保持隔离距离;包装破漏时及时整修或更换,撒漏的货物及时收集,破损的包装件不准上车。严格按方案装车,不得超过货车的标记载重。

③装卸作业后:检查装载和卸车质量;查验门窗是否关闭良好,正确插挂货车表示牌,填记隔离标记,做好施封和安全防盗等工作。装卸工组或清扫员及时清扫(洗)站台或货位,对规定需要进行洗刷除污的车辆应办理送洗手续。

(2)气体类危险货物罐车装卸要求

充装前:充装单位技术人员和押运人员应共同负责对车辆进行检查。

4. 货车施封

(1)使用棚车、冷藏车、罐车、集装箱运输的货物,由组织装车或装箱单位负责在货车或集装箱上施封。但派有押运人的货物,需要通风运输的货物以及组织装车单位认为不需施封的货物(集装箱运输的货物除外),可以不施封。

(2)托运人委托承运人代封时,托运人应在货物运单上注明"委托承运人施封"字样,由承运人以托运人责任施封,并核收施封作业费。

(3)施封的货车或集装箱,应在货物运单、票据封套和货车装载清单上记明。使用施封锁、施封环或带号码的封车钳子施封的,应记明施封号码。

(4)托运人组织装车的货物,发站发现有下列情况之一时,应由托运人改善后接收

①凭封印交接的货物,发现封印脱落、损坏、不符、印文不清或未按施封技术要求进行施封;

②凭现状交接的货物,发现货物装载状态或所做的标记有异状或有灭失、损坏痕迹;

③规定应苫盖篷布的货物而未苫盖、苫盖不严、使用破损篷布或篷布绳索捆绑不牢固;

④车门、车窗未关严(需要通风运输的货物除外)、车门插销未插牢固;

⑤使用敞车、平车或砂石车装载的货物,违反《铁路货物装载加固规则》规定的货物装载要求;

⑥违反铁路规定的货车使用限制或特定区段装载限制。

作业完毕,企业运输人员和车站货运人员在危险货物运输作业签认单上签字。

五、承运

危险货物仅办理整车和集装箱运输。因此整车货物在装车完毕后及集装箱货物在验收完毕后,托运人应向车站货运室交付运输费用,并办理制票和承运作业。

1. 审核内容

(1)审核运单

①受理、承运危险货物时,车站须按照《危规》第三十一条进行审核。

a.《托运人资质证书》、经办人身份证和《培训合格证》与运单记载相统一。

b. 运单记载的品名、类项、编号等内容与《品名表》的规定相统一,并核查《品名表》第12栏内有无特殊规定。

c. 发到站、办理品名、运输方式与《办理规定》相统一。

d. 货物品名、重量、件数与运单记载相统一。

e. 具有危险货物运输包装检测合格证明。

f. 运单右上角用红色戳记标明编组隔离、禁止溜放或限速连挂等警示标记。

g. 国内运输危险货物禁止代理。

h. 其他有关规定。

②承运危险货物自备货(罐)车时,须按照《危规》第七十九条进行审核。

a. 气体类危险货物:

罐车产权单位为托运人的,《托运人资质证书》的单位名称必须与《危货车安全合格证》《押运员证》《培训合格证》的单位名称相统一;罐车产权单位为收货人的,罐车产权单位名称必须与《危货车安全合格证》《押运员证》《培训合格证》的单位名称相统一。

货物品名、托运人、收货人、发到站、专用线(专用铁路)等须与《办理规定》中公布的相统一。

货物品名须与《危货车安全合格证》中的品名及罐体标记品名相统一。

提供《铁路液化气体罐车充装记录》(以下简称《充装记录》,格式5)一式两份,一份由发站留存,一份随运单至到站交收货人。

b. 非气体类液体危险货物:此类货物运输时比照本条第1项规定办理,不审核《押运员证》,有押运规定的,须审核《培训合格证》。

c. 其他类危险货物运输比照上述相应规定办理。

(2)审核计量单

①袋装货物,审查磅单,气体类货物审查《铁路液化气体罐车充装记录》,液体类货物审查"铁路罐车计量单"是否超过规定限界。

②审查"危险货物(罐车)发送作业程序签认单"并签认。

2. 填记货票

(1)根据运单填记货票,核收运费,并将运单上的有关内容转记到货票上。在记事栏内需选择"危险品"或"危险品加成××%"用以明确危险品铁危编号。

(2)派有押运员的成组危险货物车辆,要求成组连挂,不得拆解;发站必须在该组车辆每一张运单、货票上注明"成组连挂、不得拆解",并将该组票据单独装入封套,封套上注明"成组连挂、不得拆解"。

3. 承运

发站在货物运单上加盖承运日期戳记。

作业完毕,在"危险货物(罐车)发送作业程序签认单"签认。

任务五　危险货物的途中作业

任务单

任务名称	组织危险货物途中作业
知识目标	熟悉危险货物运输合同的变更操作和变更限制;掌握危险货物签认制度的实施规定;掌握危险货物发生事故时的处理流程
能力目标	能够在实际工作中组织危险货物的变更、签认;基本具备危险货物运输事故的处理能力
任务描述	组织危险货物的途中作业
任务要求	(1)用语言阐述危险货物运输合同变更的定义,并说明变更的限制; (2) 说明危险货物签认单的分类以及签认的规定; (3)说明剧毒品的签认规定和相关人员职责; (4)说明危险货物事故处理流程,绘出处理流程图; (5)编制一份货物损失速报

相关理论知识

货物在运输途中需要进行货物的交接、检查、换装整理和运输签认，可能还涉及货物运输变更或运输阻碍等问题的处理。

一、货物运输合同的变更处理

1. 定义及种类

(1)定义

货物运输合同的变更或解除，也称货物运输变更，是指对已承运的货物，在发送前托运人向承运人提出取消托运，或托运人、收货人提出变更到站、变更收货人的书面要求。

(2)种类

①取消托运。托运人在货物承运后发送前向发站提出取消货物托运。

②变更到站。货物已经装车挂运，托运人或收货人可按批向货物所在的中途站或到站提出变更到站。

③变更收货人。货物已经装车挂运，托运人或收货人可按批向货物所在的中途站或到站提出变更收货人。

2. 货物运输合同变更的限制

铁路是按计划运输货物的，货物运输合同变更必然会给铁路运输工作的正常秩序带来一定的影响，所以，铁路对已经承运货物的变更，需要进行必要的限制。

(1)一般规定

对下列情况，承运人不受理货运合同的变更：

①违反国家法律、行政法规、物资流向、运输限制的变更及蜜蜂的变更；

②变更后货物运到期限大于货物容许运输期限的变更；

③变更一批货物中的一部分；

④第二次变更到站；

⑤气体类危险货物罐车运输不允许办理运输变更或重新托运，如遇特殊情况需要变更或重新托运时，需经铁路局批准(《危规》第八十五条)。

(2)特殊情况

在铁路运输中，经常遇到危险货物重车因车辆故障，不能继续运行时，需要途中变更卸车站的情况。确因车辆故障等特殊原因需要办理危险货物运输变更时，车站应审核变更到站和收货人是否符合《办理规定》；以电报抄报相关铁路局货运处、运输处、调度所、车辆处等，跨局运输时，需请示中国铁路总公司，经审核同意后，由铁路局调度所下达变更命令。根据原铁道部《货运日常工作组织办法》中的规定，遇特殊情况货物需变更卸车站时，必须遵守下列规定：

①必须由托运人或收货人提出书面申请；

②必须和原到站在同一径路上；

③因自然灾害影响变更卸车地点时，应及时通知收货人；

④局管内变更卸车站，以铁路局调度命令批准；

⑤跨铁路局变更卸车站原则上不办理，确需变更时以中国铁路总公司调度命令批准。

各级货运调度人员负责电传、接收《停限装请求报告》。铁路局经运输处货工科长批准、中国铁路总公司经运输局调度部货工处长批准,发布停限装调度命令。

二、途中危险货物的签认

危险货物运输管理工作要求高,安全责任重大,必须认真落实领导负责制、专业负责制、岗位负责制、逐级负责制。实行危险货物运输作业签认制度,是确保危险货物安全运输的一项举措。危险货物运输作业过程应按规定的程序和作业标准由责任人进行签认,以对作业过程内容的完整性和真实性负责,严禁漏签、补签和代签。

危险货物在运输途中,可能会涉及运输合同的变更。铁路部门为了避免因为合同的变更而给正常的运输秩序带来影响,需要对这种变更进行必要的限制。

危险货物运输管理工作要求高,安全责任重大,在运输过程中实行签认制度,是确保危险货物安全运输的一项举措。

危险货物在途中发生事故或故障等不能继续运行时,发生车站应按货物损失处理方式进行处理;同时按规定发电报抄报中国铁路总公司、主管铁路局及相关铁路局。

1. 危险货物作业签认单的分类

(1)铁路危险货物运输作业签认单(见《危规》格式7)(硝酸铵、爆炸品等袋装危险货物)。

(2)铁路剧毒品运输作业签认单(见《危规》格式8)(非罐装,需跟踪管理的剧毒品货物)。

(3)危险货物罐车作业签认单(见《危规》格式9)(气体类货物)。

每种签认单又分为发送作业签认单、途中作业签认单和到达作业签认单。

2. 途中签认一般规定

(1)途中签认的车站指《铁路货运检查管理规则》中确定的路网性货检站和区域性货检站。

(2)无改编作业时,货检站:根据车辆在站停留时间,若进行货检作业,则应按规定进行签认;派有押运员的,车辆有异状的,增轴或补轴的车辆,必须进行单独签认。

(3)货检作业分到、发场作业时,可以各场分别使用签认单签认,分别保管。

(4)各货检站必须认真按照规定进行检查,不得简化作业程序;对检查有问题的车辆必须按车签认,做好记录。

3. 剧毒品运输途中签认

(1)剧毒品运输的签认

剧毒品运输作业须由参加作业的货运员、货检员、货运调度员和企业运输员、押运员以及公安人员签认。装运剧毒品的罐车和罐式箱不需押运,故没有押运员签认。

(2)车站货检人员的职责

对剧毒品车辆应作重点检查,用数码相机两侧拍照(如车号、施封、门窗状况),并存档保管至少3个月;运输过程中发现装有剧毒品的车辆或集装箱无封、封印无效以及有异状时,必须立即甩车,并通知公安部门共同清点,按规定进行处理。如发生丢失被盗等问题,立即报告铁路局和中国铁路总公司调度、货运、公安管理部门。

三、危险货物运输事故的处理

危险货物在途中发生被盗、火灾等事故或车辆故障等原因不能继续运行时,发生车站应按货物损失处理方式进行处理。同时,按规定发电报抄报中国铁路总公司、主管铁路局及相关铁路局,如图6-2所示。

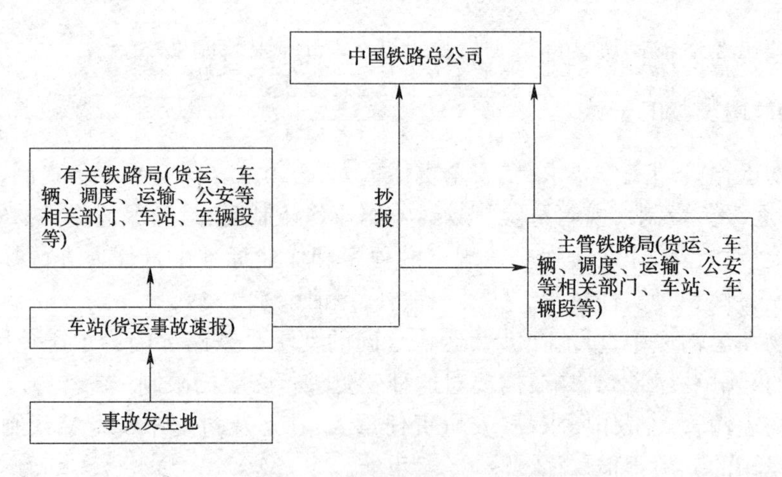

图6-2　途中发生问题时的处理方式及报告程序

在拍发货物损失电报前,应立即用电话逐级上报;情节严重的,应及时上报中国铁路总公司。拍发速报时,在电文首部冠以“货物损失速报”字样。

货物损失速报内容如下:

事故等级、种类;发现事故的时间、地点;货物发站、到站、品名、承运日期;车种、车型、车号、货票号码、办理种别、保价或保险金额;事故概要;对有关单位的要求。危险货物车辆运输途中发生泄漏、火灾及其他行车事故时,车站应立即启动应急预案,迅速向铁路主管部门、地方政府、公安消防及环保、卫生防疫部门报告;并速请熟悉货物性质及罐体构造的部门协助处置。

铁路各级有关部门应当建立和完善安全责任追究制度,对危险货物运输中发生的各种问题,按照“事故原因未查清不放过,事故责任者未处理不放过,整改措施未落实不放过,事故教训未吸取不放过”的原则,查明原因,追究责任,吸取教训,防微杜渐。铁路各级部门要做好与地方政府主管部门及消防、环保、疾控中心等部门的协调、沟通工作,经常保持联系,确保信息畅通和救援工作顺利进行。

任务六　组织危险货物运输的到达作业

任务单

任务名称	组织危险货物运输的到达作业
知识目标	熟悉专用线卸车管理流程;熟悉货物的交付流程
能力目标	能够在实际工作中组织危险货物的交付;基本具备组织专用线卸车工作的能力
任务描述	组织危险货物的到达作业
任务要求	(1)说明专用线卸车管理对于危险货物运输的意义; (2)列出专用线卸车管理中对交接方法和交接地点的规定; (3)说明货物交付的类别和交付流程; (4)说明货位货车在危险货物交付完毕之后的清理规定; (5)举例说明临时停限装的处理流程

相关理论知识

货物在到站所进行的各项货运作业,统称货物的到达作业。对到达的危险货物要及时取送车辆,及时组织卸车,及时通知收货人。

一、专用线卸车管理

专用线、专用铁路负担着95%的罐车和65%的非罐车装卸任务,组织好专用线、专用铁路的危险货物的装卸工作,具有重要意义。

托运人、收货人自行装卸的货物,除派有押运人以外,承运人、托运人或收货人之间应进行交接。目的是确认货物状况,分清责任。

1. 交接凭证

由企业在专用线、专用铁路上交接货物时,使用的交接凭证为"货车调送单"。

2. 交接方法

(1)施封的货车、集装箱,凭封印交接。

(2)不施封的货车、集装箱凭门窗关闭状态,敞车、砂石车不苫盖篷布的,凭货物装载状态和规定标记交接,苫盖篷布的,凭篷布现状交接。

3. 交接地点

(1)专用线的交接地点在货物的装卸地点。

(2)专用铁路的交接地点在双方协议中指定的交接地点。

二、货物的交付

1. 货物的交付

到站向运单内所记载的收货人进行交付货物,是承运人履行货运合同的重要义务,货物交付包括票据交付和现货交付。

(1)内交付(票据交付)

收货人持领货凭证和规定的证件到货运室办理货物领取手续,在支付费用和在货票的丁联上盖章(签字)后,留下领货凭证。到站在运单和货票上加盖到站交付日期戳,然后将运单交给收货人,凭此领取货物。

(2)外交付(现货交付)

现货交付即承运人向收货人点交货物。收货人持货运室交回的运单到货物存放地点领取货物,货运员向收货人点交货物完毕后,在运单上加盖"货物交讫"戳记,并记明交付完毕的时间,然后将运单还给收货人。

由收货人在专用线、专用铁路组织卸车时,将货物送到专用线、专用铁路的交接地点即可。

作业完毕后,按规定签认危险货物作业签认单。

2. 货位、货车的清理

(1)货位清理

车站对清空后的货位,须及时清扫、洗刷干净。对撒漏的危险货物及废弃物,应及时通知收货人进行处理。对危险性大、撒漏严重的,要会同卫生防疫、环保、消防等部门共同处理。

(2)车辆的洗刷除污

装过危险货物的货车,卸后必须清扫干净。下列情况必须进行洗刷除污:

①装过剧毒品的毒品车;

②发生过撒漏、受到污染(包括有刺激异味)的货车;

③回送检修运输危险货物的货车。

未经洗刷除污的货车严禁使用或排空。

3. 临时停限装的处理

车站应按照《货物运价里程表》规定的营业范围办理货运业务。遇有特殊情况(施工、设备大修、改建)等原因需要临时加以限制时,应提前一个月办理手续,报请中国铁路总公司运输局营运部有关部门批准。同时,车站应在营业场所对外通告。

由于重车积压卸车困难,短时间(原则上不超过一个月)要求发站必须停装或限装时,由车站逐级上报中国铁路总公司运输局调度部有关部门批准。其具体流程如下:

(1)卸车站要求发站停装和限装时,应说明原因和要求停限装的具体时间,并标明是否为"五定"班列或大宗货物直达列车的卸车站,以《停限装请求报告》逐级上报。铁路局报中国铁路总公司的《停限装请求报告》,须由货工科长或调度所主任批准。

(2)各级货运调度收到《停限装请求报告》后,有关人员应及时处理。

(3)发站、到站为同一铁路局管内的停限装由铁路局批准;跨局的由中国铁路总公司批准;国际联运和出口的货物必须经中国铁路总公司批准。

(4)"五定"班列、口岸站进口物资原则上不准停装;特殊情况必须停装时,须报中国铁路总公司批准。

(5)停装或限装必须以调度命令批准,逐级下达。车站接到停装或限装命令后,要及时将停限装的原因和具体时间通知发货单位。

(6)对已到达卸车站收货人拒卸的重车,车站应查明原因协调解决,未经中国铁路总公司批准,任何单位不得原车退回发站。

任务七　其他危险货物运输

任务单

任务名称	组织其他危险货物的运输
知识目标	熟悉液态危险品、剧毒品、放射性物质的运输办理规定;掌握集装箱装运危险品的特点和限制条件以及要求
能力目标	能够在实际工作中为危险货物的运输选用合适的车辆,组织好防护工作,组织好押运和跟踪监控工作
任务描述	组织其他危险货物的运输
任务要求	(1)说明罐车装运危险货物的种类以及对车辆的要求和装卸车的要求; (2)阐述剧毒品的承运规定,并说明应该如何押运和跟踪监控; (3)举例说明集装箱运输危险货物的优点; (4)阐述集装箱运输危险货物的基本条件和运输组织过程; (5)列举放射性物质运输所需文档资料; (6)举例说明放射性物质在装卸和运送过程中的防护措施

相关理论知识

一、危险货物罐车运输

罐车主要是用来装载液态货物的,液态货物中一部分属于普通货物,另一部分属于危险货物。危险罐装货物主要包括易燃液体(如汽油、煤油、苯等)、毒害性及腐蚀性液体(如浓硝酸、浓硫酸等)和液化气体(如液氯、液氨)。

1. 罐装危险货物承运

发站承运气体类危险货物自备罐车时,应审查以下内容:

(1)罐车产权单位为托运人的,托运人资质证书的单位名称必须与危货车安全合格证、押运员证、培训合格证的单位名称一致。

(2)罐车产权单位为收货人的,罐车产权单位名称必须与危货车安全合格证、押运员证、培训合格证的单位名称一致。

(3)货物品名、托运人、收货人、发到站、专用线(专用铁路)等须与《办理规定》中公布的一致。

(4)货物品名须与危货车安全合格证中的品名及罐体标记品名一致。

(5)提供"铁路液化气体罐车充装记录"(简称"充装记录")一式两份,一份由发站留存,一份随运单至到站交收货人。

(6)虽符合上述(1)~(4)项条件,但定检过期、车况不良、罐体密封不严、罐体标记文字不清等有碍安全运输的不予办理运输。发站承运非气体类危险货物自备罐车时,比照气体类危险货物自备罐车承运,不审核《押运员证》;有押运规定的,必须审核《培训合格证》。其他危险货物运输罐车运输比照上述规定办理。

2. 车辆的使用

铁路产权罐车允许装运的品名为:原油、汽油、煤油、柴油、溶剂油、石脑油及非危险货物的重油、润滑油。

危险货物罐车装卸作业必须在企业专用线或专用铁路办理。企业自备罐车装运液体危险货物(包括上述危险货物品名)时,应符合《危规》中附件"危险货物运输特殊规定"的规定,运输时由铁路局批准。特殊规定中未作规定的报中国铁路总公司批准。

自备罐车的罐体纵向中部应涂刷一条宽300mm表示货物主要特性的水平环形色带,红色表示易燃性,绿色表示氧化性,黄色表示毒性,黑色表示腐蚀性。罐体两侧的环形色带中部应以分子、分母形式喷涂货物名称及该货物的危险性。对遇水会发生剧烈化学反应,事故处理严禁用水的货物,还应在分母内涂打"禁水"二字;并按《包装标志》在罐车两侧环形色带下喷涂相应标志,规格:400mm×400mm。

3. 装卸车作业

液化气体在充装前需对空车进行检衡;要严格按重量充装系数充装,但充装量最大不大于罐车标记载重量。充装后,需用轨道进行检衡,严禁超装。

充装非气体类液态危险货物时,托运人应根据液体货物的密度、罐车标记载重量、标记容积确定充装量,充装量不得大于罐车标记载重量;同时要留有膨胀余量,充装最上限不得大于罐体标记容积的95%,充装量下限不得小于罐车标记容积的80%。

二、剧毒品的运输

1. 剧毒品的承运

剧毒品运输采用的运单一律为黄色货物运单,并在运单上印有骷髅头案。整列运输剧毒品由中国铁路总公司确定有关运输条件。同一辆车只允许装运同一危险货物编号的剧毒品。受理时,货运员要核实托运人资质,审核经办人身份证及《培训合格证》。要认真核对剧毒品到站品名是否符合《办理规定》,确定到站、专用线、收货人、品名与《办理规定》完全一致。装车前,要检查品名填写是否正确,包装方式、包装材质、规格尺度、罐车类型、包装标志等是否符合《危规》中有关规定。不符合规定的一律不准装车。

剧毒品装车前,货运员要检查品名填写是否正确,包装方式、包装材质、规格尺度、罐车类型、包装标志等是否符合《危规》有关规定。不符合规定的一律不准装车。

剧毒品装卸作业时,货运员要会同托运人确认品名、清点件数(罐车除外),监督托运人进行施封,并检查施封是否有效。剧毒品装卸作业过程必须进行签认,签认单格式见《危规》中“铁路剧毒品运输作业流程签认单及铁路剧毒品到达作业流程签认单”。签认单由车站保存至少一年。

2. 剧毒品的押运

运输剧毒品必须实行全程随车押运。装运剧毒品的车辆须在上门扣处用加固锁加固并安装防盗报警装置。罐车、罐式箱装运的剧毒品不需押运。押运人须持有铁路局核发的培训合格证。同一到站的,每组押运不超过4辆,途中不得解体,押运人数每组不得少于2人。同一到站两组以上的剧毒品车辆所需押运人数由铁路局确定。

押运人须熟悉剧毒品的特性,在押运全程中要对所运剧毒品的品名、数量、件数、包装、封印和运输安全负责。

3. 剧毒品跟踪监控

为了加强对剧毒品的管理工作,铁路部门对已承运的剧毒品,必须做到实时掌控,实行剧毒品的全程跟踪监控,做到分散办理、中途监控、数据共享。铁路剧毒品运输计算机跟踪管理以危险货物办理站为基础,装车站要将剧毒品货票所载信息,实时报告剧毒品运输跟踪管理系统,生成“剧毒品运输管理信息登记表”。铁路局、中国铁路总公司在此基础上根据不同层次管理要求建立信息管理系统。中国铁路总公司负责全路剧毒品运输跟踪监管工作,铁路局应明确这项工作的负责单位和负责人。

三、危险货物集装箱运输

危险货物集装箱运输是货运工作的一项重大改革,是危险货物运输的发展方向。用集装箱运输危险货物,能减少作业环节,改善工作条件,加快货物的接取送达,提高工作效率,避免了人工直接搬运危险所带来的不安全因素,有利于提高危险货物运输安全的整体管理水平。

1. 运输基本条件

危险货物集装箱运输应在危险货物集装箱办理站间办理运输,运输时只允许办理一站直达并符合《危规》附件中“办理规定”的要求。危险货物集装箱办理站,除具备办理普通集装箱运输的条件外,还应设置专用场地,并按货物性质和项类划分区域必须具备消防、报警和避雷必要的安全设施,并配备必要的防爆机具和检测仪器。危险货物集装箱的堆码存放,应符合《危规》附件中“配放表”中的有关规定。

2. 危险货物集装箱办理站办理的危险货物品名

（1）铁路通用箱

①二级易燃固体（41501～41559）。

②二级氧化性物质（51501A～51530）。

③二级无机酸性腐蚀性物质（81501～81535）。

④二级有机酸性腐蚀性物质（81601A～81647）。

⑤二级碱性腐蚀性物质（82501～82526）。

⑥二级其他腐蚀性物质（83501～83515）。

（2）自备危货箱

①铁路通用箱中所列品名。

②毒性物质（编号为61501～61940）。

3. 运输组织

危险货物集装箱运输必须组织一站直达。

站内办理危货箱时，须对品名、包装、标志、标记等进项核查，防止谎报、匿报或夹带国家违禁物品。无论是危险货物整车还是集装箱运输，发现将危险货物匿报、谎报为普通货物托运时，应立即报告公安机关，由公安机关依据《危险化学品安全管理条例》进行处罚。危货箱经核查，符合规定后方可施封。严禁在站内办理装、掏箱作业。

危险货物集装箱在装卸车作业前，货运员必须到现场，并向装卸班组说明货物的品名、性质，布置装卸作业安全注意事项，认真做好监装卸工作。危险货物集装箱作业时应稳起轻放，不得冲撞、推拖、刮碰。卸后货运员必须检查箱体，确认箱体是否完好。

危险货物集装箱运输时，应办理《铁路危险货物自备集装箱安全技术审查合格证》合格证实行一箱一证，由铁路局核发，全路通用，每年进行一次复核。

装运危险货物集装箱车辆违反有关禁止溜放、限速连挂、停止制动作用及编组隔离等要求，根据箱内所装货物按《危规》有关规定办理。

四、放射性物质的运输

放射性同位素与射线的应用是原子能利用的一个方面，它可以帮助人们了解物质变化的规律，分析测定物质特性，改变某些物质内部的结构，并有准确、迅速、使用方便，不受温度、压力、酸、碱等影响的优点。因此，在经济建设、国防工业、科学试验中都有着广泛的应用。

1. 放射性物品的托运和承运

托运人托运放射性物质或放射性物质空容器时，应出具经铁路卫生防疫部门核查签发的“铁路运输放射性物质包装件表面污染及辐射水平检查证明书”或“铁路运输放射性物质空容器检查证明书”一式两份，一份留发站存查，一份随货物运单送至到站，交收货人。托运封闭型固体块状辐射源，如果当地无核查单位时，托运人可凭原有辐射水平检查证明书托运。

铁路或地方疾控中心应对放射性物品的表面污染水平辐射和放射性比活度等安全指标进行核查监测；不符合《危规》要求时，车站不予承运。

2. 射线的防护

射线具有一定的电离、穿透能力，对人体有一定的损伤作用，但只要能限制在一定的限度，避免不加防护、大剂量的长期全身照射，就不会影响健康。射线的防护，根据射线损害人体的途径可分为外照射防护和内照射防护两种。

(1)外照射防护

外照射是指射线在人体外产生的照射。外照射的防护,应从尽可能减少人体接受的剂量出发,采取相应的防护措施,主要有时间防护、距离防护和屏蔽防护3种。与射线接触的时间越长,人体接受射线的剂量就越大,射线对人体的损伤也就越大。

为了减少射线外照射的时间,装卸、搬运、调车等作业中,应在保证安全和质量的情况下,力求迅速;未能在规定的作业时间内完成作业时,应换班作业。装运完毕的放射性物品车辆应及时挂运;在非作业时间内,人员应尽量远离放射性物品。

人体接受外照射剂量的大小,在一定的时间内,与距辐射源的远近有关,一般来说,随着距离的增大而减少。因此,工作人员在非作业时应远离辐射源,在装卸、搬运作业中应增大操作距离(例如采用装卸机械、搬运工具),避免人体直接接触放射性货件。

屏蔽防护是在辐射源与工作人员之间设置能减弱射线的屏蔽,以减少射线对人体的损伤。例如戴手套、眼镜或穿铅围裙等。一般说来,任何材料都能吸收射线,但吸收不同射线的效果不一定相同。

(2)内照射防护

内照射是指放射性物品进入人体内的照射。内照射的危害性较大,更应注意防护。如果说外照射防护主要取决于客观条件,那么内照射的防护在很大程度上取决于工作者自己。

对内照射防护可采取下列措施:

①作业时,禁止饮食、饮水和吸烟,应注意穿工作服、戴手套和口罩;作业完毕时应换穿清洁的衣服,并对手及可能污染的部位进行清洗或检查。

②为了防止放射性粉尘、烟雾、气体通过呼吸道进入人体内,在装卸作业前应通风,仓库内应保持清洁,清扫时要用潮湿的拖布拖拭,库内应有良好的通风。

③作业时要注意安全,防止放射性物品包装破损,特别要防止沾有放射性物品的货件部位损伤皮肤,身上有伤口时应禁止作业。

知识拓展

危险货物证明文件

铁路危险货物托运人应向铁路部门提交《铁路危险货物运输管理暂行规定》(TG/HY 105—2014)规定的证明文件。

(1)托运人托运危险货物时,应在货物运单“货物名称”栏内填写“危险货物品名索引表”内列载的品名和铁危编号,在运单的右上角用红色戳记标明类项名称;并在货物运单“托运人记载事项”栏内填写《托运人资质证书》、经办人身份证和《铁路危险货物运输业务培训合格证》号码。

(2)托运爆炸品时,托运人须出具到达地县级人民政府公安部门批准的《民用爆炸物品运输许可证》;托运烟花爆竹时须出具《烟花爆竹道路运输许可证》,并在货物运单内注明许可证名称和号码。运单右上角要有用红色戳记标明“爆炸品”或“烟花爆竹”字样。

(3)运输爆炸品(烟花爆竹除外)、硝酸铵实行全程随货押运。剧毒品、罐车装运气体类(含空车)危险货物实行全程随车押运。装运剧毒品的罐车和罐式箱不需押运。其他危险货物需要押运时按有关规定办理。对派有押运员的,需在货物运单内填写押运员姓名、身份证号码和《铁路危险货物运输业务培训合格证》号码,气体危险货物还需填写《液化气体铁路罐车押运员证》号码。

(4)《危险货物品名表》第12栏内有特殊规定要求的,托运人须提供相应证明文件并在货物运单内注明。

(5)危险货物运输包装检测合格证明。

危险货物新品运输

《危险货物品名》中未列载的品名办理运输时须进行性质鉴定,属于危险货物时,按危险货物新品名试运要求办理运输。

托运人提交品名鉴定前,需填写《铁路货物运输技术说明书》一式四份。托运人对填写内容和送检样品真实性承担法律责任。送检样品须经中国铁路总公司认定的专业技术机构进行鉴定。危险货物新品名试运由铁路局批准。经批准后,发站、铁路局、托运人各留存一份填写《铁路货物运输技术说明书》。

新品名试运须在指定的时间和区段内进行。跨铁路局试运时,由批准单位以电报形式通知有关铁路局。

试运前承运人、托运人双方应签订安全运输协议。试运时,由托运人在运单“托运人记载事项”栏内注明“比照铁危编号×××新品名试运,批准号×××”字样。试运时间2年。试运结束时,托运人应会同车站将试运结果报主管铁路局。铁路局对试运结果进行研究后,提出试运报告报中国铁路总公司。中国铁路总公司根据试运报告指定有关部门进行复验,达到要求后正式批准运输。未经批准或超过试运期未上报试运报告的,须停止试运。

鉴定为普通货物时,不需进行试运。

危险货物新品名试运应符合《铁路危险货物运输管理暂行规定》(TG/HY 105—2014)规定。

复习思考题

1. 简述危险货物的定义及分类。
2. 简述爆炸品的含义、种类及特性。
3. 简述气体的定义及特性。
4. 试述易燃固体及氧化剂的特点。
5. 运输黄磷为什么在容器中加水?
6. 何谓放射性物品?射线有哪几种?
7. 危险货物包装是如何分类的?
8. 托运危险货物审查的主要内容有哪些?
9. 危险货物装卸车时应注意哪些事项?
10. 危险货物作业签认单的分类有哪些?
11. 危险货物途中发生问题时的处理方式及报告程序是什么?
12. 危险货物集装箱办理站办理的危险货物品名有哪些?

项目七　装载阔大货物

任务一　认识阔大货物运输设备

任务单

任务名称	认识阔大货物运输设备
知识目标	熟悉阔大货物含义；熟悉阔大货物对装运车辆的要求
能力目标	学会对平车主要技术参数及主要部件的了解；学会对长大货物车主要技术参数及主要部件的了解
任务描述	根据所学知识，绘制平车主要技术参数及主要部件
任务要求	(1)分析阔大货物的含义； (2)归纳阔大货物对装运车辆的要求； (3)分析普通平车及其技术参数； (4)分析长大货物车及其技术参数

相关理论知识

一、用于装运阔大货物的车辆

1. 阔大货物对装运车辆的要求

装运阔大货物的车辆除必须满足普通货物装载的一般要求外，还应满足货物重量大、体积大、长度长的要求。车辆应具有足够的强度，尤其是承受集中载荷的能力强；要便于对货物进行装载加固，对于超限货物还应有利于降低超限等级，以保证运输安全和车辆的正常使用寿命。目前，我国铁路装运阔大货物主要使用普通平车和长大货物车，部分货物也可使用敞车装载。

2. 普通平车及技术参数

我国铁路平车主要车型包括：N_6、N_{16}、N_{17}、N_{60}、NX_{17}。平车属于底架承载结构，底架的主要部件有中梁、侧梁、枕梁、横梁及纵向辅助梁。部分平车根据装运货物的需要设有可以全部翻下的活动墙板。为了提高平车承受集中载荷的能力，部分平车车底架采用了鱼腹形梁。为便于货物加固，侧梁外侧装设绳栓和柱插，如图 7-1 所示。

普通平车主要技术参数，如表 7-1 所示(摘于《加规》附录)。

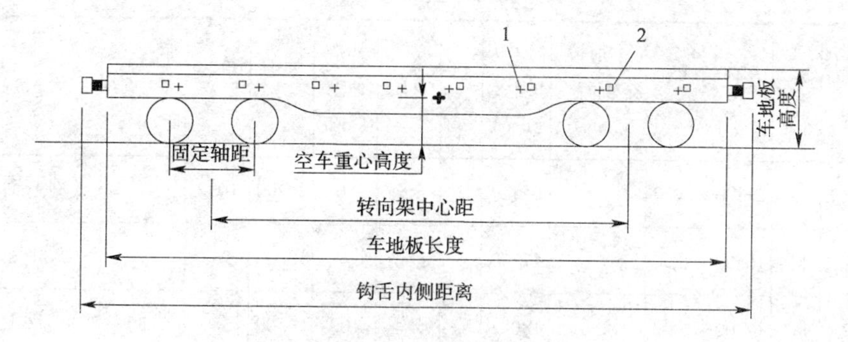

图 7-1 平车主要参数及加固部件名称

1-绳栓(丁字铁);2-柱插(支柱槽)

平车主要技术参数表

表 7-1

序号	车型	自重(t)	载重(t)	车地板(mm)			钩舌内侧距离(mm)	轴数	材质	构造速度(km/h)	转向架中心距(mm)	空车重心高度(mm)	固定轴距(mm)	特点
				长度	宽度	高度								
1	N_6	21.5	60	12500	2870	1163	13408	4	木	80	9350	725	1727	活动端、侧板
2	N_{15}	15.9	65	8170	3000	1490	9000	4	铁	100	4900	682	1750	运梁专用车
3	N_{16}	18.4 19.7	65 60	13000	3000	1210	13938	4	木	100	9300	730	1750	平板车
4	N_{17}	19.1 20.3 19.8 20.2	60	13000	2980	1209	13938	4	木	100	9000	723	1750	活动端板
5	N_{60}	18	60	13000	3000	1170	13938	4	木	90	9300	715	1720 1700	活动端、侧板
6	NX_{17}	22.1	60	13000	2980	1211	13938	4	木	100	9000	775	1750	活动端板
7	NX_{17A}	23.0	60	13000	2980	1211	13938	4	木	100	9000	768	1750	活动端板
8	NX_{17B}	22.4	61	15400	2960	1211	16338	4	木	100	10920	740	1750	活动端板
9	NX_{17K}	22.4	60	13000	2980	1212	13938	4	木	120	9000	730	1750	活动端板
10	NX_{70}	23.8	70	15400	2960	1216	16366	4	木	120	10920	738	1830	活动端板
11	NX_{70H}	23.8	70	15400	2960	1216	16336	4	木	120	10920	738	1800	活动端板

3. 长大货物车

长大货物车是铁路运输中的一类特种货车,主要供装运平车无法装运的阔大货物。按照车体结构不同,我国现有的长大货物车可分为凹底平车、长大平车、落下孔车、双支承平车、钳夹车 5 种。

长大货物车的型号、主要技术参数和特点,如表 7-2 所示(摘于《加规》附录)。

长大货物车主要技术参数表

表 7-2

序号	车型	自重（t）	载重（t）	车体长×宽（mm）	车地板至轨面高（mm）	钩舌内侧距离（mm）	轴数	材质	构造速度(km/h)	转向架中心距（mm）	空车重心高度（mm）	底架心盘中心距（mm）	特点
1	D_2	166.7	160	23300×2780	2187 中部 950	35429	16	全钢	80	22200	1032		地板面距轨面底
2	D_5	31	60	16800×2890	1294 中部 736	17700	6	全钢		13000	700		中部凹底长 8200mm
3	D_5	22	60	17000×3000	1090 中部 630	18022	4	全钢	100	13500	530	13500	中部凹底长 8000mm
4	D_6	60	110	21850×2400	860	22782	8	全钢	80	3250	900	15000	中部凹底长 7000mm
5	D_7	102	150	30730×2400	1125	31730	12	全钢	80	4700	900	20700	中部凹底长 9000mm
6	D_8	149	180	37800×2400	1200	38700	16	全钢	80	6350、3250	1100	24600	中部凹底长 9000mm
7	D_{10}	45.7、47	90	20000×3000	1400 中部 835	20932	6	全钢	75	15500	800	15500	中部凹底长 9000mm
8	D_{10}	29	90	19400×3000	1259 中部 777	20308	6	全钢	80	14800	720	14800	中部凹底长 10000mm
9	D_{10}	36	90	19400×3000	1350 中部 777	20330	6	全钢	80	14800	652	14800	中部凹底长 10000mm
10	D_{17}	50	150		2142	25942	10	全钢	70	17500	1130	17500	落下孔 10200mm×2300mm
11	D_{22}	41.4	120	25000×3000	1460	25938	8	木地板	100	2960	770	17800	平板式
12	D_{27}	43.2	150	25000×3000	1460	25938	8	木地板	100	2960	770	17800	平板式
13	D_{35}	290	350			50128（空）	32	全钢	空 80 重 30		1800		钳夹式
14	D_{12}	46.7	120	17020×3000	1707 中部 850	24338	8	全钢	100	3100	722	16200	中部凹底长 9000mm
15	D_{18A}	135.4	180	23540×2800	2259 中部 930	35470	16	全钢	80	5700	970	22440	中部凹底长 9000mm
16	D_{17A}	45	155	19300×3000	1950	27430	8	全钢	100	3200	920	18600	落下孔 12500mm×2400mm
17	D_{2G}	148.5	210	23800×2780	950	36330	16	全钢	80	6200	1047	22700	中部凹底长 9000mm
18	D_{2A}	136	210	24160×2780	930	36880	16	全钢	80	6300	1072	23050	中部凹底长 9000mm
19	D_{25A}	142	250	26670×2630	1080	40910	16	全钢	80	7810	1115	25570	中部凹底长 9800mm
20	D_{19G}	158.4	250	29700×2760	2990	46028	20	全钢	80	7550	1450	28500	落下孔 12200mm×2060mm
21	D_{22G}	41.9	120	20400×3000	1210	24670	8	木地板	80	2960	715	17800	平板式
22	D_{22G}	43.9	120	20400×3000	1150	24670	8	全钢	80	2960	708	17800	平板式
23	D_{23G}	70.7	265	19170×3128	1500	30958	16	全钢	80	5700	794	18000	平板式、双支承承载
24	D_{30G}	101	370	42668×3180	1735	42668	20	全钢	80	11000	700	22380	双联式
25	D_{30A}	119	300	32668×3000		32668	20	全钢	80	7460	1280	15800（短连接）	钳夹式
26	D_{38}	226	380	52718×3000		52718	32	全钢	空 80 重 50	12900、5800	1750	26150（短连接）	钳夹式
27	D_{26A}	73.6	260	32138×2990	1600	32138	16	全钢	100	3000	720	16500	双联式
28	D_{70}	26.6	70	19462×2950	1169	20400	4	全钢	90	5700	798		平板式

4. 敞车

敞车是指具有端壁、侧壁、地板而无车顶，向上敞开的货车，其集中载荷能力远不如平车。铁路运输的部分阔大货物也可使用敞车装载。目前我国敞车载重量大多为60t。

二、运输阔大货物的其他相关设备

铁路货车超偏载检测装置（见图7-2、图7-3）是铁路货运计量安全检测系统的重要组成部分，是检测货车超载、偏载、偏重的主要装置之一。

图7-2 钢枕式铁路货车超偏载检测仪

图7-3 水泥枕式铁路货车超偏载检测仪

1. 铁路货车超偏载检测装置的运用管理

中国铁路总公司货运主管部门负责指导、协调、监督、检查超偏载检测装置运用管理，组织制定偏载检测装置检修、运用相关技术条件和管理办法。中国铁路总公司计量主管部门负责指导、监督超偏载检测装置计量技术管理，组织制定超偏载检测装置技术标准、计量检定规程。铁路局货运主管部门具体负责超偏载检测装置的选点、安装、选型、调试、维护、运用管理、监督检查和协调工作。专职超偏载监控人员24h在线实时监控通过车辆及超偏载检测装置和网络信息系统的运行状态。

2. 超偏载的处理

（1）货车超偏载标准

货车超偏载分严重、一般两级。其具体分级标准，如表7-3所示。

超偏载分级标准 表7-3

项目＼分级	严　重	一　般
超载	大于货车容许载重量10t	大于货车容许载重量5t
偏载	货物总重心投影距车辆纵中心线距离大于150mm	货物总重心投影距车辆纵中心线距离大于100mm
偏重	货车两转向架承受重量之差大于15t	货车两转向架承受重量之差大于10t

以上的具体分级标准仅作为是否需要换装整理的依据。

（2）处理

根据超偏载检测装置检测结果，对严重的超偏载货车，应通知货检和列检人员联合检查，车辆技术状态正常不危及行车安全的，要做出记录，重点监控运行；危及行车安全的，须立即扣车,换装整理后,方能挂运。

对一般的超偏载货车,可不换装整理,应记录车种、车号、发到站、货物品名、发(收)货人等,并将上述信息及时通知发到站,电报通知下一编组站。同时在24h内,将信息上报铁路局货运主管部门,并反馈到铁路局计量主管部门。

责任铁路局在接到处理站的电报或超偏载统计资料后,应追究装车站责任,对管理混乱、恶意超载等性质严重的,除停装整顿外,要追究相关人员责任。换装整理和卸下的货物以及换装整理发生的相关费用,按《铁路货物运输规程》《铁路货物运输管理规则》《铁路货物损失处理规则》等有关规章处理和划分责任。

任务二　运用货物装载的基本技术条件

任务单

任务名称	运用货物装载的基本技术条件
知识目标	熟悉货物装载的基本技术条件;熟悉重车重心高的含义;熟悉货物重心在车底板的横向和纵向的位移
能力目标	学会确定货物重心在车辆纵向的合理位置;学会确定货物重心在车辆横向的合理位置;学会确定重车重心高,并确定货车的运行速度
任务描述	根据所学知识,能够判断阔大货物装载方案的合理性
任务要求	(1)分析货物装载的基本技术条件; (2)分析货物重心在车辆纵向的合理位置; (3)分析货物重心在车辆横向的合理位置; (4)分析重车重心高

相关理论知识

一、货物装载的基本技术条件

(1)货物装载加固的基本要求

《加规》中规定,货物装载的要求是:使货物均衡稳定合理地分布在车地板上,不超载、不偏载、不集重、不偏重;加固的要求是:能够经受正常调车作业以及列车运行中所产生各种力的作用,在运输全过程中,不发生移动、滚动、倾覆、倒塌或坠落等情况。

(2)对车辆和货物重量的要求

装载货物应正确选择车辆,遵守货车使用限制表及有关规定,定检不过期。货物装载时应充分利用货车的载重力和容积,但不得超过货车容许载重量,即不超载。

(3)货物重心水平位置的要求

在一般情况下,货物装车后其重心或总重心(一车装几件货物时)应能垂直投影到车地板纵、横中心线的交叉点上(以下简称"落在车辆中央")。特殊情况下必须偏离时,横向偏离量不得超过100mm,超过时要采取配重措施;纵向偏离时,每个车辆转向架所承受的货物重量一般不得超过货车容许载重量的1/2,且两转向架承受重量之差不得大于10t。

(4)重车重心高度的要求

重车重心高度是指将货物装在车上后,车和货作为一个整体,其总重心由轨面起算的高度。重车重心高度从轨面起，一般不得超过 2000mm，超过时可采取配重措施降低重车重心高度，否则应限制该重车的运行速度。

(5)货物突出车辆端梁的长度要求

使用平车装载长度超过车地板的货物，或由于其他原因，货物必须突出车辆端梁装载时，如果突出端货物的半宽度不大于车辆半宽时，允许突出端梁 300mm；大于车辆半宽时，允许突出端梁 200mm。超过此限时，必须使用游车。

二、货物重心在车辆的合理位置

一般情况下，货物重心或总重心在车地板上的投影应位于车辆中央，当货车装载的货物重量已达到货车的标记载重量时，货物的重心或总重心必须落在货车中央，以保证车辆转向架承受的货物重量不超过其标记载重量的 1/2，确保车辆不受损伤。但是在实际工作中，有些情况往往要求货物的重心或总重心偏离车辆横中心线。例如：均重超长货物，为了节省一辆游车，采用一端突出车端的装载方案时，货物重心不能落在车辆中央。

1. 货物重心纵向合理位置

(1)一车装载一件货物的情况

设货车容许载重量为 $P_{容}$(t)，车辆两转向架承受货物的重量分别为 R_A、R_B，且 $R_A > R_B$，如图 7-4 所示。

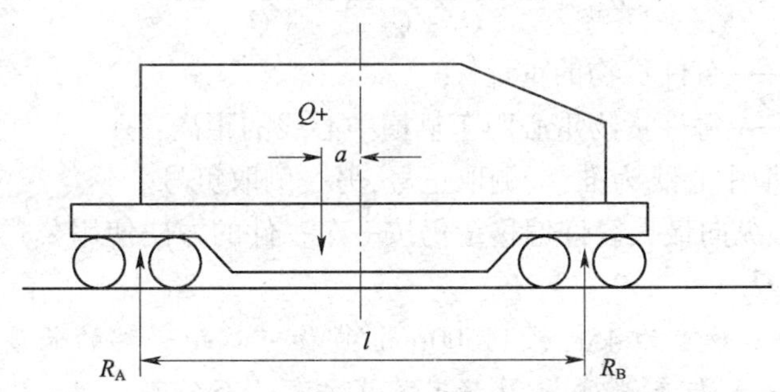

图 7-4　货物重心纵向水平位置示意图

设货物重量为 Q(t)，车辆的转向架中心距为 l(mm)，货物重心纵向偏移量为 a(mm)。根据力矩平衡原理，可得出货物重心纵向最大容许偏移量 $a_{容}$，$a_{容}$ 可按下式确定：

当 $P_{容} - Q < 10\text{t}$ 时，

$$a_{容} = \left(\frac{P_{容}}{2Q} - 0.5\right)l \tag{7-1}$$

当 $P_{容} - Q \geqslant 10\text{t}$ 时，

$$a_{容} = \frac{5}{Q}l \tag{7-2}$$

式中：$a_{容}$——重心（总重心）纵向最大容许偏移量，mm；

$P_{容}$——货车容许载重量；

Q——货物重量，t；

l——车辆的转向架中心距，mm。

在实际工作中，根据计划装载方案，确定需要的纵向偏移量 $a_{实}$ 和 $a_{容}$ 比较，如果 $a_{实}$ 小于 $a_{容}$，则货物重心在车辆上的纵向位置符合货物装载的基本技术要求。

(2)一车装载多件货物

多件货物重心纵向水平位置，如图 7-5 所示。

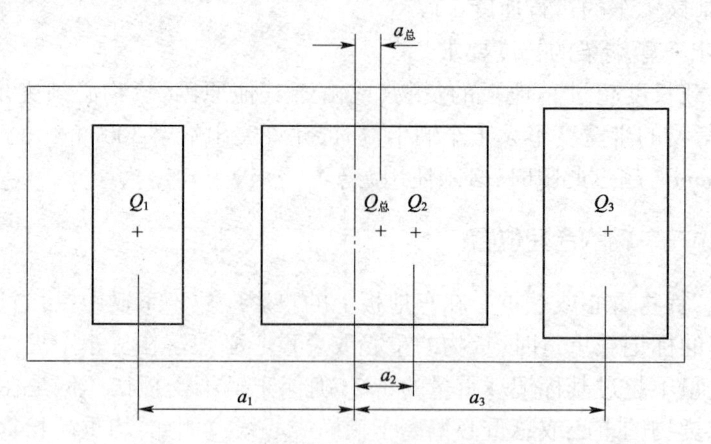

图 7-5　多件货物重心纵向水平位置示意图

装载多件货物可根据拟定的装载方法先求出多件货物的总重心离横中心线的距离，再确定货物总重心纵向最大容许偏移量。

多件货物总重心可按下式计算：

$$a_{总} = \frac{\pm a_1 Q_1 \pm a_2 Q_2 \pm \cdots \pm a_n Q_n}{Q_1 + Q_2 + \cdots + Q_n} \tag{7-3}$$

式中：Q_1、Q_2、…、Q_n——每件货物的重量，t；

a_1、a_2、…、a_n——每件货物重心距车辆横中心线的距离；

正、负号以货车横中心线为准，一侧取正号，另一侧取负号。

多件货物总重心纵向最大容许偏移量仍按一车一件的方法使用公式(7-1)和公式(7-2)计算，此时，$Q = Q_1 + Q_2 + \cdots + Q_n$。

【例 7-1】　一件货物重为 45t，长 11500mm，货物重心距一端的长度 7200mm，使用 N17 型平车，使货物较轻一端与车端对齐，试确定装载方案是否合理。

【解】　N17 型：$l_{车} = 13000\text{mm}$　$l = 9000\text{mm}$

货物装载方案：货物较轻一端与车端对齐，如图 7-6 所示。

$$a_{实} = 7200 - \frac{13000}{2} = 700\text{mm}$$

当

$$P_{容} - Q = 60 - 45 = 15\text{t} > 10\text{t}$$

$$a_{容} = \frac{5}{Q} l = \frac{5}{45} \times 9000 = 1000\text{mm}$$

因为 $a_{实} < a_{容}$，所以该装载方案合理。

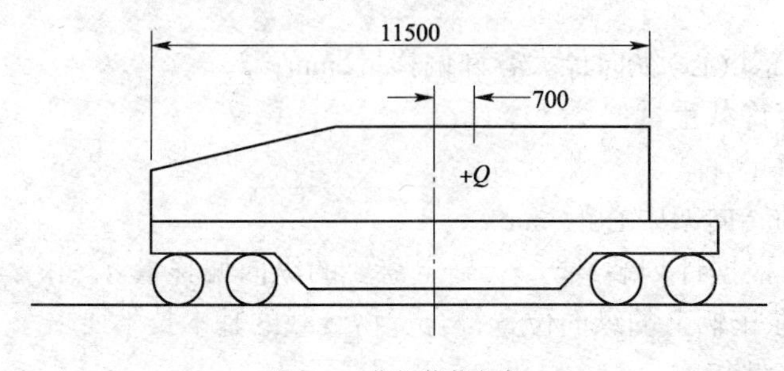

图 7-6　货物装载方案

2. 货物重心在车辆横向的合理位置

货物的重心或总重心的投影落在车辆的纵中心线上时，同一转向架两侧轮压相同，有利于车辆平稳运行。但对于形状不规则的货物当其重心投影落在车辆纵中心线上时，由于货物的一侧宽度较大，可能导致货物超限，甚至无法通过铁路限界。为了避免超限或降低超限程度，往往采用货物重心偏离车辆纵中心线的装载方案。

货物重心偏离车辆纵中心线时，将使车辆一侧弹簧负荷较大，容易使货物在运行中发生横向移动或倾覆；当偏移量过大时，运行中可能造成一侧旁承压死，影响车辆顺利通过曲线，严重时可能导致重车的倾覆。实践证明，货物重心横向偏移量不超过 100mm 时，不致影响运行安全。

当一辆货车只装载一件货物时，货物重心的横向位置比较容易确定。当货车上装载多件货物时，装车后货物总重心在车辆横向的位置需通过计算确定。

(1)一车装载多件货物时总重心横向位置

假设货物的重量分别为 Q_1、Q_2、…、Q_n，每件货物重心偏离车辆纵中心线的距离分别为 b_1、b_2、…、b_n，货物总重心偏离车辆纵中心线的距离为 $b_{总}$，根据力矩平衡原理得：

$$b_{总}=\frac{\pm Q_1b_1\pm Q_2b_2\pm\cdots\pm Q_nb_n}{Q_1+Q_2+\cdots+Q_n} \tag{7-4}$$

式中，正、负号以货车纵中心线为准，一侧取正号，另一侧取负号。

(2)配重货物重量 $Q_{配}$ 和配重货物重心横向偏移量 $b_{配}$

如果一件货物装车后，货物重心横向偏移量超过 100mm，当采取改变货物的装载方法无法使横向偏移量调整到规定的范围内时，应采取配重措施，配重后使货物总重心横向偏移量不超过 100mm。

采取配重措施后，货物总重心横向偏移量问题，可利用公式(7-4)确定，如图 7-7 所示。假设原货物重量为 $Q_{主}$，原货物重心横向偏移量为 $b_{主}$，配重货物重量为 $Q_{配}$，配重货物重心横向偏移量为 $b_{配}$，货物总重心偏离车辆纵中心线为 $b_{总}$，则公式(7-4)表达式变换为：

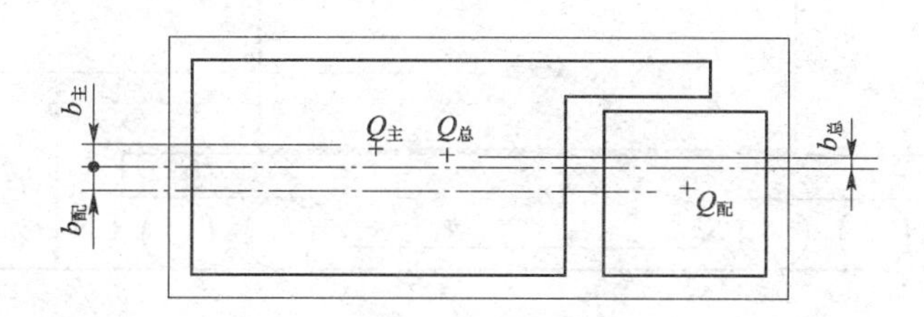

图 7-7　货物重心横向水平位置示意图

$$b_{总}=\frac{Q_{主}\,b_{主}-Q_{配}\,b_{配}}{Q_{主}+Q_{配}} \tag{7-5}$$

由上述表达式，可分别计算出 $b_{配}$ 或 $Q_{配}$：

$$b_{配}=\frac{Q_{主}\,b_{主}-b_{总}(Q_{主}+Q_{配})}{Q_{配}} \tag{7-6}$$

$$Q_{配}=\frac{Q_{主}(b_{主}-b_{总})}{b_{总}+b_{配}} \tag{7-7}$$

式中相关参数应满足：$|b_{总}|\leqslant 100\text{mm}$，$Q_{配}\leqslant P_{标}-Q_{主}$，$b_{配}\leqslant\frac{B_{车}}{2}$

【例 7-2】 一件货物重 50t，选用 N17 型平车装载，装车后货物重心偏离纵中心线 200mm，另有配重货物 10t，试确定当配重货物重心距货车纵中心线多少毫米处，才能使货物总重心：①落在车辆纵中心线上；②横向偏移量为 100mm；③大于 0 且小于 100mm？

【解】

①货物总重心落在车辆纵中心线上，即 $b_{总}=0\text{mm}$

$$b_{配}=\frac{Q_{主}\times \text{b}_{主}}{Q_{配}}=\frac{50\times 200}{10}=1000\text{mm}$$

②货物总重心横向偏移量为 100mm，即 $b_{总}=100\text{mm}$

$$b_{配}=\frac{Q_{主}\times \text{b}_{主}-100(Q_{主}+Q_{配})}{Q_{配}}=\frac{50\times 200-100(50+10)}{10}=400\text{mm}$$

③总重心距车辆纵中心线大于 0 且小于 100mm，即 $0<b_{总}<100\text{mm}$，则得 $300\text{mm}<b_{配}<1000\text{mm}$

三、重车重心高度的确定

重车重心高度是指货车和装在货车上的货物作为一个整体的总重心高度，其总重心高度由轨面起算。重车重心高度是铁路货物运输的一项基本技术指标，它影响重车运行稳定性和安全性。重车重心高度越高，运行稳定性越差，速度较大还有颠覆的危险。为了保证重车运行安全，目前我国该标准仍沿用 1950 年制定的《铁路货物输送暂行规定》中的规定，限制高度为 2000mm。重车重心高度一般不得超过 2000mm，超过此限，有条件的，应采取配装重心较低货物，以降低重车重心高度，否则，应限速运行。

1. 一车负重装载

(1)一车装载一件货物

一车装载一件货物重车重心高度的计算，如图 7-8 所示。根据势能相等的原理，则

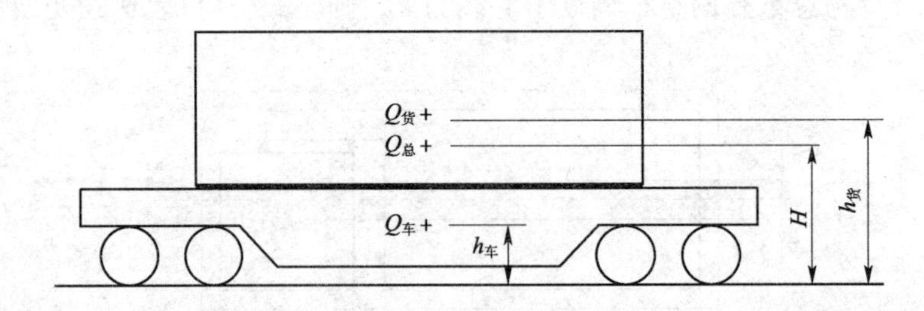

图 7-8 装载单件货物重车重心高示意图

$$H=\frac{Q_{车}h_{车}+Q_{货}h_{货}}{Q_{车}+Q_{货}} \tag{7-8}$$

式中：H——重车由轨面起的总重心高度，mm；

$Q_{车}$——车辆自重，t；

$h_{车}$——空车重心自轨面起算的高度，mm；

$Q_{货}$——货物重量，t；

$h_{货}$——装车后货物重心自轨面起算的高度，mm。

$h_{货}$ = 车地板高 + 垫木高 + 货物重心自货物支承面起算的高度

(2)一车装载多件货物

若一车装载多件货物,如图7-9所示。重车重心高度可按公式(7-9)计算:

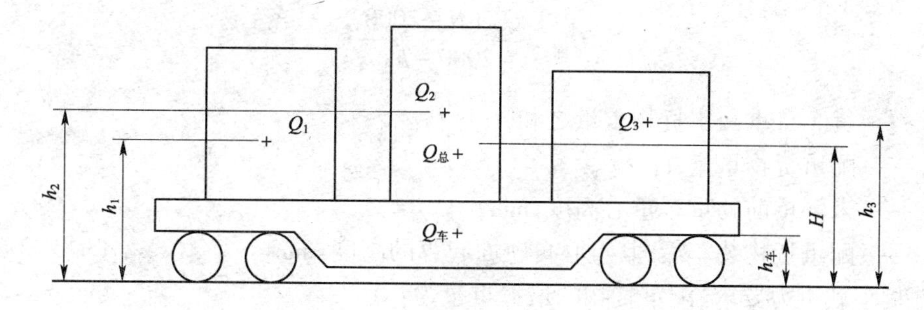

图7-9 装载多件货物重车重心高示意图

$$H=\frac{Q_车\ h_车+Q_1h_1+Q_2h_2+\cdots+Q_nh_n}{Q_车+Q_1+Q_2+\cdots+Q_n} \tag{7-9}$$

式中:Q_1、Q_2、…、Q_n——每件货物的重量,t;

h_1、h_2、…、h_n——装车后每件货物重心自轨面起算的高度,mm。

2.跨装运输

同理,货物跨装时,重车重心高度可按公式(7-10)计算:

$$H=\frac{Q_货\ h_货+Q_{车1}h_{车1}+Q_{车2}h_{车2}}{Q_货+Q_{车1}+Q_{车2}}\quad(\mathrm{mm}) \tag{7-10}$$

式中:$Q_{车1}$、$Q_{车2}$——两负重车自重,t;

$h_{车1}$、$h_{车2}$——两负重车车辆重心由轨面起的重心高度,mm。

3.重车重心高度超过规定时的组织措施

(1)降低重车重心高度

①选用能降低重车重心高度的车辆

从重车重心高度的影响因素出发,可考虑选择自重较大、空车重心高度和车地板高度较低的车辆使用,以达到降低重车重心高度的目的。

②采取配重措施

在实际工作中可采取配装重心较低的货物,以降低重车重心高度。采取配重措施时,还应考虑是否具备配重的条件:

a.车辆的载重能力有富余;

b.车地板上有可供装载的位置,且符合货物装载的技术条件;

c.有到达同一到站且重心又较低的货物。

配量措施重车重心高度示意图见图7-10。

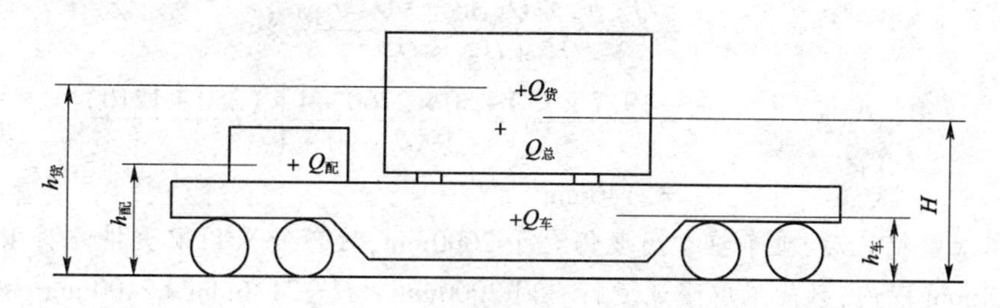

图7-10 配重措施重车重心高示意图

欲使配重后,重车重心高度降至2000mm,配重货物的最小重量可按下式计算:

$$Q_{配}=\frac{Q_{总}(H-2000)}{2000-h_{配}} \tag{7-11}$$

式中:$Q_{总}$——货车自重与主货物重量之和,t;

$Q_{配}$——配重货物重量,t;

H——未配重前的重车重心高度,mm;

$h_{配}$——配重货物装车后,其重心自轨面起算的高度,mm。

根据货车载重力要求,配重货物的最大重量为:

$$Q_{配}\leqslant P_{标}-Q_{货}$$

(2)限速运行

当重车重心高度超过2000mm,在无法降低重车重心高度至2000mm以下时,按表7-4规定的速度限速运行,以保证重车运行安全。

重车重心高超过2000mm时运行限速表 表7-4

重车重心高度 H(mm)	区间限速(km/h)	通过侧向道岔限速(km/h)
$2000<H\leqslant2400$	50	15
$2400<H\leqslant2800$	40	15
$2800<H\leqslant3000$	30	15

【例7-3】 货物一件,重50t,长8000mm,宽2800mm,重心高度1400mm,拟用N_{16}型一辆装载,横垫木150mm,试计算重车重心高度。若有到达同一到站的配重货物一件可供选择,货物重4t,重心高度250mm,试计算配重后重车重心高度。

【解】 N_{16}型:$Q_{车}=19.7t$;$h_{车}=730mm$;车地板高$=1210mm$。

货物重心从轨面起算的高度:

$$h_{货}=1210+150+1400=2760\text{mm}$$

重车重心高度为:

$$H=\frac{Q_{车}h_{车}+Q_{货}h_{货}}{Q_{车}+Q_{货}}=\frac{19.7\times730+50\times2760}{19.7+50}=2186\text{mm}$$

因重车重心高度超过2000mm,货车载重能力又有富余,采取配重措施,则配重后重车重心高度:

$$\begin{aligned}H&=\frac{Q_{车}h_{车}+Q_{货1}h_{货1}+Q_{货2}h_{货2}}{Q_{车}+Q_{货1}+Q_{货2}}\\&=\frac{19.7\times730+50\times2760+4\times(250+1210)}{19.7+50+4}\\&=2146\text{mm}\end{aligned}$$

则采取配重措施后,重车重心高度仍大于2000mm,故不能采用配重措施将重车重心高度降至2000mm以内,只能采取限速运行。因$2000\text{mm}<H=2146\text{mm}<2400\text{mm}$,故区间限速50km/h,通过侧向道岔限速15km/h。

任务三　运用超长货物装载的基本技术条件

任务单

任务名称	制定超长货物装载方案
知识目标	熟悉超长货物的含义;熟悉跨装的含义;掌握平车装载超长货物的技术条件;熟悉跨装装载的技术条件
能力目标	学会对超长货物的判定;学会用平车装载超长货物
任务描述	根据所学知识,制定超长货物的装载方案
任务要求	(1)分析超长货物的含义; (2)绘制平车一车负重,装载超长货物的示意图; (3)绘制两车负重,装载超长货物的示意图

相关理论知识

一、超长货物的定义

一车负重,突出车端,需要使用游车或跨装运输的货物,称为超长货物。

二、超长货物的判定

当货物半宽小于或等于车地板半宽时货物突出车辆端部超过300mm或当货物半宽大于车地板半宽时突出车辆端部超过200mm,需加挂游车或跨装,即为超长货物。

超长货物有一车负重超长货物的装载方法和跨装超长货物的装载方法。当一车负重超长货物装载时,可一端突出使用游车或两端突出使用游车。跨装超长货物装载时,可两车负重装载,也可两车负重,中间使用游车,还可两车负重,中间、两端均使用游车。

三、超长货物装载的技术条件

1.平车装载超长货物的技术条件

一辆平车装载超长货物,应遵守下列规定:

①均重货物使用60t、61t平车装载,两端均衡突出时,其装载重量不得超过表7-5的规定。

60t、61t平车两端均衡突出装载货车装载量　　表7-5

突出车端长度L(mm)	$L<1500$	$1500\leq L<2000$	$2000\leq L<2500$	$2500\leq L<3000$	$3000\leq L<3500$	$3500\leq L<4000$	$4000\leq L<4500$	$4500\leq L\leq5000$
容许载重量$Q_{容许}$(t)	58	57	56	56	55	54	53	52

②货物一端突出端梁装载时,重心容许纵向偏移量应根据货物重心或总重心偏离车辆横中心线的容许距离计算公式确定。

③横垫木或支座(架)的高度。当装有超长货物的连挂车组通过线路纵向变坡点时,为避免货物突出端底部同游车地板相接触,保证行车安全和货物安全,垫木高度或支座(架)应

通过计算得出最低高度，如图7-11所示。

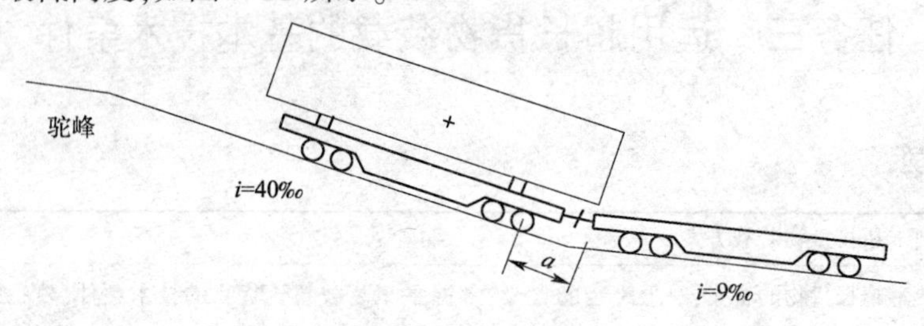

图7-11　横垫木或支架高度计算

$$H_{垫} = 0.031a + h_{车差} + f + 80(\text{mm}) \tag{7-12}$$

式中：$H_{垫}$——横垫木或支座（架）的高度，mm；

a——货物突出端至负重车最近轮轴轴心所在垂直面的距离，mm；

$$a = y_{端} + \frac{l_{车} - l - l_{轴}}{2} \tag{7-13}$$

$y_{端}$——货物突出负重车端梁较长一端的长度，mm；

$l_{车}$——车底板长，mm；

l——负重车转向架中心距，mm；

$l_{轴}$——负重车固定轴距，mm；

$h_{车差}$——游车地板高度与负重车地板高度之差，mm；

f——货物突出端的挠度（货物的挠度值一般很小，可忽略不计），mm。

若货物突出车端部分底部低于其支重面时，垫木高度还应加该突出部分低于货物支重面的尺寸；如果货物突出车端部分底部高于货物支重面时，垫木高度应减去货物突出车端部分高于货物支重面的尺寸。

④共用游车时，两货物突出端间距不小于500mm（见图7-12）。

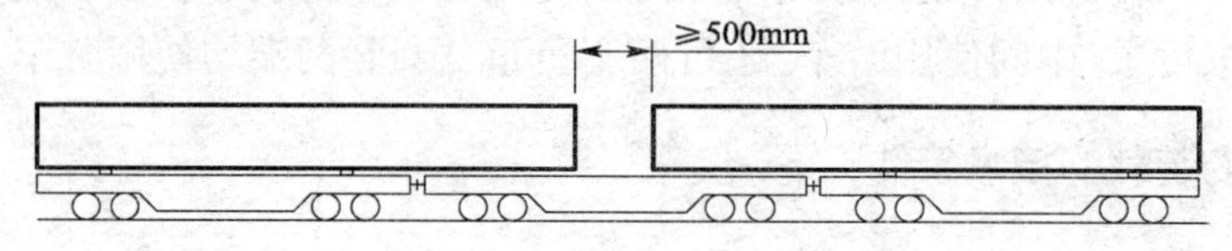

图7-12　共用游车货物间距

⑤游车上装载货物时，装载的货物与超长货物突出端间距不得小于350mm；超长货物突出部分的两侧不得装载货物（见图7-13）。

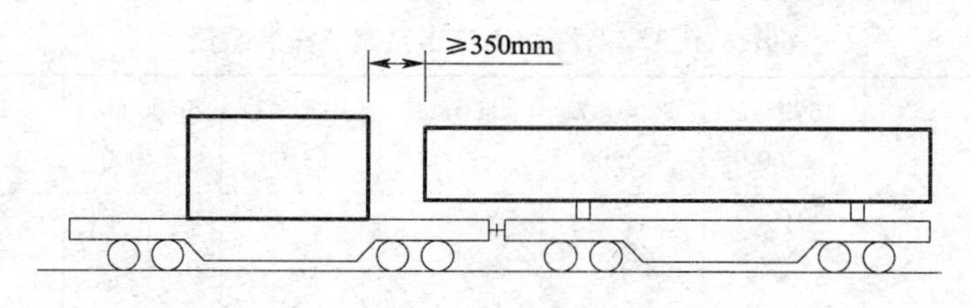

图7-13　游车加装货物间距

【例7-4】　某站装运一件长为15000mm、直径为3000mm、重40t的均重货物，使用N_{17}型60t平车一车负重装运，货物一端突出车辆端梁200mm，另一端突出车辆端梁1800mm，加挂一辆游车，试确定横垫木高度、重车重心高度和运行条件。

【解】 加挂的游车仍选用N_{17}型平车,N_{17}技术参数:

$l_{车}=13000mm$;$l=9000mm$;$l_{轴}=1750mm$;

$Q_{车}=19.8t$;$h_{车}=723mm$;车地板高$=1209mm$;车地板宽$=2980mm$。

横垫木最小高度为:

$$
\begin{aligned}
H_{垫} &= 0.031a + h_{车差} + f + 80 \\
&= 0.031 \times \left(1800 + \frac{13000 - 9000 - 1750}{2}\right) + 80 \\
&= 170mm
\end{aligned}
$$

重车重心高度通过公式计算得2145mm,因为$2000mm < H = 2145mm < 2400mm$,所以运行条件为:区间限速50km/h ,通过侧向道岔限速15km/h。

2.跨装装载的技术条件

跨装系指货物的长度超过一车负重的容许装载长度,其重量由两辆平车承载。跨装货物装载应遵守以下规定:

(1)只准两车负重。两辆负重车车地板高度应相等,如高度不等时,需要垫平。对未达到容许载重量的货车,可以加装货物,但不得加装在跨装货物的两侧,与跨装货物端部间距不小于400mm。

(2)在两辆负重车的中间只准加挂一辆游车。

(3)跨装货物应使用货物转向架。货物转向架的强度和刚度应与所承受的实际载荷相适应,货物转向架的支重面长度应遵守避免集重装载的有关规定。货物转向架下架体的重心投影应位于货车纵、横中心线的交叉点上,必须纵向偏离时,要使移动后负重车每个车辆转向架负担的重量不得超过货车容许载重量的1/2,同一负重车两个车辆转向架负担的重量之差不得大于10t。

(4)货物转向架上架体与跨装货物、下架体与车辆应分别固定在一起。对货物及货物转向架的加固不得影响车辆通过曲线,并将提钩杆用镀锌铁线捆紧。

(5)中间加挂游车的跨装车组通过9号及其以下道岔时不得推送调车。遇设备条件不容许或尽头线时,可以不超过5km/h的速度匀速推进。

(6)跨装车组应使用车钩缓冲停止器,安装应在车钩自然状态下进行。当列车起动、变更运行速度或制动时以及在进行调车作业时,由于车钩缓冲弹簧的伸缩作用,将造成跨装货物在货物转向架上前后移动,损害加固材料,危及行车安全。因此必须在车钩头与冲击座之间安装车钩缓冲停止器,限制车钩缓冲弹簧的伸缩作用,保证跨装超长货物的稳定。

(7)跨装车组禁止溜放。

3.超长货物装车及运行时的注意事项

(1)超长货物装车后,车辆转向架任何一侧旁承游间不得为零(弹性旁承及旁承承载结构的货车除外)。遇球形心盘货车一侧为零时,可用千斤顶将压死一侧顶起,落顶后出现游间,表明货物装载符合要求。

(2)超长货物装车后,应用白色或红色油漆标划易于判定货物是否移动的检查线。

(3)超长货物限速运行时,发站应在货物运单、票据封套、编组顺序表及货车表示牌上注明"限速××公里"字样。

(4)装运超长货物,发站还应在货物运单、票据封套、编组顺序表及货车表示牌上注明"超长货物"字样以连挂车组装运时,应注明"连挂车组不得分摘"字样。

任务四　运用避免集重货物装载的基本技术条件

任务单

任务名称	运用避免集重货物装载的基本技术条件
知识目标	熟悉集重货物的含义；熟悉货车最大容许载重量；掌握平车货物装载条件；掌握敞车装载免于集重的装载条件
能力目标	学会对集重货物的判断；学会平车负重面最小长度的确定；学会平车装载集重货物的方法；学会 60t 及 70t 敞车装载集重货物的方法
任务描述	根据所学知识，制定集重货物的装载方案
任务要求	(1)分析集重货物的含义； (2)绘制平车负重面最小长度； (3)归纳集重货物平车装载条件； (4)归纳集重货物敞车装载条件

相关理论知识

一、集重货物的概念

所装货物的重量超过负重面长度的最大容许载重量时，就属于集重货物。集重货物装载时难以做到在车底板上均匀分布，会形成车底板局部承受货物重量，须采取措施避免集重。避免集重转载的方法主要有使用横垫木、纵垫木、重心纵向偏移等方法。

支重面长度（$l_{支}$）系指支撑货物重量的货物底面长度。负重面长度（K）系指承担货物重量的货车地板的长度，如图 7-14 所示。

当货物直接装在货车地板上时，支重面长度等于负重面长度；当货物使用横垫木时，负重面长度等于两横垫木中心线距离的 2 倍；当货物使用纵垫木时，负重面长度等于纵垫木长度。

二、使用平车避免集重装载方法

1. 平车负重面最小长度的确定

(1)货车负重面最小长度 K

当货物装载如图 7-15 时称为均布载荷。

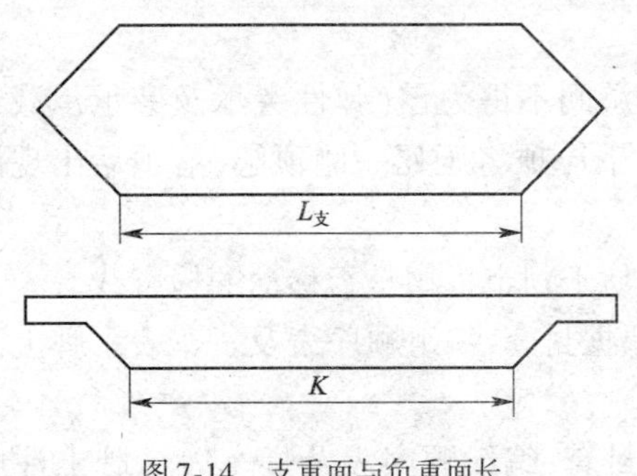

图 7-14　支重面与负重面长

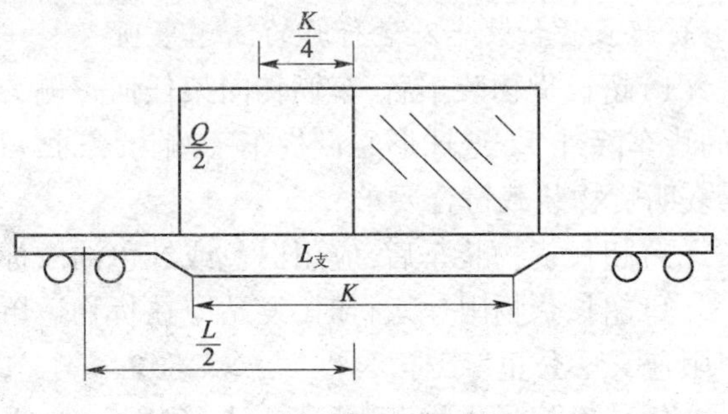

图 7-15　货车负重面最小长度 K

注：L——两转向架中心销间距离。

根据弯曲力矩平衡原理,可得出表 7-6、表 7-7,表 7-8 第 1 列数。

平车局部地板面承受均布载荷或对称集中荷载时容许载重量表　　表 7-6

地板负重面长度(mm)	两横垫木中心线间最小距离(mm) ＼ 容许载重量(t) ＼ 车种	N_6、N_{17}	N_{60}	N_{16}	N_{17AK}、N_{17AT}、N_{17G}、N_{17GK}、N_{17GT}、N_{17K}、N_{17T}	NX_{17}、NX_{17A}、NX_{17AK}、NX_{17AT}、NX_{17K}、NX_{17T}、	NX_{17B}、NX_{17BK}、NX_{17BT}、NX_{17BH}、	NX_{70}、NX_{70H}
1000	500	25	25	25	25	25	25	30
2000	1000	30	27.5	27.5	30	30	30	35
2500	1250	35	28.5	28.5				
3000	1500	40	30	30	40	40	40	45
4000	2000	45	33	32	45	45	45	50
5000	2500	50	35	35	50	50	50	55
6000	3000	53	40	37.5	53	53	53	57
7000	3500	55	45	40.5	55	55	55	60
8000	4000	57	50	44	57	57	57	63
9000	4500	60	55	49	60	60	61	65
10000	5000		60	55				70
11000	5500			60				

凹底平车局部地板面承受均布载荷或对称集中载荷时容许载重量表　　表 7-7

地板负重面长度(mm)	两横垫木中心线间最小距离(mm) ＼ 容许载重量(t) ＼ 车种	D_2	D_5		D_6	D_7	D_8	D_{10}				D_{2G}
1000	500	175	33	45	87	120	150	60	73			
1500	750		35		88.5	121.5	151.5	65		71	71	172
2000	1000	178	37	46	90	123	153	67	73.5			
3000	1500	180	40	48	93	126	156	70	74	72	72	178
3500	1750		42		95	128	158	72				
4000	2000	183	43.5	49	97	130	160	73.5	75			
4500	2250		45		99	131.5	161.5	75		74	74	183
5000	2500	187	47	52	101	133	163	77	77			
5500	2750		48.5		103	135	165	78.5				
6000	3000	190	50	53	105	137	167	80	78	77	77	189
7000	3500	196	55	56	110	141	171	83.5	80			
7500	3750		60			143	173	85		81	81	197
8000	4000	200		60		145	176	87	83	87		
9000	4500	210				150	180	90	86	90	87	210
9300	4650											
9800	4900											
10000	5000								90		90	

长大平车及落下孔车局部地板承受均布载荷或对称集中载荷时容许载重量表　　表 7-8

地板负重面长度（mm）	两横垫木中心线间最小距离（mm）	容许载重量（t）／车种：D_{22G}	D_{26A}	D_{22}	D_{27}	D_{70}
2000	1000	30		42	42	32
3000	1500					
4000	2000	48		48	48	36
4500	2250					
5000	2500					
6000	3000	55		55	55	40
7500	3750					
8000	4000	60	260	60	60	44
9000	4500					
10000	5000	65		65	65	46
12000	6000	70		70	70	48
14000	7000	75		75	75	50
16000	8000			80	80	70
165000	8250		260			
18000	9000	85		85	85	
20400	10200	120				

（2）两横垫木中心线间最小距离“K_1”

当货物装载如图 7-16 时称为对称集中载荷。

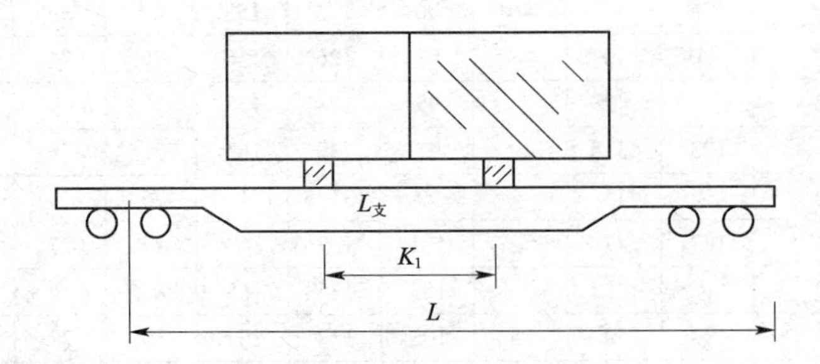

图 7-16　两横垫木中心线间最小距离 K_1

将货物放置于铺在车底板上的两横垫木上，使货物重量通过横垫木均匀地传到平车车底架上。

根据弯曲力矩平衡原理可得出表 7-6、表 7-7、表 7-8 第 2 列数。

货物直接装在车地板上车辆负重面的最小长度，是货物加横垫木时两横垫木中心线间最小距离的 2 倍。

(3)货车最大容许载重量

在平车上装载集重货物时,货车最大容许载重量是根据平车底架最大弯曲力矩确定的。根据弯曲力矩平衡原理可得出表7-6、表7-7、表7-8最大容许载重量。

2.避免集重装载方法

当货物被确定为集重货物时,发站必须采取具体措施,根据货车最大容许载重量表,选用适合的货车。只有当货物的重量小于或等于货车负重面长度的最大容许载重量时,才能运送。因此,根据货物的外形、重量和特点,结合使用车辆的类型,正确地选择集重货物的装载方案,是保证行车安全、货物完整的重要条件。

(1)当车型一定、货物重量一定时,货物支重面长度大于或等于平车地板负重面长度时,货物可直接装在车底板上,如图7-15所示。

(2)加横垫木。当货物支重面长度小于车辆负重面长度的最小长度、大于规定的两横垫木之间的最小距离时($K > l_{支} > K_1$),需要使用横垫木,如图7-16所示,使横垫木中心线间最小距离符合表7-6、表7-7、表7-8的规定。

(3)加纵横垫木。当车型一定、货物重量一定时,货物支重面长度小于规定的两横垫木中心线之间的最小距离时($l_{支} \leqslant K_1$),需要使用纵、横垫木,如图7-17所示,应使用横垫木中心线间最小距离符合表7-6、表7-7、表7-8的规定。

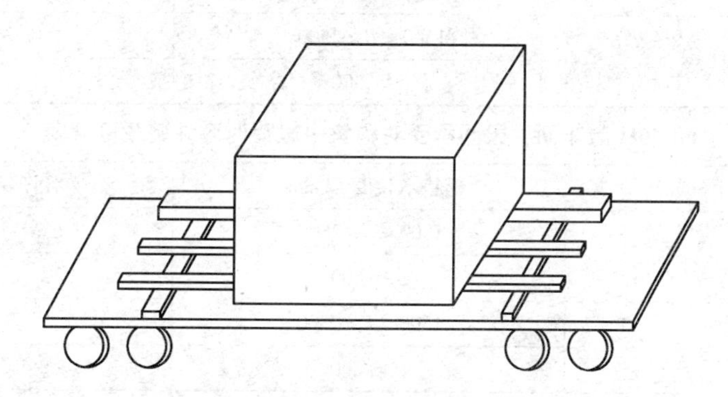

图7-17　使用纵横垫木装载货物

三、使用敞车避免集重装载的方法

1.60t敞车装载

C_{62A}、C_{62A*}、C_{62A*K}、C_{62AK}、C_{62A*T}、C_{62AT}、C_{62B}、C_{62BK}、C_{62BT}、C_{64}、C_{64A}、C_{64K}、C_{64H}及C_{64T}型敞车局部地板面承受货物重量时,应遵守下列规定:

(1)仅在车辆两枕梁之间、横中心线两侧等距离范围内承受均布(见图7-18)或对称集中载荷(见图7-19)时,容许载重量应遵照表7-9和表7-10的规定。

图7-18　均布载荷

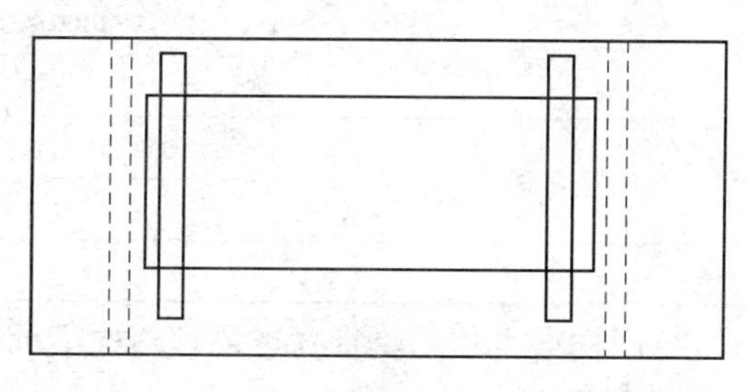

图7-19　对称集中载荷

60t、61t 敞车两枕梁间承受均布载荷时容许装载重量表 表 7-9

车辆负重面长度(mm)	车辆负重面宽度 B(mm)	容许装载重量(t)
2000	$1300 \leqslant B < 2500$	15
	$B \geqslant 2500$	20
3000	$1300 \leqslant B < 2500$	16
	$B \geqslant 2500$	23
4000	$1300 \leqslant B < 2500$	17
	$B \geqslant 2500$	26
5000	$1300 \leqslant B < 2500$	18.5
	$B \geqslant 2500$	29
6000	$1300 \leqslant B < 2500$	20
	$B \geqslant 2500$	32
7000	$1300 \leqslant B < 2500$	23.5
	$B \geqslant 2500$	35.5
8000	$1300 \leqslant B < 2500$	27
	$B \geqslant 2500$	39
9000	$1300 \leqslant B < 2500$	30
	$B \geqslant 2500$	43

60t、61t 敞车两枕梁间承受对称集中载荷时容许装载重量表 表 7-10

横垫木中心间距(mm)	横垫木长度 L(mm)	容许装载重量(t)
1000	$1300 \leqslant L < 2500$	13
	$L \geqslant 2500$	17
2000	$1300 \leqslant L < 2500$	14
	$L \geqslant 2500$	20
3000	$1300 \leqslant L < 2500$	17
	$L \geqslant 2500$	21
4000	$1300 \leqslant L < 2500$	24
	$L \geqslant 2500$	30
5000	$1300 \leqslant L < 2500$	32
	$L \geqslant 2500$	42
6000	$1300 \leqslant L < 2500$	43
	$L \geqslant 2500$	49
7000	$1300 \leqslant L < 2500$	46
	$L \geqslant 2500$	55
8000	$1300 \leqslant L < 2500$	50
	$L \geqslant 2500$	60(61)
8700		60(61)

(2)两枕梁直接承受货物重量且两枕梁承受的货物重量相等时,全车装载重量可以达到车辆容许载重量。

(3)在车辆两枕梁内外等距离(装载长度不超过3.8m)、宽度不小于1.3m范围内(小于1.3m时加垫长度不小于1.3m的横垫木)承受均布载荷时,全车装载重量可以达到车辆标记载重量。

如果需要在货物下加垫横垫木或条形草支垫(稻草绳把)时,应分别加垫在枕梁上及其内外各1m处,如图7-20所示。

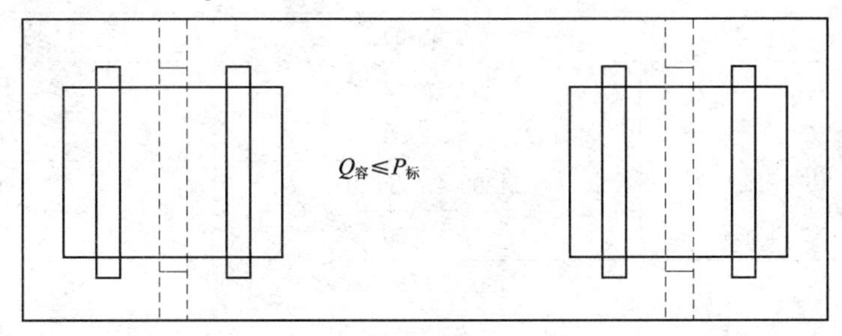

图7-20　长度≤3.8m加垫横垫木装载

(4)在车辆两端墙向中部连续装载货物,每端装载长度超过3.8m时(见图7-21),应遵守下列规定。

①装载宽度不小于2.5m时,全车装载重量可以达到车辆标记载重量;

②装载宽度不小于1.3m、不足2.5m时,全车装载重量不得超过55t。

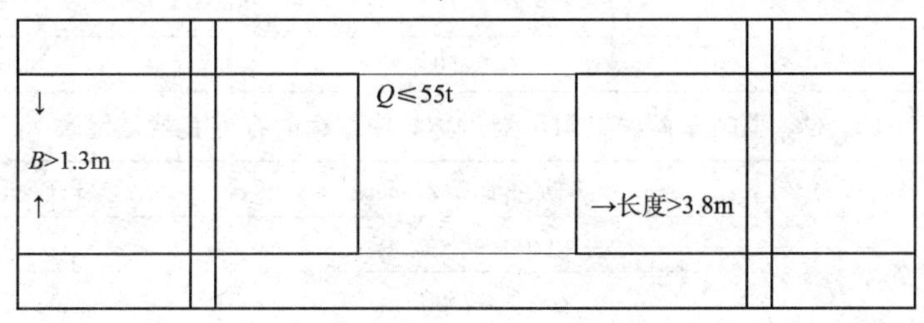

图7-21　长度>3.8m时的装载

(5)在车辆两枕梁内外等距离、宽度不小于1.3m范围内和车辆中部三处承载时,中部货物重量不得大于13t,全车装载重量不得超过57t。

(6)靠车辆两端墙向中部连续装载,每端装载长度超过3.8m,且在车辆中部装载货物时,应遵守下列规定:

①中部所装货物的重量不得超过13t;

②当两端货物的装载宽度不小于2.5m时,全车装载重量不得超过57t;

③当两端货物的装载宽度不小于1.3m、不足2.5m时,全车装载重量不得超过55t。

(7)仅靠防滑衬垫防止货物移动时,全车装载重量不得超过55t。

2.70t敞车装载

C_{70}、C_{70H}型敞车局部地板面承受货物重量时,应遵守下列规定:

(1)仅在车辆两枕梁之间、横中心线两侧等距离范围内承受均布载荷或对称集中载荷时,容许载重量见表7-11和表7-12。

C_{70}、C_{70H}型敞车两枕梁间承受均布载荷时容许装载重量表　　表7-11

车辆负重面长度	车辆负重面宽度 B(mm)	容许装载重量(t)
2000	$1300 \leqslant B < 2500$	25
	$B \geqslant 2500$	30

续上表

车辆负重面长度	车辆负重面宽度 B(mm)	容许装载重量(t)
3000	$1300 \leq B < 2500$	28
	$B \geq 2500$	39
4000	$1300 \leq B < 2500$	34
	$B \geq 2500$	40
4500	$1300 \leq B < 2500$	34
	$B \geq 2500$	40
5000	$1300 \leq B < 2500$	36
	$B \geq 2500$	42
6000	$1300 \leq B < 2500$	42
	$B \geq 2500$	45
7000	$1300 \leq B < 2500$	44
	$B \geq 2500$	48
8000	$1300 \leq B < 2500$	48
	$B \geq 2500$	52
9000	$1300 \leq B < 2500$	52
	$B \geq 2500$	62

C_{70}、C_{70H}型敞车两枕梁间承受对称集中载荷时容许装载重量表 表7-12

横垫木中心间距(mm)	横垫木长度 L(mm)	容许装载重量(t)
1000	$1300 \leq L < 2500$	26
	$L \geq 2500$	30
2000	$1300 \leq L < 2500$	32
	$L \geq 2500$	36
3000	$1300 \leq L < 2500$	35
	$L \geq 2500$	39
4000	$1300 \leq L < 2500$	42
	$L \geq 2500$	46
5000	$1300 \leq L < 2500$	48
	$L \geq 2500$	54
6000	$1300 \leq L < 2500$	58
	$L \geq 2500$	64
7000	$1300 \leq L < 2500$	60
	$L \geq 2500$	68
8000	$1300 \leq L < 2500$	64
	$L \geq 2500$	70

(2)两枕梁直接承受货物重量且两枕梁承受的货物重量相等时,全车装载重量可以达到车辆标记载重量。

(3)在车辆两枕梁内外等距离(装载长度不超过3.8m)范围内承受均布载荷时,应遵守下列规定：

①装载宽度不小于2.5m时，全车装载重量可以达到车辆标记载重量；

②装载宽度不小于1.2m、不足2.5m时，全车装载重量不得超过65t。

如果需要在货物下加垫横垫木或条形草支垫（稻草绳把）时，应分别加垫在枕梁上及其内外各1m处。

(4)靠车辆两端墙向中部连续装载货物，每端装载长度超过3.8m时，应遵守下列规定：

①装载宽度不小于2.5m时，全车装载重量可以达到车辆标记载重量；

②装载宽度不小于1.2m、不足2.5m时，全车装载重量不得超过65t。

(5)在车辆两枕梁内外等距离（装载长度不超过3.8m）范围内和车辆中部三处承载时，应遵守下列规定：

①中部货物装载宽度不小于1.2m，重量不得大于25t；

②当两端货物的装载宽度不小于2.5m时，全车装载重量可以达到车辆标记载重量；

③当两端货物的装载宽度不小于1.2m、不足2.5m时，全车装载重量不得超过65t。

(6)货物的装载宽度小于1.2m时，可双排装载或加垫长度不小于1.2m的横垫木。

复习思考题

1. 货物1件重48t，体积12.5m×3m×1.4m，重心位于货物几何中心，可用N_{16}型平车、N_{17}型平车装运，请计算货物重心纵向最大容许偏移量。

2. 货重45t货物一件，体积13m×2.8m×1.5m，货物重心距货物一端7m，可用自重19.1t的N_{17}型平车、N_{60}型平车，试确定经济合理的货物装载方案。

3. 托运一件重36t，重心高为1500mm的货物，使用一辆自重为19.8t的N_{17}型平车装载，试确定其装车后的重车重心高是否符合运输要求。若不符合要求可采取哪些具体措施降低重车重心高？有若干件可以配重的小件货物，每件重3t，重心高500mm。

4. 托运一批货物，使用N_{16}型平车装运，货1重30t，重心纵向偏移量为1500mm，重心横向偏移量为80mm，重心高度为1400mm；货2重25t，重心纵向偏移量为−1300mm，重心横向偏移量为−75mm，重心高度为1200mm；请检验该装载方案是否符合装载基本技术要求，若重车重心高度超过2000mm，应如何配重？

项目八　组织超限超重货物运输

任务一　认识超限、超重货物

任务单

任务名称	认识超限、超重货物
知识目标	(1)理解并掌握与超限货物运输有关的限界的种类; (2)明确各种限界之间的关系
能力目标	学会运用《超规》附件四查定超限等级
任务描述	查定超限货物的超限等级
任务要求	(1)辨识与超限货物运输相关的限界; (2)根据货物的计算宽度、计算高度数据,查定超限等级

相关理论知识

《铁路货物运输规程》规定,货物的装载高度和宽度,除超限货物和有特定者外,均不得超过机车车辆限界或特定区段装载限界。随着国民经济的发展,发电机定子、变压器、大型挖掘机等电力、机械、冶金、化工等行业的越来越多的核心设备利用铁路机车车辆限界与建筑接近限界之间的安全距离进行运输,此类货物装载技术条件要求严格、复杂,运输组织难度高,从而产生了铁路超限超重货物运输问题。

超限超重货物形状不规则,外形尺寸庞大复杂,有些货物还同时具有超长、集重的特性。因此,在组织超限超重货物时,要根据货物特点,必须遵守相应装载技术条件,选用适用车型,选择安全经济的装载方案,最大限度降低超限超重等级和重车重心高度,并且严格按照规定组织运输。

一、铁路限界

为了确保机车车辆和货物运行的安全,防止其在运行中与沿线建筑物或设备相接触,同时对在线路上运行的机车车辆横向尺寸也有必要进行一定限制,铁路规定了各种专门限界。其中与超限超重货物运输有关的限界主要包括:机车车辆限界、建筑限界、货物装载限界和超限限界等。

1.机车车辆限界

机车车辆限界系指机车、车辆在设计制造时,各部位距钢轨平面最高和距线路中心线的垂直面最大尺寸的轮廓图(见图8-1)。它是一个与平直线路中心线垂直,在线路中心线所在垂直平面两侧尺寸对称的横断面极限轮廓。当机车车辆停留在水平直线上,其纵中心线和线路中心线处于同一垂直平面上时,机车(除电力机车的受电弓外)、车辆的任何部分均不得超出该限界尺寸。

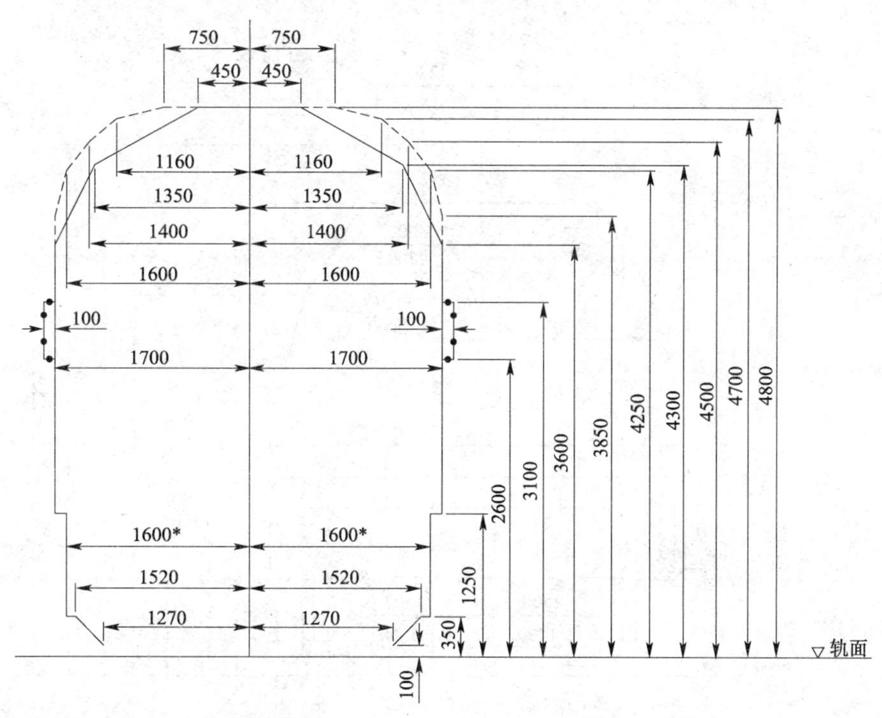

注："————"为机车车辆限界基本轮廓； "－－－－－－"为电气化铁路干线上运用的电力机车；
"—●—●—●—"为列车信号装置限界轮廓； "＊"电力机车在距轨面高350~1250mm范围内为1675mm。

图8-1 机车车辆(上部)限界图(尺寸单位:mm)

其最大高度处距轨面4800mm,最大半宽在距轨面1250～3600mm高度范围内为1700mm。

2. 建筑限界

铁路建筑限界系指除了机车车辆和与机车车辆有相互作用的设备(车辆减速器、路签授受器、接触电线及其他)外,其他任何建筑物或设备距钢轨平面最高和距线路中心线的垂直面最小尺寸的轮廓图。

我国铁路建筑限界包括:客货共线铁路建筑限界($v \leqslant 160$km/h),客货共线铁路建筑限界(160km/h $< v \leqslant$ 200km/h),客货共线铁路双层集装箱运输建筑限界($v \leqslant 160$km/h)、客运专线铁路建筑限界(200km/h $\leqslant v \leqslant$ 350km/h)。

铁路超限货物运输研究中采用的建筑限界是客货共线铁路建筑限界($v \leqslant 160$km/h)。该建筑限界1959年作为国家标准颁布时称为建筑接近限界,1983年改称标准轨距铁路建筑限界,分为基本建筑限界[见图8-2、图8-4a)、图8-4b)]、隧道建筑限界、桥梁建筑限界。

基本建筑限界最大高度处距轨面5500mm,最大半宽距线路中心线所在垂直平面为2440mm。

由于隧道及桥梁的结构、施工特点以及线路的维修、养护、巡查等要求,导致隧道、桥梁建筑限界均比基本建筑限界要大。

3. 货物装载限界

按照《铁路货物装载加固规则》,货物的装载高度、宽度和计算宽度,除超限货物外,不得超过货物装载限界(见图8-3)和特定区段的装载限界(见表8-1)。

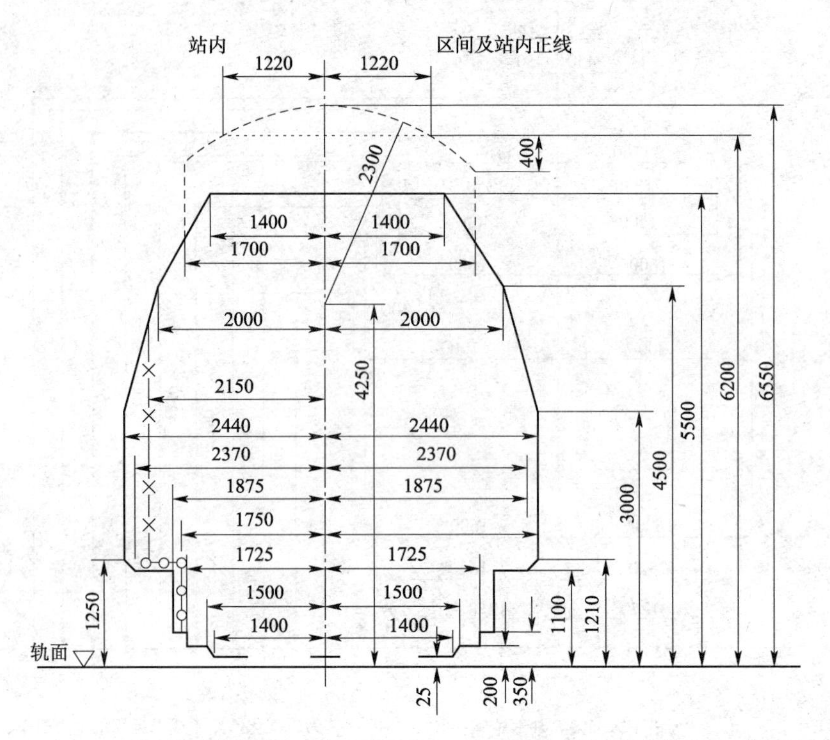

注：“ —×—×— ”为信号机的建筑限界(正线不适用)； “—○——○—”为站台建筑限界(正线不适用)；
“————”为各种建筑物的限界； “- - - - - - - - -”为适用于电力机车牵引的线路的跨线桥、天桥及雨棚等建筑物；
“……………”为电力机车牵引的线路的跨线桥在困难条件下的最小高度。

图 8-2　基本建筑限界图(v≤160km/h,尺寸单位:mm)

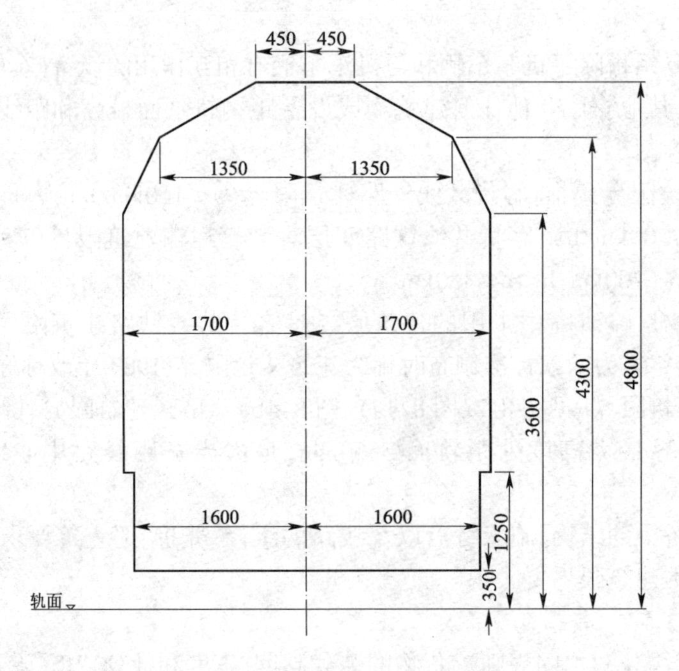

图 8-3　货物装载限界图(尺寸单位:mm)

我国铁路旧线个别区段的实际建筑限界比标准要小;此外,个别地段的线路或桥梁质量较差,因而对通过这些特定区段的车辆装载高度或宽度、对重车总重规定了一定的限制,应按特定区段装载限界办理。

特定区段的装载限界 表8-1

序号	线名	区段	限制事项		附记
			装载限界	车体自重加实际载重最大吨数	
1	京包线	南口—西拨子间	装载货物高度和宽度按表①规定		
2		运往朝鲜的货物	按机车车辆限界装载,但最高不得超过4750mm		
3	广九线	经深圳北运往九龙的货物	装载货物中心高度由钢轨面起360~3600mm处左右宽度不超过1550mm,其他部位按机车车辆限界		
4	京广线	南岭支线		90	坪石站出岔
5	丰沙线	沙城~三家店间上行线	装载货物中心高度由钢轨面起不得超过4600mm		

表①

由钢轨面起算的高度(mm)	由车辆纵中心线起算每侧的宽度(mm)	全部宽度(mm)
4300	1050	2100
4200	1150	2300
4100	1250	2500
4000	1350	2700
3900	1450	2900
1250以上至3600	1600	3200

货物装载的高度、宽带或计算宽度虽超过特定区段装载限界,但只要没有超过机车车辆限界,仍然不按超限货物办理。

4. 超限限界

作为货物装车后是否超限以及超限的严重程度的判定标准,《铁路超限超重货物运输规则》(以下简称《超规》)规定了的各级超限限界。

(1)一级限界:一级超限货物装载的最大轮廓图[见图8-4a)],超过此限界即为二级超限。其最大高度处距轨面4950mm,最大半宽在距轨面1250~3600mm高度范围内为1900mm。

(2)二级限界:二级超限货物装载的最大轮廓图[见图8-4b)],超过此限界即为超级超限。其最大高度处距轨面5000mm,最大半宽在距轨面1250~3600mm高度范围内为1940mm。

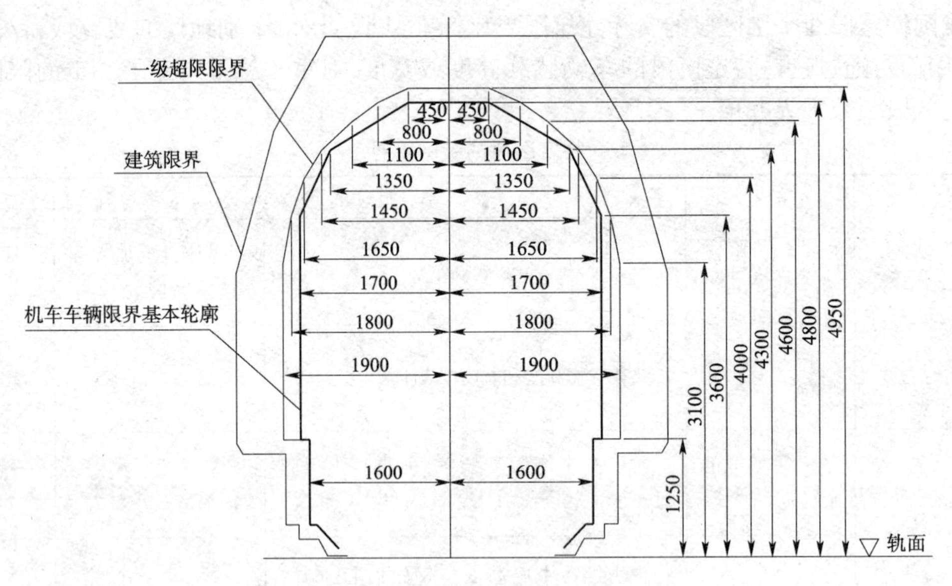

图 8-4a)　一级超限限界图(尺寸单位:mm)

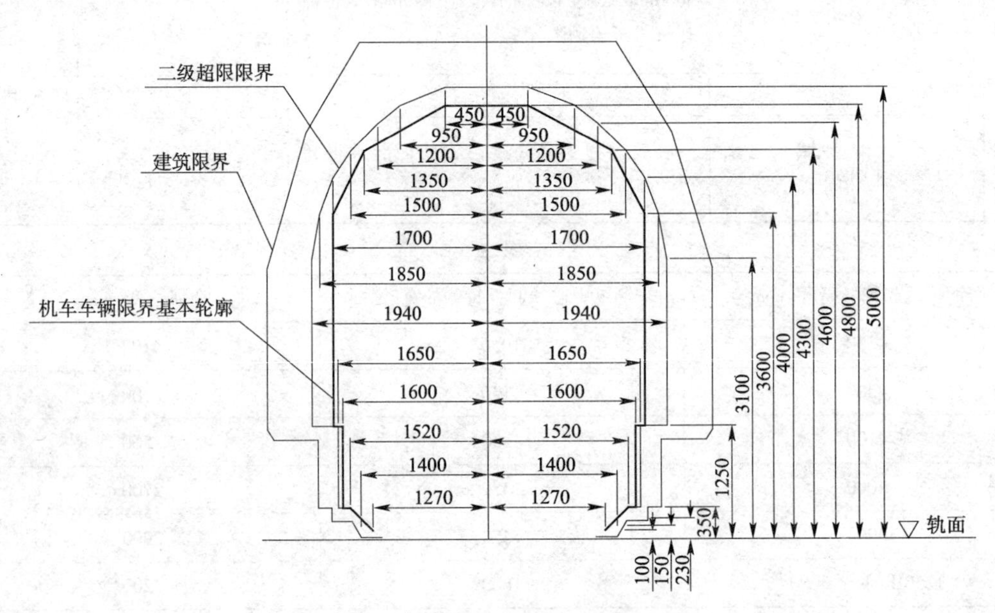

图 8-4b)　二级超限限界图(尺寸单位:mm)

二、超限货物

1. 超限货物定义

货物装车后,车辆停留在水平直线上,货物的任何部位超出机车车辆限界基本轮廓者或车辆行经半径为 300m 的曲线线路上时,货物的计算宽度超出机车车辆限界基本轮廓者,均为超限货物。具体可分为下列两种情况:

(1)货物装车后,在平直线路上停留时,货物的任何部位超出机车车辆限界基本轮廓,称为超限货物;

(2)货物装车后,在平直线路上虽然不超限,但当车辆行经在半径为 300m 的曲线线路上时,货物的计算宽度超出机车车辆限界基本轮廓者,也属超限货物。

2. 超限货物的种类

(1)根据超限部位划分

根据超限货物的超限部位,以线路中心线为标准,按装车站最初挂运列车的运行方向,分为左侧超限、右侧超限和两侧超限。两侧超限又分为对称超限和非对称超限。

(2)根据超限部位所在不同高度划分

根据超限货物的超限部位自轨面起高度不同,分为上部超限、中部超限和下部超限。

①上部超限:自轨面起高度超过 3600mm,任何部位超限者;

②中部超限:自轨面起高度在 1250 ~ 3600mm 之间,任何部位超限者;

③下部超限:自轨面起高度在 150mm 至未满 1250mm 之间,任何部位超限者。

3. 超限货物的等级

划分超限货物等级的目的是为了明确超限货物的超限程度,确定请示运输范围及文电内容,制定运送条件,同时也是正确核收运费的依据。根据货物的超限程度,超限货物等级分为一级超限、二级超限和超级超限。

(1)一级超限:自轨面起高度在 1250mm 及其以上超限但未超出一级超限限界者。

(2)二级超限:超出一级超限限界而未超出二级超限限界者,以及自轨面起高度在 150mm 至未满 1250mm 间超限但未超出二级超限限界者。

(3)超级超限:超出二级超限限界者。

具体判定超限等级查阅《超规》附件四,"机车车辆限界、各级超限限界与建筑限界距离线路中心线所在垂直平面尺寸表"(见表 8-2)。

机车车辆限界、各级超限限界与建筑限界距离线路中心线所在垂直平面尺寸表(摘录) 表 8-2

自轨面起算的高度(mm)	限界距线路中心线所在垂直平面的距离(mm)			
	机车车辆限界	一级超限限界	二级超限限界	建筑限界 *
150	1320	1320	1400	1471
160	1330	1330	1400	1477
:	:	:	:	:
220	1390	1390	1400	1725
230	1400		1400	1725
:	:	:	:	:
350	1520		1520	1725
360 ~ 1100	1600	1600	1650	1875
1110	1600	1600	1650	1875
:	:	:	:	:
1210 ~ 1240	1600	1600	1650	2440
1250 ~ 3000	1700	1900	1940	2440
3050	1700	1900	1940	2425
3150	1700	1890	1931	2396
3250	1700	1870	1913	2366
3350	1700	1850	1895	2337

续上表

自轨面起算的高度(mm)	限界距线路中心线所在垂直平面的距离(mm)			
	机车车辆限界	一级超限限界	二级超限限界	建筑限界 *
3610	1695	1796	1846	2261
4010	1495	1643	1693	2143
4790	468	815	962	1826
4800	450	800	950	1820
4810		777	925	1814
4950		450	575	1730
4960			550	1724
4970			525	1718
5000			450	1700
5010				1694
:				:
5500				1400

注:建筑限界系引用《标准轨距铁路建筑限界》(GB 146.2—1983)的基本建筑限界。

三、超重货物

1. 超重货物定义

超重货物是指货物装车后,重车总重活载效应超过桥涵设计标准活载(中—活载)的货物。

2. 超重货物等级

根据货物的超重程度,超重货物分为三个等级:一级超重、二级超重和超级超重。

(1)一级超重:$1.00 < Q \leq 1.05$;

(2)二级超重:$1.05 < Q \leq 1.09$;

(3)超级超重:$Q > 1.09$。

注意:Q 为活载系数。理论上以活载系数的大小来划分超重货物等级。

3. 超重货物分级表

根据所使用的长大货车车种车型和重车总重查看“超重货物分级表”(见表 8-3)来具体划分超重货物等级。

超重货物分级表

表 8-3

等级 \ 项目	长大货车型号	重车总重 P(t)	长大货车型号	重车总重 P(t)
一级	D_2	$314 < P \leq 330$	D_{26B}	$371 < P \leq 390$
	D_{2A}	$P > 329$	D_{28}	$369 < P \leq 388$
	D_{2G}	$326 < P \leq 342$	DK_{29}	$370.8 < P \leq 389.5$
	D_{9G}	$372 < P \leq 391$	D_{30A}	$369 < P \leq 388$
	D_{17}	$P > 197$	D_{30G}	$437 < P \leq 459$

续上表

项目 等级	长大货车型号	重车总重 P(t)	长大货车型号	重车总重 P(t)
一级	D_{18A}	$P>310$	D_{32}	$491<P\leqslant 515$
	D_{18G}	$P>331$	D_{32A}	$P>545$
	D_{19G}	$372<P\leqslant 391$	350t 落下孔车	$490<P\leqslant 514$
	D_{23G}	$310<P\leqslant 326$	D_{35}	$502<P\leqslant 527$
	D_{K23}	$P>296$	D_{Q35}	$508<P\leqslant 533$
	D_{25A}	$P>374$	D_{K36}	$P>545.7$
	D_{A25}	$P>361$	D_{K36A}	$P>521.3$
	D_{26}	$371<P\leqslant 390$	D_{38}	$543<P\leqslant 571$
	D_{26AK}	$P>332$	D_{45}	$580<P\leqslant 609$
二级	D_{2}	$330<P\leqslant 343$	D_{30A}	$388<P\leqslant 403$
	D_{2G}	$342<P\leqslant 355$	D_{30G}	$P>459$
	D_{9G}	$P>391$	D_{32}	$515<P\leqslant 535$
	D_{19G}	$391<P\leqslant 406$	350t 落下孔车	$P>514$
	D_{23G}	$P>326$	D_{35}	$527<P\leqslant 548$
	D_{26}	$P>390$	D_{Q35}	$P>533$
	D_{26B}	$P>390$	D_{38}	$571<P\leqslant 592$
	D_{28}	$P>388$	D_{45}	$609<P\leqslant 632$
	D_{K29}	$P>389.5$		
超级	D_{2}	$P>343$	D_{32}	$P>535$
	D_{2G}	$P>355$	D_{35}	$P>548$
	D_{19G}	$P>406$	D_{38}	$P>592$
	D_{30A}	$P>403$	D_{45}	$P>632$

任务二　测量超限货物的外形尺寸

任务单

任务名称	测量超限货物模型尺寸
知识目标	掌握超限货物定义及分类;理解超限货物装车前测量要求;理解超限货物装车后测量要求
能力目标	学会运用各种相关测量工具,正确测量阔大货物模型的长、宽、高,并在装载示意图上正确标注
任务描述	使用相关测量工具,测量阔大货物模型
任务要求	(1)学习测量工具的正确使用; (2)完成对阔大货物模型的相关尺寸测量; (3)完成货物装载示意图相关尺寸的标注

相关理论知识

正确测量超限货物装车前、装车后各部位尺寸，是确定超限货物等级和运送条件的重要依据。如果测量数据不准确，一方面可能会使非超限货物变为超限货物或者提高超限等级，造成不必要的限速、绕道运输以及会车上的困难，增加运输费用；另一方面也可能将超限货物误变为非超限货物或者降低超限等级，降低运输条件和要求，直接影响超限货物的货物完整和运行安全，减少运输收入。因此，必须按照规定严格进行超限货物外形尺寸以及运输车辆的有关测量。

一、测量的基本要求

(1)测量时要以毫米为单位，认真细致如实，尺寸准确，记录完整。

(2)测量前要合理选择计划装载加固方案。根据货物的重量、外形、重心位置和结构特点，装运车辆的技术条件，结合托运人提供的计划装载加固方案综合考虑。确保货物装载符合技术条件，重车重心高度和超限程度尽量降低。

(3)装车前测量按计划的装载方案进行，以超限车的运行方向为前方来确定货物的左侧和右侧。

测量货物的各不同高度均从货物底部支重面起算，各不同高度处的宽度均从货物重心所在的纵向垂直平面起算。

(4)测量高度应严格按垂直距离测量，宽度应严格按水平距离测量。装载的高度应包括垫木、货物支座高度；宽度应包括铁线、钢丝绳、腰箍等加固材料在内。

(5)装车后测量按实际装载状态进行，货物的各不同高度从钢轨面起算，各不同高度处的宽度均从车辆纵中心线所在的垂直平面起算。

测量结果应与“超限超重货物托运说明书”(见表8-5)中的有关数据进行核对。

二、测量用的工具

为了正确、安全、高效地测量超限货物的外形尺寸，车站必须备有质量良好的测量工具，并指定专人妥善保管和维修。目前常用的测量工具及计算用具主要有以下几种：

(1)钢卷尺及皮尺；

(2)水平尺；

(3)吊锤；

(4)绝缘尺；

(5)辅助测量用的木板条；

(6)小型电子计算器；

(7)袖珍绘画垫板。

三、装车前的测量

装车前的测量是指按照基本要求测量货物本身的有关尺寸，准确确定超限等级和运输要求。测量时按计划装载方案对货物进行测量，并加以完整记录：以货物的重心位置为准，顺车长为货长，沿车宽为货宽，并以初次挂运方向为左侧、右侧，测量内容如下所述。

1. 长度

测量货物的最大长度(全长)和支重面长度，货物横断面发生变化时或横向有突出部分时,应测量断面发生变化处及横向突出部位距货物重心所在垂直平面的距离(见图8-5)。

支重面长度是针对货物而言,指支承货物重量的货物底面的长度。

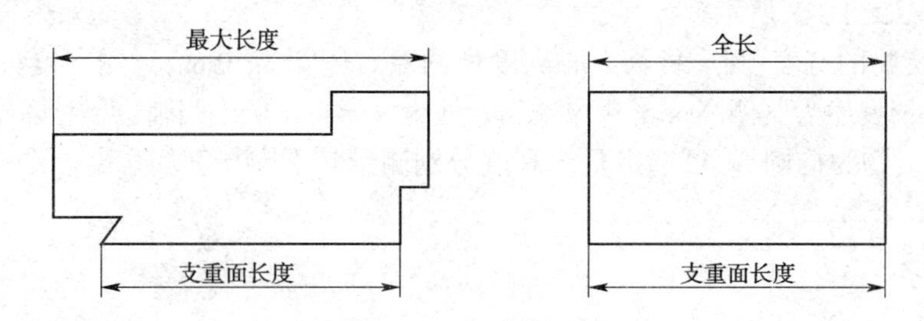

图8-5 装车前测量货物的长度

2. 高度

由货物底部支重面起,测量货物中心高度和侧高度。

(1)中心高度

自货物支重面起至货物最高处的最大高度(见图8-6和图8-7)。

(2)侧高度

中心高度处以下,货物两侧不同宽度处的测点至支重面的高度称为侧高度。由上至下分别测出不同计算点的侧高度,分别为第一侧高、第二侧高、第三侧高……(见图8-6、图8-7)。

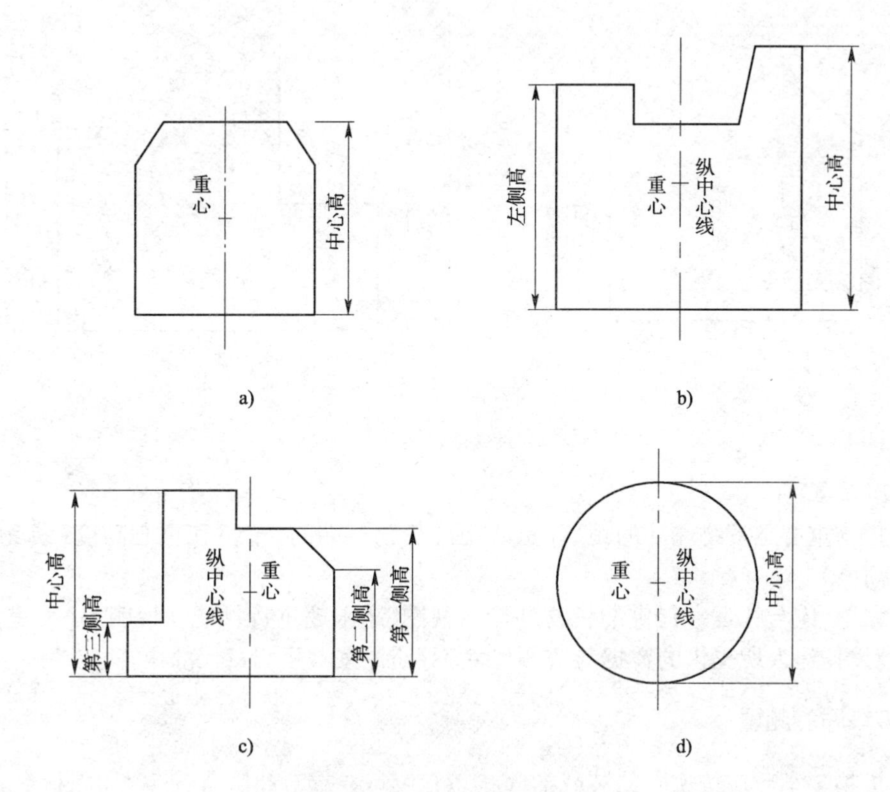

图8-6 装车前测量货物的高度

3. 宽度

测量中心高度处的宽度和不同侧高度处的宽度。

(1)中心高度的宽度:由货物重心所在的纵向垂直平面起,测量中心高度处的左侧和右侧的最大宽度,如图 8-7 所示。

(2)侧高度处的宽度:由货物重心所在的纵向垂直面起,测量每一侧高度处的左侧和右侧的最大宽度,如图 8-7 所示。

(3)圆形货物的宽度:圆形货物中心高度处的左右侧宽为“0mm”,侧高度处的左右侧宽度应测量并记录表述为×侧高××~××mm 处为××mm 半径圆弧,并注明圆心位置。如图 8-7 所示。货物为椭圆形,可选定几个高度分别测量其不同高度和宽度。

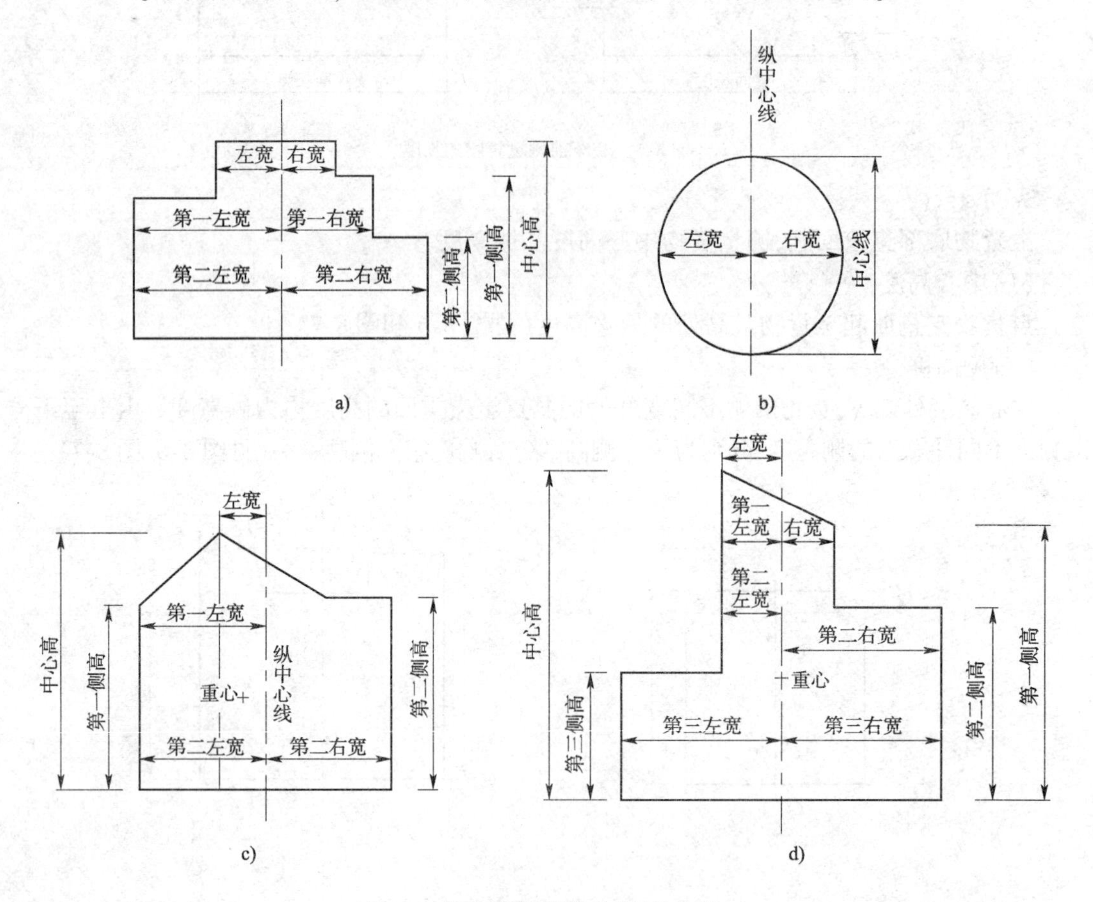

图 8-7　装车前测量货物的高度和宽度

4. 重心位置

测量货物重心至货物端部的距离(重心距离货物一端的长度)和重心高度(货物重心至支重面的高度)。

测量完毕,应与托运人提供的货物外形三视图、超限超重货物托运说明书(见表 8-5)进行认真核对,托运人所提供的数据与实测尺寸不符时,按实际测量尺寸更正。

四、装车后的测量

超限货物装车后应按实际的装载加固状态和测量要求对超限货物(含加固材料)和车辆的总体复测。其主要目的是为了检查转载状态是否符合上级批示电报指示的尺寸要求,并正确填写“超限超重货物运输记录”。

1. 长度

(1)跨装时,测量支距的长度和分别测量两支点外方的长度(见图 8-8)。

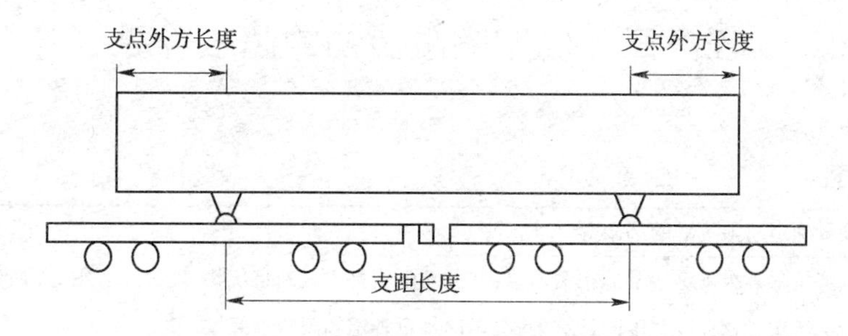

图 8-8 跨装时,装车后测量货物长度

(2)突出装载时,测量突出车辆端梁外方的长度;如两端突出不相等时,应分别测量(见图 8-9)。

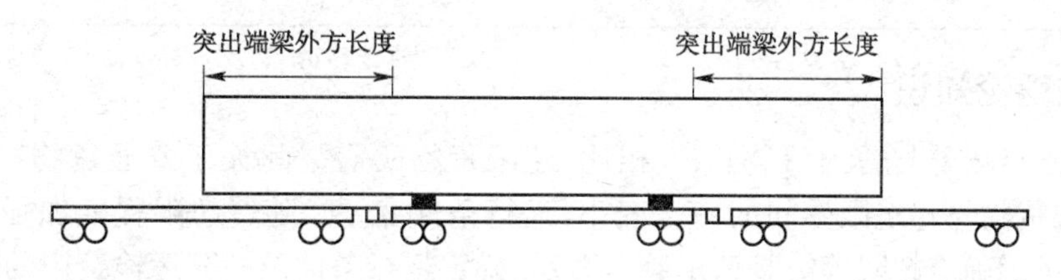

图 8-9 突出装载,装车后测量货物的长度

2. 高度

自轨面起测量货物中心高度和侧高度。

使用钳夹车、落下孔车装载的货物,装车后还应测量货物底部与轨面的高度,要求该高度不得小于 150mm。

3. 宽度

自车辆纵中心线所在的纵向垂直平面起,分别测量中心高度和不同侧高度处在其左侧和右侧的宽度。

此外,对于圆形货物,应测量其直径;货物上有突出部件时,应测量突出部件的位置和突出的尺寸。带轮货物,测量轮子的直径、轴距等。同时,还应测量加固部件的有关尺寸,如栓结点的位置、加固装置的有关尺寸等。

【案例 8-1】 根据图 8-10 中货物左视图尺寸,描述出图中尺寸对应的装车前测量的高度和宽度。

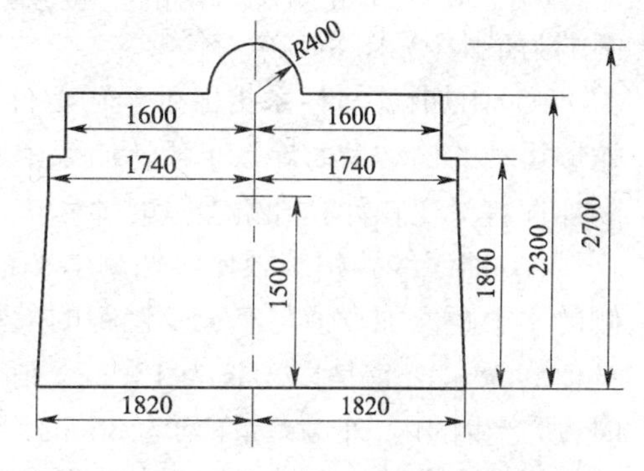

图 8-10 货物左视图(尺寸单位:mm)

货物重心高度 1500mm,装车前测量:

中心高 2500mm 处左宽 0mm,右宽 0mm。

中心高 2500 ~ 2300mm 处为 400mm 半径圆弧。

第一侧高 2300 ~ 1800mm 处左宽 1600mm;右宽 1600mm。

第二侧高 1800mm 处左宽 1740mm;右宽 1740mm。

第三侧高 0mm 处左宽 1860mm;右宽 1860mm。

二侧高至三侧高之间为斜坡。

任务三　确定超限货物的超限等级

任务单

任务名称	计算确定超限货物的超限等级
知识目标	理解超限等级确定涉及的相关术语;掌握超限货物等级确定步骤;理解并运用货物计算宽度公式
能力目标	学会运用货物计算宽度的计算公式,运用规章查定超限货物等级
任务描述	确定超限货物的超限等级
任务要求	(1)选定计算点,检定断面; (2)计算货物的计算宽度; (3)完成对超限货物的超限等级的确定

相关理论知识

货物超限意味着与普通货物(车)相比,超限货物所需空间大于普通货物(车)所需空间,因而超限货物与建筑限界间的净空变小,运行条件变差。随着超限程度加强,运输组织更加严格。正确确定超限等级是请示装运办法、确定运行条件及核算运输费用的依据。

一、相关术语

(1)计算点:即影响货物超限等级的货物外轮廓上超限程度最大的点。可以根据测量尺寸中中心高度及侧高度与其对应宽度确定的点来选定计算点。

(2)检定断面:即用以确定超限等级的横断面,计算点所在的与线路中心线垂直的超限程度最大的货物垂直横断面。结合实际,一般在车辆横中心线处、货物突出端部以及货物横断面形状发生改变处选定。

(3)实测宽度:即货物检定断面的计算点至车辆纵中心线所在垂直平面的距离。可以根据测量尺寸中不同高度对应的左宽、右宽来选定。

(4)货物偏差量:系指车辆行经在半径 300m 的曲线上时,货物检定断面处车辆纵中心线偏离线路纵中心线的距离。当车辆经过曲线线路时,两转向架中心销间的车辆纵中心线必然偏于曲线的内侧,产生内偏差量 $C_{内}$;而两转向架中心销外方的车辆纵中心线,必然偏于曲线的外侧,产生外偏差量 $C_{外}$;内偏差量以车辆中央部位为最大,外偏差量以车辆或货物的两端为最大(见图 8-11)。

(5)附加偏差量:系指由于车辆走行部分游间、曲线线路处轨距加宽量及车辆在钢轨上蛇形运动的摆动量而导致车辆转向架中心销偏离线路中心线,引起的货物偏差量的增大值。附加偏差量仅在计算外偏差量时才考虑。

(6)曲线线路建筑限界内外侧水平距离的加宽值:当曲线半径一定时,在曲线内侧或外侧的水平距离加宽值与车长及销距的大小有关。《超规》所采用的曲线内、外侧水平距离加宽值为 36mm,它是以车长为 13.2m、销距为 9.35m 的平车、行经半径为 300m 的曲线线路时,所产生的内、外偏差量(均为 36mm)作为曲线线路建筑限界内外侧水平距离的加宽值。由于在确定曲线线路建筑限界的实际宽度时,已考虑了该加宽值,所以确定计算宽度时必须减去 36mm。

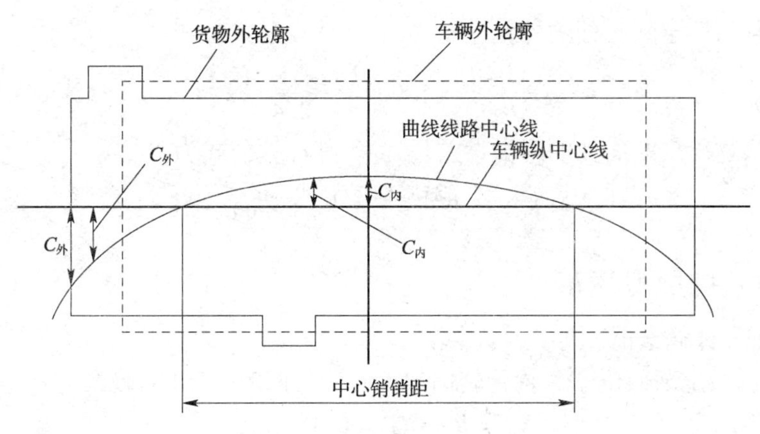

图 8-11 货物偏差量

(7)计算宽度:是以检定断面计算点的实测宽度为基础,并考虑曲线地段的偏差量及建筑限界在曲线地段的水平距离加宽值而确定的宽度。

(8)计算点高度:系指计算点距离钢轨面的垂直高度。

二、确定超限等级的方法

超限等级是以计算点所在检定断面的计算宽度(或实测宽度)和相对应的计算点高度,查《超规》附件四“机车车辆限界、各级超限限界与直线建筑接近限界距离线路中心线尺寸表”而确定。

1. 选定计算点和检定断面(装车后)

(1)结合前期测量的中心高及其左宽右宽、侧高度及其左宽右宽(左视图)尺寸,选出易于超限的点(或称为部位,以下同),作为需要计算的计算点。在等宽条件下,计算点在1250mm 以上时,标高不标低;不足 1250mm 时,标低不标高。

(2)结合前期测量的长度(主视图)尺寸,选出计算点所在的偏差量大的易于超限的横断面作为检定断面。在两转向架中心销之间,应选近(靠近车辆横中心线)不选远;在两转向架中心销外方,应选远(远离转向架中心销)不选近。

选定计算点和检定断面后,分别在左视图、主视图上标出其位置。

2. 计算货物的计算宽度

(1)用一辆六轴及以下货车装载时

①当货物的检定断面位于车辆两心盘中心之间时,其计算公式为:

$$X_{内} = B + C_{内} - 36 \quad (\text{mm}) \tag{8-1}$$

式中:B——实测宽度,mm;

$C_{内}$——货物检定断面处的内偏差量,mm,其计算公式为:

$$C_{内} = \frac{l^2 - (2x)^2}{8R} \times 1000 = \frac{l^2 - (2x)^2}{2.4} \quad (\text{mm}) \tag{8-2}$$

l——车辆转向架中心距,m;

x——货物检定断面至车辆横中心线的距离,m;

R——曲线半径,取 300m,m。

②当货物的检定断面位于车辆两心盘中心外方时,其计算公式为:

$$X_{外} = B + C_{外} + K - 36 \quad (\text{mm}) \tag{8-3}$$

式中：$C_{外}$——货物检定断面处的外偏差量，mm，其计算公式为：

$$C_{外}=\frac{(2x)^2-l^2}{8R}\times 1000=\frac{(2x)^2-l^2}{2.4}\quad(\text{mm})\tag{8-4}$$

K——货物检定断面处的附加偏差量，mm，其计算公式为：

$$K=75\left(\frac{2x}{l}-1.4\right)\quad(\text{mm})\tag{8-5}$$

注：当$\frac{2x}{l}\leqslant 1.4$时不计算$K$。

(2)用普通平车跨装时

①当货物的检定断面位于两货物转向架中心销之间时，其计算公式为：

$$X_{内}=B+C_{内}-36\quad(\text{mm})\tag{8-6}$$

其中，$C_{内}$的计算公式为：

$$C_{内}=\frac{L^2+l^2-(2x)^2}{8R}\times 1000=\frac{L^2+l^2-(2x)^2}{2.4}\quad(\text{mm})\tag{8-7}$$

式中：L——跨装支距，m；

l——负重车的转向架中心距，m；

x——货物检定断面至跨装支距中心线的距离，m。

②当货物的检定断面位于两货物转向架中心销外方时，其计算公式为：

$$X_{外}=B+C_{外}+K-36\quad(\text{mm})\tag{8-8}$$

其中，$C_{外}$的计算公式为：

$$C_{外}=\frac{(2x)^2-L^2-l^2}{8R}\times 1000=\frac{(2x)^2-L^2-l^2}{2.4}\quad(\text{mm})\tag{8-9}$$

K的计算公式为：

$$K=75\left(\frac{2x}{L}-1.4\right)\quad(\text{mm})\tag{8-10}$$

注：当$\frac{2x}{L}\leqslant 1.4$时不计算$K$。

(3)用六轴以上长大货物车装载时

①当货物的检定断面位于大底架两心盘中心之间时，其计算公式为：

$$X_{内}=B+C_{内}-36\quad(\text{mm})\tag{8-11}$$

其中，$C_{内}$的计算公式为：

$$C_{内}=\frac{L_1^2+\cdots+L_n^2-(2x)^2}{8R}\times 1000=\frac{L_1^2+\cdots+L_n^2-(2x)^2}{2.4}\quad(\text{mm})\tag{8-12}$$

式中：L_1、…、L_n——长大货物车由上向下各层底架心盘中心距，m，其中的n为长大货物车底架层数；

x——货物检定断面至车辆横中心线的距离，m。

注：用具有导向装置的长大货物车装载时，$C_{内}$根据车辆使用说明书计算。

②当货物的检定断面位于大底架两心盘中心外方时，其计算公式为：

$$X_{外}=B+C_{外}+K-36\quad(\text{mm})\tag{8-13}$$

其中，$C_{外}$的计算公式为：

$$C_{外}=\frac{(2x)^2-L_1^2-\cdots-L_n^2}{8R}\times 1000=\frac{(2x)^2-L_1^2-\cdots-L_n^2}{2.4}\quad(\text{mm})\tag{8-14}$$

K 的计算公式为：

$$K=75\left(\frac{2x}{L_1}-1.4\right)\quad(\text{mm})\tag{8-15}$$

注：当$\frac{2x}{L_1}\leqslant 1.4$时不计算 K。

(4)内偏差 $C_{内}$、外偏差 $C_{外}$ 计算时的运用

对于实际货物，每次都需要计算内偏差 $C_{内}$ 和外偏差 $C_{外}$ 吗？根据货物的具体外形尺寸、装车方案以及车辆的有关尺寸，有以下运用规律：

①对于横断面相同的货物，在其长度上每处的实测宽度均相等。如果装车后，货物两端均不超出车辆转向架中心销，应计算 $C_{内}$，而且应计算车辆中央部位的 $C_{内}$；如果装车后，货物长度超出车辆转向架中心销，则既存在 $C_{内}$，又存在 $C_{外}$，$C_{内}$以车辆横中心线所在断面处为最大，$C_{外}$以货物端部为最大，此时计算二者中的较大者。若$\frac{2x}{l}\leqslant 1.4$时，计算 $C_{内}$；若$\frac{2x}{l}>1.4$时，计算 $C_{外}$。

②对于横向有突出部分的货物，检定断面位于车辆两转向架中心销之间时，计算最大的 $C_{内}$；检定断面位于车辆两转向架中心销外方时，计算最大的 $C_{外}$。

③对于外形结构比较复杂、不规则的货物，需根据具体情况，计算几个检定断面的偏差量，并计算出计算宽度，进行比较才能确定。

在确定超限货物，特别是长大的超限货物的装载方案时，最好是选择货物长度与销距之比等于或接近1.4的车辆装运，这样货物的内偏差量等于或接近外偏差量，可以降低货物的超限程度。

3. 确定计算点高度

计算点高度自轨面起算，自下而上一般包括货车地板高度、垫木高度和计算点至货物支重面的高度。

4. 查定超限等级

根据确定的计算宽度（或实测宽度）和计算点高度，查《超规》附件四“机车车辆限界、各级超限限界与直线建筑接近限界距离线路中心线尺寸表”（见表8-2），可判定货物是否超限或超限等级。

当计算宽度小于实测宽度时，按实测宽度和计算点高度，查《超规》附件四确定货物超限等级。

【案例8-2】 请根据超限超重货物装车实际及相关条件，判定超限等级。

【任务1】 长方形均重机械设备一件，重50t，长9.0m，宽3.86m，高1.6m，使用标重60tN_{16}型普通平车装运，货物重心投影位于车地板纵、横中心线的交叉点上，货物底部使用高为130mm的横垫木四根。请判定该件货物是否超限，如果超限，请确定超限等级。货物装车后的装载图见图8-12。

N_{16}型普通平车的技术参数：$l=9300\text{mm}$，$l_{车}=13000\text{mm}$，$h_{车地板}=1210\text{mm}$

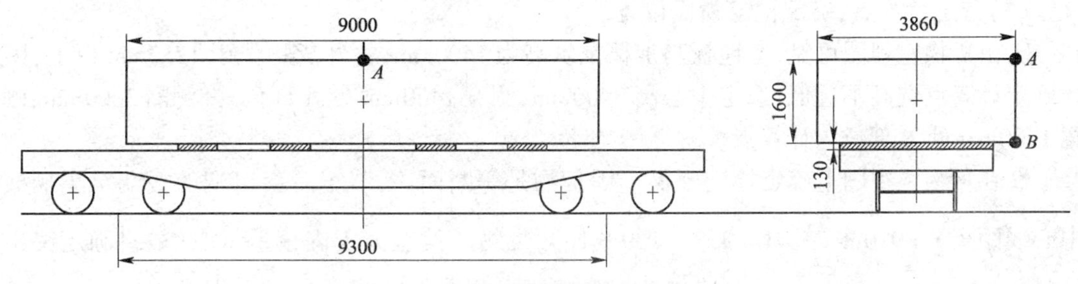

图8-12 机械设备装载图（尺寸单位：mm）

(1)选定计算点,确定检定断面位置

①由货物左视图可见,AB 间部位等宽且最宽,A、B 处易于超限。因计算点在 1250mm 以上时,标高不标低;不足 1250mm 时,标低不标高,A、B 两点均在 1250mm 以上,所以选定易于超限的中心高 2940mm、侧宽 1930mm 处 A 部位为计算点。

②在货物主视图上选择检定断面:

因货物是等断面体,装车后货物的检定断面位于车辆转向架中心销之间,所以选货物的中央部位(车辆横中心线处)为检定断面。

(2)计算宽度

$$A\text{ 计算点}:C_{内}=\frac{l^2-(2x)^2}{2.4}=\frac{9.3^2}{2.4}=36\text{mm}$$

$$X_{内}=B+C_{内}-36=1930+36-36=1930\text{mm}$$

(3)确定计算点高度

$$A\text{ 计算点高度}:\text{H}=1600+130+1210=2940\text{mm}$$

(4)查定超限等级

查《超规》附件四,A 部位属中部二级超限,因此该货物为二级超限货物。

【任务 2】 钢结构梁一件,重 30t,长 15500mm,高 2000mm 处左右宽各 1460mm;高 1600mm 处,左右宽各 1600mm,重心高 1000mm,使用 N_{16} 型木地板平车一辆负重,一端突出,加挂 N_{16} 型游车一辆,使用横垫木高 190mm。货物装车后的装载示意图见图 8-13。试确定超限等级。

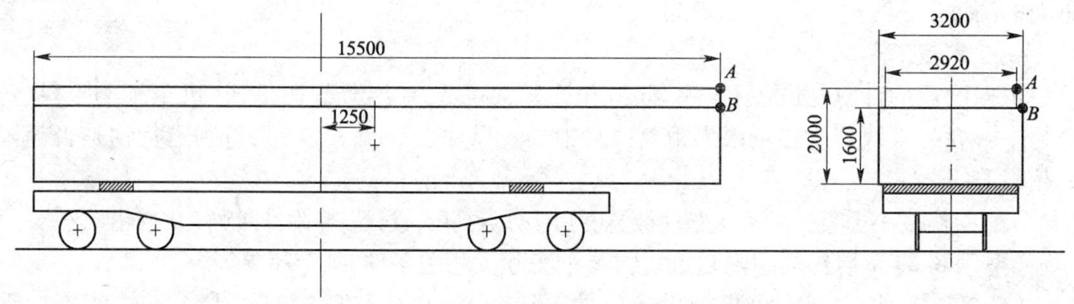

图 8-13 钢结构梁装载示意图(尺寸单位:mm)

N_{16} 型平车技术参数:$l=9300\text{mm}$,$L_{车}=13000\text{mm}$,$h_{车地板}=1210\text{mm}$

任务实施

(1)选定计算点,确定检定断面位置

①由货物左视图可见,车地板高加横垫木高为 1400mm,整件货物位于 1250mm 以上,因此确定计算点选高不选低,选定中心高 3400mm、侧宽 1460mm 处 A 部位,一侧高 3000mm、侧宽 1600mm 处 B 部位为计算点。

②在货物主视图上确定检定断面。因货物是等断面体,装车后突出端的货端至车辆横中心线距离 $x=9.0\text{m}$,$\frac{2x}{l}=18/9.3=1.9>1.4$,货物外偏差大于内偏差,因此最终确定突出车端的货物的端部为检定断面。

(2)计算宽度

$$C_{外}=\frac{(2x)^2-l^2}{2.4}=\frac{(2\times 9)^2-9.3^2}{2.4}=99\text{mm}$$

$$K=75\left(\frac{2x}{l}-1.4\right)=75\left(\frac{2\times 9}{9.3}-1.4\right)=40\text{mm}$$

A 点:

$$X_{外}=B+C_{外}+K-36=1460+99+40-36=1563\text{mm}$$

B 点:

$$X_{外}=B+C_{外}+K-36=1600+99+40-36=1703\text{mm}$$

(3)确定计算点高度

A 计算点高度:$H=1210+190+2000=3400\text{mm}$

B 计算点高度:$H=1210+190+1600=3000\text{mm}$

(4)确定超限等级

查《超规》附件四,A 部位不超限,B 部位属中部一级超限,因此该货物为一级超限货物。

【任务3】 均重化工设备一件,重92t,长24000mm,直径3400mm,用 D_{22} 一辆装载,货物重心落在车辆中央,凹形钢支座的规格为长3000mm,宽300mm,凹部高160mm。装车后的装载示意图如图8-14所示,试确定货物超限等级。

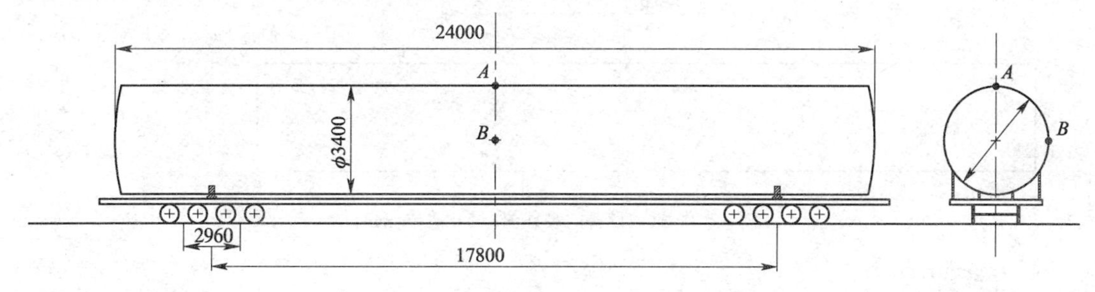

图8-14 化工设备装载示意图(尺寸单位:mm)

D_{22} 型长大平车技术参数:$L_1=17800\text{mm}$,$L_2=2960\text{mm}$,$h_{车地板}=1460\text{mm}$

任务实施

(1)选定计算点,确定检定断面位置

①由货物左视图可见,该件货物的最易超限的部位为 A、B 两处,因此选定中心高5020mm、侧宽0mm处 A 部位,一侧高3320mm、侧宽1700mm处 B 部位为计算点。

②在货物主视图上确定检定断面

该件货物长度小于车地板长度,检定断面位于两转向架中心销之间的车辆横中心线处,计算内偏差。

(2)计算宽度

$$C_{内}=\frac{L_1^2+\cdots+L_n^2-(2x)^2}{8R}=\frac{17.8^2+2.96^2-0}{2.4}=136\text{mm}$$

A 点:

$$X_{内}=B+C_{内}-36=0+136-36=100\text{mm}$$

B 点:

$$X_{内}=B+C_{内}-36=1700+136-36=1800\text{mm}$$

(3)确定计算点高度

A 计算点高度：$H=1460+160+3400=5020\text{mm}$

B 计算点高度：$H=1460+160+1700=3320\text{mm}$

(4)确定超限等级

查《超规》附件四，A 部位属上部超级超限，B 部位属中部一级超限，因此该货物为超级超限货物。

【任务4】 机械设备一件，重35t，长25800mm，宽3460mm，高1300mm，长度方向有对称突出部位，用 N_{17} 型普通平车两辆跨装。货物转向架高度为400mm，货物转向架中心销置于负重车中央，跨装支距为13940mm，货物重心落在车钩连挂中心，货物装车后的装载示意图见图8-15。试确定货物的超限等级。

N_{17} 型平车技术参数：$l=9000\text{mm}$，$L_{车}=13000\text{mm}$，$h_{车地板}=1209\text{mm}$

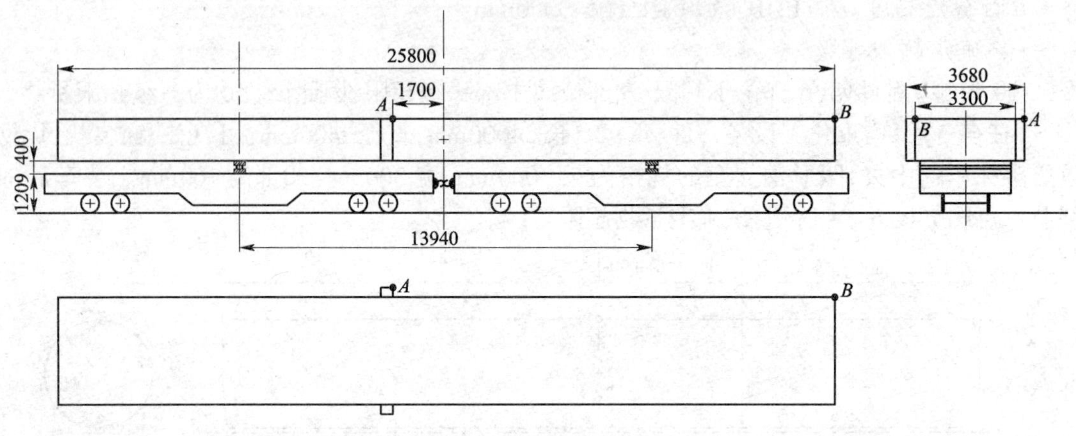

图8-15　机械设备的装载图(尺寸单位：mm)

任务实施

(1)选定计算点，确定检定断面位置

①由货物左视图可见，车地板高加货物转向架高为1609mm，整件货物位于1250mm以上，又由于横向有突出部分，侧宽不同处均可能超限，因此确定计算点选高不选低，选定中心高2909mm、侧宽1730mm处 A 部位，侧宽1650mm处 B 部位为计算点。

②在货物主视图上确定检定断面

侧宽为1730mm的 A 部位，检定断面位于货物两转向架中心销以内，选近不选远，计算内偏差。

侧宽为1650mm的 B 部位，$\frac{2x}{L}=\frac{25.8}{13.94}=1.85>1.4$，检定断面位于货物端部，计算外偏差。

(2)计算宽度

①A 点计算宽度

A 点：

$$C_{内}=\frac{L^2+l^2-(2x)^2}{8R}=\frac{13.94^2+9^2-(2\times1.7)^2}{2.4}=110\text{mm}$$

A 点：

$$X_{内}=B+C_{内}-36=1730+110-36=1804\text{mm}$$

②B 点计算宽度

B 点：

$$C_{外}=\frac{(2x)^2-L^2-l^2}{2.4}=\frac{25.8^2-13.94^2-9^2}{2.4}=163\text{mm}$$

B 点：

$$K=75\left(\frac{2x}{L}-1.4\right)=75\times\left(\frac{25.8}{13.94}-1.4\right)=34\text{mm}$$

B 点：

$$X_{外}=B+C_{外}+K-36=1650+163+34-36=1811\text{mm}$$

$X_{外}>X_{内}$，应按 $X_{外}$ 确定超限等级。

(3)确定计算点高度

B 计算点高度：$H=1209+400+1300=2909\text{mm}$

(4)确定超限等级

查《超规》附件四，B 部位属中部一级超限，因此该货物为一级超限货物。

任务四　拍发超限、超重货物运输电报

任务单

任务名称	拍发超限货物运输电报
知识目标	知道超限货物运输电报种类主送单位和主要内容；掌握电报中货物外形尺寸的描述格式
能力目标	按照规章规定，学会拍发超限货物运输电报
任务描述	拍发超限货物运输电报：收集一件超限货物外形尺寸三视图，拍发超限货物运输电报［发站：重庆东（成）；到站：北郊（上）；货物信息，结合收集资料自拟］
任务要求	(1)拍发超限货物运输请示电报； (2)计算货物的超限等级； (3)拍发超限货物的批示电报； (4)拍发超限货物挂运电报

相关理论知识

铁路超限超重货物运输电报分为超限超重货物运输请示电报、超限超重货物运输批示电报和超限超重车辆挂运请示电报。

一、超限超重货物运输电报管理的基本规定

(1)超限超重货物运输电报内容必须完整、规范、准确。

(2)实行专人审批和管理制度。各铁路局货运处（青藏公司为运营部）负责超限超重货物运输电报的请示、批示和管理工作。

(3)超限超重货物运输电报按下列管理权限审批：

①各铁路局间运输的一、二级超限货物和到站跨及三个及其以下铁路局的超级超限货物由发站所在铁路局审批。

②到站跨及四个及其以上铁路局的超级超限货物由发站所在铁路局审查后报中国铁路总公司审批。

③到站跨及三个及其以下铁路局的超重货物由发站所在铁路局审批。

④到站跨及四个及其以上铁路局的超重货物由发站所在铁路局审查后报中国铁路总公司审批。

⑤超重同时又超限的货物,同超重货物审批权限规定。

(4)铁路局接到车站请示电报后,应按规定审批权限及时审查批示或向中国铁路总公司请示;接到中国铁路总公司或兄弟铁路局批示的电报后,应及时结合管内实际向管内有关站段批示通行条件,管内通行确有困难时,应在收到电报之日起3个工作日内以电报和电话通知电报批示单位和发局。

二、请示电报

1. 主送单位

车站请示电报主送铁路局货运处;铁路局请示电报主送中国铁路总公司运输局营运部(涉及出口物资时应同时主送中国铁路总公司国际合作部)。

2. 主要内容

超限超重货物运输请示电报的内容包括:

(1)发站、到局、到站。

(2)货物概况,注明货物品名、件数、重量、全长、支重面长度、货物重心高度、货物的重心位置。自轮运转货物还应注明自重、轴数、轴距、固定轴距、长度、转向架中心销间距离、制动机形式、运行限制条件以及其他特殊运输条件要求等。

货物重量含装载加固装置和材料等重量。货物重心高度含垫木或支架等高度,并须注明其中垫木或支架等高度为××mm。支重面长度为垫木或支架等之间距离时,须注明两横垫木或支架之间距离为××mm。

(3)货物外形尺寸,应包括固定包装、装载加固装置和材料。高度自货物支重面或货物底部开始计算,宽度自货物重心所在的纵向垂直平面开始计算,不同高度处的宽度按自上而下顺序排列,尺寸均以mm为单位。货物外形尺寸表述必须完整、准确、正确。

货物外形尺寸表述方式规定如下:

①一个高度:

中心高××~××mm处左宽××mm,右宽××mm。

②两个高度:

中心高××mm处左宽××mm,右宽××mm;

侧　高××mm处左宽××mm,右宽××mm。

③三个及以上高度:

中心高××mm处左宽××mm,右宽××mm;

一侧高××mm处左宽××mm,右宽××mm;

二侧高××mm处左宽××mm,右宽××mm;

……

④圆形货物:

×侧高(中心高)××~××mm处为××mm半径圆弧,并注明圆心位置。

⑤不同高度之间为等宽：

×侧高（中心高）××～××mm处左宽××mm，右宽××mm。

⑥不同高度之间为斜坡形：

×侧高（中心高）至×侧高之间为斜坡形。

⑦同一高度左右两侧等宽：

×侧高（中心高）××mm处宽各××mm。

⑧一般情况下，货物外形尺寸采用同一高度处左右等宽方式表述，等宽宽度取左右宽度的最大数值。特殊需要时，采用左右宽度实际数值表述。

（4）装载方法，包括拟使用车种、车型及辆数；装载方法、装载加固方案编号。

装载方法主要包括不突出车端板装载、突出车端板装载和两车跨装3种方式。

①不突出车端板装载：注明每车装载件数及合装、分装等具体装载方法。

②突出车端板装载：除需注明不突出车端板装载规定内容外，还应注明货物突出车端的长度、突出端的宽度及高度，突出端的底部距游车车地板的高度，两端同时突出的应分别注明。需要使用游车的，注明使用游车的车种车型及辆数。

③两车跨装装载：两负重车中间或两端需要使用游车的，注明中间或两端使用游车的车种车型及辆数。注明货物跨装支距、突出支点长度和突出端的宽度及高度，同时突出两支点的应分别注明。货物突出支点后，又突出负重车车端板的，注明突出端底部距游车车地板的高度，两端同时突出的应分别注明。注明货物转向架的高度及重量。

（5）预计装后尺寸。装后尺寸高度自轨面开始计算，宽度自车辆纵中心线所在垂直平面开始计算。按货物外形尺寸表述方式规定表述。预计装后尺寸必须完整、准确、正确，保证预计货物装后的各不同高度处的最大计算宽度对应的部位不遗漏。

请示电报中的预计装后尺寸，结合装载加固方案（如垫木高度、加固线等），车辆装载后、测量时等原因，在实际测量尺寸上留一定的余量。

（6）特殊运输要求等。为保证货物及铁路运输安全，根据货物自身性质，必须明确的特殊运输限制条件等。

必要时，请示电报应附货物三视图、装载加固方案和货物重量的计量证明材料等资料。

三、批示电报

1. 主送单位

中国铁路总公司批示电报主送发站所在铁路局货运处，抄送经由和到达铁路局货运处。

铁路局批示电报主送发站、本局调度所、车辆段及货检站等。视情况可以主送其他相关站段，抄送本局运输、工务、电务、车辆、机务处等，军用物资还需抄送路局所在军代处。铁路局直接批示的本局发送的超限超重货物运输电报须抄送经由站和到达铁路局货运处。

2. 主要内容

超限超重货物运输批示电报主要内容包括：

（1）发站、经由站、到站。

（2）货物概况。

（3）使用车种、车型及辆数，装载方法。

（4）货物装后尺寸。

装后尺寸高度自轨面开始计算，宽度自车辆纵中心线所在垂直平面开始计算，按请示电报的货物外形尺寸表述方式规定表述(圆心位置表述时,应明确圆心高度和圆心距车辆纵中心线的水平距离)。装后尺寸必须完整、准确、正确,保证货物装后的各不同高度处的最大计算宽度对应的部位不遗漏。

(5)装运办法

装运办法必须准确、完整和正确。内容一般用"运输超限、超重货物电报代号"(见表8-4)中规定的电报代号加文字表述,无代号的应直接用文字准确、完整、规范表述。

运输超限、超重货物电报代号 表8-4

序号	代号	被代用文字	附注
1	A	超限等级	代号后写几级
2	B	左右宽度按发站挂运列车的进行方向。遇运行途中方向相反且无法通过限界时,由自局解决。不可能时,须先请邻局协助	
3	C	凡距线路中心线几毫米,高度超过几毫米,如道岔表述器等设备,在列车通过前拆除,通过后立即恢复正常位置	代号后分子为距线路中心线宽度的毫米数,分母为自轨面起高度的毫米数
4	D	通过接近限界的速度限制,按《超规》办理	
5	E	禁止接入距离线路中心线几毫米,高度超过几毫米的站台的线路	代号后分子为距线路中心线宽度的毫米数,分母为自轨面起高度的毫米数
6	F	禁止接入距离线路中心线几毫米的煤台和水鹤的线路	代号后写距线路中心线宽度的毫米数
7	G	区间限速几公里	代号后写速度公里数
8	H	由该局管内工务段指派专人添乘监视运行状态	
9	I	由该局管内车辆段指派专人添乘监视运行状态	
10	J	由该局管内电务段指派专人添乘监视运行状态	
11	K	会车条件按《超规》办理	
12	L	通过300m以下半径的曲线线路时,每小时限速几公里	代号后写速度公里数
13	M	途中货检站按规定检查无碍后继续运送	
14	N	各邻接调度所密切联系注意运行状态,接运和挂运按《超规》办理	
15	O	沿途由值乘车长负责监督运行	
16	P	需要货物转向架和使用车钩缓冲停止器	
17	Q	由发货人指派技术人员护送到站	
18	R	货物重心高度	代号后写毫米数
19	S	货物装在车上计算后的重车重心高度	代号后写毫米数
20	W	经过侧向道岔每小时限速几公里	代号后写速度公里数
21	Z	超重等级	代号后写几级

装运办法表述示例:

重车重心不超高时:①A ×级超限;②Z ×级超重;③KNOM。

重车重心超高时:①A ×级超限;②Z ×级超重;③R 1950mm;④S 2029mm;⑤G 50km;⑥L 20 km;⑦W 15km;⑧KNOM。

较复杂情况时:①A ×级超限;②Z ×级超重;③G 50km;④$R \geqslant 600$m,限速40km/h;600m $> R \geqslant$ 400m,限速30km/h;400m $> R \geqslant$ 300m,限速20km/h;$R <$ 300m,限速10km/h;

⑤W 15km；⑥禁止侧向通过8号及以下道岔；⑦禁止通过半径小于250m曲线线路；⑧禁止通过驼峰和高站台线路、禁止溜放和冲撞；⑨KMNOPQ；⑩附车辆技术鉴定书一份；⑪成组运输不得拆解，该机组挂列车尾部（专列除外）。

四、挂运电报

1. 主送单位

车站挂运电报主送铁路局调度所，抄送铁路局货运处。

2. 主要内容

挂运电报主要内容包括：批示电报号，发站、到站，货物品名、件数，使用车种、车型及辆数，装载完毕时间，装后尺寸复测，装后货物装载加固状态及车辆状态检查确认情况等。

五、电报编号及印章

1. 电报编号

超限超重运输电报编号实行年度循环制，以阿拉伯数字顺序编号。本年度批示的电报有效期截止到下年度1月31日，逾期未装运的须重新请示批示电报。

中国铁路总公司批示电报为：部超限超重××××号。铁路局请示、批示电报编号：×（铁路局简称）超限超重××××号。车站超限超重运输请示电报、挂运电报编号为：××站超限超重××××号。

2. 印章

中国铁路总公司批示电报加盖“中国铁路总公司运输局超限超重货物运输专用章”，专用章直径38mm。铁路局请示、批示电报加盖“××铁路局货运处超限超重货物运输专用章”，专用章直径36mm。车站超限超重货物运输请示电报、挂运电报加盖“××铁路局××站超限超重货物运输专用章”。专用章直径34mm。

车站超限超重货物运输请示、挂运传真电报必须打印，有拟稿人、审核人、签发人姓名及拟稿人联系电话。

【案例8-3】 超限货物运输请示电报。

铁路传真电报

签发：××× 核稿：××× 拟稿人：×××

电 话：×××××

发报所名	电报号码	等级	受理日	时分	收到日	时分	值机员

主送：成都铁路局货运处

抄送：

报文：

A站发到南昌局B站变压器1件，货重46t，全长3861mm，支重面长（两横垫木中心线间距）2600mm，货物重心高1600mm。

货物外形尺寸：当检定断面位于装载车中央部位（货物中部）时，外形尺寸如下：

中心高3515mm处左右宽各1450mm，一侧高3320mm处左右宽各1550mm，二侧高3080～2650mm处左右宽各1615mm，三侧高0mm处左右宽各1550mm。以上未衔接高度为斜坡形连接，以上高度均包括铺设在货物底部的横垫木高度50mm。

该件货物拟使用60t或61tN、NX（N_{16}、N_{60}型除外）型平车一辆装运，不突出装载。拟按原铁道部060503号定型方案装载加固。

预计装后尺寸：

中心高4735mm处左右宽各1450mm，一侧高4540mm处左右宽各1550mm，二侧高4300～3870mm处左右宽各1615mm，三侧高1170mm处左右宽各1550mm。

以上未衔接高度为斜坡形连接。60t或61tN、NX（N_{16}、N_{60}型除外）型平车的车底板距轨面高度按1220mm取值，其中第三侧高按预计车底板压沉50mm取值。以上高度均包括铺设在货物底部的横垫木高度50mm。

特请指示装运办法。

A站超限超重1005号

成都铁路局A站

××××年××月××日

【案例8-4】 超限货物运输批示电报。

铁路传真电报

签发：××× 核稿：××× 拟稿人：×××

电 话：×××××

发报所名	电报号码	等级	受理日	时分	收到日	时分	值机员

主送单位：局调度所、××车辆段、A站、C站、××车务段

抄送单位：广铁集团公司、南昌铁路局货运处

报文：

A站经由C、D、E到B站（南昌局）变压器1件，货重46t，全长3861mm，支重面长为两横垫木中心线间距2600mm，货物重心高1600mm；使用60t或61tN一辆装运。

装后：

中心高4735mm处宽各1450mm，一侧高4540mm处宽各1550mm，二侧高4300～3870mm处宽各1615mm，三侧高1170mm处宽各1550mm。

装运办法：

①A 超级超限；②R 1600mm；③S 2158mm；④G 50km；⑤L 20km；⑥W 15km；⑦MN。

成都铁路局超限超重1013号

××××年××月××日

任务五 组织超限、超重货物的发送、途中和到达作业

任务单

任务名称	组织一件超限货物的发送、途中和到达作业
知识目标	掌握组织一批超限货物运输的关键环节；掌握组织一批超限货物运输的作业要求；知道超限货物运输组织中涉及的单证及填写
能力目标	按照规章规定，学会组织一批超限货物运输
任务描述	已知资料与上一个任务相同，完成组织一批超限货物发送、到达、途中作业的关键环节文本描述
任务要求	(1)组织一批超限货物运输的技术文件，单据； (2)完成一批超限货物发送作业； (3)完成一批超限货物途中作业； (4)完成一批超限货物到达作业

相关理论知识

铁路超限超重货物运输作业是铁路货物运输作业的重要组成部分。

为确保安全、经济、迅速地运输超限超重货物,必须高度重视超限、超重货物运输安全管理工作。铁路局成立以主管运输副局长为主任、总工程师为副主任、各有关处长为成员的超限、超重货物运输及限界管理委员会;局直属货运站、车务段成立以主管站、段长为组长的超限超重货物运输管理领导小组。管理委员会和领导小组要建立工作制度、明确工作职责和工作程序,落实安全责任。

铁路局货运处是铁路局超限、超重货物运输管理的责任牵头部门,主要负责超限、超重货物运输电报的请示、批示,以及相关行政许可的资质审查等。铁路局调度所负责超限、超重车的运行组织和运行掌握,以及装运超限、超重货物所需空车的调配。

超限超重货物运输作业主要流程,如图 8-16 所示。

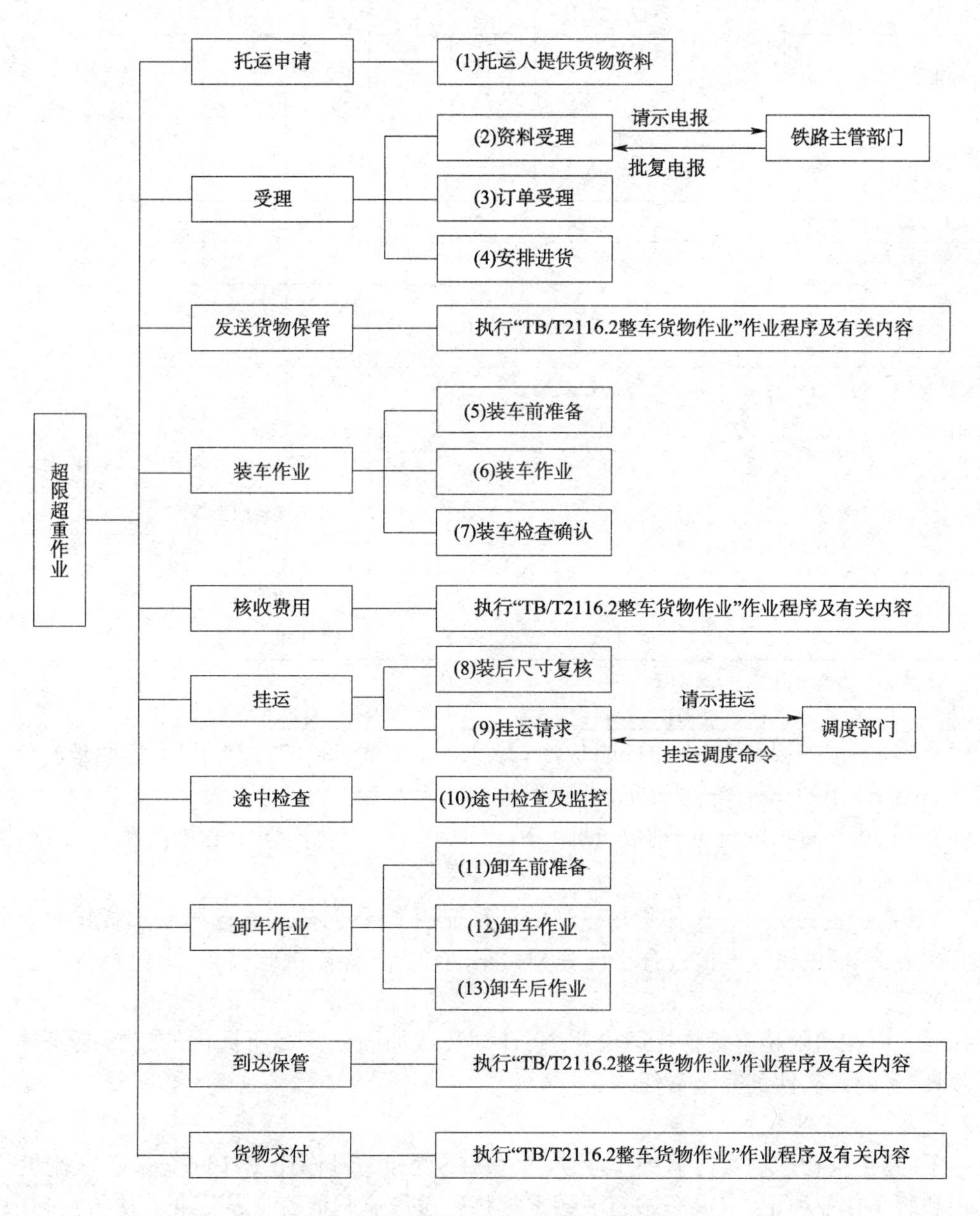

图 8-16　超限超重货物运输作业主要流程

一、超限、超重货物运输发送作业流程

1. 托运

托运人必须向取得超限超重货物运输资质的发站提出超限超重货物运输申请。

托运人托运超限、超重货物时除按一般货运手续办理外,还应提供下列资料:

(1)“超限超重货物托运说明书”(见表 8-5)。

超限超重货物托运说明书 表 8-5

<table>
<tr><td colspan="2">发 局</td><td colspan="2"></td><td>装车站</td><td colspan="2"></td><td colspan="4">预计装后尺寸</td></tr>
<tr><td colspan="2">到 局</td><td colspan="2"></td><td>到 站</td><td colspan="2"></td><td colspan="2" rowspan="2">由轨面起高度</td><td colspan="2">由车辆纵中心线起</td></tr>
<tr><td colspan="2">品 名</td><td colspan="2"></td><td>件 数</td><td colspan="2"></td><td>左 宽</td><td>右 宽</td></tr>
<tr><td colspan="2">每件重量</td><td></td><td>总重量</td><td></td><td>重心位置</td><td></td><td>中心高</td><td></td><td></td><td></td></tr>
<tr><td colspan="2">货物长度</td><td colspan="2"></td><td>支重面长度</td><td colspan="2"></td><td>一侧高</td><td></td><td></td><td></td></tr>
<tr><td rowspan="4">高度</td><td>中心高</td><td></td><td rowspan="4">宽度</td><td colspan="2">左</td><td>右</td><td>二侧高</td><td></td><td></td><td></td></tr>
<tr><td>侧 高</td><td></td><td colspan="2">左</td><td>右</td><td>三侧高</td><td></td><td></td><td></td></tr>
<tr><td>侧 高</td><td></td><td colspan="2">左</td><td>右</td><td>四侧高</td><td></td><td></td><td></td></tr>
<tr><td>侧 高</td><td></td><td colspan="2">左</td><td>右</td><td>五侧高</td><td></td><td></td><td></td></tr>
<tr><td colspan="2">要求使用车种</td><td colspan="2"></td><td colspan="2">标记载重</td><td></td><td>六侧高</td><td></td><td></td><td></td></tr>
<tr><td colspan="2">卸车时的要求</td><td colspan="5">机械</td><td>七侧高</td><td></td><td></td><td></td></tr>
<tr><td rowspan="4">其他要求</td><td colspan="6" rowspan="4"></td><td colspan="3">车地板高度</td><td></td></tr>
<tr><td colspan="3">垫木或转向架高度</td><td></td></tr>
<tr><td colspan="3">预计装在车上货物重心位置距轨面的高度</td><td></td></tr>
<tr><td colspan="3">重车重心高度</td><td></td></tr>
</table>

注:粗线栏内由铁路填记。

发货单位 戳记 年 月 日提出

(2)货物外形三视图,图中应标明货物有关尺寸、支重面长度,以“+”号标明重心位置。

(3)申请使用的车种、车型及车数,计划装载加固方案。

(4)自轮运转货物的自重、轴数、轴距、固定轴距、长度、转向架中心销间距离、制动机形式和运行限制条件

(5)其他规定的资料。比如货物重量的计量证明文件,自轮运转超限超重货物的安全运输应急预案,车辆过轨技术检查合格证和相关车辆动力学性能试验报告,企业自备车过轨运输许可证等。

托运人应在超限超重货物托运说明书、计划装载加固方案和所提供的资料上盖章或签字,并对内容的真实性负完全责任。

2. 受理

超限、超重货物运输实行关键作业质量签认制度和关键作业工序间交接签认制度。货物受理和装车作业填记“××车站超限超重货物发送作业质量控制表”(见表 8-6);超限、超重车装车质量由装车站段主管站段长签认,特殊情况时可由站段长授权货运主任签认。发

站发送作业按有关规定进行质量签认。受理作业如下：

(1)资料受理：托运人提供的货物技术资料及相关证明文件齐全有效、符合规定，且货物发、到站(含专用线、专用铁路)具备超限、超重承运人资质的，发站应给予资料受理。

发站须认真审查资料，对照资料核查货物实际，复核货物重量，进行装车前的测量，确定超限、超重等级，必要时应组织有关部门共同研究。在选择装载方案时，根据货物外形及使用车辆的技术条件，研究顺装、横装或立装等方案，必要时采取改变货物包装、解体货体或某个部件的措施，降低超限等级。

装车方案拟定后，车站向铁路局超限超重货物运输主管部门申报铁路特种车使用计划，拍发超限超重货物运输请示电报，以确定装运办法(跨及4个及以上铁路局的各级超重货物和超级超限货物由铁路局审查后向中国铁路总公司请示)。

车站等待、接收上级超限超重货物运输批示电报。

(2)订单受理

发站接到铁路局批示(批转)电报后，应按规定及时审核、受理托运人提出的订单、货物运单和有关证明文件等资料，准确报价。

(3)安排进货

发站及时按照合同约定安排托运人进货，并对照请示电报核查、确认待装货物的外形尺寸、重心位置和重量等。

××车站超限超重货物发送作业质量控制表 表8-6

<table>
<tr><td>到站</td><td colspan="2"></td><td>品名</td><td colspan="2"></td><td>超限等级</td><td></td><td>超重等级</td><td></td></tr>
<tr><td>托运人</td><td colspan="2"></td><td colspan="4"></td><td>装车工班</td><td colspan="2"></td></tr>
<tr><td>件数</td><td></td><td>件重</td><td colspan="2">A B C D</td><td>总重</td><td></td><td>装车日期</td><td colspan="2"></td></tr>
<tr><td>程序</td><td colspan="2">控制项目</td><td colspan="7">控制记录</td></tr>
<tr><td rowspan="4">1.货物受理</td><td colspan="2">(1)审查受理资料</td><td colspan="7">①托运超限超重货物说明书编号：
②自轮运转特种设备复查合格证编号：
过轨技术检查合格证编号：</td></tr>
<tr><td colspan="2">(2)对照资料核对货物</td><td colspan="7">①全长 mm。②支重面长 mm。③重心高度 mm。
④中心高 mm处宽各 mm；
一侧高 mm处宽各 mm；
二侧高 mm处宽各 mm；
三侧高 mm处宽各 mm；
四侧高 mm处宽各 mm；
五侧高 mm处宽各 mm；
⑤自轮运转货物：a.轴数 b.轴距 mm；
c.固定轴距 mm； d.转向架中心销距 mm</td></tr>
<tr><td colspan="2">(3)确定货物受理条件</td><td colspan="7">①装载加固方案编号：
②超限超重货物运输请示电报号：
③超限超重货物运输批示电报号：</td></tr>
<tr><td colspan="2">(4)签认</td><td colspan="4">主控人：</td><td colspan="3">互控人：</td></tr>
</table>

续上表

程序	控制项目	控制记录	
2. 装车作业	(1)装车前准备	①车型、车种、车数符合电报要求,车况良好。( ) ②车地板:a. 长度 mm; b. 宽度 mm;c. 平均高度 mm。 ③已标划车地板纵横中心线。( )	
	(2)检查货物装载加固状态	①货物重心偏移车地板中心线量:纵向 mm,横向 mm。 ②重车重心高: mm。 ③车辆转向架旁承符合要求。( ) ④加固材料、装置和加固方法符合方案要求。( ) ⑤跨装车组提钩杆已捆绑牢固,车钩缓冲停止器已安装。( ) ⑥带动力的设备传动装置已断开,制动装置全部制动,变速器已置于初速位置,旋转位置已锁定牢固。( )	
	(3)对照电报复核	①货物突出端梁尺寸: mm,符合要求。( ) ②货物底部与游车车地板的距离: mm, 符合要求。( ) ③货物突出端梁与游车所装货物距离: mm,符合要求。( ) ④超限货物装车后尺寸不大于批示电报尺寸。( ) ⑤重车重心高 1810mm,货物支重面长度 8200mm,符合要求。( )	
	(4)标划货物检查线及拴挂、书写表示牌	①超限货物已标划货物检查线。( ) ②已拴挂或书写超限货物表示牌。( ) ③已安插货车表示牌。( )	
	(5)填写超限货物运输记录	①已填写正确,相关单位已确认。( ) ②一份已随运输票据同行。( ) ③一份已留站存查。( )	
	(6)检查票据记载事项	运单、货票已填写“×级超限×级超重货物”或“禁止溜放”,“限速连挂”,“区间运行限速××km/h”,“连挂车组,不得分离”等内容。( )	
	(7)签认	主控人:	互控人:
主管站段长签认			

注:空白处请如实填写,括号内请确认后打钩。

3. 装车

装车作业实行签认制度,内容包括装车前准备、检查货物装载加固状态、对照批示电报复核、标划货物检查线及拴挂书写表示牌、填写超限超重货物运输记录(见表 8-7)、检查票据记载事项。

(1)装车前准备工作

①严格按照批示电报的电文内容和要求选择车辆。禁止无批示电报装车。通知车辆部门检查车辆技术状态,并经货运人员确认符合批示电报和装车要求,方能使用。

②在平直线路上进行超限车的测量。测量车地板的高度、长度和宽度。

普通平车或敞车分别测量出车地板四角至轨面的高度,然后取其平均值为车地板高度;凹型平车取车地板中部为车地板高度;若货物装在大底架悬臂上,以悬臂高度为准;球形心盘的 D 型车分别测量出车地板中部到两侧钢轨面的高度,取其平均值为车地板高度。

③检查确认加固材料和加固装置的规格、数量及质量符合装载加固方案规定。

④在负重车上标划车辆纵、横中心线。车辆纵、横中心线是货物装载位置的依据,又是装后测量各部位尺寸的标准线。

⑤在货物上标明重心位置(投影)、索点。货物装车前按货物重心的位置,在货物的两端和两侧,标划货物纵、横中心的垂直线。

⑥开好车前会,向装车人员布置装车事项。

(2)装车时

装车时站段超限、超重运输和装载加固主管人员须到装车现场进行指导。按计划装载方案进行装车。超限超重货物一般使用起重机进行装车。装车时,货运人员、装卸人员必须注意起吊位置是否合适,方法是否恰当,尤其是起吊和落下时要平稳,不能用力过猛,防止索具脱落或货物包装底架折断。使用两台起重机共装一件货物时,注意互相配合得当。

(3)装车后,检查确认货物装载加固状态符合规定要求

重点检查、确认:

①货物实际装载位置符合装载加固方案;

②车辆转向架旁承游间符合《加规》规定;

③使用的加固材料(装置)规格、数量、质量和加固方法、措施、质量符合装载加固方案;

④垫木、支(座)架等加固装置,状态良好,完好无损坏;

⑤加固线(钢丝绳、镀锌铁线)已采取防磨措施,捆绑拴结牢固,栓结点无损坏;

⑥焊接处焊缝长度、高度符合规定,焊接质量良好,无虚焊现象;

⑦跨装车组连接处的提钩杆捆绑牢固,车钩缓冲停止器已按《加规》要求安装;

⑧带有制动装置、变速器和旋转装置的货物,制动装置全部制动,变速器置于初速位置,旋转部位锁定牢固;

⑨自轮运转货物的动力传动装置已断开(机车车辆除外),制动手柄在重联位置并固定良好。

(4)进行复测和检查,填写超限超重货物运输记录

确认货物装载加固符合规定要求后,对照批示电报复测和检查。重点复核、确认:

①货物突出车端的尺寸符合规定或批示电报要求。

②货物突出端底部与游车车地板的距离、货物突出端与游车上所装货物的距离符合规定。

③超限货物装后各部位的尺寸(高度和宽度)符合批示电报。

④重车重心高、货物支重面长度(跨装货物支距)等符合批示电报。

⑤其他各有关数据和要求符合批示电报。

如果发现货物装车后测量的有关尺寸、重车重心高度等数据和要求超出电报批示条件,发站则须以实际尺寸重新向铁路局拍发超限超重货物运输请示电报。

车站会同工务、车辆等部门人员,对复测后各超限部位尺寸以及运输有关事项填入“超限超重货物运输记录”(见表8-7)内,确认记录内容与实际情况完全相符,各方分别在记录上签章。该记录一式两份,甲页发站存查,乙页随货运票据送达到站,并作为途中检查交接之用。

超限超重货物运输记录 表8-7

甲页 超级超限 ×级超重 (单位:mm)

<table>
<tr><td>装车局</td><td colspan="2"></td><td>发　站</td><td></td><td>经由线名</td><td colspan="2"></td></tr>
<tr><td>到达局</td><td colspan="2"></td><td>到　站</td><td></td><td>经由站名</td><td colspan="2"></td></tr>
<tr><td>品　名</td><td colspan="2"></td><td>件　数</td><td></td><td>每件重　t</td><td>配重　t</td><td>总重　t</td></tr>
<tr><td>货物长度</td><td></td><td>支重面
长　度</td><td></td><td>转向架中心
销间距离</td><td></td><td>重车
重心高</td><td></td></tr>
</table>

续上表

装车后尺寸	中心高		中心高的宽	左	记事	
				右		
	第一侧高		侧高的宽	左		
				右		
	第二侧高		侧高的宽	左		
				右		
	第三侧高		侧高的宽	左		
				右		
	第四侧高		侧高的宽	左		
				右		
车　种		车　号		标记载重	轴数	
文电内有关指示	中国铁路总公司20　年　月　日　部超限超重　号　批准使用　车					
	铁路局20　年　月　日　超限超重　号　批准使用　车					
	装运办法：					
				本记录在　　站做成，经检查完全符合批示的条件。 发　站　　签字 车辆段　　签字 段　　签字 20　年　　月　　日		

注：①不用的各栏应划去。

②按电报批示尺寸填记，小于批示尺寸时，将实际尺寸填于记事栏内；大于批示尺寸时，必须重新请示。

③“重车重心高”栏在不超出2000mm时须以[ ]号标示之。

④一式两份（规格270×185mm）：第一份仅为甲页留站存查；第二份为甲、乙页，随货运票据送到达站。

检 查 结 果 纪 录

乙页

检查站名		检查站名	
检查站名		检查站名	
检查站名		检查站名	
检查站名		检查站名	
检查站名		检查站名	

注：规格270×185m。

(5)装车后其他作业

①标画检查线。用颜色醒目的油漆在超限、超重货车车地板上标划易于判定货物是否移动的货物检查线。

②书写超限超重等级。在货物两侧明显处以油漆书写、刷印或粘贴“×级超限、×级超重”，或挂牌标识。

③安插表示牌。对装有二级及以上超限货物的车辆，应安插“禁止溜放”表示牌。

④填写运输票据。在货物运单、货票、票据封套、编组顺序表上注明“超限货物”或“超重货物”或“超限超重货物”；以连挂车组装运时，应注明“连挂车组不得分摘”；限速运行时，应注明“限速××km”。

⑤按规定进行装车质量签认，填记“××车站超限超重货物发送作业质量控制表”（见表8-6），并现场拍照。

4. 核收费用、承运货物

超限超重货物运费是在普通整车货物运费的基础上根据超限超重的等级和是否限速进行运价率加成收费，但安装检查架的车辆和隔离车不另外收费。

(1)一级超限，按运价率加50%计费；

(2)二级超限，按运价率加100%计费；

(3)超级超限，按运价率加150%计费；

(4)需限速运行的货物，只核收150%的加成运费，不另核收超限货物加成运费。

二、超限超重车的挂运作业

1. 挂运请示电报

发站装车完毕并复核确认符合批示电报条件后，应及时向铁路局调度所拍发超限、超重车辆挂运请示电报。

2. 挂运、编组

铁路局调度所接到发站挂运请示电报后，特运调度员应根据超限、超重货物运输批示电报核对挂运请示或预报内容；核对无误后，制定会车、限速等具体运行条件，填写超限超重车辆挂运通知单（见表8-8），交计划调度员纳入日（班）计划，由列车调度员以调度命令（见表8-9）下达有关站段。

跨及两个调度所时，挂运车次、办法应征得相邻调度所的同意，双方须核对确认相关内容无误。相邻调度所间的预确报内容应包括挂运车次、批示文电号码、车种、车号、到站、品名、超限等级和有关注意事项。

超限超重车辆挂运通知单　　表8-8

年　月　日第20号　　超限，　级超重

<table>
<tr><td colspan="2">中国铁路总公司超限超重　　号</td><td colspan="3">（外局）
超限超重　　号</td><td colspan="2">（自局）
超限超重　　号</td></tr>
<tr><td>发站</td><td></td><td>到站</td><td colspan="2"></td><td>品名</td><td></td></tr>
<tr><td colspan="2">月　日　　次接入</td><td colspan="3">月　日　　次交出</td><td>件数</td><td></td></tr>
<tr><td rowspan="6">车种
车号</td><td rowspan="2">中心高　　mm处</td><td colspan="2">左宽　　mm</td><td rowspan="6">运行条件</td><td colspan="2" rowspan="6"></td></tr>
<tr><td colspan="2">右宽　　mm</td></tr>
<tr><td rowspan="2">一侧高　　mm处</td><td colspan="2">左宽　　mm</td></tr>
<tr><td colspan="2">右宽　　mm</td></tr>
<tr><td rowspan="2">二侧高　　mm处</td><td colspan="2">左宽　　mm</td></tr>
<tr><td colspan="2">右宽　　mm</td></tr>
</table>

续上表

<table>
<tr><td rowspan="4">车种
车号</td><td rowspan="2">三侧高　　　mm 处</td><td>左宽　　　mm</td><td rowspan="4">运行条件</td><td rowspan="4"></td></tr>
<tr><td>右宽　　　mm</td></tr>
<tr><td rowspan="2">四侧高　　　mm 处</td><td>左宽　　　mm</td></tr>
<tr><td>右宽　　　mm</td></tr>
</table>

通知者　　　　　　　　　　签认者　　　　　　　　　　年　月　日　时　分

调 度 命 令

限速、超限(50~53 项)　　　　　　表 8-9

命令号码:第　　号　　　　　　　　　　年　月　日　时　分

<table>
<tr><td>受令处所</td><td></td><td>调度员姓名</td><td></td></tr>
<tr><td>内容</td><td colspan="3">50. 线路施工或发生故障灾害需使列车临时减速运行,一停再开或特别注意运行____站至____站间____行线____km____m 至____km____m 处因____,____次运行至该处(一停再开),限速____km/h。
51. 列车中挂有限速的机车、车辆等,需使列车临时减速运行或特别注意运行____次列车在____站挂有____辆(台),____站至____站间限速____km/h 运行。
52. 区间或站内线路施工承认限速。因____站至____站间____行线(____站____道____号道岔)____km____m 至____km____m 处____,自接令时(____月____日____时____分)起至____月____日____时____分止,限速____km/h 运行(恢复正常速度运行,同时取消____月____日发____号令)。
53. 列车挂有装载超限货物的车辆。____次挂有超限货物____辆,____站至____站间运行条件如下:
(1)限速____km/h;
(2)行经 300m 及其以下半径曲线,限速____km/h;
(3)进出站经侧向道岔限速____km/h,禁止通过____号道岔;
(4)____站至____站间区间会车限速____km/h;
(5)____站至____站间禁止在区间会车;
(6)____站至____站间禁止在区间会特快旅客列车和特快行邮列车;
(7)CTCS-2 区段在区间禁止与动车组交会;
(8)禁止接(进)入有高站台的线路;
(9)各站按《站细》规定的线路接发;
(10)其他要求:____级超限,最大宽度____mm</td></tr>
</table>

注:使用项中不用字句划掉,不用项圈掉。　　　　　　受令车站:　　　　　　车站值班员:

3. 挂运

车站接到挂运命令后,应及时做好车辆挂运准备工作,并将调度命令交给值乘司机。没有调度命令的超限超重车辆禁止挂运。

挂有超限车辆的列车,按《车站行车工作细则》规定的线路办理发车。

三、超限超重货物的途中作业

1. 超限超重货物的交接检查

超限、超重车的途中检查是确保超限、超重货物运输安全的重要措施,铁路局必须加强对超限、超重车运行途中的检查,落实区段负责制。

(1)货物检查主要内容

途中货运检查站执行《铁路车站货运作业》(TB/T 2116.5—2005)有关规定,检查下列内容:

①货物装载加固状态。货物是否倾斜、移位、窜动、坠落、倒塌;是否超载、偏载、偏重;加

固材料、装置是否完好无损；加固绳索、铁线捆绑拴结是否符合规定。

②《铁路货车超偏载检测装置运用管理办法》规定的内容。

③规定的其他事项。

(2)超限、超重车重点检查、确认的内容

①有无超限超重货物运输记录及其填写是否完整；

②货物两侧明显位置，是否有超限、超重等级标识；

③是否标划有检查线，货物有无移动，加固材料是否有松动和损坏；

④车辆转向架左右旁承游间不得为零(结构规定为常接触式旁承及球形心盘除外)。

检查完毕，在"超限超重货物运输记录"乙页记录检查结果和签章。

2. 超限、超重货物变更到站

超限、超重货物变更到站时，受理变更的车站除按一般货运手续办理外，还应复测货物装车后尺寸，以电报向铁路局重新请示，并注明原批准单位、电报号码、新到站及车号。受理变更的车站，应对货物的装载加固状况进行检查，并在"超限超重货物运输记录"中重新签认。

3. 超限超重货物运输阻碍的处理

超限超重货物因不可抗力的原因发生运输阻碍时，如组织绕路运输，须重新拍发超限超重货物运输请示电报；如货主同意，可将货物卸下保管，待通车时再行装车继运；如货物不便绕路和卸货，处理站应通知托运人或收货人，请其在要求的时间内提出处理办法。

四、超限超重货物的到达作业

超限、超重货物到站应根据批示电报正确选择、确定卸车地点和货位，科学制定卸车方案，严格加强卸车组织，确保安全。

收货人组织自卸的，车站应与收货人签订自卸车协议，明确安全责任，并在卸车前与收货人办理完货物交付手续。

卸车开始要将卸车车号、货物品名、数量及开始卸车作业时间等信息向货车调度汇报。卸车完成后，清理好车辆、加固材料、货车表示牌等，及时向货运调度员、特调报告卸车完毕。

知识拓展

一、超限、超重车的运行

1. 编组限制和运行经由

运行上有限制条件的超限货物列车，除批示电报明确规定外，禁止编入直达、直通列车。

超限、超重车应经由最短径路运输，但受到建筑限界或其他不利因素影响时，可指定径路绕道运输。

2. 途经车站固定到发线

挂有超限车的列车，经由的车站应按《车站行车工作细则》规定的线路办理到发或通过。若需要临时变更线路，须得到铁路局调度所(列车调度员)的同意。

3. 与邻线列车会车速度要求

挂有超限车的列车运行在复线、多线或并行单线的直线地段与邻线列车会车时，超限车的速度按照表8-10的规定执行。

超限车会车时的速度要求 表 8-10

邻线列车运行速度 \ 超限车会车时速度要求	超限车不限速	超限车速度≤30km/h	超限车禁止会车
邻线列车运行速度:V < 120km/h	两运行列车之间的最小距离(以下简称 L):L > 350mm	300mm≤L≤350mm	L < 300mm
邻线列车运行速度:120km/h≤V < 160km/h	L > 450mm	400mm≤L≤450mm	L < 400mm
邻线列车运行速度:160km/h≤V < 200km/h	L > 550mm	500mm≤L≤550mm	L < 500mm

注:表中 V 表示邻线列车运行速度;L 表示两运行列车之间的最小距离。

曲线地段与邻线列车会车,必须根据规定相应加宽。

挂有超限车的列车在 CTCS-2 级区段的区间禁会动车组。CTCS-2 级是基于轨道传输信息的列车运行控制系统。

4. 与建筑物、设备接近时速度要求

超限车在运行过程中,如超限货物的任何部位接近建筑物或设备时,应遵守下列规定:

(1)超限货物的任何超限部位与建筑限界之间的距离(以下简称限界距离),在 100 ~ 150mm 之间时,时速不得超过 15km;

(2)限界距离在超过 150 ~ 200mm 之间时,时速不得超过 25km;

(3)限界距离不足 100mm 时,由铁路局根据实际情况规定运行办法。

5. 电气化区段运输

(1)电气化区段超限车停电、不停电运输的条件

①在电气化区段,超限货物顶部距接触网导线的垂直距离 L≥350mm 时,可不停电运输;100mm≤L < 350mm 时,加盖绝缘软盖板后,可不停电运输;50mm≤L < 100mm 时,必须停电运输。

②超限货物顶部距接触网导线的垂直距离,在线路平面海拔高度超过 1000m 时,应按每超过 100m 增加 3.5mm 的附加安全距离计算(不足 100m 时四舍五入计算)。

(2)绝缘软盖板的使用规定

①电气化区段使用的绝缘软盖板必须是经过中国铁路总公司科技鉴定,并经省部级以上技术监督部门认可的检测机构检测认证的产品。使用前须经耐压试验合格,使用过程应严格遵守使用说明书规定。

②铁路局应指定绝缘软盖板苫盖、撤卸站,绝缘软盖板苫盖、押运人员必须经过铁路局培训合格。

③绝缘软盖板的苫盖、撤卸、途中故障处理必须在无电区进行。

6. 超限超重货物专列运输组织

对国家重点工程和国防建设急需运输的特大型设备和需要派人监护、监测运行的重车,可开行超限、超重货物运输专列。但超限、超重货物开行专列需经批准后执行,跨及三局运输时,由中国铁路总公司批准;跨及两局运输时,由相关铁路局协商决定;局管内运输时,由铁路局自定。

专列开行前，批准单位应组织相关单位和部门召开运输协调会议，针对专列运输货物基本情况、装载加固方案、限界情况等进行科学论证和完善，研究制定运输方案和安全保障措施。铁路局须成立专列运输领导小组，负责组织该专列运输方案在本局管内的实施。

制订超限超重货物专列运输的应急预案，是铁路及时、正确、有效应对专列运输过程中可能发生的突发事件的必要措施和安全保证，是专列运输组织的重要组成部分。铁路局和相关单位（长大货物车辆管理单位、安全技术监测单位等）必须根据工作职责制订应急预案。铁路局的应急预案应针对运输限界不足、线路中断、碰坏行车设备等严重干扰运输秩序情况制定对策措施，明确发生事故时的救援、相关救援设备和人员的配备、发现安全问题的联系方式和汇报制度等，以确保专列正常运行。

二、建筑限界管理

铁路局必须按《铁路技术管理规程》，简称《技规》规定定期对管内建筑限界进行检测，并将办理超限货物运输线路的建筑限界资料报中国铁路总公司备案。建筑限界资料应包括分区段的综合最小限界尺寸表和断面图，以及线路的相关技术资料（最小线间距、最小曲线半径、最小道岔辙岔号等）。具体根据原铁道部《关于加强限界管理全面检测铁路建筑接近限界的通知》（铁运函[2001]277号）文要求的上报限界资料上报。主要有附件2《桥隧综合最小建筑接近限界尺寸表》；附件4《区段其他设备及建筑物综合最小建筑接近限界尺寸表》。

办理超限货物运输线路上需要临时缩小既有限界施工时，施工单位应书面向铁路局申请，铁路局审核后上报中国铁路总公司，经批准后方可施工。未经中国铁路总公司批准，任何单位及个人均不得擅自缩小原限界。设备和建筑物违章侵入铁路建筑限界的，应追究责任单位责任并限期拆除。

三、国际联运超限货物的办理

1. 进口超限货物

经由铁路运输的进口（包括过境）超限货物，国际合作部（简称国际部）根据国际联运有关规定，在接到有关国家铁路商定超限货物的文电后，会同运输局（必要时请有关铁路局参加）共同审核确定。对于可以接运的，除以电报答复有关国家铁路部门外，还应通知国内有关国境铁路局。

国境站接到邻国铁路国境站的预（确）报后，须做好接运前的一切准备工作。

超限货物到达国境站后，应根据《超规》第十条、第十一条的规定，向上级请示装运办法，根据批示的装运办法及时组织换装。

2. 出口超限货物

经由铁路运输的出口（包括过境）超限货物，装车站应按《超规》第十条、第十一条的规定，向铁路局请示。铁路局审核后向运输局和国际部请示。国际部接到请示后与运输局协商（必要时请有关铁路局参加），并根据国际联运有关规定同相关国家铁路部门商定，商定结果通知运输局，由运输局下达有关铁路局。

四、长大货物车的运用管理

目前，我国铁路装运超限超重货物的车辆主要有普通平车和长大货物车，部分货物也可使用敞车装载。长大货物车可分为凹底平车、长大平车、落下孔车、双支承平车、钳夹车5

种。主要车种车型及技术参数见《超规》附录一:长大货物车常用技术参数表。

长大货物车的备用、解除、使用和回送,应根据中国铁路总公司的调度命令办理,铁路局调度所间须互相进行预报。铁路局在接到上级下达的调度命令或接到邻局的预报后,要及时纳入日(班)计划,将车辆向指定到站挂运。沿途各站应快速挂运,不得积压。车站回送长大货物车时,应填写"特种货车及运送用具回送清单",并注明到站和调度命令号码。

铁路局应在每月25日前向中国铁路总公司运输局申报次月长大货物车使用计划。每日18点将自局管内的长大货物车的出入、现在车位置、空重状况,按车型、车号、位置、发站、到站及时登记,并上报中国铁路总公司运输局。长大货物车应严格按照车辆技术条件运用。

复习思考题

1. 铁路限界的种类有哪些?

2. 超限货物的定义是什么? 如何判定超限货物及其超限等级?

3. 根据货物超限部位所在的高度,超限货物分为哪几种类型?

4. 什么是超重货物? 超重货物分为哪几级?

5. 现有两件货物,重量分别为180t和220t,拟使用D_{9G}型车装运,请问两件货物是否为超重货物呢? 如果是超重货物,是几级超重货物呢?

6. 超限货物测量的基本要求是什么?

7. 装车前测量应测量哪些内容?

8. 装车后测量应测量哪些内容? 如果出现测量尺寸与批示电报内容不符,应如何处理?

9. 确定超限等级的步骤都有哪些?

10. 货物的计算点和检定断面如何确定?

11. 什么情况下需要计算附加偏差量?

12. 车站向铁路局拍发超限、超重货物运输请示电报包括哪些内容?

13. 超限、超重货物运输批示电文包括哪些内容?

14. 请叙述超限超重货物运输作业流程。与普通货物整车运输相比,有哪些特殊规定?

15. 超限、超重车辆在途中检查站应检查哪些内容?

项目九　确定货物装载加固方案

任务一　认识装载加固方案

任务单

任务名称	装载加固方案的认识
知识目标	熟悉货物装载加固方案的内容和有效期;熟悉货物装载加固方案的审核批准与执行
能力目标	学会在实际工作中选用正确的装载加固方案
任务描述	归纳总结货物装载加固方案的内容、有效期和申报批准的流程,并参照相关资料(推荐 www.12306.cn 网站资料),给出 ϕ3430mm 球磨机的具体装载加固方案,以及 4 辆微型汽车,使用一车装载时的装载加固方案
任务要求	(1)归纳总结装载加固方案的内容和有效期; (2)归纳总结装载加固方案的申报批准的流程; (3)参考 www.12306.cn 网站,学习相关的装载加固方案; (4)确定 ϕ3430mm 球磨机的具体装载加固方案; (5)确定 4 辆微型汽车,使用一车装载时的装载加固方案

相关理论知识

装载加固方案是一项技术工程,它包含着工程设计,是规章的具体落实。在国外,设计装载加固方案有上百年的历史。在我国,铁路货运工作者在长期实践的基础上,汲取国外好的做法,结合我国国情和铁路运输实际,总结制订出一套具有中国特色的铁路运输装载加固方案。它的公布实施,对于保证铁路运输安全起到了重要作用。但是,加固方案并非一成不变,随着科技进步,新产品层出不穷,为了方便托运部门,且能保证安全,要求不断完善、修订加固方案,并且逐步走向规格化、标准化。

一、装载加固方案的种类和作用

铁路货物装载加固方案分为装载加固定型方案(以下简称定型方案)、装载加固暂行方案(以下简称暂行方案)和装载加固试运方案(以下简称试运方案)。

原铁道部定型方案系《加规》附件一,所列方案是原铁道部明文规定品名与规格的货物装载加固定型方案。此方案系列化程度较强、覆盖范围也比较广,是一个规范性的文件,与《加规》具有同等效力,是执行"按方案装车"和"装车质量签认"制度的基本依据。托运人和承运人都应该严格遵守和执行。

铁路局定型方案是经原铁道部审查通过的铁路局明文规定的货物装载加固定型方案及试运方案,是对原铁道部定型方案的有效补充,这些方案很可能在适当时机被纳入中国铁路总公司定型方案。同时,铁路局定型方案不应与中国铁路总公司定型方案相抵触,也不应重复。

不管中国铁路总公司定型方案还是铁路局定型方案,对现场来讲都具有较强的实用性和可操作性。

二、装载加固定型方案的内容

装载加固定型方案包括11类50项,涉及货物装载品类千余种。具体分为:01类成件包装货物,02类集装箱、集装件及箱装设备,03类水泥制品、料石及箱装玻璃,04类木材、竹子,05类起重机梁及钢结构梁、柱、架,06类轧辊、轮对、电缆、钢丝绳、变压器及卧式锅炉,07类金属材料及制品,08类轮式、履带式货物,09类圆柱形、球形货物,10类大型机电设备,11类口岸站进口设备。

每个货物用一个编号来编码。编号由6位阿拉伯数字组成。从左至右,第1、2位为类别代码,第3、4位为项别代码,第5、6位为顺序码。

如:02　03　04

第二类集装箱、集装件及箱装设备第三项箱装设备　第一个品名吊架

每个品名的定型方案都包括以下内容:

(1)货物装载加固定型方案示意图。

(2)货物规格,指明了货物的重量范围、外形尺寸情况及货物性质。在此内容中,还应指明对货物的包装要求。

(3)准用货车,指明了车辆的使用限制情况。

(4)加固材料位置,指出所用加固材料的种类。

(5)装载方法,确定出了合理、具体的装车方案。

(6)加固方法,确定了装车后,具体的加固措施,按方案加固即是严格按此条规定进行加固。

(7)其他要求。本条规定的是一些有关装载加固的特殊规定或强调装载加固后的附属工作。

三、装载加固方案的执行

凡使用铁路敞车、平车、长大货物车及敞、平车类专用货车装运的成件货物,有定型方案、暂行方案和试运方案的,一律严格按方案装车。

无方案的,由托运人在托运货物之前向装车站申报计划装载加固方案(以下简称计划方案,含方案比照申请)和相关资料,装车站按规定报批。装车单位按批准的方案组织装车。

与定型方案和暂行方案中货物规格(包括单件重量、重心位置、外形尺寸、支重面长度和宽度等)相近,装载加固方法相同并且使用相同车辆装载的货物,托运人可向装车站申请比照该定型方案或暂行方案,经发送铁路局审查批准后方可实施。

试运方案和超过有效期的暂行方案不得比照。

四、装载加固方案的申报和批准

1. 申报计划方案应提供的资料

托运人向装车站申报计划方案时,应详细提供货物的外形尺寸、单件重量、重心位置、支重面长度及宽度、货物运输安全的特殊要求等相关资料。

申报暂行方案时,还应同时提出装载加固计算说明书。

申报试运方案时,还应同时提出由国家铁路主管部门认定的方案论证,技术检测机构出具的方案论证和试验报告。

托运人应在计划方案上盖章或签字,并对内容的真实性负完全责任。对货物的活动部位(部件)、货物的装载加固特殊要求以及涉及货物和运输安全方面的其他重要情况,托运人须提出书面说明。

2. 试运方案的论证和试验程序

论证和试验单位会同托运人、承运人提出试验大纲,并报国家铁路主管部门核准;按核准的试验大纲进行论证、试验;提出方案论证和试验报告。

试验大纲内容应包括:试运事项名称、目的、技术经济可行性研究结论,拟采用的装载加固方法或装载加固材料及装置设计方案,静、动强度试验和运行试验方案,试验方法与手段,评判依据与标准,试运承担单位安全责任划分,安全应急预案等。

重大的试运事项由国家铁路主管部门组织专题研究,充分论证。

3. 受理试运方案

装车站收到托运人提出的计划试运方案、方案论证和试验报告后,逐级审核上报国家铁路主管部门。

4. 组织试运

铁路局按批准的试运方案组织试运。试运工作要精心组织,根据实际情况进行押运或跟踪监测。试运结束后铁路局应按要求及时提出试运总结报告国家铁路主管部门。

5. 试运方案的管理

装车站要建立试运方案管理台账,对试运方案从严掌握,在货物运单"承运人记载事项"栏和货票"记事"栏内记明方案编号。

到站要对按试运方案装车的货物装载加固状况进行重点检查和确认。

到站、中途站发现问题时,除按规定处理外,同时向国家铁路主管部门及发送铁路局、发站拍发电报,电报中应记明以下事项:发站、到站、装车单位、承运日期、方案编号、存在的问题、处理情况等。

五、装载加固方案的有效期

定型方案长期有效。

试运方案不跨年度,连续试运期限一般不应超过3年。

暂行方案有效期及比照方案有效期由铁路局规定。

凡需继续执行的暂行方案(比照方案)和试运方案,方案执行单位须在有效期结束前一个月将方案执行情况(试运方案为试运总结)和下一步运用请求逐级审核上报方案批准单位,经审查批准后方可继续实施。

逾期未申报者,原暂行方案(比照方案)和试运方案自行废止。

任务二　分析运送过程中作用在货物上的力

任务单

任务名称	计算运送过程中作用在货物上的力
知识目标	了解列车在运行过程中,货物所受到的各种力的产生原因及其对货物的影响;掌握分析和计算运送过程中作用于货物上的力的方案
能力目标	学会在实际工作中分析和计算运送过程中作用于货物上的力
任务描述	钢制货物一件,重45t,长10m,宽2.5m,高1.5m,使用一辆N16型平车均衡装载,试计算作用于货物上的各种力的数值
任务要求	(1)归纳总结运送过程中作用于货物上的力都有哪里; (2)说明各种力的产生原因; (3)计算作用于货物上的各种力的数值

相关理论知识

货物在运输过程中,由于受到各种力的作用,相对于车地板发生移动、滚动或倾覆的可能。为了保证重车运行安全和货物的完整,装车后,应进行必要的加固,以保持货物在车上的原始装载状态。

为了保证必要的加固强度,在进行加固计算时,需要先分析和计算作用于货物上的各种力。

一、力的产生

列车运行时,车上所装载的货物将受到各种外力的作用,如各种惯性力、风力、摩擦力以及重力。

这些外力的产生,是由于在列车运行过程中,运动状态的改变,使得车辆产生较大的纵向加速度,并且线路和车辆动力相互作用,从而导致货物随车体产生复杂的振动。由于其作用点和作用方向不同,这些外力有的对货物起稳定作用,有的则对货物的稳定起破坏作用。

车辆的主要振动有:摇头振动、点头振动、侧滚振动、沉浮振动、伸缩振动和侧摆振动等。

车辆的几种振动现象的对比分析见表9-1。

车辆振动对比表　　表9-1

振动类型	产生原因	现象描述	作用方向	作用结果
摇头振动	①车轮踏面倾斜; ②轮对安装不正确; ③同一轮对两车轮滚圆直径大小不同	①车体围绕其垂直中心线回转振动; ②车辆蛇行	①水平横向加速度; ②离振动中心越远,加速度越大	横向惯性力
点头振动	①轮对受到钢轨接缝冲击; ②轮对偏心引起冲击	车体围绕横向水平轴回转振动	①垂直加速度; ②在车辆纵向上,离横中心线越远,垂直加速度越大	垂直惯性力

续上表

振动类型	产生原因	现象描述	作用方向	作用结果
侧滚振动	①轮对受到相互错开的钢轨接缝冲击； ②左右轨面高度不等； ③某一车轮踏面擦伤； ④车辆行经道岔、曲线时离心力的作用	车体围绕纵向水平轴回转振动	①垂直及横向水平加速度； ②距振动中心轴越远，加速度值越大	垂直惯性力，横向惯性力
沉浮振动	车辆运行过程中，车体与走行部之间弹簧的伸缩	车体产生垂直振动	①垂直（向上或向下）加速度； ②各点加速度均相同	垂直惯性力
伸缩振动	列车在启动、制动、变速、上下坡道即调车作业时，车辆之间产生的牵引和压缩冲击，通过车钩缓冲装置作用于车辆底架	车体产生沿纵向的前后水平振动	①纵向水平加速度； ②各点加速度均相同	纵向惯性力
侧摆振动	①经过道岔、曲线； ②轮对受到左右错开的钢轨接缝冲击	车体产生横向的左右水平振动	①横向水平加速度； ②各点加速度均相同	横向惯性力

实际运行过程中，车辆的各种振动均不是单独出现的，往往是几种振动耦合在一起同时发生。这些振动使货物产生纵向惯性力均很小，可不予考虑。但使货物产生横向和垂直加速度比较大，货物重心距车辆横中心线距离越远，货物的横向和垂直加速度也越大。因而使货物的横向和垂直惯性力增大。货物的垂直惯性力向上时，将使货物与车地板间的摩擦力减小，使货物稳定性受到影响。若同时横向惯性力达到最大值，则可能使货物发生横向移动，所以必须予以重视。

作用于运行中货物上的各种力值大小均是通过试验而确定的，力值计算公式均为试验公式，下面将分别介绍各种力值的计算方法。

二、纵向惯性力

列车起动和在运行中加速、减速、制动，机车连挂车组或在调车作业中溜放的车辆（车组）与停留在车场的车辆相互冲撞，以及使用铁鞋或经过驼峰减速器时对车辆进行制动时，均引起货物产生纵向惯性力。在平直线路上时，该力与线路中心线平行；在曲线线路上时，则与线路中心线的切线方向平行，并且都与引起车辆运行状态变化的外力方向相反。所以，在加固计算中可以不去考虑其方向，只计算其大小。

纵向惯性力（T）的数值可用下列实验公式计算。

$$T = t_0 Q \quad (\mathrm{kN}) \tag{9-1}$$

式中：T——纵向惯性力；

t_0——每吨货物的纵向惯性力，kN/t；

Q——货物的质量，t。

研究和试验均表明，在运输过程中，以车辆在调车场受到调车冲击时，货物的纵向惯性力达到最大。同时还表明，调车冲撞时，货物的纵向惯性力与对货物的加固种类（刚性或柔性)有很大关系。

1. 采用柔性加固

柔性加固系指采用抗拉刚度比较小的加固材料,如多股镀锌铁线、钢丝绳或铁链等,对货物进行拉牵加固或下压式捆绑加固等。

此时,t_0 的计算如下式:

$$t_0 = 0.0012Q_{总}^2 - 0.32Q_{总} + 29.85 \tag{9-2}$$

式中:$Q_{总}$——重车总质量,t,跨装时按跨装车组总质量计算。

2. 采用刚性加固

刚性加固,是指采用角钢焊接或螺栓加固。采用刚性加固时,可以把货物与车体视为一个整体。当车辆受到冲撞时,货物与车体具有几乎相同的纵向加速度。

根据以 5km/h 的速度冲击试验研究结果,采用刚性加固时,每吨货物的纵向惯性力为:

$$t_0 = 26.69 - 0.13Q_{总} \tag{9-3}$$

三、横向惯性力

横向惯性力主要是由车辆的侧摆振动、侧滚振动和摇头振动引起的,它与线路质量、车辆走行部分的性能、货物的重量、列车在曲线上的速度、曲线半径大小,以及外轨超高程度等因素均有关。

根据运行试验采集的数据统计结果,目前条件下,货物的横向惯性力可按下面得试验公式计算。

$$N = n_0 Q \tag{9-4}$$

式中:N——横向惯性力,kN;

Q——货物质量,t;

n_0——单位质量货物的横向惯性力,kN/t,其计算公式为:

$$n_0 = 2.82 + 2.2\frac{a}{l} \tag{9-5}$$

a——货物重心的纵向位移量,mm,跨装时为货物转向架中心销偏离车辆横中心线的距离;

l——一负重车的销距(具有多层转向架群的货车为底架心盘中心距),mm。

四、垂直惯性力

货物的垂直惯性力主要是由车辆的沉浮振动、点头振动和侧滚振动引起的。垂直惯性力大小,基本上取决于车辆的性能、线路的状态、列车运行速度、车上所装货物的重量和货物重心在车辆长度方面的位置。

根据试验研究结果,货物的垂直惯性力可按下列试验公式计算。

$$Q_{垂} = q_{垂} Q \tag{9-6}$$

式中:$Q_{垂}$——垂直惯性力,kN;

Q——货物质量,t;

$q_{垂}$——每吨货物的垂直惯性力,kN/t,不同的车型计算方法有所不同。

使用平车、敞车装载时:

$$q_{垂} = 3.54 + 3.78\frac{a}{l} \tag{9-7}$$

式中：a——货物重心的纵向位移量，mm，跨装时为货物转向架中心销偏离车辆横中心线的距离；

l——车辆的销距，mm。

使用长大货物车装载时：

$$q_{垂} = 4.53 + 7.84\frac{a}{l} \tag{9-8}$$

五、风力

当风力与作用于货物上横向力方向一致时，风力有可能对货物和重车稳定性造成不良影响，所以加固计算时应考虑风力。

货物所受风力大小与货物的形状、受风作用面积以及风压大小直接有关。货物所受风力计算公式为：

$$W = qF \tag{9-9}$$

式中：W——风力，kN；

q——侧向计算风压，当受风面为平面时取 0.49kN/m^2，当受风面为圆球体或圆柱体的侧面时取 0.245kN/m^2；

F——侧向迎风面的投影面积，m^2。

六、摩擦力

由于货物的重量，使货物与车底板（或垫木）间产生摩擦力，它的作用方向正好与作用在货物上的各种外力的合力方向相反，且是阻止货物在车上产生水平移动的力，因而摩擦力对货物稳定性起着有利的作用。它的大小取决于货物本身的自重及车底板表面、货物支重面和垫木或衬垫表面的性质。

1. 纵向摩擦力

$$F_{纵摩} = 9.8\mu Q \tag{9-10}$$

2. 横向摩擦力

$$F_{横摩} = \mu(9.8Q - Q_{垂}) \tag{9-11}$$

式中：Q——货物的质量，t；

$Q_{垂}$——货物的垂直惯性力，kN；

μ——摩擦系数。

μ 的值按表 9-2 取。当货物与车底板间加有垫木或衬垫时，应取货物与垫木或衬垫间及垫木或衬垫与车底板间摩擦系数较小者计算。

铁路常用摩擦系数（μ）表 表 9-2

接触面	摩擦系数	接触面	摩擦系数
木与木	0.45	橡胶垫与木	0.60
木与钢板	0.40	橡胶垫与钢板	0.50
木与铸钢	0.60	稻草绳与钢板	0.50
钢板与钢板	0.30	稻草绳与铸钢	0.55
履带走行机械与车辆木地板	0.70	稻草帘与钢板	0.44
橡胶轮胎与车辆木地板	0.63	草支垫与钢板	0.42

在计算纵向摩擦力的公式中，没有考虑垂直惯性力这个影响因素，因为作用于货物的纵向惯性力的最大值，是在调车作业过程中车辆碰撞产生的。在这种情况下，垂直惯性力的数值很小，可以忽略不计。作用于货物上横向力的最大数值，是在重车行经曲线或通过侧向道岔时产生的。在这种情况下，垂直惯性力达到较大数值，当其方向向上时，能使横向摩擦力显著减少，加之横向水平移动比纵向更为危险，所以在计算横向摩擦力的公式中，考虑了垂直惯性力这个不利因素对摩擦力的影响。

在作用于货物的上述各种力中，纵向惯性力、横向力和垂直惯性力均作用在货物的重心上；风力合力的着力点，在受风面积的几何中心处；摩擦力则在货物与车地板的接触面上。

一般情况下，在重车运行中往往是几种力同时作用于货物上，但是不可能同时都达到最大数值。在对货物进行加固时，为了保证行车和货物的安全，加固材料的强度必须与各种力的最大数值相适应。

【例 9-1】 木箱包装机器一件，重 12t，货物规格 8m×2.4m×3m，货物重心高 1.25m，选用 N_{17} 型 60t 平车装载，货物重心投影落在车地板纵横中心线的交叉点上。试计算作用在货物上的力。

【解】 N_{17} 型车自重为 19.1t，车辆销距为 9000mm。各种力的数值计算如下：

(1)纵向惯性力

因为 N_{17} 型车车底板为木底，货物也为木质，所以加固方式拟用柔性加固。由式(9-1)、式(9-2)得：

$$\begin{aligned}T &= t_0 \times (0.0012Q_{总}^{\ 2} - 0.32Q_{总} + 29.85)Q \\ &= [0.0012 \times (19.1+12)^2 - 0.32 \times (19.1+12) + 29.85] \times 12 \\ &= 252.704\text{kN}\end{aligned}$$

(2)横向惯性力

因为 $a=0$，所以由式(9-4)、式(9-5)得：

$$N = n_0 Q = (2.82 + 2.2a/l)Q = 2.82 \times 12 = 33.84\text{kN}$$

(3)垂直惯性力

因为采用的是平车装运，所以由式(9-6)、式(9-7)得：

$$Q_{垂} = q_{垂}Q = (3.54 + 3.78a/l)Q = 3.54 \times 12 = 42.48\text{kN}$$

(4)风力

因为货物侧向受风的投影面积为 8m×3m 的平面，q 取 0.49kN/m²，所以由式(9-9)得：

$$W = qF = 0.49 \times 8 \times 3 = 11.76\text{kN}$$

(5)摩擦力

因为 N_{17} 型车车底板为木底，货物也为木质，所以查表 9-2，μ 取 0.45，由式(9-10)、式(9-11)得：

$$F_{纵摩} = 9.8\mu Q = 9.8 \times 0.45 \times 12 = 52.92\text{kN}$$

$$F_{横摩} = \mu(9.8Q - Q_{垂}) = 0.45(9.8 \times 12 - 42.48) = 33.804\text{kN}$$

任务三　检验货物的稳定性

任务单

任务名称	检验货物在运送过程中的稳定性
知识目标	了解货物稳定性的条件；熟悉货物稳定性的检验方法
能力目标	能在实际工作中对运送的货物进行稳定性的检验
任务描述	一件铸钢质均重货物重15t，货物长6m，宽1.6m，高3.5m，货物重心高2.5m，使用标重60t的N_{16}型平车直接顺装，货物中心位于货车中央，请检验货物的稳定性
任务要求	(1)说明货物稳定的条件； (2)说明货物稳定性检验的过程； (3)检验任务描述中的货物的稳定性

相关理论知识

在运输过程中，支重面为平面的货物，在纵向惯性力、横向惯性力以及风力的作用下，容易发生移动或倾覆；对于圆柱形或球形货物以及带轮货物，则很容易发生滚动。

这些因素都造成了货物在运送过程中的不稳定，其主要发生在倾覆、水平移动和滚动3个方面。在装载时，需要对货物的稳定性进行检验，以便进行合理和必要的加固。

检验货物的稳定性是通过稳定系数来确定的。稳定系数是指稳定力产生的稳定力矩与不稳定力产生的不稳定力矩的比值，当比值不小于1.25时，货物装载是稳定的，不需要加固；当比值小于1.25时，货物则可能发生倾覆或者滚动，需要加固。

一、倾覆方面的稳定性检验

对于支重面为平面的货物，货物的纵向惯性力、横向惯性力以及风力，会形成纵向或横向的倾覆力矩，有可能引起货物纵向或横向的倾覆；而货物的重力能够形成纵向或横向的稳定力矩。

(1)在不采取加固措施时，货物免于倾覆的条件是：

在纵向：

$$\eta_{纵倾}=\frac{9.8Qa}{Th}\geqslant 1.25$$

在横向：

$$\eta_{横倾}=\frac{9.8Qb}{Nh+Wh_{风}}\geqslant 1.25$$

式中：η——货物的倾覆稳定系数；

Q——货物重量，t；

a——货物重心所在横向垂直平面至货物倾覆点之间的距离，mm；

b——货物重心所在纵向垂直平面至货物倾覆点之间的距离，mm；

h——货物重心自倾覆点所在水平面起算的高度，mm；

T——货物的纵向惯性力，kN；

N——货物的横向惯性力,kN;

W——作用于货物上的风力,kN;

$h_{风}$——风力合理作用点自倾覆点所在水平面起算的高度,mm。

(2)在货物采取加固措施之后,货物的倾覆点提高,倾覆力矩缩短,因此货物的稳定系数相应地发生了变化。此时,货物免于倾覆的条件是:

在纵向:

$$\eta_{纵倾} = \frac{9.8Qa}{T(h - h_{挡})} \geq 1.25$$

在横向:

$$\eta_{横倾} = \frac{9.8Qb}{N(h - h_{挡}) + W(h_{风} - h_{挡})} \geq 1.25$$

式中:$h_{挡}$——挡木的高度,mm;

其他同前。

二、滚动方面稳定性的检验

对圆柱(筒)形、球形、带轮子的货物,装在车上若不进行任何加固,货物将产生滚动现象。故此类货物必须采用三角挡、凹木、掩木等材料进行加固。

此时,货物免于滚动的条件为:

在纵向:

$$\eta_{纵滚} = \frac{9.8Qa}{T(h - h_{掩})} \geq 1.25$$

在横向:

$$\eta_{横滚} = \frac{9.8Qb}{(N + W)(R - h_{掩})} \geq 1.25$$

式中:η——货物的滚动稳定系数;

a、b——货物重心所在横向或纵向垂直平面至货物与掩挡接触点之间的距离,mm;

R——货物或轮子的半径,mm;

$h_{掩}$——掩木的高度,mm;

其中,a、b 可使用下列公式进行计算:

$$a = \sqrt{R^2 - (R - h_{掩})^2} \text{或} b = \sqrt{R^2 - (R - h_{掩})^2} \quad (\text{mm})$$

若既用掩木又用凹木,则 a、b 应按下式计算:

$$a = \sqrt{R^2 - (R - h_{掩} - h_{凹})^2} \text{或} b = \sqrt{R^2 - (R - h_{掩} - h_{凹})^2} \quad (\text{mm})$$

式中:$h_{凹}$——凹木的深度,mm;

其他同前。

三、水平方面稳定性的检验

对货物进行加固后,加固材料或装置应能够防止货物发生纵向或横向移动。设车辆受到冲击时,加固材料或装置对货物施加的纵向水平力为 ΔT,则 ΔT 及货物的纵向摩擦力 $F_{纵摩}$ 应能够平衡货物的纵向惯性力 T,即 $\Delta T + F_{纵摩} = T$。由此可知,为防止货物在车辆上发生纵向水平移动,需要加固材料或加固装置应承受的纵向水平力为:

$$\Delta T = T - F_{纵摩} \quad (\text{kN})$$

式中:T——货物的纵向惯性力,kN;

$F_{纵摩}$——货物的纵向摩擦力,kN。

设加固材料或装置应承受的横向水平力为ΔN,为了防止货物发生横向水平移动,应该要求$\Delta N + F_{横摩} = N + W$。考虑到货物横向位移的危险性较大,并且横向力的最大值是当重车以比较高的速度在曲线上运行时产生的。为了确保安全,在进行横向加固计算时,将横向惯性力和风力之和加大了25%。因此,为防止货物横向移动,需要加固材料或装置承受的横向水平力为:

$$\Delta N = 1.25(N + W) - F_{横摩}(\text{kN})$$

式中:N——货物的横向惯性力,kN;

W——作用于货物上的风力,kN;

$F_{横摩}$——货物的横向摩擦力,kN。

所以,货物免于水平移动的条件为:$\Delta T < 0$,且$\Delta N < 0$,否则,即表明货物需要加固。

任务四　认识加固材料与加固装置

任务单

任务名称	认识加固材料与加固装置
知识目标	了解加固材料和加固装置的种类、规格和特点
能力目标	能在实际工作中针对不同的货物选择合适的加固材料和加固装置
任务描述	分析装载加固方案080601以及装载加固方案090314中所采用的装载加固材料及其作用
任务要求	(1)归纳总结装载加固材料和加固装置的种类和规格; (2)说明不同装载加固材料和加固装置的特点; (3)说明不同装载加固材料和加固装置的适用范围; (4)分析给定的装载加固方案中所采用的加固材料及其作用

相关理论知识

货物装载以后,若检验出货物会发生倾覆、水平移动或滚动现象,则必须对其进行加固,以保证货物在运输过程中的稳定性和安全性。

对货物进行加固,只有根据货物情况选择合适的加固材料,正确确定出合理的加固方法,才能达到经济、合理的加固货物的目的。

一、拉牵捆绑材料

拉牵捆绑材料,包括镀锌铁线、盘条、钢丝绳和钢丝绳夹、固定捆绑铁索、绳索、螺旋式紧线器、84型紧固器、腰箍等。主要用于拉牵加固或腰箍加固以及整体捆绑。

1.钢丝绳和钢丝绳夹

钢丝绳可用于拉牵加固、腰箍加固以及整体捆绑,其质量应符合国家标准《一般用途钢丝绳》(GB/T 20118)的要求。

加固货物用的钢丝绳应该选用柔性较好的起重、提升和牵引用的钢丝绳。推荐公称抗拉强度为1670N/m^2 的6×19(1+6+12)型钢丝绳,其直径及其相应的最小破断拉力和许用拉力,见表9-3。

公称抗拉强度1670N/m^2 的规格为6×19钢丝绳的最小破断拉力和许用拉力　　表9-3

钢丝绳直径(mm)	6	7	8	9	10	11	12	12.5	13	14
最小破断拉力(kN)	18.5	25.1	32.8	41.6	51.3	62	73.8	81.04	86.6	100
许用拉力(kN)	9.25	12.55	16.4	20.8	25.65	31	36.9	40.52	43.3	50
钢丝绳直径(mm)	15.5	16	17	18	18.5	20	22	24	26	28
最小破断拉力(kN)	126.6	131	153.27	166	182.37	205	148	295	346	402
许用拉力(kN)	63.3	65.5	76.63	83	91.18	102.5	124	147.5	173	201

实际使用中,钢丝绳的破断拉力应以产品标签上的数据为准,许用拉力取其破断拉力的1/2。

紧固捆绑钢丝绳的装置为钢丝绳夹,应按钢丝绳的直径选用相应公称尺寸的钢丝绳夹。

加固时,将钢丝绳穿过紧线器或绕过栓结点后,绳头折回与主绳并列,使用与之匹配的钢丝绳夹固定。固定单股钢丝绳端头时,使用钢丝绳夹的数量不得少于3个,并按图9-1所示进行布置;两根钢丝绳搭接时,并列绳头应拉紧,用不少于4个钢丝绳夹正反扣装并紧固,如图9-1所示。钢丝绳夹间的距离 A 等于钢丝绳直径的6~7倍,绳头余尾长度应控制在100~300mm之间。

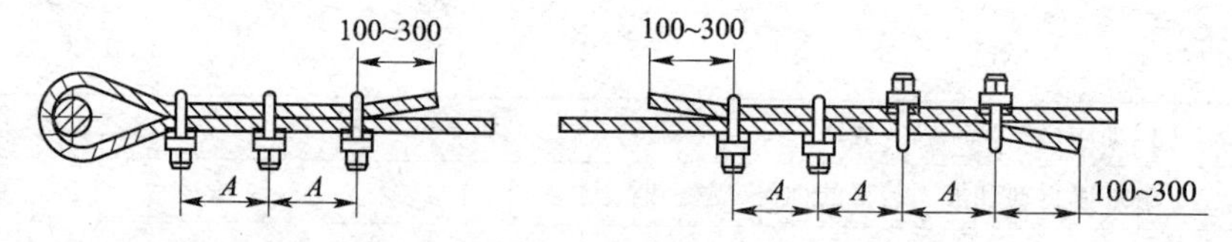

图9-1　钢丝绳夹使用示意图

2. 镀锌铁线和盘条

镀锌铁线是一种适应性比较强,应用广泛的加固材料,可用于拉牵加固和捆绑,防止货物产生倾覆、水平移动和滚动。镀锌铁线的质量应符合标准《一般用途低碳钢丝》(YB/T 5294—2009)的要求。

使用时,应将数股镀锌铁线拧成一根,在货物和车辆的两栓结点间往返缠绕,并应拽紧镀锌铁线或盘条使各股松紧度尽量一致,剩余部分穿插缠绕于自身绳杆后,使用绞棍绞紧,余尾朝向车内。禁止使用已受损、捆绑过货物的铁线。拉牵用镀锌铁线直径不得小于4mm(8号),捆绑用镀锌铁线直径不得小于2.6mm(12号),镀锌铁线不得用作腰箍下压式加固,一般不用作整体捆绑。加固货物常用的镀锌铁线破断拉力和许用应力见表9-4。

当数股铁线拧成一根使用时,由于每股受力不均匀,所以,每股铁线的拉力值应取其许用拉力的90%。

常用镀锌铁线的破断拉力和许用拉力　　表9-4

线　　号	6	7	8	9	10	11	12
直径(mm)	5.0	4.5	4.0	3.5	3.2	2.9	2.6
破断拉力(kN)	6.7	5.4	4.3	3.29	2.75	2.26	1.82
许用拉力(kN)	3.35	2.7	2.15	1.64	1.37	1.13	0.91

盘条主要用于拉牵加固和整体捆绑,其质量应符合国家标准《低碳钢热轧圆盘条》(GB/T 701—2008)的要求。

常用盘条的破断拉力和许用拉力见表9-5。

常用盘条的破断拉力和许用拉力　表 9-5

直径(mm)	5.5	6	6.5
破断拉力(kN)	7.96	9.47	11.12
许用拉力(kN)	3.98	4.73	5.56

3. 绳索

绳索主要用于加固成件包装货物和轻浮货物,使用优质棕、麻或用抗拉能力和伸长率符合要求的尼龙丝等材料制作。绳索的破断拉力不得小于 7.84kN,加固轻浮货物时其破断拉力不得小于 2.94kN,绳索 80% 破断拉力时的伸长率不大于 15%。

根据货物装载情况,绳索可采用横向下压捆绑、纵向下压捆绑、端部交叉捆绑和货件的串联捆绑等形式。超出车辆端侧板(墙)装载的货物可采用端部单交叉捆绑,也可采用端部双交叉捆绑。绳索拴结后,应缠绕在自身绳杆上并至少打两个死结,绳头余尾长度不得超过 300mm,一般不小于 100mm。

二、衬垫材料

衬垫材料主要用于支撑货物并起防滑作用,既可置于货物与车地板间,也可置于货物层间。衬垫材料按照材质可分为木制衬垫材料、稻草制品衬垫材料及橡胶垫等。

1. 垫木和隔木

装运货物时,为增大货物支重面的长度和宽度、降低超限等级或避免超长货物突出部分底部与游车车底板接触,必要时需使用纵、横垫木;在分层装载货物时,特别是金属制品,为防止层间货物滑动,必须使用隔木。

垫木和隔木必须使用无削弱强度的木节和裂纹且坚实、纹理清晰、无腐烂的整块木材制作。

横垫木和隔木的长度一般不应小于货物装载宽度,但不大于车辆的宽度。垫木的宽度不得小于高度。

垫木与隔木的常用规格尺寸见表 9-6。

垫木和隔木的常用规格尺寸　表 9-6

名　称	规格尺寸(mm)			要　求
	长	宽	高(厚)	
横垫木	2700 ~ 3000	150	140	装载超长货物时横垫木的高度根据突出车端长度计算确定
纵垫木	—	150	140	
隔木	—	100	35	长度不得小于货物的装载宽度

2. 稻草制品衬垫材料、橡胶垫

稻草制品衬垫材料包括条形草支垫、稻草绳把和稻草垫,既可置于货物与车地板间,也可置于货物层间,仅限一次性使用。

条形草支垫和稻草绳把既可用于支撑货物,也可用于防滑;稻草垫只用于防滑。稻草制品衬垫材料用于支撑货物和防滑时,压实后高度不得小于 40mm;仅用于防滑时,压实后厚度不得小于 10mm。

条形草支垫和稻草绳把的长度应保证装车后每端露出货物边缘不小于 100mm(货物宽度与货车内宽接近时除外)。铺垫稻草垫时,其露出货物边缘四周的余量不得小于 100mm

(货物宽度与货车内宽接近时除外)。

为避免稻草制品衬垫材料由于焦煳、燃烧造成失效,应对稻草制品采取阻燃措施,并严格控制货物装车时的温度。

橡胶垫起防滑、防磨作用并可作为缓冲材料。

三、掩、挡类材料

掩、挡类材料主要用于加固圆柱形货物或球形货物、采用阻挡加固的货物以及起脊装载的散堆装货物等。

1. 用于加固圆柱形货物或球形货物

用于加固圆柱形货物或球形货物的掩、挡类材料为掩挡,主要用以防止货物发生滚动。掩挡可用木材、钢材、铁泥塑料及稻草等制成。

2. 用于加固采用阻挡加固的货物

用于加固采用阻挡加固的货物的掩、挡类材料包括挡木、钢挡等。挡木和钢挡通过其与车地板间的连接强度对货物进行加固,因此,挡木或钢挡除其自身需满足强度要求外,其与车地板间的连接强度也必须满足要求。

挡木、钢挡一般采用与车地板钉固或螺栓连接的方式固定,钢挡还可用直接焊接在车辆上的方式固定。

3. 用于加固起脊装载的散堆装货物

用于加固起脊装载的散堆装货物的掩、挡类材料主要包括支柱、围挡及挡板(壁)等。

支柱是拦护货物的加固材料,一般用于加固原木、木材制品及轻浮货物。支柱分为木支柱、钢管支柱和竹支柱3种,常用支柱的材质及规格参见表9-7。

常用支柱的材质及规格 表9-7

<table>
<tr><th rowspan="2">类 型</th><th rowspan="2">材质或树种</th><th colspan="3">规 格(mm)</th></tr>
<tr><th>长度</th><th>大头直径</th><th>小头直径</th></tr>
<tr><td rowspan="3">木支柱</td><td>榆、柞、槐、楸、桦、栗、栎、榉、水曲柳等各种硬木</td><td rowspan="5">≤2800</td><td>不小于85
不大于160</td><td>不小于65</td></tr>
<tr><td>落叶松、黄菠萝</td><td>不小于105
不大于160</td><td>不小于85</td></tr>
<tr><td>杉木、樟松</td><td>不大于180</td><td>不小于100</td></tr>
<tr><td>钢管支柱</td><td>普通碳素钢或其他钢种的无缝钢管或焊接钢管</td><td>不小于65</td><td>不小于65</td></tr>
<tr><td>竹支柱</td><td>毛竹</td><td>不小于80</td><td>不小于80</td></tr>
</table>

注:各种材质木支柱的直径均不含树皮的厚度。

围挡及挡板(壁)主要用于加固焦炭、成件包装的轻浮货物、木材及竹子等敞车装载时的起脊部分,起拦护作用。

四、其他材料

除以上拉牵捆绑材料、衬垫材料以及掩、挡类材料以外,常用加固材料还包括绳网(用于加固敞车装载成件包装货物的起脊部分及平车装载袋装货物)、焦炭网(用于苫盖焦炭)、绞棍(用于绞紧镀锌铁线或盘条)、钉固装载加固材料的圆钢钉和扒锔钉(用于钉固掩挡等加固材料)、U形钉(用于固定木材加固用的整体捆绑线、封顶线、腰线、拦护线等)、U形夹(用于固定钢轨端部拉牵线)以及钢板夹(用于钢板整体加固)等。

任务五　确定货物装载加固方案

任务单

任务名称	确定货物装载加固方案
知识目标	熟悉货物装载加固方案确定的程序
能力目标	能在实际工作中针对不同的货物确定合理的装载加固方案
任务描述	圆柱形化工设备一件,重28t,长17m,直径3.5m,使用N_6型平车装运,铺高度为150mm、切口深为8mm凹垫木
任务要求	(1)归纳货物装载加固方案确定的程序; (2)确定任务描述中的货物装载方案; (3)计算各种力值; (4)检验货物的稳定性

相关理论知识

货物装载加固工作与铁路运输安全和经济、便利地完成货运任务关系十分密切。为了保证运输安全与经济地利用铁路资源完成运输任务,作为装载加固工作依据的《加规》,全面系统地规定了货物装载加固技术条件,对经常运输的货物制订了装载加固定型方案,强调了按方案装车,没有装载加固方案的货物不得装车。对《加规》中未明确规定装载加固方案的货物,要求托运人在托运时,必须提供装载加固计划方案,经铁路主管部门审核批准后,会同发货人在确保运输安全条件下组织试运。

货物的装载加固方案是实施货物装载与加固的基本依据。实践证明,装载不当、加固不良,往往会引发重车脱轨、列车颠覆的重大行车事故。装车之前制订科学的装载加固方案,装车时严格按方案进行装载和加固,是确保运输安全的重要条件。

货物装载加固方案设计是一项比较复杂的工作。在设计工作中必须严格遵守铁路有关规章,特别是《加规》《超规》的有关规定和车辆的相关技术要求,同时应充分考虑货物的特点及运输要求。只有在综合考虑各种因素的基础上通过相应的技术经济比较,才能优选出好的装载加固方案。好的方案应该是各可行方案中最经济合理的方案。首先它必须是合理的,符合《加规》要求,能够保证运输安全;同时它又应是最经济的,有比较好的技术经济指标,例如对车辆载重能力的利用率最高,超限等级或程度最低,加固方法简便,易于实施,加固材料最节省等。一般来说,货物装载加固方案设计工作可按如下程序进行。

1. 了解货物的特点和运输要求

这一步应充分了解和掌握制订方案时依据的有关货物的所有技术数据,如重量、结构特点、外形尺寸、重心位置、支重面尺寸、加固作用点位置等。必要时应通过对现货的实际测量,精确掌握有关数据。

了解货物的技术数据时,应考虑到可能采取的装载加固方案,了解进行可能装载加固方案计算所需要的相关数据。例如有可能采取跨装运输的货物,应了解支点的位置及支点的支重面形状和尺寸;又如对于尺寸过大,受沿途实际限界限制,通行困难较大,有可能拆解一些部件的货物,或者有可能通过旋转一定角度,降低超限等级或程度的圆柱形货物,应了解拆解或旋转后的相应尺寸;对自带横垫木(或支座、支架、鞍座)的货物,应掌握横垫木(或支座、支架、鞍座)的有关数据及支点的位置;对于有加固栓结点的货物,应掌握栓结点的位置,无加固栓结点时,应考虑可能采用的加固方法和加固作用点的位置;对于重量较大,木箱或薄壳金属包装箱包装的货物,应了解在哪些位置可以承受加固作用力,适于采取何种加固方式。

对运输有特殊要求的货物,如预应力混凝土桥梁支点位置不得随意改变,应了解其确切位置;带有精密仪表的货物怕震动,应了解其防震要求。一般这些要求托运人在托运时就已经提出,在进行装载加固方案设计时,必须加以注意。

2. 确定装载方案

首先选择合适的车辆,确定货物在车辆上的合理位置。选车和确定装载位置时,应尽可能降低货物的超限等级和重车重心高度,同时注意避免集重装载。当需要使用横垫木(或支座、鞍座、支架)时,应明确横垫木在车辆上的安放位置。超长货物的垫木或转向架的高度,必须满足《加规》要求。

以上要求均满足后,进而确定货物的超限等级和重车重心高度。

如果一件货物可能的装载方案有两种以上,难以用直觉比较其优劣,则应通过各可行方案的技术经济指标比较,优选出对车辆载重能力利用率最高,货物超限等级和重车重心高度最低,对运输干扰最小的方案。

3. 确定加固方案

加固方案设计工作主要包括:计算作用于货物上的力及需要加固装置承受的力;选择加固方法;确定加固强度——加固材料或装置的需要数量及其规格或承受载荷的能力。

通常,在货物的装载方案确定之后,加固方案也基本确定。例如用木地板平车装载时,一般采用拉牵或腰箍加固;用铁地板长大货物车装载时,多采用腰箍或钢挡加固。如果根据货物的具体结构条件只能采用某一种加固方法,例如圆柱形货物,货体上没有拉牵栓结点,只能采用腰箍加固,在这一步主要是确定使用腰箍的道数、制作腰箍的材料及每道腰箍应有的抗拉强度;当一件货物可以采用两种以上不同的加固方法时,如既可用拉牵加固,又可用腰箍加固,必要时应通过对几种加固方案的主要技术经济指标进行比较,优选出操作比较简便且节省材料的加固方案。

对于有防震要求的货物,应避免采用刚性加固。必须用钢挡加固时,应在钢挡和货物之间加缓冲胶垫。加缓冲胶垫时,货物的纵向惯性力可按柔性加固计算。

对同一件货物,一般不要同时采用两种不同的加固方法,特别应避免刚性加固和柔性加固并用。

【例 9-2】 铸钢结构货物一件,重 30t,长 3.5m,宽 2.8m,高 2.4m,重心位于货物纵横中心线的交点所在的垂直线上,距其支重面高度为 0.8m,货物两端距其支重面 0.8m 处有栓结点,可供拉牵加固使用。试确定装载加固方案。

【解】 具体有如下几个步骤:

(1) 确定装载方案

选用 N_{17} 型平车一辆装载,采用柔性加固,N_{17} 型平车车地板高 1209mm,宽 2980mm,自重 19.1t,空车重心高 723mm。

装车后货物重心落到车辆中央,其装车后的重车重心高度为:

$$H=\frac{Qh+Q_{车}h_{车}}{Q+Q_{车}}=\frac{30\times(1209+800)+19.1\times723}{30+19.1}=1509\text{mm}$$

(2)计算作用于货物上的各种力

纵向惯性力:

$$\begin{aligned}T&=t_0Q=(0.0012Q_{总}{}^{2}-0.32Q_{总}+29.85)Q\\&=[0.0012\times(19.1+30)^2-0.32\times(19.1+30)+29.85]\times30\\&=510.9\text{kN}\end{aligned}$$

横向惯性力:

$$\begin{aligned}N&=n_0Q=\left(2.82+2.2\frac{a}{l}\right)Q\\&=2.82\times30=84.6\text{kN}\end{aligned}$$

垂直惯性力:

$$Q_{垂}=q_{垂}Q=\left(3.54+3.78\frac{a}{l}\right)Q=3.54\times30=106.2\text{kN}$$

摩擦力:

$$F_{纵摩}=9.8\mu Q=9.8\times0.6\times30=176.4\text{kN}$$

$$F_{横摩}=\mu(9.8Q-Q_{垂})=0.6\times(9.8\times30-106.2)=112.68\text{kN}$$

风力:

$$W=qF=0.49\times3.5\times2.4=4.116\text{kN}$$

(3)检验货物的稳定性

纵向倾覆的稳定系数:

$$\eta_{纵倾}=\frac{9.8Qa}{Th}=\frac{9.8\times30\times(3500\div2)}{510.9\times800}=1.26\geqslant1.25$$

横向倾覆的稳定系数:

$$\eta_{横倾}=\frac{9.8Qb}{Nh+Wh_{风}}=\frac{9.8\times30\times(2800\div2)}{84.6\times800+4.116\times(2400\div2)}=5.67\geqslant1.25$$

纵向移动的稳定性:

$$\Delta T=T-F_{纵摩}=510.9-176.4=334.5\text{kN}>0$$

横向移动的稳定性:

$$\Delta N=1.25(N+W)-F_{横摩}=1.25\times(84.6+4.116)-112.68=-1.785<0$$

计算结果表明,该货物不会发生倾覆,但是会发生纵向水平移动,需要在此方面加固。

(4)确定加固方法及加固材料的规格和数量

拟采用拉牵加固,如图9-2所示。

货物上栓结点的高度$BO=0.8$m,拉牵绳在车地板上栓结点A至货物上栓结点所在纵向垂直平面的距离为1.49m(车地板宽度的一半),设拉牵绳在车地板栓结点至货物上栓结点所在横向垂直平面的距离AC为3m。则每根拉牵绳应承受的拉力为:

$$S_{纵移}=\frac{\Delta T}{nAC}\sqrt{AC^2+BC^2+BO^2}=\frac{334.5}{2\times3}\times\sqrt{3^2+1.49^2+0.8^2}=191.52\text{kN}$$

该数值较大,若选用镀锌铁线作为拉牵绳,需要的股数太多,不易拧紧。所以可以选用钢丝绳作为拉牵绳,钢丝绳应能承受的拉力为191.52kN,其破断拉力不小于383.04kN。查

表9-3可知,应选用直径为28mm,破断拉力为402kN,公称抗拉强度1670MPa规格的6×9钢丝绳。

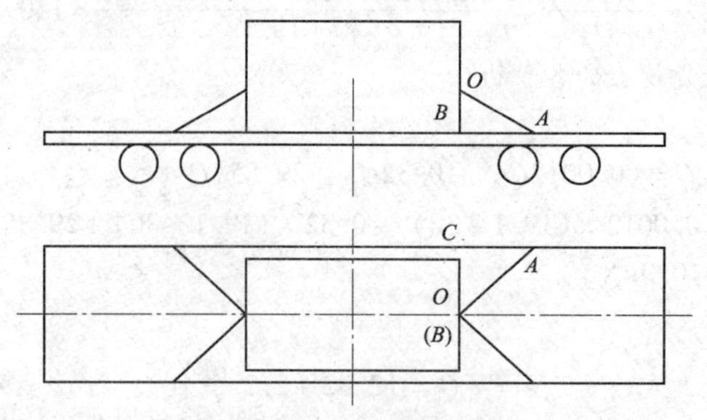

图9-2 货物装载加固示意图

【例9-3】 一辆三轴全驱动的载重汽车,重10.27t,长7m,宽2.5m,高2.91m。其重心位于汽车纵中心线所在垂直平面上,且距前端3.1m,重心高为1m。车轮外径1.1m,轮距2m。有关尺寸如图9-3所示。试确定装载加固方案。

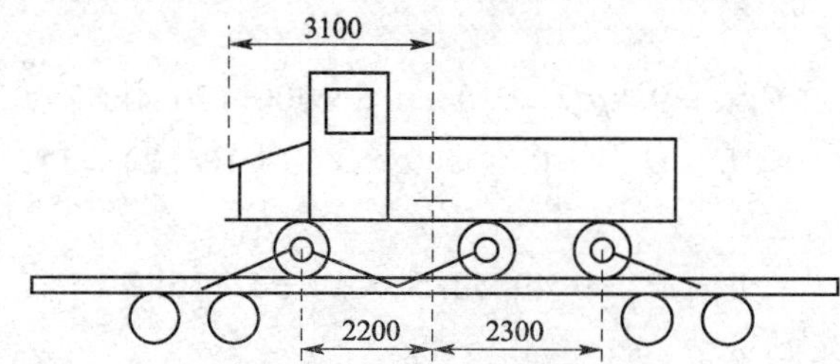

图9-3 10t汽车装载加固示方案(尺寸单位:mm)

【解】 具体有如下几个步骤:

(1)确定装载方案

选用N_{17}型平车一辆,均衡装载(N_{17}型平车的相关参数见前表)。其装车后的重车重心高度为:

$$H=\frac{Qh+Q_{车}\ h_{车}}{Q+Q_{车}}=\frac{10.27\times(1209+1000)+19.1\times723}{10.27+19.1}=1243\text{mm}$$

重车重心未超高。

(2)计算作用于货物上的各种力

纵向惯性力:

$$\begin{aligned}T&=t_0Q=(0.0012Q_{总}{}^2-0.32Q_{总}+29.85)Q\\&=[0.0012\times(19.1+10.27)^2-0.32\times(19.1+10.27)+29.85]\times10.27\\&=220.7\text{kN}\end{aligned}$$

横向惯性力:

$$\begin{aligned}N&=n_0Q=\left(2.82+2.2\frac{a}{l}\right)Q\\&=2.82\times10.27=29\text{kN}\end{aligned}$$

垂直惯性力:

$$Q_{垂}=q_{垂}\ Q=\left(3.54+3.78\frac{a}{l}\right)Q=3.54\times10.27=36.4\text{kN}$$

摩擦力：

$$F_{纵摩}=9.8\mu Q=9.8\times0.63\times10.27=63.4\text{kN}$$

$$F_{横摩}=\mu(9.8Q-Q_{垂})=0.63\times(9.8\times10.27-36.4)=40.5\text{kN}$$

风力：

$$W=qF=0.49\times7\times2.9=9.9\text{kN}$$

(3)检验货物的稳定性

由于汽车重心高度较低，汽车的前后轮之间的距离较大，车轴较长，所以该汽车不可能发生倾覆；在装车之后挂初速挡并制动之后，也不会发生滚动。所以，该货物装车之后，可能会发生水平横向或纵向的移动。

$$\Delta T=T-F_{纵摩}=220.7-63.4=157.3\text{kN}>0$$

$$\Delta N=1.25(N+W)-F_{横摩}=1.25\times(29+9.9)-40.5=8.125>0$$

(4)确定加固方法及加固材料的规格和数量

拟采用拉牵加固。拉牵绳拴结在汽车轮毂上，货物上拴结点的高度 $BO=0.4\text{m}$，$BC=0.5\text{m}$，AC 为 1.2m。则每根拉牵绳应承受的拉力为：

$$S_{纵移}=\frac{\Delta T}{nAC}\sqrt{AC^2+BC^2+BO^2}=\frac{157.3}{4\times1.2}\times\sqrt{1.2^2+0.5^2+0.4^2}=44.6\text{kN}$$

$$S_{横移}=\frac{\Delta N}{nBC}\sqrt{AC^2+BC^2+BO^2}=\frac{8.125}{4\times1.2}\times\sqrt{1.2^2+0.5^2+0.4^2}=2.3\text{kN}$$

若选用 8 号镀锌铁线作为拉牵绳，则每根拉牵绳需要的股数为：

$$n=\frac{S}{0.9P_{许}}=\frac{44.6}{0.9\times\frac{4.3}{2}}=23.05\approx24\ 股$$

铁线股数较多，操作不便，也可选用钢丝绳作为拉牵绳。钢丝绳应能承受的拉力为 44.6kN，应选用破断拉力不小于 89.2kN 的钢丝绳。

复习思考题

1. 什么是装载加固方案？装载加固方案如何分类？
2. 车辆的主要振动有哪些？这些振动产生的原因是什么？
3. 纵向惯性力产生的原因是什么？如何计算纵向惯性力？
4. 横向惯性力产生的原因是什么？它与哪些因素有关？如何计算横向惯性力？
5. 垂直惯性力产生的原因是什么？它与哪些因素有关？如何计算垂直惯性力？
6. 当受风面为圆球体的侧面时，如何计算车辆受到的风力？
7. 摩擦力对货物的稳定起着什么作用？摩擦力的大小取决于哪些因素？
8. 什么是稳定系数？该系数通常取什么值？
9. 如何确定货物纵向免于滚动的条件？
10. 拉牵捆绑材料都包括哪些？
11. 拉牵和捆绑时对镀锌铁线的要求分别是什么？
12. 哪些情况下需要使用垫木和隔木？
13. 掩、挡类材料在什么情况下使用？
14. 简述货物装载加固方案的设计程序。

参考文献

[1] 韩梅. 铁路货运技术[M]. 北京:北京交通大学出版社,2013.
[2] 戴实. 铁路货运组织[M]. 北京:中国铁道出版社,2007.
[3] 王庆功. 货物联合运输[M]. 北京:中国铁道出版社,2002.
[4] 吴育俭. 郭维鸿,刘东岭. 铁路货运技术[M]. 北京:中国铁道出版社,2000.
[5] 孙林. 铁路运输合同[M]. 北京:中国铁道出版社,2000.
[6] 索占鸿. 铁路集装运输[M]. 北京:中国铁道出版社,2005.
[7] 郭文超. 中国铁路集装箱运输[M]. 北京:中国铁道出版社,1996.
[8] 韩开春. 放射性物品安全运输常识[M]. 北京:中国铁道出版社,1998.
[9] 夏栋. 铁路一般条件货运组织[M]. 北京:中国财富出版社,2012.
[10] 陈宜吉. 铁路货运组织[M]. 北京:中国铁道出版社,2001.
[11] 谢淑润,钟喜云. 铁路特殊条件货运组织[M]. 北京:中国财富出版社,2013.
[12] 中华人民共和国行业标准. 铁路货物运输规程[S]. 北京:中国铁道出版社,2004.
[13] 中华人民共和国行业标准. 铁路货物运价规则[S]. 北京:中国铁道出版社,2006.
[14] 中华人民共和国行业标准. 铁路危险货物运输管理暂行规定[S]. 北京:中国铁道出版社,2014.
[15] 中华人民共和国行业标准. 铁路超限超重货物运输规则[S]. 北京:中国铁道出版社,2007.
[16] 中华人民共和国行业标准. 铁路货物装载加固规则[S]. 北京:中国铁道出版社,2006.
[17] 中华人民共和国行业标准. 铁路鲜活货物运输规则[S]. 北京:中国铁道出版社. 2004.
[18] 铁道部编写组. 铁路鲜活货物运输规则解释[M]. 北京:中国铁道出版社,1995.
[19] 中华人民共和国行业标准. 铁路货物运输管理规则[S]. 北京:中国铁道出版社,2000.
[20] 中华人民共和国行业标准. 铁路货物损失处理规则[S]. 北京:中国铁道出版社,1999.
[21] 中华人民共和国行业标准. 铁路运输收入管理规程[S]. 北京:中国铁道出版社. 2006.
[22] 中华人民共和国行业标准. 铁路货运检查管理规则[S]. 北京:中国铁道出版社,2006.